Claudia Hammerle

Willi Hofer

www.bikerides.at

175 MOUNTAINBIKE TOUREN

TIROLER UNTERLAND

Unterinntal von Wattens bis Kufstein
östliches Karwendel • Rofan - Achensee
Zillertal • Alpbachtal • Wildschönau
St. Johann • Walchsee • Kitzbühel

Michael Wagner Verlag

WICHTIGER HINWEIS

Die Naturschönheiten Nordtirols, einer der reizvollsten Landschaften des gesamten Alpenraums, lassen sich hervorragend auf dem Mountainbike entdecken. Verlag und Autoren freuen sich, nun einen weiteren Mountainbike-Führer präsentieren zu können. Nicht verschwiegen werden soll, dass in unserem wunderschönen Land leider immer noch Mountainbike-Routen existieren, die offiziell nicht freigegeben sind. Wir sind uns dieser Tatsache bewusst und haben die gesetzlichen Bedingungen zu akzeptieren. Selbstverständlich ist auch uns die Bewahrung unserer einzigartigen Landschaft ein großes Anliegen, denn nur wenn wir behutsam mit unserer Umwelt umgehen, bleibt uns diese als Erholungsraum erhalten. Deshalb hoffen wir, im Sinne aller Beteiligten, dass eine allseits beliebte Sportart in Zukunft auch in Tirol unter vernünftigen Rahmenbedingungen ausgeübt werden kann.
Weil wir aber nicht wissen, welche Routen in Zukunft freigegeben werden, haben wir die in diesem Führer beschriebenen Routen aufgrund ihrer theoretischen Eignung zum Befahren mit Mountainbikes ausgewählt. Im Vordergrund stehen die landschaftlichen Reize und die sportliche Herausforderung. Deshalb weisen wir an dieser Stelle darauf hin, dass es für jeden Mountainbiker, der eine dieser Routen befahren möchte, selbstverständlich sein sollte, sich an geeigneter Stelle (z.B. der betreffenden Gemeinde, der Gendarmerie, den Grundeigentümern etc.) zu erkundigen, ob das Befahren dieser Strecken rechtlich erlaubt ist.
Aufgrund der Länge einzelner Touren ist niemals auszuschließen, dass der eine oder andere Abschnitt wegen fehlender Zustimmung des Grundeigentümers nicht befahren werden darf. Sowohl solche Hindernisse als auch generelle Fahrverbote sind im Interesse jedes/r Einzelnen, aber auch im Interesse des Mountainbike-Sports, unbedingt zu beachten. Die Vorbereitung einer Tour muss daher auch derartige Nachforschungen umfassen.
Die einzelnen Routen und Tourenvorschläge wurden sorgfältig, nach bestem Wissen und Gewissen, zusammengestellt. Für die Richtigkeit der Angaben, besonders was die einzelnen Wegverläufe, die tatsächliche Beschaffenheit der Wege und die jeweilige rechtliche Erlaubnis zum Befahren betrifft, kann keinerlei Haftung übernommen werden. Darüber hinaus ist allgemein bekannt, dass der Mountainbike-Sport nicht unerhebliche Gefahren birgt. Das Befahren der in diesem Buch beschriebenen Routen erfolgt – wie auch sonst – stets auf eigene Gefahr. Eine Haftung des Verlages oder der Autoren für selbst erlittene oder anderen zugefügte Schäden ist ausgeschlossen.
Selbstverständlich müssen Gefährdungen von Menschen, Tieren und der Umwelt unter allen Umständen vermieden werden. Verantwortungsbewusste Biker fahren so, dass sie ohne Gefährdung für andere auf Anforderung stehen bleiben können und keine ökologischen Schäden verursachen. Verlag und Autoren gehen davon aus, dass die Benützer*innen dieses Buches durch ihr vorbildliches Verhalten zum positiven Image dieser Sportart beitragen. Bei Befolgung dieser und der allgemeinen Verkehrsregeln sollte einem genussvollen Mountainbiken nichts mehr im Wege stehen, wozu wir allen viel Spaß wünschen!

INHALT:

IMPRESSUM

Überarbeitete Neuauflage der 2004 bei Löwenzahn erschienenen Originalausgabe (ISBN 978-3-7066-2368-1).

© 2021 by Michael Wagner Verlag in der Universitätsverlag Wagner Ges.m.b.H.,
Erlerstraße 10, A-6020 Innsbruck
E-mail: mail@uvw.at
Internet: www.michael-wagner-verlag.at

Umschlag- und Buchgestaltung sowie grafische Umsetzung:
W. Hofer, C. Hammerle

Fotonachweis:
W9 Studios: U1 | Scott: 27–31 | Topeak: 29 | FSA: 31 | Synchros: 31 | Sram: 31 | , Shimano: 31–32 | Race Face: 32 | Crank Brothers: 32 | Look, Time, BBB: 32 | Schwalbe: 32 | Avid: 33 | © Tirol Werbung: 33

Gedruckt auf umweltfreundlichem, chlor- und säurefrei gebleichtem Papier.

Bibliografische Information der Deutschen Nationalbibliothek
Die Deutsche Nationalbibliothek verzeichnet diese Publikation in der Deutschen Nationalbibliografie; detaillierte bibliografische Daten sind im Internet über <http://dnb.dnb.de> abrufbar.

ISBN 978-3-7107-6777-7

Alle Rechte vorbehalten. Kein Teil des Werkes darf in irgendeiner Form (Druck, Fotokopie, Mikrofilm oder in einem anderen Verfahren) ohne schriftliche Genehmigung des Verlages reproduziert oder unter Verwendung elektronischer Systeme verarbeitet, vervielfältigt oder verbreitet werden.

Unterinntal

Karwendel

Rofan

Alpbachtal

Zillertal

Gerlostal

Tuxertal

Leukental

Walchsee

St. Johann

Wildschönau

Brixental

Kitzbühel

Tourenverzeichnis

023 **TRAINSALM**
066 **TRIPLONALM**
090 **TRISSLALM**
144 **TROCKENBACHALM**
099 **TUXER-JOCH-HÜTTE**

V

096 **VALLRUCKALM**
029 **VORDERKAISERFELDENHÜTTE**

W

089 **WEISSBACHALM**
037 **WEISSENBACHSATTEL**
153 **WIEGALM**
174 **WILDALM**
052 **WURMEGGALM**

Z

079 **ZOLLWACHHÜTTE**

Tourkombinationen

Achtung! Diese angegeben Tourbkombinationen erfordern genaues Kartenstudium und gute Bergerfahrung. Wetter- und Schneeverhältnisse sind regional richtig einzuschätzen. Viele Tourverbindungen führen über Sättel, Kare und Jöcher und sind meist unfahrbar. Deshalb sind an diesen Übergängen, bergauf wie bergab, zusätzliche Fußmärsche zu erwarten. Generell sind solche Übergänge gewählt worden, wo der Gesamteindruck *Fahren mit dem Bike* vordergründig in Erinnerung bleibt.

TKB001

PILL – 009 Hagelhütte – Nurpens Joch – 001 Geiseljoch – **PILL**
... 001 Rastkogelhütte – **PILL**

TKB002

ST. MARGARETHEN – 005 Kellerjochhütte – Gartalm Hochleger – 006 Kaunzalm – **ST. MARGARETHEN**

TKB003

MÜNSTER – 008 Zireiner See – Marchgatterl – 045 Angeralm, Schönjochalm – 043 Kögljoch, Köglalm – **Achenkirch** – **Maurach** – **Jenbach** – **MÜNSTER**

TKB004

MÜNSTER – 008 Zireiner See – Marchgatterl – 045 Angeralm, Schönjochalm – 044 **Steinberg**, Hinterberg, **Pinegg** – **Aschau** – **Kramsach** – **Münster**
... – 045 Angeralm – Enter Alm – 049 Labeggalm – **Aschau** – **Kramsach** – **MÜNSTER**
... – 049 Labeggalm, Kreuzeinalm Hochleger – Hochalm – Pletzachalm – 008 Bayreuther Hütte – **MÜNSTER**

TKB005

MÜNSTER – 007 Scherbensteinalm – Krahnsattel – Grubersee – Bettlersteig – March Alm – 045 Angeralm, Schönjochalm – 043 Kögljoch, Köglalm – **Achenkirch** – **Maurach** – **Jenbach** – **MÜNSTER**

TKB006

MÜNSTER – 007 Scherbensteinalm – Krahnsattel – Grubersee – Bettlersteig – March Alm – 045 Angeralm – 044 **Steinberg**, Hinterberg, **Pinegg** – **Aschau** – **Kramsach** – **MÜNSTER**
... – 045 Angeralm – Enter Alm – 049 Labeggalm – **Aschau** – **Kramsach** – **MÜNSTER**
... – 049 Labeggalm, Kreuzeinalm Hochleger – Hochalm – Pletzachalm – 008 Bayreuther Hütte – **MÜNSTER**

TKB007

KRAMSACH – **Brandenberg** – 013 Nachbergalm (*in umgekehrter Richtung wie in Tour 013 beschrieben*) – 025 Köglalm – 024 Höhlensteinalm – 027 Kaleralm – **KUFSTEIN** (*Rückfahrt mit dem Zug*)

TKB008

BRIXLEGG – **Alpbach** – **Inneralpbach** – 053 Hornboden – 050 Hochlindalm – Reith – **BRIXLEGG**
... – 053 Hornboden – Wiedersberger Horn – 055 Hansletalm – **Hart** – **BRIXLEGG**

TKB009

BRIXLEGG – **Alpbach** – 052 Zottaalm – Höseljoch – **Thierbach** – **Kundl** – **BRIXLEGG**
... – Höseljoch – 010 Holzalm – **BRIXLEGG**

TKB010

BRIXLEGG – **Alpbach** – **Inneralpbach** – 052 Farmenkehr Hochleger – Tristen Joch – 063 Obweinalm – 064 Otto-Leixl-Hütte – Sonnenjoch – 140 Gressensteinalm – **Auffach** – **Mühltal** – 017 Färberwirt – **Kundl** – **BRIXLEGG**
... – **Mühltal** – 139 Schatzbergalm – Schatzberg – 016 **Alpbach** – **BRIXLEGG**
... – 139 Schatzbergalm – 052 Wurmeggalm – Alpbach – **BRIXLEGG**
... – 139 Schatzbergalm – Höseljoch – 010 Holzalm – **BRIXLEGG**

TKB011

KUNDL – 016 Schatzbergalm – 052 Wurmeggalm, Zottaalm – Höseljoch – 010 Holzalm – **KUNDL**

TKB012

KUNDL – 017 Färberwirt – 140 Gressensteinalm – Sonnjoch – 064 Otto-Leixl-Hütte – **Inneralpbach** – 011 Bischoferalm – **Brixlegg** – **KUNDL**
... – 064 Otto-Leixl-Hütte – 063 Steinbergalm – Tristen Joch – 054 Farmenkehr Niederleger – **Inneralpbach** ... –
... – 064 Otto-Leixl-Hütte – 063 Steinbergalm – Tristen Joch – 054 Farmenkehr Niederleger – 053 Hornboden – 050 Hochlindalm – **Reith** – **Brixlegg** – **KUNDL**
... – 053 Hornboden – Wiedersberger Horn – 055 Hansletalm – **Hart** – **Brixlegg** – **KUNDL**

TKB013 (FREERIDETOUR)

KUNDL – 017 Färberwirt – **Auffach** – *mit der Schatzbergbahn bergauf zum Schatzberg* – 016 Schatzberg – **Alpbach** – *mit der Wiedersberger–Horn–Bahn bergauf zum Wiedersberger Horn* – 055 Hansletalm – **Stumm** – **Mayrhofen** – *mit der Penkenbahn bergauf zur Gschößwandhaus* – 093 Lämmerbichlalm – Nurpensjoch – 009 Haglhütte – **Pill** – **SCHWAZ** (*Rückfahrt mit dem Zug*)
... 093 Lämmerbichlalm – **Lanersbach** – **Hintertux** – *mit der Hintertuxer Gletscherbahn bergauf zur Sommerbergalm oder zum Spannagelhaus* – 099 Tuxer–Joch–Hütte – Tuxer Joch – Schmirntal – Kasern – **St. Jodok** – **Steinach am Brenner** – **INNSBRUCK** (*Rückfahrt mit dem Zug*)

TKB014

KUFSTEIN – *auf dem Radwanderweg nach Walchsee* – 112 Feldalm – Feldalm Sattel – 028 Anton-Karg-Haus – Kaisertal – **KUFSTEIN**

TKB015

KUFSTEIN – 028 Anton-Karg-Haus, Hans-Berger-Haus – Stripsenjoch Hütte – 119 Griesner Alm – **Griesenau** – *auf dem Radwanderweg über* **Walchsee** nach **KUFSTEIN**
... – **Griesenau** – Kohlalmtal – Ghf. Kohlalm – 112 Feldalm – Feldalm Sattel – 028 Anton-Karg-Haus – Kaisertal – **KUFSTEIN**

TKB016

ERL – 109 Spitzsteinhaus – **Sachrang** – Tal Grund – Thal Alm – 110 Priener Hütte – Wh. Ottenalm – Jausenstation Welzenalm – 114 Karalm – **Kössen** – 132 Hindenburghütte (*in umgekehrter Richtung wie in Tour 132 beschrieben*), Straubinger Haus – **Wohlmutig** – 121 Prostalm (*in umgekehrter Richtung wie in Tour 121 beschrieben*) – **Griesenau** – Kohlalmtal – Ghf. Kohlalm – Kohllahner Sattel – Feldalm – Feldalm Sattel – 028 Anton-Karg-Haus (*in umgekehrter Richtung wie in Tour 28 beschrieben*) – **Kufstein** – **ERL**
... – **Kössen** – **Reith im Winkel** – 134 Seegatterl (*in umgekehrter Richtung wie in Tour 134 beschrieben*), Ghf. Steinplatte – 137 Schwarzberghöhe (*in umgekehrter Richtung wie in Tour 137 beschrieben*) – **Waidring** – **Pillersee** – **St. Jakob** – **Fieberbrunn** – 127 Lachtalalm – Lämmerbichlalm – **Kitzbühel** – 167 Pengelstein – **Aschau** – Usterberg – 153 Unterschnappenalm – Kreuzjoch – Brechhornhaus – **Rettenbach** – Hartkaserjoch – 146 Hinterölbankalm – **Kelchsau** – 145 Siedeljoch – 140 Gressensteinalm – **Auffach** – **Mühltal** – 017 Färberwirt – **Kundl** – *auf dem Radwanderweg über Wörgl und Kufstein* nach **ERL**
... – **Kitzbühel** – 160 Resterhöhe – **Aschau**
... – 160 Resterhöhe – Stangenjoch – 155 Filzenscharte – **Rettenbach** ... –
... – 145 Siedeljoch – **Auffach** – **Mühltal** – 017 Färberwirt – **Kundl** – *auf dem Radwanderweg über Wörgl und Kufstein* nach **ERL**

TKB017

ACHENKIRCH – 044 Gufferthütte – Erzherzog–Johann–Klause – 022 Ghf. Ackern –

Landl – 027 Thiersee – Längssee – Hechtsee – **Kufstein** – 028 Anton-Karg-Haus – Hans–Berger–Haus – Stripsenjoch Hütte (E4) – Griesner Alm – **Kirchdorf** – 123 Ghf. Adlerspoint – **St. Jakob** – **Fieberbrunn** – 127 Lachtalalm – Lämmerbichlalm – **Kitzbühel** – 167 Pengelstein – **Aschau** – **Usterberg** – 153 Unterschnappenalm – Kreuzjoch – Brechhornhaus – **Rettenbach** – Hartkaserjoch – 146 Hinterölbankalm – **Kelchsau** – 145 Siedeljoch – 140 Gressensteinalm – Sonnjoch – 064 Otto-Leixl-Hütte – **Stumm** – **Kalten-bach** – 061 Gedrechter – 058 Holzalm Hochleger – **Hochfügen** – 060 Gamssteinhaus – 004 Loas – **Schwaz** – 038 Lamsenjochhütte – Lamsenjoch – 033 Plumsjochhütte – **Pertisau** – **Maurach** – **ACHENKIRCH**

... – Erzherzog–Johann–Klause – Kaiserhaus – 025 Köglalm – 024 Höhlensteinalm – 027 Kaleralm – **Kufstein** ... –

... – 028 Anton-Karg-Haus – Feldalm Sattel – 112 Feldalm – 116 Kohlalm – **Kirchdorf** ... –

... – **Kirchdorf** – **St. Johann** – 118 Hornköpfl – **Kitzbühel** ... –

... – **Kitzbühel** – 160 Resterhöhe – **Aschau** ...

... – 160 Resterhöhe – Stangenjoch – 155 Filzenscharte – **Rettenbach** ... –

... – 145 Siedeljoch – **Auffach** – 016 Schatzberg – **Inneralpbach** – 054 Farmenkehr Niederleger – Tristenjoch – 063 Steinbergalm – **Stumm** ... – ... – 061 Gedrechter – 069 – Rastkogelhütte – Sidanjoch – 058 Holzalm – **Hochfügen** ... –

... – **Stumm** – **Hippach** – 072 Penkenalm – 093 Lämmerbichlalm – 001 Geiseljoch – **Mitterweerberg** – **Schwaz** ... –

... – 093 Lämmerbichlalm – 096 Vallruckalm – 002 Grafennsalm – **Kolsass** – **Schwaz** ... –

... – 093 Lämmerbichlalm – Nurpensjoch – 009 Haglhütte – **Pill** – **Schwaz** ... –

TKB018

HART – 055 Hansletalm – Wiedersberger Horn – 053 Ghf. Hornboden – 050 Hochlindalm – 064 Kerschbaumersattel – **HART**

TKB019

FÜGEN – 056 Gartalm – 005 Kellerjochhütte – Proxenalm – Schwader Eisenstein – 006 Kaunzalm – Wildauwald – Kellerjochbahn Mittelstation – **FÜGEN**

TKB020

KALTENBACH – 061 Gedrechter – 058 Holzalm – 057 Schlagalm (*in umgekehrter Richtung wie in Tour 57 beschrieben*) – **Uderns** – **KALTENBACH**

TKB021

KALTENBACH – 061 Gedrechter – 058 Holzalm – 058 Pfundsalm Niederleger – Berghütte – Sidan Joch – 069 Rastkogelhütte (*in umgekehrter Richtung wie in Tour 69 beschrieben*) – Zell am Ziller – *auf dem Radwanderweg zurück nach* **KALTENBACH**

TKB022

ZELL AM ZILLER – 070 Kreuzjochhütte – Törljoch – Roßsee – 068 Kreuzwiesenhütte – **ZELL AM ZILLER**

... – 068 Außerertensalm – 085 Isskogel – Gerlostal – **ZELL AM ZILLER**

TKB023

KITZBÜHEL – 167 Pengelstein – **Aschau** – Usterberg – 153 Unterschnappenalm – Kreuzjoch – Brechhornhaus – **Rettenbach** – Hartkaserjoch – 146 Hinterölbankalm – **Kelchsau** – 145 Siedeljoch – 140 Gressensteinalm – **Auffach** – **Mühltal** – 138 Hörlerstiegel – **Hopfgarten** – 150 Ghf. Rigi – Filzalm – 154 Jochstube – Holzalpenjoch – Hartkaseralm – **Reith** (Kitzbühel) – auf dem Radwanderweg zurück nach **KITZBÜHEL**

... – **KITZBÜHEL** – 160 Resterhöhe – **Aschau** ... –

... – 160 Resterhöhe – Stangenjoch – 155 Filzenscharte – **Rettenbach** ... –

... – 145 Siedeljoch – **Auffach** - **Mühltal** ... -

COMMUNITY

www.bikerides.at | Die Homepage zum Buch von Willi Hofer. *News, Touren, Guides, Fotos, Renntermine, Archiv, Fahrtechnik*

www.team-vertriders.org | Die Innsbrucker Vertrider haben das Biken auf den Trails im hochalpinen Gelände kultiviert, und damit einer neuen Spielart des Mountainbikens einen Namen gegeben. *Blog, Vertriders, Rules, Videos, Support, Links, Tourenberichte mit Fotostory*

www.bikerei.org | Innsbrucks offene Radlwerkstatt mit urbaner Bike Atmosphäre. *Workshops, Flohmarkt, Café, Präsentationen ...*

www.valkyriemtb.com | Netzwerk von Freeride, Downhill- und Dirtbike Women, Girls and Ladies. *Events, Fotostories ...*

www.biking-hiking.at | Verein der Innsbrucker Bikebergsteiger. Ihre Philosophie besteht darin, Gipfel mit dem Bike zu erklimmen. *Events, Fotostories, Videos ...*

www.bikewithpassion.com | Johannes Pistrol ist bekannt für seine Blogs im Internet. *Foto- und Videostories ...*

www.alpine-spirits.com | Benni Purner, Innsbrucker Alpinist mit oder ohne Bike. *Foto- und Videostories ...*

www.summitride.com | Harald Philipp bezeichnet sich selbst als „Berufsabenteurer" und Mountainbiker. Arbeitet als Mountainbike-Guide mit Trainer-C Lizenz und als Ausbilder im DIMB / BDR (Deutsche Initiative Mountainbike / Bund Deutscher Radfahrer). *Blog, Vorträge, Bekleidung, Fotostories ...*

BIKESTORES

www.radstudio-innsbruck.at | Innsbruck
www.bkd.at | Innsbruck
www.dieboerse.at | Innsbruck
www.bike-point.at | Innsbruck
www.veloflott.at | Innsbruck
www.bikepalast.com | Volders
www.tomsiller.at | Wattens
www.probike.at | Schwaz, Probike

FORUM

www.bikeboard.at | *News, Forum, Magazin, Börse, Termine, Urlaub, Händler, Shop*

www.mtb-news.de | *Internet Bike Community, Bike Board, Events, Spezielle Bikes, Flohmarkt, Herstellerforen, Lokale Bikeforen*

www.fahrrad-news.com

www.alpenverein.at | Österreichischer Alpenverein. *Sektionen, Jugend, Hütten, Naturschutz, Sportklettern, Berg und Reisen, Karten, Links*

www.tirol.gv.at/themen/sport/radfahren/mountainbike | Mehr als 3.800 km Mountainbikerouten und 750 km Radwanderwege machen Tirol zum Top-Bikerevier. Auf den offiziellen Mountainbikerouten ist Radfahren ausdrücklich erlaubt, Radfahrer sind hier willkommen. *Mountainbiken, Mountainbikemodell, Routenlisten, Routenfreigabe, GPS-Tracks, Routenplaner, Verhaltensregeln, Tirol Vital Route, Bike Trail Tirol, Radwandern, Rennradtouren, Links, FAQ*

www.tirol.at | Die Hompage der Tirolwerbung zum Thema Mountainbiken. *Aktuell, Biketouren und Routen, Radtouren und Routen, Trans Tirol Touren, Veranstaltungen, Hotels und Pauschalen, Spezialisten, Service*

www.publish.at | Vollständige Information über Österreichs Bergwelt. *Hütten, Wege, Orte, Weitwanderwege E1 – E10*

KARTEN

www.bev.gv.at | Bundesamt für Eich- und Vermessungswesen. *Geobasisdaten, Austrian Map, A-Map Fly, Vermessungsbehörde*

www.kompass.de | Analoge und digitiale topografische Karten. Der „Zoom" ermöglicht mehrere Maßstäbe. Sehr hohe Genauigkeit bei maximaler Vergrößerung im Maßstab 1:25.000.

www.supertrail-map.com | Die weltweit einzigartige topographische Karte für ambitionierte Mountainbiker macht das Wissen der Locals erstmals frei verfügbar. Die Supertrail Maps sind auf reiß- und wasserfeste Folie gedruckt und deshalb nahezu unzerstörbar.

ONLINE SHOP

www.bikester.at | Deutschland/Österreich
www.bike24.at | Deutschland/Österreich
www.bikemailorder.de | Deutschland
www.bike-components.de | Deutschland
www.bikepalast.at | Österreich
www.zweirad-stadler.com | Österreich
www.bikestore.cc | Österreich
www.bikediscount.at | Deutschland/Österreich

BIKES AUS DER „SCHACHTEL"

www.bike24.at | Österreich

www.boc24.de | Deutschland
www.fahrrad.de | Deutschland
www.poison-bikes.de | Deutschland
www.radon-bikes.de | Deutschland
www.s-tec-sports.de | Deutschland
www.roseversand.de | Deutschland
www.trenga.de/shop/ | Deutschland

ZEITSCHRIFTEN

www.bike-magazin.de | *Mountainbike, Freeride, Teile, Bekleidung, Touren, Technik, Fitness:* Printausgabe und Ebook
www.mountainbike-magazin.de | *Touren, Teile, Fitness, Wissen, Fahrtechnik, Werkstatt, Szene:* Printausgabe und Ebook
www.pedaliero.de | Online Magazin
magazin.radsportland.at | *Kalender:* Online-Magazin und Printausgabe
www.mtbrider.de | *Videos, Test, Technik:* Printausgabe und Ebook
www.worldofmtb.de | *Geschichten, Material, Unterwegs:* Printausgabe und Ebook
www.ride.ch | *Life, Style, Stuff, Race:* Schweizer MTB-Magazin, Printausgabe und Ebook
www.spokemag.de/ | *Produkte, Events, Lifestyle, Kultur:* Printausgabe und Ebook
www.enduro-mtb.com | *Test, Technik, Teile, Trails, Know How, Videos:* Magazin-App

SERVICE

www.oebb.at | Fahrpläne Züge, Bundes- und Postbusse
www.ivb.at | Fahrpläne Straßenbahn und Stadtbusse
wetter.orf.at/tirol/prognose | Wetterbericht Tirol
https://wetter.provinz.bz.it | Wetterbericht Südtirol

NAVIGATION

www.strava.com | Soziales Netzwerk für Sportler, Up- und Download von GPS-Tracks, Tracking, online Routenplanung, Navigation
www.trailforks.com | Tourenportal, Navigation, Routenplanung
www.alltrails.com | Up- und Download von GPS-Tracks, online Routenplanung, Tourenportal
www.viewranger.com | Up- und Download von GPS-Tracks, online Routenplanung, Tourenportal
www.komoot.de | Tourenportal, Navigation, Routenplanung
www.outdooractive.com | Up- und Download von GPS-Tracks und online Routenplanung
www.bike-gps.com | Download von kostenpflichtigen GPS-Tracks
www.apemap.com | App für die On- und Off-Road Navigation, für iOS und Android, on- und Offline verwendbar, individuelle Tourenplanung am PC und am Smartphone
www.upmove-mtb.eu | Touren suchen, aufzeichnen und nachfahren.
www.locusmap.eu | Zeigt Karten sowohl on- und offline, Trackaufzeichnung, Routenführung, Wetter-Service und vieles mehr.
www.topeak.de | Bike Zubehör – Smartphone Halterungen und Notstrom-Aggregate
www.klickfix.com | Smartphone-Schutzhüllen und Halterungen

TOUREN GEREIHT NACH SCHWIERIGKEIT UND SORTIERT NACH GEBIET

❶

No.	Gebiet	Tourname	Höhenmeter [m]	Distanz [km]	Fahrzeit netto [h:min]	Schönheit	Schwierigkeit	Start [m]	Dach der Tour [m]]
017	Unterinntal	Färberwirt	343	18,2	1:20	✿	❶	527	870
030	Unterinntal	Aschinger Alm	562	16,7	1:15	✿	❶	475	1012
035	Karwendel	Gramaialm	311	16,7	1:15	✿	❶	952	1263
060	Zillertal	Gamssteinhaus	300	9	0:45	✿	❶	1474	1675
080	Zillertal	Speicher Zillergründl	550	21,6	1:40	✿✿	❶	1265	1868
081	Zillertal	Kainzenhüttenalm	578	14,4	1:25	✿✿	❶	1265	1843
082	Zillertal	Alpenhaus Oberböden	539	15	1:15	✿✿	❶	985	1524
084	Zillertal	Steinbockhaus	418	11,4	1:00	✿	❶	985	1403
098	Tuxertal	Brandteralm	350	10	1:00	✿	❶	1281	1600
157	Brixental	Kaiserblick	638	15,8	1:35	✿	❶	837	1475
161	Kitzbühel	Seidlalm	490	14,1	1:20	✿✿	❶	762	1250

❷

No.	Gebiet	Tourname	Höhenmeter [m]	Distanz [km]	Fahrzeit netto [h:min]	Schönheit	Schwierigkeit	Start [m]	Dach der Tour [m]]
018	Unterinntal	Oberhausberg	800	19,1	2:00	✿	❷	513	1150
020	Unterinntal	Moorsee	650	26,5	1:55	✿	❷	577	1100
021	Unterinntal	Hintersteinersee	881	25,6	1:55	✿✿	❷	530	1199
024	Unterinntal	Höhlensteinalm	764	19,3	1:50	✿✿	❷	616	1330
036	Karwendel	Bärenbadalm	505	11,9	1:30	✿✿✿	❷	952	1457
052	Alpbachtal	Wurmeggalm	830	17	1:40	✿	❷	960	1669
054	Alpbachtal	Farmenkehr Niederleger	760	18,2	1:40	✿✿	❷	1031	1771
059	Zillertal	Lamargalm	659	12,8	1:20	✿	❷	1474	2133
078	Zillertal	Au	632	29,8	2:10	✿	❷	633	1265
086	Gerlostal	Fürstalm	620	13,4	1:15	✿	❷	1204	1824
087	Gerlostal	Schönbergalm	700	19,4	1:40	✿	❷	1191	1841
092	Gerlostal	Pasteinalm	655	21	1:50	✿	❷	1245	1900
097	Tuxertal	Stoankasernalm	703	15,4	1:30	✿	❷	1281	1984
106	Leukental	Jägerhütte	705	16,3	1:35	✿✿	❷	817	1522
107	Leukental	Hausberg	542	14,7	1:15	✿	❷	804	1300
111	Walchsee	Raischeralm	600	23,3	1:50	✿✿	❷	691	1258
114	Walchsee	Karalm	707	17,4	1:45	✿✿✿	❷	589	1268
116	Walchsee	Kohlalm	765	19,2	1:40	✿	❷	700	1280

No.	Gebiet	Tourname	Höhenmeter [m]	Distanz [km]	Fahrzeit netto [h:min]	Schönheit	Schwierigkeit	Start [m]	Dach der Tour [m]]
120	St. Johann	Hackeralm	681	20,8	2:25	✿✿	❷	641	1322
122	St. Johann	Angerlalm	578	17,9	1:25	✿✿	❷	641	1154
125	St. Johann	Buchenstein	601	12,6	1:25	✿	❷	855	1456
129	St. Johann	Schattseitenalm	610	23,6	2:00	✿✿✿	❷	901	1669
133	St. Johann	Bichlbaueralm	816	25,6	2:10	✿✿	❷	778	1440
136	St. Johann	Brennhütte	646	13,4	1:15	✿✿✿	❷	778	1424
142	Wildschönau	Prädastenalm	617	14,9	1:50	✿	❷	870	1487
147	Brixental	Kinzlingeralm	675	24,8	2:05	✿	❷	622	1265

❸

No.	Gebiet	Tourname	Höhenmeter [m]	Distanz [km]	Fahrzeit netto [h:min]	Schönheit	Schwierigkeit	Start [m]	Dach der Tour [m]]
003	Unterinntal	Studlalm	1159	25,5	2:10	✿✿	❸	553	1712
004	Unterinntal	Loas	1135	30,3	2:20	✿✿	❸	540	1675
010	Unterinntal	Holzalm	927	26,4	2:00	✿✿	❸	534	1452
011	Unterinntal	Bischoferam	1010	29,6	2:15	✿✿	❸	534	1505
014	Unterinntal	Kragenalm	649	12,4	1:15	✿	❸	527	1176
023	Unterinntal	Trainsalm	1220	35	2:50	✿	❸	616	1294
025	Unterinntal	Köglalm	696	26,3	2:25	✿✿✿	❸	862	1422
026	Unterinntal	Kaindlhütte	932	24,6	2:10	✿✿	❸	499	1293
027	Unterinntal	Kaleralm	1005	36,8	3:05	✿✿✿	❸	499	1537
028	Unterinntal	Anton-Karg-Haus	500	24	2:00	✿✿	❸	499	936
031	Unterinntal	Kranzhornhütte	1362	33,3	3:15	✿✿✿	❸	476	1252
034	Karwendel	Feilkopf	610	18,2	1:40	✿✿	❸	952	1562
041	Karwendel	Rotwandhütte	1000	38,9	3:00	✿✿✿	❸	826	1528
043	Rofan	Kögljoch	809	27,7	2:35	✿✿✿	❸	935	1487
044	Rofan	Gufferthütte	1080	50,1	2:50	✿✿✿	❸	896	1465
045	Rofan	Schönjochalm	841	31,8	2:05	✿	❸	1010	1484
046	Rofan	Blaubergalm	920	28,9	2:20	✿✿	❸	826	1537
047	Rofan	Schienbachalm	800	28,1	2:00	✿✿	❸	675	1300
048	Rofan	Thaleralm	1287	39,1	2:45	✿✿✿	❸	675	1582
049	Rofan	Labeggalm	1220	32,6	2:45	✿	❸	675	1652
050	Alpbachtal	Hochlindalm	930	23,8	1:55	✿✿	❸	637	1431
051	Alpbachtal	Kohlgrubenalm	1003	23,7	1:50	✿	❸	637	1615
053	Alpbachtal	Hornboden	780	19,2	1:45	✿✿	❸	1031	1811
058	Zillertal	Holzalm	706	14,9	2:10	✿✿	❸	1474	2180
062	Zillertal	Brunnalm	1359	27,6	2:50	✿✿	❸	556	1915
071	Zillertal	Kotahornalm	1124	30,8	2:25	✿✿	❸	604	1640
074	Zillertal	Grüne Wand	1011	37,5	2:35	✿	❸	633	1644
075	Zillertal	Alpenrose	765	19,4	1:40	✿✿	❸	633	1398
076	Zillertal	Ahornachalm	1084	26	2:20	✿	❸	633	1717
077	Zillertal	Karlalm	1190	24,2	2:20	✿✿	❸	633	1746
079	Zillertal	Zollwachhütte	682	8,2	1:35	✿	❸	1265	1947
083	Zillertal	Alpenrosenhütte	888	30,4	2:20	✿✿	❸	985	1873
089	Gerlostal	Weissbachalm	717	12,4	1:15	✿	❸	1191	1903
090	Gerlostal	Trisslalm	577	28,4	2:10	✿✿	❸	1245	1583
091	Gerlostal	Arzlaneralm	666	19,6	1:55	✿	❸	1245	1842
095	Tuxertal	Eggalm	936	20,8	2:25	✿✿	❸	1257	1943
096	Tuxertal	Vallruckalm	875	21,4	2:05	✿✿	❸	1257	2132
101	Leukental	Brandstadl	1026	30,7	2:55	✿✿	❸	740	1612
102	Leukental	Hühneralm	936	22,1	2:10	✿✿✿	❸	740	1612
103	Leukental	Filzalm	765	32,1	2:35	✿✿	❸	740	1287
108	Leukental	Gaudeamushütte	620	16	1:40	✿✿	❸	772	1313
110	Walchsee	Priener Hütte	900	30,9	2:40	✿✿✿	❸	691	1356
112	Walchsee	Feldalm	1135	23,9	2:05	✿✿	❸	658	1376
115	Walchsee	Scheibenwaldhütte	1086	21,4	2:00	✿✿✿	❸	614	1700
117	St. Johann	Harschbühel	945	22,2	2:00	✿✿✿	❸	659	1604
119	St. Johann	Griesner Alm	1007	34,3	2:50	✿✿	❸	641	1267
121	St. Johann	Prostalm	750	24	2:15	✿✿✿	❸	641	1297
123	St. Johann	Adlerspoint	1023	36,8	3:00	✿✿✿	❸	641	1501
126	St. Johann	Lackalm	878	28	2:35	✿✿✿	❸	719	1444

No.	Gebiet	Tourname	Höhenmeter [m]	Distanz [km]	Fahrzeit netto [h:min]	Schönheit	Schwierigkeit	Start [m]	Dach der Tour [m]]
128	St. Johann	Lärchfilzhochalm	814	19,2	2:00	✿✿	❸	789	1603
130	St. Johann	Burgeralm	758	21,8	2:00	✿✿✿	❸	901	1569
131	St. Johann	Spielberghaus	1104	26,7	2:35	✿✿	❸	901	1630
132	St. Johann	Straubinger Haus	1289	31,9	2:45	✿✿✿	❸	625	1600
138	Wildschönau	Hörlerstiegel	980	24,2	2:40	✿✿✿	❸	782	1697
140	Wildschönau	Gressensteinalm	937	26	2:45	✿✿	❸	870	1807
143	Wildschönau	Neuhögenalm	876	19,1	2:20	✿✿	❸	870	1713
151	Brixental	Brechhornhaus	920	27,3	2:40	✿✿✿	❸	783	1678
152	Brixental	Chor	1031	22,1	2:35	✿✿✿	❸	783	1814
153	Brixental	Wiegalm	909	28,7	2:40	✿✿✿	❸	794	1678
154	Brixental	Jochstube	846	21,2	2:15	✿✿	❸	794	1628
156	Brixental	Kandleralm	731	17,3	1:50	✿	❸	794	1444
158	Brixental	Hirzeggalm	900	34,8	3:10	✿✿	❸	837	1553
163	Kitzbühel	Lämmerbichlalm	1090	42,8	3:30	✿✿✿	❸	783	1675
164	Kitzbühel	Melkalm	986	23,6	2:30	✿✿	❸	783	1650
169	Kitzbühel	Jagerwurzhütte	900	19,5	2:00	✿	❸	923	1783
170	Kitzbühel	Bärenbadkogel	975	23,3	2:35	✿✿✿	❸	923	1883
172	Kitzbühel	Hartkaseralm	1111	30,9	3:30	✿✿✿	❸	923	1871
174	Kitzbühel	Wildalm	750	20	1:50	✿✿	❸	820	1500

❹

No.	Gebiet	Tourname	Höhenmeter [m]	Distanz [km]	Fahrzeit netto [h:min]	Schönheit	Schwierigkeit	Start [m]	Dach der Tour [m]]
006	Unterinntal	Kaunzalm	1165	28,2	2:15	✿✿	❹	543	1579
007	Unterinntal	Scherbensteinalm	1309	25,8	2:35	✿✿✿	❹	541	1850
008	Unterinntal	Bayreuther Hütte	1259	32	4:00	✿✿	❹	541	1800
012	Unterinntal	Silberbergalm	646	14,4	1:20	✿	❹	534	1175
013	Unterinntal	Nachbergalm	1335	50,6	3:15	✿✿✿	❹	521	1444
015	Unterinntal	Rosskopfhütte	1120	38,2	3:30	✿✿✿	❹	527	1490
019	Unterinntal	Buchackeralm	1064	33,7	3:00	✿✿✿	❹	575	1422
022	Unterinntal	Burgstein	1191	24,9	2:45	✿	❹	685	1790
032	Karwendel	Schleimssattel	1410	15,8	3:35	✿✿✿	❹	952	1652
033	Karwendel	Plumsjochhütte	1608	38,8	4:40	✿✿	❹	952	1953
039	Karwendel	Falkenmoosalm	1016	28,4	3:10	✿✿✿	❹	896	1800
042	Karwendel	Gröbner Hals	1177	37	2:45	✿✿✿	❹	826	1652
055	Zillertal	Hansletalm	1240	27,4	2:20	✿✿	❹	541	2000
056	Zillertal	Gartalm	1462	34,6	2:50	✿✿	❹	545	1849
057	Zillertal	Schlagalm	1386	40,3	3:10	✿✿	❹	543	1675
061	Zillertal	Gedrechter	1686	36,7	3:10	✿✿	❹	577	2195
063	Zillertal	Steinbergalm	1325	33,5	3:10	✿✿✿	❹	556	1857
065	Zillertal	Durachalm	1350	32,8	3:15	✿	❹	556	1868
066	Zillertal	Triplonalm	1530	36,4	3:40	✿	❹	556	2052
068	Zillertal	Kreuzwiesenhütte	1400	39,9	3:10	✿✿✿	❹	575	1884
070	Zillertal	Kreuzjochhütte	1420	36,1	2:45	✿✿✿	❹	575	1950
085	Gerlostal	Isskogel	1127	26,1	2:35	✿✿✿	❹	1204	2263
093	Tuxertal	Lämmerbichlalm	1481	34,8	3:15	✿✿✿	❹	839	2292
094	Tuxertal	Gschößwandhaus	1000	22,5	2:45	✿✿	❹	839	1850
099	Tuxertal	Tuxer-Joch-Hütte	823	18	1:50	✿✿✿	❹	1493	2316
109	Walchsee	Spitzsteinhaus	1000	32	2:40	✿✿	❹	500	1308
113	Walchsee	Taubenseehütte	631	14,1	1:30	✿✿	❹	589	1165
118	St. Johann	Hornköpfl	1507	39,5	3:30	✿✿✿	❹	659	1996
124	St. Johann	Scheibenbichlalm	830	18,1	2:10	✿✿	❹	719	1452
127	St. Johann	Lachtalalm	970	23,3	3:00	✿✿✿	❹	789	1673
134	St. Johann	Ghf. Steinplatte	1588	46,8	4:00	✿✿✿	❹	778	1659
135	St. Johann	Steinplatte	1056	20,2	2:15	✿✿✿	❹	778	1834
137	St. Johann	Schwarzberghöhe	1320	37,3	3:10	✿✿✿	❹	778	1500
139	Wildschönau	Schatzbergalm	1119	24,4	2:55	✿✿✿	❹	782	1876
141	Wildschönau	Baumgartenalm	984	22,9	2:50	✿	❹	870	1854
144	Brixental	Trockenbachalm	1269	33,3	3:40	✿	❹	622	1600
145	Brixental	Siedeljoch	1800	56,4	5:05	✿✿✿	❹	622	1689
146	Brixental	Hinterölbankalm	1016	34,5	3:10	✿✿✿	❹	622	1550
148	Brixental	Haagalm	938	25,6	3:15	✿✿	❹	622	1510

No.	Gebiet	Tourname	Höhenmeter [m]	Distanz [km]	Fahrzeit netto [h:min]	Schönheit	Schwierigkeit	Start [m]	Dach der Tour [m]]
149	Brixental	Markbachjochalm	921	22,4	2:20	✿✿	❹	622	1454
159	Brixental	Frühmesser	1680	37,6	5:20	✿✿	❹	1013	2233
160	Kitzbühel	Resterhöhe	1235	56	4:50	✿✿✿	❹	762	1892
162	Kitzbühel	Kitzbüheler Horn	1290	24,7	2:45	✿✿✿	❹	783	1996
165	Kitzbühel	Ehrenbachhöhe	1226	37,4	3:35	✿✿✿	❹	762	1938
166	Kitzbühel	Hochwildalm	1028	27,5	3:05	✿✿	❹	750	1638
167	Kitzbühel	Pengelstein	1250	34,9	3:10	✿✿✿	❹	783	1938
171	Kitzbühel	Kesselkarsee	1030	25,7	2:50	✿	❹	923	1902
173	Kitzbühel	Kelchalm	650	12,8	1:35	✿✿	❹	820	1500

❺

No.	Gebiet	Tourname	Höhenmeter [m]	Distanz [km]	Fahrzeit netto [h:min]	Schönheit	Schwierigkeit	Start [m]	Dach der Tour [m]]
001	Unterinntal	Geiseljoch	3200	77,6	7:10	✿✿✿	❺	882	2292
002	Unterinntal	Grafennsalm	2023	47,9	4:05	✿	❺	553	2300
005	Unterinntal	Kellerjochhütte	1573	35,5	3:10	✿✿	❺	543	2237
009	Unterinntal	Haglhütte	1807	46,2	4:00	✿	❺	556	2106
016	Unterinntal	Schatzberg	2028	51,2	5:10	✿✿✿	❺	527	1876
029	Unterinntal	Vorderkaiserfeldenhütte	889	20,8	2:30	✿✿	❺	499	1388
037	Karwendel	Weissenbachsattel	853	17,1	1:40	✿✿	❺	970	1703
038	Karwendel	Lamsenjochhütte	1621	39,6	4:30	✿✿	❺	970	1953
040	Karwendel	Karwendelhaus	3107	148,8	13:30	✿✿✿	❺	935	1848
064	Zillertal	Otto-Leixl-Hütte	1761	54,9	4:15	✿✿✿	❺	556	1911
067	Zillertal	Hemereralm	1500	45	3:50	✿	❺	556	2033
069	Zillertal	Rastkogelhütte	1740	41,3	3:25	✿✿	❺	575	2117
072	Zillertal	Penkenalm	1675	36,7	3:20	✿✿✿	❺	608	2095
073	Zillertal	Filzenalm	1320	25	2:20	✿	❺	633	1955
088	Gerlostal	Tödtengrubenalm	882	22,4	2:05	✿	❺	1191	1998
100	Leukental	Hohe Salve	1240	28,4	2:50	✿✿✿	❺	698	1828
104	Leukental	Kaiseralm	750	18,7	2:10	✿	❺	680	1400
105	Leukental	Gruttenhütte	880	18	2:00	✿✿✿	❺	740	1620
150	Brixental	Rigi	1255	23,9	3:00	✿✿	❺	622	1828
155	Brixental	Filzenscharte	2601	85,2	7:20	✿✿✿	❺	794	2075
168	Kitzbühel	Bichlalm	880	20,3	2:10	✿	❺	783	1598
175	Kitzbühel	Toralm	1359	31,7	3:35	✿✿✿	❺	820	1979

TOUREN GEREIHT NACH SCHÖNHEIT UND SORTIERT NACH GEBIET

✿

No.	Gebiet	Tourname	Höhenmeter [m]	Distanz [km]	Fahrzeit netto [h:min]	Schönheit	Schwierigkeit	Start [m]	Dach der Tour [m]]
2	Unterinntal	Grafennsalm	2023	47,9	4:05	✿	❺	553	2300
9	Unterinntal	Haglhütte	1807	46,2	4:00	✿	❺	556	2106
12	Unterinntal	Silberbergalm	646	14,4	1:20	✿	❹	534	1175
14	Unterinntal	Kragenalm	649	12,4	1:15	✿	❸	527	1176
17	Unterinntal	Färberwirt	343	18,2	1:20	✿	❶	527	870
18	Unterinntal	Oberhausberg	800	19,1	2:00	✿	❷	513	1150
20	Unterinntal	Moorsee	650	26,5	1:55	✿	❷	577	1100
22	Unterinntal	Burgstein	1191	24,9	2:45	✿	❹	685	1790
23	Unterinntal	Trainsalm	1220	35	2:50	✿	❸	616	1294
30	Unterinntal	Aschinger Alm	562	16,7	1:15	✿	❶	475	1012
35	Karwendel	Gramaialm	311	16,7	1:15	✿	❶	952	1263
45	Rofan	Schönjochalm	841	31,8	2:05	✿	❸	1010	1484
49	Rofan	Labeggalm	1220	32,6	2:45	✿	❸	675	1652
51	Alpbachtal	Kohlgrubenalm	1003	23,7	1:50	✿	❸	637	1615
52	Alpbachtal	Wurmeggalm	830	17	1:40	✿	❷	960	1669
59	Zillertal	Lamargalm	659	12,8	1:20	✿	❷	1474	2133
60	Zillertal	Gamssteinhaus	300	9	0:45	✿	❶	1474	1675
65	Zillertal	Durachalm	1350	32,8	3:15	✿	❹	556	1868

No.	Gebiet	Tourname	Höhenmeter [m]	Distanz [km]	Fahrzeit netto [h:min]	Schönheit	Schwierigkeit	Start [m]	Dach der Tour [m]]
66	Zillertal	Triplonalm	1530	36,4	3:40	✿	❹	556	2052
67	Zillertal	Hemereralm	1500	45	3:50	✿	❺	556	2033
73	Zillertal	Filzenalm	1320	25	2:20	✿	❺	633	1955
74	Zillertal	Grüne Wand	1011	37,5	2:35	✿	❸	633	1644
76	Zillertal	Ahornachalm	1084	26	2:20	✿	❸	633	1717
78	Zillertal	Au	632	29,8	2:10	✿	❷	633	1265
79	Zillertal	Zollwachhütte	682	8,2	1:35	✿	❸	1265	1947
84	Zillertal	Steinbockhaus	418	11,4	1:00	✿	❶	985	1403
86	Gerlostal	Fürstalm	620	13,4	1:15	✿	❷	1204	1824
87	Gerlostal	Schönbergalm	700	19,4	1:40	✿	❷	1191	1841
88	Gerlostal	Tödtengrubenalm	882	22,4	2:05	✿	❺	1191	1998
89	Gerlostal	Weissbachalm	717	12,4	1:15	✿	❸	1191	1903
91	Gerlostal	Arzlaneralm	666	19,6	1:55	✿	❸	1245	1842
92	Gerlostal	Pasteinalm	655	21	1:50	✿	❷	1245	1900
97	Tuxertal	Stoankasernalm	703	15,4	1:30	✿	❷	1281	1984
98	Tuxertal	Brandteralm	350	10	1:00	✿	❶	1281	1600
104	Leukental	Kaiseralm	750	18,7	2:10	✿	❺	680	1400
107	Leukental	Hausberg	542	14,7	1:15	✿	❷	804	1300
116	Walchsee	Kohlalm	765	19,2	1:40	✿	❷	700	1280
125	St. Johann	Buchenstein	601	12,6	1:25	✿	❷	855	1456
141	Wildschönau	Baumgartenalm	984	22,9	2:50	✿	❹	870	1854
142	Wildschönau	Prädastenalm	617	14,9	1:50	✿	❷	870	1487
144	Brixental	Trockenbachalm	1269	33,3	3:40	✿	❹	622	1600
147	Brixental	Kinzlingeralm	675	24,8	2:05	✿	❷	622	1265
156	Brixental	Kandleralm	731	17,3	1:50	✿	❸	794	1444
157	Brixental	Kaiserblick	638	15,8	1:35	✿	❶	837	1475
168	Kitzbühel	Bichlalm	880	20,3	2:10	✿	❺	783	1598
169	Kitzbühel	Jagerwurzhütte	900	19,5	2:00	✿	❸	923	1783
171	Kitzbühel	Kesselkarsee	1030	25,7	2:50	✿	❹	923	1902

✿✿

No.	Gebiet	Tourname	Höhenmeter [m]	Distanz [km]	Fahrzeit netto [h:min]	Schönheit	Schwierigkeit	Start [m]	Dach der Tour [m]]
003	Unterinntal	Studlalm	1159	25,5	2:10	✿✿	❸	553	1712
004	Unterinntal	Loas	1135	30,3	2:20	✿✿	❸	540	1675
005	Unterinntal	Kellerjochhütte	1573	35,5	3:10	✿✿	❺	543	2237
006	Unterinntal	Kaunzalm	1165	28,2	2:15	✿✿	❹	543	1579
008	Unterinntal	Bayreuther Hütte	1259	32	4:00	✿✿	❹	541	1800
010	Unterinntal	Holzalm	927	26,4	2:00	✿✿	❸	534	1452
011	Unterinntal	Bischoferam	1010	29,6	2:15	✿✿	❸	534	1505
021	Unterinntal	Hintersteinersee	881	25,6	1:55	✿✿	❷	530	1199
024	Unterinntal	Höhlensteinalm	764	19,3	1:50	✿✿	❷	616	1330
026	Unterinntal	Kaindlhütte	932	24,6	2:10	✿✿	❸	499	1293
028	Unterinntal	Anton-Karg-Haus	500	24	2:00	✿✿	❸	499	936
029	Unterinntal	Vorderkaiserfeldenhütte	889	20,8	2:30	✿✿	❺	499	1388
033	Karwendel	Plumsjochhütte	1608	38,8	4:40	✿✿	❹	952	1953
034	Karwendel	Feilkopf	610	18,2	1:40	✿✿	❸	952	1562
037	Karwendel	Weissenbachsattel	853	17,1	1:40	✿✿	❺	970	1703
038	Karwendel	Lamsenjochhütte	1621	39,6	4:30	✿✿	❺	970	1953
046	Rofan	Blaubergalm	920	28,9	2:20	✿✿	❸	826	1537
047	Rofan	Schienbachalm	800	28,1	2:00	✿✿	❸	675	1300
050	Alpbachtal	Hochlindalm	930	23,8	1:55	✿✿	❸	637	1431
053	Alpbachtal	Hornboden	780	19,2	1:45	✿✿	❸	1031	1811
054	Alpbachtal	Farmenkehr Niederleger	760	18,2	1:40	✿✿	❷	1031	1771
055	Zillertal	Hansletalm	1240	27,4	2:20	✿✿	❹	541	2000
056	Zillertal	Gartalm	1462	34,6	2:50	✿✿	❹	545	1849
057	Zillertal	Schlagalm	1386	40,3	3:10	✿✿	❹	543	1675
058	Zillertal	Holzalm	706	14,9	2:10	✿✿	❸	1474	2180
061	Zillertal	Gedrechter	1686	36,7	3:10	✿✿	❹	577	2195
062	Zillertal	Brunnalm	1359	27,6	2:50	✿✿	❸	556	1915
069	Zillertal	Rastkogelhütte	1740	41,3	3:25	✿✿	❺	575	2117

No.	Gebiet	Tourname	Höhenmeter [m]	Distanz [km]	Fahrzeit netto [h:min]	Schönheit	Schwierigkeit	Start [m]	Dach der Tour [m]]
071	Zillertal	Kotahornalm	1124	30,8	2:25	✿✿	❸	604	1640
075	Zillertal	Alpenrose	765	19,4	1:40	✿✿	❸	633	1398
077	Zillertal	Karlalm	1190	24,2	2:20	✿✿	❸	633	1746
080	Zillertal	Speicher Zillergründl	550	21,6	1:40	✿✿	❶	1265	1868
081	Zillertal	Kainzenhüttenalm	578	14,4	1:25	✿✿	❶	1265	1843
082	Zillertal	Alpenhaus Oberböden	539	15	1:15	✿✿	❶	985	1524
083	Zillertal	Alpenrosenütte	888	30,4	2:20	✿✿	❸	985	1873
090	Gerlostal	Trisslalm	577	28,4	2:10	✿✿	❸	1245	1583
094	Tuxertal	Gschößwandhaus	1000	22,5	2:45	✿✿	❹	839	1850
095	Tuxertal	Eggalm	936	20,8	2:25	✿✿	❸	1257	1943
096	Tuxertal	Vallruckalm	875	21,4	2:05	✿✿	❸	1257	2132
101	Leukental	Brandstadl	1026	30,7	2:55	✿✿	❸	740	1612
103	Leukental	Filzalm	765	32,1	2:35	✿✿	❸	740	1287
106	Leukental	Jägerhütte	705	16,3	1:35	✿✿	❷	817	1522
108	Leukental	Gaudeamushütte	620	16	1:40	✿✿	❸	772	1313
109	Walchsee	Spitzsteinhaus	1000	32	2:40	✿✿	❹	500	1308
111	Walchsee	Raischeralm	600	23,3	1:50	✿✿	❷	691	1258
112	Walchsee	Feldalm	1135	23,9	2:05	✿✿	❸	658	1376
113	Walchsee	Taubenseehütte	631	14,1	1:30	✿✿	❹	589	1165
119	St. Johann	Griesner Alm	1007	34,3	2:50	✿✿	❸	641	1267
120	St. Johann	Hackeralm	681	20,8	2:25	✿✿	❷	641	1322
122	St. Johann	Angerlalm	578	17,9	1:25	✿✿	❷	641	1154
124	St. Johann	Scheibenbichlalm	830	18,1	2:10	✿✿	❹	719	1452
128	St. Johann	Lärchfilzhochalm	814	19,2	2:00	✿✿	❸	789	1603
131	St. Johann	Spielberghaus	1104	26,7	2:35	✿✿	❸	901	1630
133	St. Johann	Bichlbaueralm	816	25,6	2:10	✿✿	❷	778	1440
140	Wildschönau	Gressensteinalm	937	26	2:45	✿✿	❸	870	1807
143	Wildschönau	Neuhögenalm	876	19,1	2:20	✿✿	❸	870	1713
148	Brixental	Haagalm	938	25,6	3:15	✿✿	❹	622	1510
149	Brixental	Markbachjochalm	921	22,4	2:20	✿✿	❹	622	1454
150	Brixental	Rigi	1255	23,9	3:00	✿✿	❺	622	1828
154	Brixental	Jochstube	846	21,2	2:15	✿✿	❸	794	1628
158	Brixental	Hirzeggalm	900	34,8	3:10	✿✿	❸	837	1553
159	Brixental	Frühmesser	1680	37,6	5:20	✿✿	❹	1013	2233
161	Kitzbühel	Seidlalm	490	14,1	1:20	✿✿	❶	762	1250
164	Kitzbühel	Melkalm	986	23,6	2:30	✿✿	❸	783	1650
166	Kitzbühel	Hochwildalm	1028	27,5	3:05	✿✿	❹	750	1638
173	Kitzbühel	Kelchalm	650	12,8	1:35	✿✿	❹	820	1500
174	Kitzbühel	Wildalm	750	20	1:50	✿✿	❸	820	1500

✿✿✿

No.	Gebiet	Tourname	Höhenmeter [m]	Distanz [km]	Fahrzeit netto [h:min]	Schönheit	Schwierigkeit	Start [m]	Dach der Tour [m]]
001	Unterinntal	Geiseljoch	3200	77,6	7:10	✿✿✿	❺	882	2292
007	Unterinntal	Scherbensteinalm	1309	25,8	2:35	✿✿✿	❹	541	1850
013	Unterinntal	Nachbergalm	1335	50,6	3:15	✿✿✿	❹	521	1444
015	Unterinntal	Rosskopfhütte	1120	38,2	3:30	✿✿✿	❹	527	1490
016	Unterinntal	Schatzberg	2028	51,2	5:10	✿✿✿	❺	527	1876
019	Unterinntal	Buchackeralm	1064	33,7	3:00	✿✿✿	❹	575	1422
025	Unterinntal	Köglalm	696	26,3	2:25	✿✿✿	❸	862	1422
027	Unterinntal	Kaleralm	1005	36,8	3:05	✿✿✿	❸	499	1537
031	Unterinntal	Kranzhornhütte	1362	33,3	3:15	✿✿✿	❸	476	1252
032	Karwendel	Schleimssattel	1410	15,8	3:35	✿✿✿	❹	952	1652
036	Karwendel	Bärenbadalm	505	11,9	1:30	✿✿✿	❷	952	1457
039	Karwendel	Falkenmoosalm	1016	28,4	3:10	✿✿✿	❹	896	1800
040	Karwendel	Karwendelhaus	3107	148,8	13:30	✿✿✿	❺	935	1848
041	Karwendel	Rotwandhütte	1000	38,9	3:00	✿✿✿	❸	826	1528
042	Karwendel	Gröbner Hals	1177	37	2:45	✿✿✿	❹	826	1652
043	Rofan	Kögljoch	809	27,7	2:35	✿✿✿	❸	935	1487
044	Rofan	Gufferthütte	1080	50,1	2:50	✿✿✿	❸	896	1465
048	Rofan	Thaleralm	1287	39,1	2:45	✿✿✿	❸	675	1582

No.	Gebiet	Tourname	Höhenmeter [m]	Distanz [km]	Fahrzeit netto [h:min]	Schönheit	Schwierigkeit	Start [m]	Dach der Tour [m]]
063	Zillertal	Steinbergalm	1325	33,5	3:10	✿✿✿	❹	556	1857
064	Zillertal	Otto-Leixl-Hütte	1761	54,9	4:15	✿✿✿	❺	556	1911
068	Zillertal	Kreuzwiesenhütte	1400	39,9	3:10	✿✿✿	❹	575	1884
070	Zillertal	Kreuzjochhütte	1420	36,1	2:45	✿✿✿	❹	575	1950
072	Zillertal	Penkenalm	1675	36,7	3:20	✿✿✿	❺	608	2095
085	Gerlostal	Isskogel	1127	26,1	2:35	✿✿✿	❹	1204	2263
093	Tuxertal	Lämmerbichlalm	1481	34,8	3:15	✿✿✿	❹	839	2292
099	Tuxertal	Tuxer-Joch-Hütte	823	18	1:50	✿✿✿	❹	1493	2316
100	Leukental	Hohe Salve	1240	28,4	2:50	✿✿✿	❺	698	1828
102	Leukental	Hühneralm	936	22,1	2:10	✿✿✿	❸	740	1612
105	Leukental	Gruttenhütte	880	18	2:00	✿✿✿	❺	740	1620
110	Walchsee	Priener Hütte	900	30,9	2:40	✿✿✿	❸	691	1356
114	Walchsee	Karalm	707	17,4	1:45	✿✿✿	❷	589	1268
115	Walchsee	Scheibenwaldhütte	1086	21,4	2:00	✿✿✿	❸	614	1700
117	St. Johann	Harschbühel	945	22,2	2:00	✿✿✿	❸	659	1604
118	St. Johann	Hornköpfl	1507	39,5	3:30	✿✿✿	❹	659	1996
121	St. Johann	Prostalm	750	24	2:15	✿✿✿	❸	641	1297
123	St. Johann	Adlerspoint	1023	36,8	3:00	✿✿✿	❸	641	1501
126	St. Johann	Lackalm	878	28	2:35	✿✿✿	❸	719	1444
127	St. Johann	Lachtalalm	970	23,3	3:00	✿✿✿	❹	789	1673
129	St. Johann	Schattseitenalm	610	23,6	2:00	✿✿✿	❷	901	1669
130	St. Johann	Burgeralm	758	21,8	2:00	✿✿✿	❸	901	1569
132	St. Johann	Straubinger Haus	1289	31,9	2:45	✿✿✿	❸	625	1600
134	St. Johann	Ghf. Steinplatte	1588	46,8	4:00	✿✿✿	❹	778	1659
135	St. Johann	Steinplatte	1056	20,2	2:15	✿✿✿	❹	778	1834
136	St. Johann	Brennhütte	646	13,4	1:15	✿✿✿	❷	778	1424
137	St. Johann	Schwarzberghöhe	1320	37,3	3:10	✿✿✿	❹	778	1500
138	Wildschönau	Hörlerstiegel	980	24,2	2:40	✿✿✿	❸	782	1697
139	Wildschönau	Schatzbergalm	1119	24,4	2:55	✿✿✿	❹	782	1876
145	Brixental	Siedeljoch	1800	56,4	5:05	✿✿✿	❹	622	1689
146	Brixental	Hinterölbankalm	1016	34,5	3:10	✿✿✿	❹	622	1550
151	Brixental	Brechhornhaus	920	27,3	2:40	✿✿✿	❸	783	1678
152	Brixental	Chor	1031	22,1	2:35	✿✿✿	❸	783	1814
153	Brixental	Wiegalm	909	28,7	2:40	✿✿✿	❸	794	1678
155	Brixental	Filzenscharte	2601	85,2	7:20	✿✿✿	❺	794	2075
160	Kitzbühel	Resterhöhe	1235	56	4:50	✿✿✿	❹	762	1892
162	Kitzbühel	Kitzbüheler Horn	1290	24,7	2:45	✿✿✿	❹	783	1996
163	Kitzbühel	Lämmerbichlalm	1090	42,8	3:30	✿✿✿	❸	783	1675
165	Kitzbühel	Ehrenbachhöhe	1226	37,4	3:35	✿✿✿	❹	762	1938
167	Kitzbühel	Pengelstein	1250	34,9	3:10	✿✿✿	❹	783	1938
170	Kitzbühel	Bärenbadkogel	975	23,3	2:35	✿✿✿	❸	923	1883
172	Kitzbühel	Hartkaseralm	1111	30,9	3:30	✿✿✿	❸	923	1871
175	Kitzbühel	Toralm	1359	31,7	3:35	✿✿✿	❺	820	1979

TOUREN GEREIHT NACH DER HÖHE

BIS 1000 m

No.	Gebiet	Tourname	Höhenmeter [m]	Distanz [km]	Fahrzeit netto [h:min]	Schönheit	Schwierigkeit	Start [m]	Dach der Tour [m]]
017	Unterinntal	Färberwirt	343	18,2	1:20	1	1	527	870
028	Unterinntal	Anton-Karg-Haus	500	24	2:00	2	❸	499	936

1000 m - 1500 m

No.	Gebiet	Tourname	Höhenmeter [m]	Distanz [km]	Fahrzeit netto [h:min]	Schönheit	Schwierigkeit	Start [m]	Dach der Tour [m]]
030	Unterinntal	Aschinger Alm	562	16,7	1:15	✿	❶	475	1012
020	Unterinntal	Moorsee	650	26,5	1:55	✿	❷	577	1100
18	Unterinntal	Oberhausberg	800	19,1	2:00	✿	❷	513	1150

No.	Gebiet	Tourname	Höhenmeter [m]	Distanz [km]	Fahrzeit netto [h:min]	Schönheit	Schwierigkeit	Start [m]	Dach der Tour [m]]
122	St. Johann	Angerlalm	578	17,9	1:25	✿✿	❷	641	1154
113	Walchsee	Taubenseehütte	631	14,1	1:30	✿✿	❹	589	1165
012	Unterinntal	Silberbergalm	646	14,4	1:20	✿	❹	534	1175
014	Unterinntal	Kragenalm	649	12,4	1:15	✿	❸	527	1176
021	Unterinntal	Hintersteinersee	881	25,6	1:55	✿✿	❷	530	1199
161	Kitzbühel	Seidlalm	490	14,1	1:20	✿✿	❶	762	1250
031	Unterinntal	Kranzhornhütte	1362	33,3	3:15	✿✿✿	❸	476	1252
111	Walchsee	Raischeralm	600	23,3	1:50	✿✿	❷	691	1258
035	Karwendel	Gramaialm	311	16,7	1:15	✿	❶	952	1263
078	Zillertal	Au	632	29,8	2:10	✿	❷	633	1265
147	Brixental	Kinzlingeralm	675	24,8	2:05	✿	❷	622	1265
119	St. Johann	Griesner Alm	1007	34,3	2:50	✿✿	❸	641	1267
114	Walchsee	Karalm	707	17,4	1:45	✿✿✿	❷	589	1268
116	Walchsee	Kohlalm	765	19,2	1:40	✿	❷	700	1280
103	Leukental	Filzalm	765	32,1	2:35	✿✿	❸	740	1287
026	Unterinntal	Kaindlhütte	932	24,6	2:10	✿✿	❸	499	1293
023	Unterinntal	Trainsalm	1220	35	2:50	✿	❸	616	1294
121	St. Johann	Prostalm	750	24	2:15	✿✿✿	❸	641	1297
047	Rofan	Schienbachalm	800	28,1	2:00	✿✿	❸	675	1300
107	Leukental	Hausberg	542	14,7	1:15	✿	❷	804	1300
109	Walchsee	Spitzsteinhaus	1000	32	2:40	✿✿	❹	500	1308
108	Leukental	Gaudeamushütte	620	16	1:40	✿✿	❸	772	1313
120	St. Johann	Hackeralm	681	20,8	2:25	✿✿	❷	641	1322
024	Unterinntal	Höhlensteinalm	764	19,3	1:50	✿✿	❷	616	1330
110	Walchsee	Priener Hütte	900	30,9	2:40	✿✿✿	❸	691	1356
112	Walchsee	Feldalm	1135	23,9	2:05	✿✿	❸	658	1376
029	Unterinntal	Vorderkaiserfeldenhütte	889	20,8	2:30	✿✿	❺	499	1388
075	Zillertal	Alpenrose	765	19,4	1:40	✿✿	❸	633	1398
104	Leukental	Kaiseralm	750	18,7	2:10	✿	❺	680	1400
084	Zillertal	Steinbockhaus	418	11,4	1:00	✿	❶	985	1403
019	Unterinntal	Buchackeralm	1064	33,7	3:00	✿✿✿	❹	575	1422
025	Unterinntal	Köglalm	696	26,3	2:25	✿✿✿	❸	862	1422
136	St. Johann	Brennhütte	646	13,4	1:15	✿✿✿	❷	778	1424
050	Alpbachtal	Hochlindalm	930	23,8	1:55	✿✿	❸	637	1431
133	St. Johann	Bichlbaueralm	816	25,6	2:10	✿✿	❷	778	1440
013	Unterinntal	Nachbergalm	1335	50,6	3:15	✿✿✿	❹	521	1444
126	St. Johann	Lackalm	878	28	2:35	✿✿✿	❸	719	1444
156	Brixental	Kandleralm	731	17,3	1:50	✿	❸	794	1444
010	Unterinntal	Holzalm	927	26,4	2:00	✿✿	❸	534	1452
124	St. Johann	Scheibenbichlalm	830	18,1	2:10	✿✿	❹	719	1452
149	Brixental	Markbachjochalm	921	22,4	2:20	✿✿	❹	622	1454
125	St. Johann	Buchenstein	601	12,6	1:25	✿	❷	855	1456
036	Karwendel	Bärenbadalm	505	11,9	1:30	✿✿✿	❷	952	1457
044	Rofan	Gufferthütte	1080	50,1	2:50	✿✿✿	❸	896	1465
157	Brixental	Kaiserblick	638	15,8	1:35	✿	❶	837	1475
045	Rofan	Schönjochalm	841	31,8	2:05	✿	❸	1010	1484
043	Rofan	Kögljoch	809	27,7	2:35	✿✿✿	❸	935	1487
142	Wildschönau	Prädastenalm	617	14,9	1:50	✿	❷	870	1487
015	Unterinntal	Rosskopfhütte	1120	38,2	3:30	✿✿✿	❹	527	1490

1500 m - 2000 m

No.	Gebiet	Tourname	Höhenmeter [m]	Distanz [km]	Fahrzeit netto [h:min]	Schönheit	Schwierigkeit	Start [m]	Dach der Tour [m]]
137	St. Johann	Schwarzberghöhe	1320	37,3	3:10	✿✿✿	❹	778	1500
173	Kitzbühel	Kelchalm	650	12,8	1:35	✿✿	❹	820	1500
174	Kitzbühel	Wildalm	750	20	1:50	✿✿	❸	820	1500
123	St. Johann	Adlerspoint	1023	36,8	3:00	✿✿✿	❸	641	1501
011	Unterinntal	Bischoferam	1010	29,6	2:15	✿✿	❸	534	1505
148	Brixental	Haagalm	938	25,6	3:15	✿✿	❹	622	1510
106	Leukental	Jägerhütte	705	16,3	1:35	✿✿	❷	817	1522
082	Zillertal	Alpenhaus Oberböden	539	15	1:15	✿✿	❶	985	1524

No.	Gebiet	Tourname	Höhenmeter [m]	Distanz [km]	Fahrzeit netto [h:min]	Schönheit	Schwierigkeit	Start [m]	Dach der Tour [m]]
041	Karwendel	Rotwandhütte	1000	38,9	3:00	✿✿✿	❸	826	1528
027	Unterinntal	Kaleralm	1005	36,8	3:05	✿✿✿	❸	499	1537
046	Rofan	Blaubergalm	920	28,9	2:20	✿✿	❸	826	1537
146	Brixental	Hinterölbankalm	1016	34,5	3:10	✿✿✿	❹	622	1550
158	Brixental	Hirzeggalm	900	34,8	3:10	✿✿	❸	837	1553
34	Karwendel	Feilkopf	610	18,2	1:40	✿✿	❸	952	1562
130	St. Johann	Burgeralm	758	21,8	2:00	✿✿✿	❸	901	1569
006	Unterinntal	Kaunzalm	1165	28,2	2:15	✿✿	❹	543	1579
048	Rofan	Thaleralm	1287	39,1	2:45	✿✿✿	❸	675	1582
090	Gerlostal	Trisslalm	577	28,4	2:10	✿✿	❸	1245	1583
168	Kitzbühel	Bichlalm	880	20,3	2:10	✿	❺	783	1598
98	Tuxertal	Brandteralm	350	10	1:00	✿	❶	1281	1600
132	St. Johann	Straubinger Haus	1289	31,9	2:45	✿✿✿	❸	625	1600
144	Brixental	Trockenbachalm	1269	33,3	3:40	✿	❹	622	1600
128	St. Johann	Lärchfilzhochalm	814	19,2	2:00	✿✿	❸	789	1603
117	St. Johann	Harschbühel	945	22,2	2:00	✿✿✿	❸	659	1604
101	Leukental	Brandstadl	1026	30,7	2:55	✿✿	❸	740	1612
102	Leukental	Hühneralm	936	22,1	2:10	✿✿✿	❸	740	1612
051	Alpbachtal	Kohlgrubenalm	1003	23,7	1:50	✿	❸	637	1615
105	Leukental	Gruttenhütte	880	18	2:00	✿✿✿	❺	740	1620
154	Brixental	Jochstube	846	21,2	2:15	✿✿	❸	794	1628
131	St. Johann	Spielberghaus	1104	26,7	2:35	✿✿	❸	901	1630
166	Kitzbühel	Hochwildalm	1028	27,5	3:05	✿✿	❹	750	1638
071	Zillertal	Kotahornalm	1124	30,8	2:25	✿✿	❸	604	1640
074	Zillertal	Grüne Wand	1011	37,5	2:35	✿	❸	633	1644
164	Kitzbühel	Melkalm	986	23,6	2:30	✿✿	❸	783	1650
032	Karwendel	Schleimssattel	1410	15,8	3:35	✿✿✿	❹	952	1652
042	Karwendel	Gröbner Hals	1177	37	2:45	✿✿✿	❹	826	1652
049	Rofan	Labeggalm	1220	32,6	2:45	✿	❸	675	1652
134	St. Johann	Ghf. Steinplatte	1588	46,8	4:00	✿✿✿	❹	778	1659
052	Alpbachtal	Wurmeggalm	830	17	1:40	✿	❷	960	1669
129	St. Johann	Schattseitenalm	610	23,6	2:00	✿✿✿	❷	901	1669
127	St. Johann	Lachtalalm	970	23,3	3:00	✿✿✿	❹	789	1673
004	Unterinntal	Loas	1135	30,3	2:20	✿✿	❸	540	1675
057	Zillertal	Schlagalm	1386	40,3	3:10	✿✿	❹	543	1675
060	Zillertal	Gamssteinhaus	300	9	0:45	✿	❶	1474	1675
163	Kitzbühel	Lämmerbichlalm	1090	42,8	3:30	✿✿✿	❸	783	1675
151	Brixental	Brechhornhaus	920	27,3	2:40	✿✿✿	❸	783	1678
153	Brixental	Wiegalm	909	28,7	2:40	✿✿✿	❸	794	1678
145	Brixental	Siedeljoch	1800	56,4	5:05	✿✿✿	❹	622	1689
138	Wildschönau	Hörlerstiegel	980	24,2	2:40	✿✿✿	❸	782	1697
115	Walchsee	Scheibenwaldhütte	1086	21,4	2:00	✿✿✿	❸	614	1700
037	Karwendel	Weissenbachsattel	853	17,1	1:40	✿✿	❺	970	1703
03	Unterinntal	Studlalm	1159	25,5	2:10	✿✿	❸	553	1712
143	Wildschönau	Neuhögenalm	876	19,1	2:20	✿✿	❸	870	1713
076	Zillertal	Ahornachalm	1084	26	2:20	✿	❸	633	1717
077	Zillertal	Karlalm	1190	24,2	2:20	✿✿	❸	633	1746
054	Alpbachtal	Farmenkehr Niederleger	760	18,2	1:40	✿✿	❷	1031	1771
169	Kitzbühel	Jagerwurzhütte	900	19,5	2:00	✿	❸	923	1783
022	Unterinntal	Burgstein	1191	24,9	2:45	✿	❹	685	1790
008	Unterinntal	Bayreuther Hütte	1259	32	4:00	✿✿	❹	541	1800
039	Karwendel	Falkenmoosalm	1016	28,4	3:10	✿✿✿	❹	896	1800
140	Wildschönau	Gressensteinalm	937	26	2:45	✿✿	❸	870	1807
053	Alpbachtal	Hornboden	780	19,2	1:45	✿✿	❸	1031	1811
152	Brixental	Chor	1031	22,1	2:35	✿✿✿	❸	783	1814
086	Gerlostal	Fürstalm	620	13,4	1:15	✿	❷	1204	1824
100	Leukental	Hohe Salve	1240	28,4	2:50	✿✿✿	❺	698	1828
150	Brixental	Rigi	1255	23,9	3:00	✿✿	❺	622	1828
135	St. Johann	Steinplatte	1056	20,2	2:15	✿✿✿	❹	778	1834
087	Gerlostal	Schönbergalm	700	19,4	1:40	✿	❷	1191	1841

No.	Gebiet	Tourname	Höhenmeter [m]	Distanz [km]	Fahrzeit netto [h:min]	Schönheit	Schwierigkeit	Start [m]	Dach der Tour [m]]
091	Gerlostal	Arzlaneralm	666	19,6	1:55	✿	❸	1245	1842
081	Zillertal	Kainzenhüttenalm	578	14,4	1:25	✿✿	❶	1265	1843
040	Karwendel	Karwendelhaus	3107	148,8	13:30	✿✿✿	❺	935	1848
056	Zillertal	Gartalm	1462	34,6	2:50	✿✿	❹	545	1849
007	Unterinntal	Scherbensteinalm	1309	25,8	2:35	✿✿✿	❹	541	1850
094	Tuxertal	Gschößwandhaus	1000	22,5	2:45	✿✿	❹	839	1850
141	Wildschönau	Baumgartenalm	984	22,9	2:50	✿	❹	870	1854
063	Zillertal	Steinbergalm	1325	33,5	3:10	✿✿✿	❹	556	1857
065	Zillertal	Durachalm	1350	32,8	3:15	✿	❹	556	1868
80	Zillertal	Speicher Zillergründl	550	21,6	1:40	✿✿	❶	1265	1868
172	Kitzbühel	Hartkaseralm	1111	30,9	3:30	✿✿✿	❸	923	1871
083	Zillertal	Alpenrosenhütte	888	30,4	2:20	✿✿	❸	985	1873
16	Unterinntal	Schatzberg	2028	51,2	5:10	✿✿✿	❺	527	1876
139	Wildschönau	Schatzbergalm	1119	24,4	2:55	✿✿✿	❹	782	1876
170	Kitzbühel	Bärenbadkogel	975	23,3	2:35	✿✿✿	❸	923	1883
068	Zillertal	Kreuzwiesenhütte	1400	39,9	3:10	✿✿✿	❹	575	1884
160	Kitzbühel	Resterhöhe	1235	56	4:50	✿✿✿	❹	762	1892
092	Gerlostal	Pasteinalm	655	21	1:50	✿	❷	1245	1900
171	Kitzbühel	Kesselkarsee	1030	25,7	2:50	✿	❹	923	1902
089	Gerlostal	Weissbachalm	717	12,4	1:15	✿	❸	1191	1903
064	Zillertal	Otto-Leixl-Hütte	1761	54,9	4:15	✿✿✿	❺	556	1911
062	Zillertal	Brunnalm	1359	27,6	2:50	✿✿	❸	556	1915
165	Kitzbühel	Ehrenbachhöhe	1226	37,4	3:35	✿✿✿	❹	762	1938
167	Kitzbühel	Pengelstein	1250	34,9	3:10	✿✿✿	❹	783	1938
095	Tuxertal	Eggalm	936	20,8	2:25	✿✿	❸	1257	1943
079	Zillertal	Zollwachhütte	682	8,2	1:35	✿	❸	1265	1947
070	Zillertal	Kreuzjochhütte	1420	36,1	2:45	✿✿✿	❹	575	1950
033	Karwendel	Plumsjochhütte	1608	38,8	4:40	✿✿	❹	952	1953
038	Karwendel	Lamsenjochhütte	1621	39,6	4:30	✿✿	❺	970	1953
073	Zillertal	Filzenalm	1320	25	2:20	✿	❺	633	1955
175	Kitzbühel	Toralm	1359	31,7	3:35	✿✿✿	❺	820	1979
097	Tuxertal	Stoankasernalm	703	15,4	1:30	✿	❷	1281	1984
118	St. Johann	Hornköpfl	1507	39,5	3:30	✿✿✿	❹	659	1996
162	Kitzbühel	Kitzbüheler Horn	1290	24,7	2:45	✿✿✿	❹	783	1996
088	Gerlostal	Tödtengrubenalm	882	22,4	2:05	✿	❺	1191	1998

ÜBER 2000 m

No.	Gebiet	Tourname	Höhenmeter [m]	Distanz [km]	Fahrzeit netto [h:min]	Schönheit	Schwierigkeit	Start [m]	Dach der Tour [m]]
055	Zillertal	Hansletalm	1240	27,4	2:20	✿✿	❹	541	2000
067	Zillertal	Hemereralm	1500	45	3:50	✿	❺	556	2033
066	Zillertal	Triplonalm	1530	36,4	3:40	✿	❹	556	2052
155	Brixental	Filzenscharte	2601	85,2	7:20	✿✿✿	❺	794	2075
072	Zillertal	Penkenalm	1675	36,7	3:20	✿✿✿	❺	608	2095
009	Unterinntal	Haglhütte	1807	46,2	4:00	✿	❺	556	2106
069	Zillertal	Rastkogelhütte	1740	41,3	3:25	✿✿	❺	575	2117
096	Tuxertal	Vallruckalm	875	21,4	2:05	✿✿	❸	1257	2132
059	Zillertal	Lamargalm	659	12,8	1:20	✿	❷	1474	2133
058	Zillertal	Holzalm	706	14,9	2:10	✿✿	❸	1474	2180
061	Zillertal	Gedrechter	1686	36,7	3:10	✿✿	❹	577	2195
159	Brixental	Frühmesser	1680	37,6	5:20	✿✿	❹	1013	2233
05	Unterinntal	Kellerjochhütte	1573	35,5	3:10	✿✿	❺	543	2237
085	Gerlostal	Isskogel	1127	26,1	2:35	✿✿✿	❹	1204	2263
001	Unterinntal	Geiseljoch	3200	77,6	7:10	✿✿✿	❺	882	2292
093	Tuxertal	Lämmerbichlalm	1481	34,8	3:15	✿✿✿	❹	839	2292
002	Unterinntal	Grafennsalm	2023	47,9	4:05	✿	❺	553	2300
099	Tuxertal	Tuxer-Joch-Hütte	823	18	1:50	✿✿✿	❹	1493	2316

CHARAKTERISTIK

Das **Zillertal** wird von den *Zillertaler Alpen* im Süden, den *Tuxer Voralpen* im Westen und der *Venedigergruppe* im Osten begrenzt. Die höchsten Gipfel der *Zillertaler Alpen, Hochfeiler (3510 m), Großer Möseler (3478 m)* und *Löffler (3376 m),* bilden den *Zentralkamm,* der zugleich auch Wetter- und Wasserscheide darstellt. Die Ortschaften im Talboden, *Fügen, Stumm, Zell am Ziller* und *Mayrhofen,* sind auf der gut ausgebauten Bundesstraße bequem erreichbar. Etwas langsamer, dafür aber umso nostalgischer gelangt man von *Jenbach* nach *Mayrhofen* mit einer aus dem Jahre 1904 stammenden dampfbetriebenen Schmalspurbahn.

Bei *Zell am Ziller* zweigt das **Gerlostal** nach Osten ab und führt über den *Gerlospass* nach *Salzburg.* Das zweite große Seitental ist das **Tuxertal,** es zweigt von *Mayrhofen* in südwestlicher Richtung ab, ist 19 km lang und findet seinen Talabschluss in der bei Wintersportlern bekannten Gemeinde *Hintertux.* Die einst wilden Bäche, *Ziller, Stillupe, Zemm-* und *Tuxbach,* die alle in der Gletscherregion entspringen, wurden durch umfangreiche Kraftwerksbauten besänftigt.

Das rund 900 Quadratkilometer große **Karwendel-Gebirge** liegt zum größten Teil auf österreichischem Boden, zwischen dem *Inntal* im Süden, dem *Achental* im Osten, der *Isar* im Nordwesten und dem *Seefelder Plateau* im Westen. Die Struktur dieses Gebirges wird durch vier große Ketten bestimmt: im Süden die *Nordkette,* nördlich davon die *Gleirsch-Halltal-Kette,* die *Hinterautal-Vomper-Kette* als längster Gebirgszug und die nur halb so lange *Karwendelplatte.* Zwischen diesen Gebirgsketten liegen das *Karwendeltal, Hinterautal* und *Gleirschtal.*

Die niedrige Waldgrenze sowie der spröde ausgetrocknete Wettersteinkalk, der riesige Kare und Schutthalden formte, sind charakteristisch für dieses Gebirge.

Das **Rofan-Gebirge** schließt östlich an das *Karwendelgebirge* an. Im Süden bilden das *Inntal,* im Osten die *Brandenberger Ache* und im Norden die *Tegernseer Berge* die natürliche Grenze. Die üppigen Almwiesen sowie die dicht bewaldeten Berghänge im Süden und Osten bilden einen starken Kontrast zum *Karwendelgebirge.* Ein scheinbar endloses Forstwegnetz in Richtung *Schlierseer Berge* lässt unzählige Varianten und Tourverknüpfungen zu.

Das **Alpbachtal** liegt südlich vom *Inntal* zwischen den *Zillertaler-* und *Kitzbüheler Alpen.* Das sonnige Hochtal ist großteils von Grasbergen umgeben, auf denen sich zahlreiche Panoramawege finden. Von dort hat man Ausblick auf das *Rofangebirge* und zu den höchsten Gipfeln der *Zillertaler-* und *Kitzbüheler Alpen.* Weiters ist das *Alpbachtal* bekannt für die alljährlich stattfindende Tagung *Europäisches Forum Alpbach* (Gesprächsrunde), wo führende Persönlichkeiten aus Politik, Wissenschaft und Kultur zu Themen unserer Zeit Stellung nehmen.

Im **nordöstlichen Teil Tirols** sind die Ortschaften *Erl, Niederndorf, Walchsee, Kössen* und *Waidring* Ausgangspunkt für ausgedehnte Biketouren in die *Chiemgauer Alpen.* Gleichzeitig bilden diese Ortschaften die südliche Grenze der *Chiemgauer Alpen* zum *Zahmen* und *Wilden Kaiser* und den *Loferer Steinbergen.* Die sanfte Berg- und Seenlandschaft ließ Natur und Kultur auf sehr harmonische Weise zusammenwachsen. Ganz im Gegensatz dazu steht das *Kaisergebirge,* das abhängig vom Standpunkt der Betrachtung als langgestreckter gipfelreicher Gratverlauf, als eine Felspyramide oder als eine Flucht blanker Wände, von Norden, Westen und Süden aus gesehen, hochalpine Herzen höher schlagen lässt. Seine schroffen Gipfel sind versteinerte Reste eines vor 210 Millionen Jahren abgestorbenen Algenriffes im warmen Meer der mittleren Trias. Die bewaldeten Hänge bestehen großteils aus Mischwäldern, und die darüber liegende Latschenregion zieht sich hoch hinauf in die Kare.

Das **Leukental** bildet die natürliche Grenze zwischen dem *Kaisergebirge* und den *Kitzbüheler Alpen.* Die *Kitzbüheler Alpen* sind großflächig von einem Grasteppich überzogen und wurden deshalb schon in alter Zeit als *Wasengebürg* bezeichnet. Nur wenige Felsberge wie der *Große Rettenstein (2636 m),* das *Kitzbüheler Horn (1966), Wildseeloder (2117 m), Spielberghorn (2044 m)* und *Gratlspitz (1894 m)* ragen aus diesem Grasmantel hervor. Die Grenzen der *Kitzbüheler Alpen* sind im Westen das *Zillertal* und das *Inntal* bis *Wörgl,* im Norden die Talfurche von *St. Johann* bis nach *Saalfelden* und im Süden von *Zell am See* dem *Pinzgauer Salzachtal* folgend über den *Gerlospass* ins *Zillertal.* Das Tal der *Kitzbüheler* und *Jochberger Ache* trennt das weiträumige Gebiet in den westlichen und östlichen Teil der *Kitzbüheler Alpen.* Der östliche, kleinere und weniger gegliederte Teil der *Kitzbüheler Alpen* steht dem westlichen, mit vielen Stichtälern zerfurchten Gebirge als Kontrast gegenüber. Die schönsten Mountainbiketouren führen durch die wohl abwechlungsreichste Bergwelt im nordöstlichsten Teil Tirols und sind detailliert in diesem Buch beschrieben.

Die **Kitzbüheler Alpen** sind, geologisch gesehen, Teil der Nördlichen Grauwackenzone. Kalke und Dolomiten treten zurück, die Hauptmasse an Gestein stellen Tonschiefer, Grauwacken und grün gefärbte Vulkanite. Der Grasteppich, der sich über diesen leicht verwitterbaren Untergrund ausbreitet, nimmt die Hälfte des ganzen Areals von 70 mal 30 Kilometern ein. Schon in alter Zeit sprach man deshalb von einem Wasengebürg – einer gerundeten Gipfelflur im Gegensatz zu den benachbarten Erhebungen mit Karbildung wie am *Wildseeloder,* am *Katzenkopf* und am *Großen Galtenberg;* die meisten anderen sind von rundlicher, kuppenförmiger Gestalt. Die Grenzen der *Kitzbüheler Alpen* werden gebildet durch das *Zillertal* und das *Inntal* bis *Wörgl.* Von da verläuft die Nordgrenze weiter über *St. Johann* nach *Saalfelden.* Den südöstlichen Grenzpunkt bildet *Zell am See,* von wo die Grenze dem *Pinzgauer Salzachtal* folgend über den *Gerlospass* ins *Zillertal* verläuft. Das weiträumige Gebiet wird halbiert durch das Tal der *Kitzbüheler* und *Jochberger Ache* sowie die Straße über den *Pass Thurn (1274 m)* nach *Mittersill;* als Zufahrt zum *Felbertauern* – und damit nach *Osttirol* und in den Süden – ist sie stark frequentiert. Stichtäler zerschneiden den westlichen Teil der *Kitzbüheler Alpen* in dutzende kleine Bergruppen. Der *Salzachgeier (2469 m)* und der Aussichtgipfel *Großer Galtenberg (2424 m)* bilden die Hochalpine Umrahmung. Der kleinere Ostteil der *Kitzbüheler Alpen* ist weniger gegliedert.

ANREISE AUTO

Achtung! Maut bedeutet Vignettenpflicht auf allen Autobahnen und Schnellstraßen Österreichs. Vignetten sind an den Grenzübergängen erhältlich.

von Süden: Autobahn Richtung Brenner, weiter auf der A13 nach Innsbruck. Bozen – Innsbruck 198 km; Verona – Innsbruck 283 km

von Norden: Kempten – Füssen – Reutte, weiter auf der B 314 über den Fernpass nach Nassereith – Holzleitensattel – Mötz, in Mötz weiter auf der A12 nach Innsbruck; oder von

Garmisch-Partenkirchen über Mittenwald und Scharnitz nach Innsbruck.

von Westen: Auf der A 14 von Dornbirn nach Feldkirch und Bludenz, weiter auf der S16 Richtung Arlberg und auf der A12 Richtung Innsbruck.

von Osten: Von München bzw. Salzburg auf der A93 nach Kufstein, anschließend auf der A12 nach Innsbruck; München – Innsbruck 205 km, Salzburg – Innsbruck 214 km, Wien – Innsbruck 540 km

ANREISE BAHN

Tirol ist nicht nur in der Landeshauptstadt Innsbruck mit öffentlichen Verkehrsmitteln gut versorgt: der umfangreiche Service der Österreichischen Bundesbahnen (ÖBB) wird durch Busse der Bahn und der Post ergänzt. Bahnreisen mit dem Bike sind in Österreich problemlos möglich. Es ist jedoch zu beachten, dass nicht jeder Zug Bikes befördert. Genauere Informationen bekommen Sie von der Österreichischen Zugauskunft, siehe Telefonnummern.

von Norden: Kempten – Füssen – Reutte – Garmisch – Innsbruck oder München – Garmisch – Innsbruck
von Osten: München – Kufstein – Innsbruck
von Westen: Feldkirch – Bludenz – Innsbruck
von Süden: Italien – Brenner - Innsbruck

ESSEN & TRINKEN

Ein rundes grünes Schild mit einem stilisierten Blatt und dem Schriftzug *Tiroler Wirtshaus* versichert dem eintretenden Gast, dass er im Begriff ist, sein Urlaubsland von der kulinarischen Seite kennen zu lernen: *Tiroler Wirtshäuser* sind solche, die sich speziell um Tiroler Gastlichkeit bemühen. Ein *Tiroler Wirtshaus* bietet Tiroler Kost, zubereitet aus garantiert frischen Produkten der heimischen Landwirtschaft. Die Häuser selbst sind, was die Baulichkeit und die Atmosphäre in den Gastzimmern anbelangt, der Tiroler Tradition verpflichtet. Das grüne Schild sagt nichts über Raffinesse der jeweiligen Küche aus, allerdings alles über die Qualität. Die Tiroler Küche hält erfreuliche Überraschungen bereit: *Schlutzkrapfen, Gröstl* und *Blattl mit Kraut* gehören ebenso zu den Spezialitäten des Landes wie *Apfelradl, Kiachl, Moosbeerschmarren* und andere süße Köstlichkeiten.

REISEZEIT

Aufgrund des rauen Klimas in höheren Lagen und der langen Winter in den Tälern der Nord- und Südalpen ergibt sich die beste Reisezeit zwischen *Mitte Juni und Mitte Oktober*. Innerhalb dieses Zeitraums sind alle bewirtschafteten Hütten geöffnet. Ab Ende Oktober beginnt es in höheren Lagen regelmäßig zu schneien.

TELEFONNUMMERN

ÄRZTE

Schwaz – Dr. Ulrich Brandl
(++43) (0) 52 42 | 64 48 5
Maurach – Dr. Josef Abfalter
(++43) (0) 52 43 | 52 29
Fügen – Dr. Heribert Ecker
(++43) (0) 52 88 | 64 48 8
Zell am Ziller – Dr. Herwig Kunczicky
(++43) (0) 52 82 | 42 00
Mayrhofen – Alois Dengg
(++43) (0) 52 85 | 62 99 2
Alpbach – Dr. Harro Danninger
(++43) (0) 53 36 | 55 29
Wörgl – Dr. Knapp
(++43) (0) 53 32 | 71 56 0
Thiersee – Dr. Höss
(++43) (0) 53 76 | 53 97
Brixen im Thale – Dr. Fuchs
(++43) (0) 53 34 | 60 60
Kirchberg – Dr. Tassenbacher
(++43) (0) 53 57 | 37 57
Kitzbühel – Dr. Bartl
(++43) (0) 53 56 | 63 00 9
St. Johann – Dr. Walter Briem
(++43) (0) 53 52 | 61 222
Kössen – Dr. Haller
(++43) (0) 53 75 | 63 45
Fieberbrunn – Dr. Eder
(++43) (0) 53 54 | 56 0 79

EURO NOTRUF

112

BERGRETTUNG

Österreich: 140 | Deutschland 19222
Schweiz: 1414 | Italien 118

FEUERWEHR

Österreich: 122

GENDERMARIE

Österreich: 133

RETTUNG

Österreich: 144

ZUGAUSKUNFT

++43 05 17 17
www.oebb.at

BUNDESBUS

++43 (0)1 71101

WETTERBERICHT

++43 (0)450 199000018
Internet: http//www.alpenverein.at
Persönliche Beratung: ++43 (0)512 291600
Montag bis Samstag 13.00 bis 18.00 Uhr
Alpenwetterbericht: 0900 91 1566 80

TIROL INFO

++43 (0)512 576262
Internet: www.standort-tirol.at
E-mail: office@standort-tirol.at

ALPINES NOTSIGNAL

In regelmäßigen Abständen sechsmal in der Minute ein optisches oder akustisches Zeichen geben, anschließend eine Minute Pause bis zur Wiederholung des Notsignals.

VERHALTEN BEI UNFÄLLEN

1. Verletzten vor Absturz, Steinschlag etc. sichern. **2.** Erste Hilfe (Atmung, Kreislauf, Blutstillung, Schienung etc.). **3.** Verletzten vor Wettereinflüssen (Wind, Regen, Schnee, Sonne etc.) schützen. **4.** Hilfe verständigen. **5. Die Wartezeit beim Verletzten:** Ruhe bewahren, regelmäßige Kontrolle der Vitalfunktionen, komfortable Bedingungen schaffen, intensives Vertrauen zum Verletzten aufbauen, dem Verletzten positiv zusprechen, durch Körperkontakt Halt geben (auch bei Bewusstlosigkeit), auf intakte Körperfunktionen hinweisen, bei notwendigen Aktivitäten zur Mitarbeit auffordern

UNFALLMELDUNG

Wer meldet (Name, evtl. Telefonnummer)? | **Wo** ist das Unfallgebiet? Bestehen Flughindernisse (Leitungen Materialseilbahn)? | **Was** ist geschehen? | **Wie viele** Personen benötigen Hilfe? | **Wetter** im Unfallgebiet (Sichtverhältnisse, Nebel, Wind usw.)?

WOHNEN

PRIVATZIMMER

Euro 30 – 40
wahlweise auch mit Frühstück möglich
Verband der Privatzimmervermieter Tirols.
Adamgasse 2a, A-6020 Innsbruck
Tel.: ++43 (0)512 587748

HOTEL - GASTHÖFE - PENSIONEN

mit Frühstück — Euro 30–60
Halbpension — Euro 45–90

APPARTEMENTS

wahlweise auch mit Frühstück und HP möglich
für 2 – 7 Personen — Euro 45–80

Schwaz – Ghf. Goldener Löwe
(++43) (0) 52 42 | 62 37 3 – 44
Maurach – Sporthotel Alpenrose
(++43) (0) 52 43 | 52 93
Steinberg am Rofan – Hotel Windegg
(++43) (0) 52 48 | 25 50
Thiersee – Ghf. Pension Pfarrwirt
(++43) (0) 53 76 | 52 34
Kufstein – Hotel Alpenrose
(++43) (0) 53 72 | 62 12 2
Fügen – Hotel – Restaurant Waldfriede
(++43) (0) 52 88 | 62 25 3
Hippach – Ferienhotel Neuwirt
(++43) (0) 52 85 | 62 91 7
Finkenberg – Sporthotel Stock
(++43) (0) 52 85 | 67 75
Westendorf – Bichlingerhof
(++43) (0) 53 34 | 63 26
Brixen im Thale – Brixner Thalhof
(++43) (0) 53 34 | 84 68
Kirchberg – Hotel Sonnalp | Parkhotel
(++43) (0) 53 57 | 27 41
Kirchberg – Hotel Willms
(++43) (0) 53 57 | 23 65
Kitzbühel – Hotel Seebichl
(++43) (0) 53 56 | 62 525
Oberndorf – Hotel Kitzbüheler Alpen
(++43) (0) 53 52 | 63 727

CAMPINGPLÄTZE

Die Tiroler Campingplätze haben grundsätzlich einen hohen Qualitätsstandard. Was Ihr Wunschplatz bietet, erfahren Sie unter der angegebenen Telefonnummer.

Weer – Alpen–Camping 553 m
(++43) (0) 52 24 | 68 14 6
Kramsach – Camping Stadlerhof 534 m
(++43) (0) 53 37 | 63 37 1
Kramsach – Campingpl. Reintalersee 521 m
(++43) (0) 53 37 | 63 54 1
Achenkirch – Campingpl. A. Kogler 876 m
(++43) (0) 52 46 | 63 87
Thiersee – Camping Hiasenhof 614 m
(++43) (0) 53 76 | 52 52
Kufstein – Camping Kufstein 499 m
(++43) (0) 53 72 | 62 22 9
Kaltenbach – Campingplatz H. Geisler 577 m
(++43) (0) 52 83 | 22 90
Zell am Ziller – Campingpl. G. Hofer 577 m
(++43) (0) 52 82 | 22 48
Mayrhofen – Campingplatz J. Kröll 633 m
(++43) (0) 52 85 | 62 58 0
Itter – Camping Schlossberg 703 m
(++43) (0) 53 35 | 36 60
Brixen - Camping Brixen im Thale 794 m
(++43) (0) 53 34 | 83 95
Söll – Campinganlage Franzlhof 698 m
(++43) (0) 53 33 | 51 17
St. Johann – Camping Leitner 659 m
(++43) (0) 53 52 | 62 584
Kitzbühel – Camping Schwarzsee 762 m
(++43) (0) 53 56 | 62 80 6

BIKEVERLEIH

TOURISMUSVERBÄNDE

Hier wird folgender Service für Biker geboten:

- Rad- und Mountainbikeverleih
- Bike-Servicestelle im Ort
- Bikergerechte Unterkünfte

Schwaz / Pill (++43) (0) 52 42 | 63 24 0
Fügen (++43) (0) 52 88 | 22 62
Zell am Ziller (++43) (0) 52 82 | 22 81
Mayrhofen (++43) (0) 52 85 | 23 05
Achenkirch (++43) (0) 52 46 | 62 70
Alpbach (++43) (0) 53 36 | 52 11
Wörgl (++43) (0) 53 32 | 76 00 7
Söll (++43) (0) 53 33 | 52 16
Walchsee (++43) (0) 53 74 | 52 23
St. Johann (++43) (0) 53 52 | 63 3 35
Westendorf (++43) (0) 53 34 | 62 30 od. 65 50
Kitzbühel (++43) (0) 53 56 | 21 55 oder 22 72
Jochberg (++43) (0) 53 55 | 52 29

LEGENDE

CHARAKTERISTIK

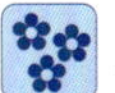
Mit Blumen wird die Schönheit einer Tour charakterisiert.

✿ attraktiv,
✿✿ sehr attraktiv
✿✿✿ außergewöhnlich attraktiv

ÜBERSICHTSKARTE

Der Tourenverlauf sowie die Abstände einzelner Etappenziele zueinander sind anhand der Übersichtskarte auf einen Blick erkennbar.

▲ In Fahrtrichtung bis zum nächsten Etappenziel verläuft die Tour nur bergauf.

▼ In Fahrtrichtung bis zum nächsten Etappenziel verläuft die Tour nur bergab.

◆ In Fahrtrichtung bis zum nächsten Etappenziel verläuft die Tour abwechselnd bergauf und bergab.

HÜTTENBESCHREIBUNG

Seehöhe, zurückgelegte Höhenmeter, netto Fahrzeit, Bewirtschaftungsform

SINGLE TRACK ODER SINGLE TRAIL

Ein *Single Track* ist ein auf Grund der Wegbeschaffenheit (Wurzeln, große Steine) technisch anspruchsvoller Abschnitt. Besonders steile, schwierige und nicht befahrbare Abschnitte werden in der Tourenbeschreibung genauer erläutert.

DISTANZWERT

Im Gegensatz zur Etappenbeschreibung gelten diese Zahlen für den gesamten zurückgelegten Weg. Somit bilden die letzten Tourenwerte immer eine Beschreibung der Gesamttour.

WEGARTEN

Asphalt: geteerter Untergrund
Forstweg: schottergepresster Untergrund
Karrenweg: grobsteiniger Untergrund
Single Track oder Single Trail: künstliche, von Menschenhand geschaffene, schmale Erosionsfurche

KONDITIONSSTUFEN

Die Konditionsstufe ist eine Kombination aus *Steigung*, *Wegbeschaffenheit* (siehe auch Wegart) und *Distanz*. Wetterbedingte Einflüsse wie extreme Kälte, große Hitze oder schwierige Fahrbahnverhältnisse aufgrund heftiger Niederschläge werden dabei nicht berücksichtigt.

❶ Anfänger, ❷ Sonntagsfahrer, ❸ Hobbyfahrer
❹ Fortgeschrittene, ❺ Profis

Diese Angaben sind Richtwerte, die nach einigen Touren relativiert und neu bewertet werden können.

FAHRZEIT

Die Zeiten gelten für gut trainierte Mountainbiker und Mountainbikerinnen. Sie bilden (wie alle Zeitangaben) nur einen Richtwert. Anfänger sollten sich bei schwierigen Touren nicht wundern, wenn sie doppelt so lange unterwegs sind.

HÖHENMETER

Angabe über die gesamt zurückgelegten Höhenmeter.

HÖCHSTER UND TIEFSTER PUNKT

Die Angaben zum höchsten und tiefsten Punkt einer Tour helfen bei der Wahl der richtigen Bekleidung.

QR-CODE

Bei jeder Tour ist im Kopf der Seite ein QR-Code zu finden, der den direkten Link zu den jeweiligen *GPS-Dateien* im universellen *GPX-Format* beinhaltet. Den QR-Code mit der eingebauten Kamera des Smartphones oder Tablets scannen und den Link zum Herunterladen der *GPX-Files* anklicken. Die gezippte Datei entpacken und anschließend die *GPX-Datei* mit der Navi-App Ihrer Wahl öffnen.

BEWIRTSCHAFTUNGSFORMEN

Berggasthof, Schutzhütte, Jausenstation: Die Verpflegung reicht hier von einem Glas Buttermilch bis zum mehrgängigen Menü.

Alm: Bezüglich Verpflegung sind diese Almen unbewirtschaftet.

GEFÄHRLICHKEITSSTUFEN: G1 – G5

Die *Gefährlichkeit* eines Weges ist maßgebend dafür, ob der Weg fahrend, schiebend oder tragend bewältigt wird. Umdrehen und nach alternativen Varianten suchen ist in Extremsituationen eine sehr kluge Entscheidung. Die *Gefährlichkeit* ist objektiv schwer zu beschreiben. Die an dieser Stelle beschriebenen *Gefährlichkeitsstufen* erleichtern die Einschätzung des Unfallrisikos. Voraussetzung für die Beschreibung der *Gefährlichkeit* ist *Schwindelfreiheit, hundertprozentige physische Leistungsfähigkeit* und keine zusätzlichen Störfaktoren wie *starker Wind, Lärm* oder *Sichtbehinderungen* wie zum Beispiel Schnee, Regen oder Staub.

G1: Absolut ungefährliches Gelände. Das Absteigen und Anhalten ist freiwillig und unabhängig von der *Gefährlichkeit.* Beispiele dafür sind gut präparierte Forststraßen mit einem maximalen Gefälle von 20 Prozent.

G2: Diese *Gefährlichkeitsstufe* beschreibt Wege in relativ homogenem Gelände mit mäßigem Gefälle. Unfreiwilliges Anhalten und Absteigen vom Bike, bei meist niedrigem Tempo, ist jederzeit möglich, sollte nicht zum Sturz führen und ist Teil der Fahrtechnik. Ein Beispiel dafür sind grobschottrige vom Regen ausgewaschene steile Forst- und Karrenwege.

G3: Diese *Gefährlichkeitsstufe* beschreibt Wege mit vorhandenem Sturzraum oder Sturzraumsicherungen, wie man sie aus Bikeparks kennt. Rechtzeitiges Abspringen vom Bike im homogenen Gelände ist vermutlich eine Situation, die bereits jeder kennt – mit Schürfwunden muss gerechnet werden. Der *Endurohelm,* die *Knieschützer* und die *Langfingerhandschuhe* schützen vor gröberen Verletzungen.

G4: Bei dieser *Gefährlichkeitsstufe* beträgt die maximale Sturzhöhe zwei Meter. Bei einem Sturz sind Verletzungen nicht auszuschließen. Volle *Schutzausrüstung* ist empfehlenswert.

G5: Diese *Gefährlichkeitsstufe* beschreibt den *Freien Fall* über drei Meter, Sturzräume mit extremer Hangneigung, auf denen Anhalten unmöglich ist, Stürze in einen reißenden Bach oder Wege, die aufgrund von Lawinengefahr oder Steinschlag gesperrt sind. Volle *Schutzausrüstung* mit Integralhelm ist empfehlenswert.

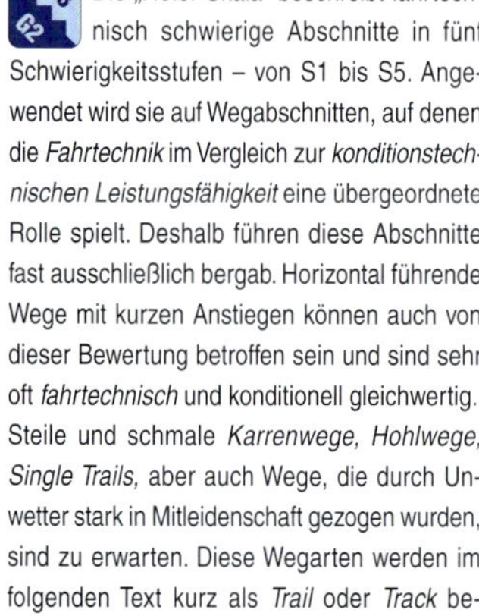

FAHRTECHNISCHE SCHWIERIGKEITSSTUFEN – „HOFER-SKALA“

Die „Hofer-Skala“ beschreibt fahrtechnisch schwierige Abschnitte in fünf Schwierigkeitsstufen – von S1 bis S5. Angewendet wird sie auf Wegabschnitten, auf denen die *Fahrtechnik* im Vergleich zur *konditionstechnischen Leistungsfähigkeit* eine übergeordnete Rolle spielt. Deshalb führen diese Abschnitte fast ausschließlich bergab. Horizontal führende Wege mit kurzen Anstiegen können auch von dieser Bewertung betroffen sein und sind sehr oft *fahrtechnisch* und konditionell gleichwertig. Steile und schmale *Karrenwege, Hohlwege, Single Trails,* aber auch Wege, die durch Unwetter stark in Mitleidenschaft gezogen wurden, sind zu erwarten. Diese Wegarten werden im folgenden Text kurz als *Trail* oder *Track* bezeichnet.

Weit aus dem Boden ragende Wurzeln – S3/G3

Die Trails führen sehr oft auf grobschottrigem losen Untergrund, auf Waldböden mit oder ohne Wurzeln, die als *Wurzelteppich* oder vereinzelt aus dem Boden ragen und Stufen bis zu einen halben Meter bilden können, auf *weichen sumpfigen Wiesenböden* oder auf großflächigen, im Boden fest verankerten *Stein-* bzw. *Felsplatten.* Abhängig von der Jahreszeit, der Witterung und der Pflege können auf den Trails viel *Laub* und *Gras,* viele *Tschurtschen,* kleine *Äste* und *loses Geröll* liegen. Witterungsbedingt können *umgestürzte Bäume,* im Weg liegende große *Äste, Muren* und *Lawinen* die fahrtechnischen Herausforderungen auf diesen Abschnitten verändern.

Die Bewertung der *Schwierigkeit* ist unabhängig von der *Gefährlichkeit* und setzt trockenen Untergrund voraus. *Nässe, Schnee* und *Eis* erhöhen meistens, aber nicht immer den Schwierigkeitsgrad. Zum Beispiel sind nasse Schotterstraßen in der Regel griffiger als trockene.

S1: Die *Schwierigkeitsstufe S1* beschreibt Trails, die für jeden geübten Mountainbiker bewältigbar sind. Die Trails führen auf *verfestigten Untergrund,* es sind keine engen Kurven, Spitzkehren oder hohe Stufen zu erwarten. Das maximale Gefälle bzw. die maximale Steigung beträgt *30 Prozent.* Abhängig von der Kondition (siehe Konditionsstufen) sind diese Trails für Fortgeschrittene und Profis auch bergauf fahrbar.

Dieser horizontal verlaufende Trail ist in beiden Richtungen fahrbar. In der Wegbreite liegt die fahrtechnische Herausforderung – S1/G2.

S2: Die *Schwierigkeitsstufe S2* beschreibt Trails mit starker Neigung bis zu 70 Prozent, *engen Kurven,* aber *keine Spitzkehren.* Der Untergrund ist *wurzelig* oder *steinig,* meist verfestigt, selten lose. Diese *Schwierigkeitsstufe* erfordert noch keine *Trialtechniken.* Bergauf sind diese Trails nur noch abschnittsweise fahrbar. Das Bike lässt sich abhängig von der Wegbreite komfortabel schieben.

Dieser steile Trail mit engen Kurven wird mit S2/G3 bewertet.

S3: Die *Schwierigkeitsstufe S3* beschreibt Trails, die ohne *Trialtechnik* gerade noch fahrbar sind. Große Wurzeln als *Wurzelteppich* oder vereinzelt als *Stufen, loser Schotter, große Steine* oder *fester Fels* bilden den Untergrund. *Wurzel-, Stein-* bzw. *Felsstufen* bis zu einer Höhe von einem halben Meter, *Spitzkehren,* steile schmale *Schräghangfahrten, trickreiche Bachüberquerungen* im Wasser oder über Stege sind zu erwarten. Bergauf muss das Bike meistens getragen werden.

Dieser Abschnitt ist aufgrund des steilen, stumpfen und nicht geradlinigen Überganges mit S3/G4 zu bewerten.

S4: Die *Schwierigkeitsstufe S4* beschreibt Trails, auf denen sehr oft *Trialtechniken* erforderlich sind, um das Absteigen vom Bike zu verhindern. *Spitzkehren* sind ohne seitliches Versetzen des Hinterrades nicht mehr fahrbar. *Wurzel- Stein-* bzw. *Felsstufen* sind so hoch, dass sie ohne Anheben des Vorderrades weder bergauf noch bergab fahrbar sind.

Große Wurzeln als *Wurzelteppich* oder vereinzelt als *Stufen, loser Schotter, große Steine* oder *fester Fels* bilden den Untergrund.

Die Hangneigung kann so groß werden, dass nur dosiertes Bremsen von Beginn an eine unbeschleunigte Fahrt ermöglicht.

Sehr oft ist die Kombination aus schwierigem Untergrund und Trailverlauf Grund genug für eine sehr hohe Schwierigkeit. Das heißt, Trails führen am *Schräghang* oder durch *Spitzkehren* über *hohe Stufen* und *schwierigen Untergrund.* Zum Beispiel: Ein Trail mit *wurzeliger Anfahrt* zu einer *Spitzkehre,* in der sich eine 40 Zentimeter hohe *Stufe* befindet. Zudem blockiert nach dieser Stufe ein *großer Stein* die Ideallinie und muss kompliziert umfahren werden.

Bergauf muss das Bike getragen werden, Schieben ist kaum noch möglich bzw. sehr kräfteraubend und deshalb nicht sinnvoll.

Dieser Trail führt horizontal durch verblocktes Gelände auf verfestigtem Untergrund mit viel Grip. Eine kräftezehrend dynamische Fahrweise ermöglicht eine fehlerfreie Fahrt durch dieses Geröllfeld. Wichtig dabei ist das richtige Timing beim Anheben des Vorderrades und Nachziehen des Hinterrades und beim seitlichen Versetzen des Vorder- und Hinterrades – S4/G3.

S5: Die *Schwierigkeitsstufe S5* beschreibt Trails, die fast ausschließlich nur noch mit *professioneller Trialtechnik* zu bewältigen sind. Die Kombination aus *Hangneigung, Untergrund* und *Trailverlauf* sind sehr oft für diesen Schwierigkeitsgrad verantwortlich. *Ösenartige Spitzkehren, extrem hohe Stufen, sehr schmale Schräghangfahrten, verblocktes Gelände, schwieriger Untergrund* und *extremes Gefälle* sind zu erwarten. Zu Fuß ist auf diesen Trails teilweise Trittsicherheit erforderlich.

Bergauf muss das Bike getragen werden, Schieben ist nicht mehr möglich.

Eine unbeschleunigte Fahrt ist aufgrund der extremen Hangneigung nicht mehr möglich. Dosiertes Bremsen entlang der Ideallinie und erst im Auslauf stark verzögern ist der Schlüssel zum Erfolg – S5/G5.

FAHRTECHNIK

Achtung! Bei allen Übungen Sattel absenken nicht vergessen, den Luftdruck in den Reifen anpassen und Plattformpedale verwenden.

GUTES UND SCHLECHTES PEDAL

Als *Gutes Pedal* wird jenes bezeichnet, mit dem der Biker seinen besten Antritt hat. Durch einfaches Rollen kann man feststellen, welches Pedal das gute ist. Ist überwiegend das linke Pedal vorne, so kann man sich als *Linksfüßler* bezeichnen. Im weiteren Text soll dieses Pedal, das beim Rollen vorne ist (Grundstellung, aus der heraus angetreten wird) als *Gutes Pedal* bezeichnet werden.

FAHREN IN DER EBENE

Rollt das Bike, stehen die Tretkurbeln waagrecht, in diesem Fall ist das Körpergewicht auf beiden Pedalen gleichmäßig verteilt und Beine und Arme sind gestreckt, aber nicht ganz durchgedrückt, und für die Bewegung bereit.

Beim Treten wird der *Po* etwas abgesenkt, und zwar so weit, dass bei senkrechter Kurbelstellung das lange Bein nicht ganz gestreckt ist. Anfangs sollte darauf geachtet werden, dass aus den Beinen heraus und nicht mit dem Körpergewicht getreten wird. Der *Po* folgt also nicht den Tretbewegungen aufwärts und abwärts, sondern bleibt praktisch unverändert auf einer Höhe. Diese *Trettechnik* ist auch besonders wichtig für komplexere Fahrzustände, wie zum Beispiel Fahren auf dem Hinterrad.

Je kräftiger der Biker in die Pedale tritt, desto stärker gerät das Bike aus dem Gleichgewicht. Das aufrechte Treten in die Pedale ist nichts anderes als eine ständige *Gewichtsverlagerung* von rechts nach links. Der Tritt rechts lässt das Bike nach rechts kippen, also muss auch nach rechts gelenkt werden, um das Umkippen zu verhindern. Das Gleichgewicht wird verbessert, indem der auf die Pedale ausgeübte Druck durch Zug am Lenker aufgefangen wird. Will man schnell vor einem Hindernis beschleunigen, hilft eine Gewichtsverlagerung am besten. Das Bike wird in jene Richtung geneigt, auf der man gerade nicht in die Pedale tritt.

SCHRÄGHANGFAHREN

Je langsamer man fährt, desto größer ist die Gefahr, dass die Räder abrutschen. Abrupte Aktionen und Bewegungen wie zum Beispiel *plötzliches Bremsen* führen zum Absturz. Auf jeden Fall sollte man versuchen, das Bike gegen den Hang zu neigen. Das verringert die Gefahr, mit den Rädern abzurutschen. Je mehr von der vorhandenen Haftung dafür benötigt wird, das Bike am *Schräghang* zu halten, desto weniger steht für den Vortrieb zur Verfügung. Einfacher ausgedrückt: Droht das Hinterrad wegzurutschen, verschlechtert der Tritt in das Pedal die Situation. Also sachte: *Optimale Gewichtsverlagerung über Vorder- und Hinterrad, die richtige Geschwindigkeit und keine abrupten Bewegungen ermöglichen gelungene Schräghangfahrten.*

Alle Positionen – *Körperhaltungen* und *Neigung des Bikes* – sind situationsbedingt und lassen sich nicht so ohne weiteres in ein Schema pressen. So wird die Neigung des Bikes zum Hang immer auch davon abhängig sein, wie die Tretkurbel steht, also wo sich das dem Hang zugewandte Pedal gerade befindet. Gilt es, aus der *Parallelfahrt* heraus Schwung zu holen, muss man vorher genau abschätzen, wann und wo das innere Pedal ganz unten ist. Notfalls muss mit dem Antritt später angefangen werden, damit es passt. Auch ist *kurzes Nachfassen* (nach einer halben Pedalumdrehung wieder eine halbe Pedalumdrehung zurücktreten) beim Antritt bzw. beim Treten erforderlich, um Kollisionen mit dem Hang zu verhindern.

BREMSEN

Der eine Biker benutzt zwei Finger, der andere nur einen, je nach Gewohnheit. Auf jeden Fall sollte man aber nie mehr als zwei Finger zum Bremsen nehmen. Theoretisch ist es am vernünftigsten, nur mit dem Zeigefinger zu bremsen, weil dann der Mittelfinger, in dem die meisten Kräfte stecken, sicher den Lenker führen kann.

HANGABWÄRTSFAHREN

Beim *Hangabwärtsfahren* wird das Körpergewicht nach hinten verlagert. Im Extremfall so weit, wie es die Arme zulassen (weit hinter den Sattel und knapp über dem Hinterrad). Ebenso wichtig ist es, das Gewicht dabei niedrig zu halten, d.h. den Hintern abzusenken.

Weiters wird eine sehr gefühlvolle Bedienung der Bremse verlangt. Ob dabei das Hinterrad blockieren darf oder nicht, ist situationsabhängig. Sollte das Heck seitlich wegrutschen, hilft nur noch das Öffnen der Hinterradbremse. Dennoch ist es sinnvoller, das Hinterrad die ganze Zeit blockieren zu lassen und mit der Vorderradbremse die Geschwindigkeit zu regeln. Also Hinderradbremse anziehen und mit der Vorderradbremse spielen, und zwar so, dass das Vorderrad kurz vor dem Blockieren ist, vielleicht sogar kurzzeitig blockiert.

HINTERRAD VERSETZEN

Das *Anheben des Hinterrades* erfolgt meist mit gezogener Vorderradbremse. Will man nun das Hinterrad seitlich rechts versetzen, ist es wichtig, den *Körperschwung* beim Hochschnellen etwas zur Seite auszuführen, nämlich in Richtung rechtes Lenkerende. Bei Bedarf kann man zusätzlich noch mit dem linken Fuß, der in diesem Fall hinten stehen sollte, und der Wade am Rahmen bzw. am Sattel drücken. Für die andere Richtung funktioniert alles entsprechend seitenverkehrt. Wichtig ist die angesprochene *Pedalstellung,* denn der hintere Fuß sorgt für ein seitliches Übergewicht, das automatisch ein Versetzen des Hinterrades zur Folge hat. Das exakte Absetzen des Hinterrades an jener Stelle, wo es angehoben wurde, ist technisch schwieriger als das seitliche Versetzen des Hinterrades.

VORDERRAD VERSETZEN

Diese Art von Richtungswechsel ist eine Alternative zum Kurvenfahren. Für besonders enge Ecken und zum ganz normalen Gleichgewichthalten ist diese Technik sehr hilfreich und im *Fahrradtrial* eine Pflichtübung.

Um das Vorderrad beispielsweise nach links zu versetzen, muss man sich zuvor mit seinem Bike in ein Übergewicht nach links bringen – und bevor man umfällt, hebt man das Vorderrad an und schwenkt es automatisch in die gewünschte Richtung. Der Oberkörper ist dabei seitlich nach vorne über den Lenker gebeugt. Wichtig ist, dass der *Körperschwung* das Vorderrad nicht zu arg in die Höhe hebt, sondern dazu führt, dass es möglich flach über den Boden geschwenkt werden kann.

ABSATZTECHNIK 1

Das *Stufenfahren* in Fahrtrichtung wird mit dieser Technik begonnen. Wer diese Technik perfekt beherrscht, kann Stufen bis zu einer Höhe von 80 cm bewältigen.

Schrittgeschwindigkeit bis doppelte Schrittgeschwindigkeit vor dem Anheben des Vorderrades auf die Stufe reicht aus. Das Vorderrad wird mit einem Tritt in das *Schlechte Pedal* angehoben. Hat der Abstand zur Stufe gestimmt

(ca. eine Radlänge) ist das *Gute Pedal* genau dann antrittbereit, wenn das Hinterrad nachgezogen werden muss.
Für niedrige Stufen ist es sinnvoll nur durch kräftiges Ziehen am Lenker das Vorderrad anzuheben ohne dabei gleichzeitig in die Pedale zu treten. Dabei muss weniger koordiniert werden, aber der kräftige Zug am Lenker führt zur *Imbalance.*

ABSATZTECHNIK 2

Hier geht es jetzt um eine *Variante der Absatztechnik,* die dann aktuell wird, wenn unmittelbar nach der Stufe noch eine weitere folgt zum Beispiel bei Stiegen. Gemeint sind also *Doppelstufen,* die nicht ausreichend Platz für das Bike in Längsrichtung aufweisen.
Die Anfahrt zur ersten Stufe ist absolut identisch mit der zuvor beschriebenen *Absatztechnik 1.* Eine Radlänge vor der ersten Stufe mit dem *Schlechten Pedal* das Vorderrad anheben und auf die Stufe setzen. Jetzt wird nicht einfach das Hinterrad nachgezogen, sondern mit beiden Rädern gleichzeitig abgesprungen. Das *Gute Pedal* ist dabei vorn. Die Landung erfolgt auf dem Hinterrad – das Vorderrad ist dabei in der Luft bzw. es landet auf der nachfolgenden Stufe. Die Hinterrad-Bremse ist bei der Landung geschlossen. Auch bei dieser Technik, vor allem bei niedrigen Stufen, ist es sinnvoll nur durch kräftiges Ziehen am Lenker das Vorderrad anzuheben ohne dabei gleichzeitig in die Pedale zu treten. Dabei muss weniger koordiniert werden, aber der kräftige Zug am Lenker führt wie bereits erwähnt zur *Imbalance.*

ANLIEGER

Kurven Fahren – Durch die *Steilwand surfen.* Der Sattel soll versenkt werden, damit ist größtmögliche Bewegungsfreiheit gegeben – aber nur so weit, dass die Führung mit den Beinen nicht verloren geht. Der *Anlieger* wird mit *mittlerer Geschwindigkeit* angefahren. Achtung! Ist die Geschwindigkeit zu niedrig sind Schräglagen nicht möglich. Sobald der *Anlieger* auftaucht ist er *anzupeilen* damit man die Einfahrt in die Kurve nicht verpasst. Wer den *maximalen Kurvenradius* ausnützt nimmt am meisten Geschwindigkeit mit. Auf jeden Fall sollte man vermeiden zu *spitz* in den *Anlieger* zu fahren und dann erst einzulenken. Dabei besteht Sturzgefahr und es geht viel *Speed* und *Traktion* verloren.

Wichtig ist das *Bremsen* vor der Kurve auf die *optimale Geschwindigkeit,* damit man beim Einfahren in die Kurve und in der Kurve, die Bremsen öffnen und sich dynamisch in die Kurve neigen kann. Zur Not darf noch mit der Hinterradbremse gebremst werden, das Vorderrad ist jedoch mit Führungsaufgaben voll ausgelastet. Der Oberkörper beugt sich etwas nach vorn, um Druck auf das Vorderrad zu bringen. Der kurvenäußere Fuß stellt sich nach unten und trägt das gesamte Körpergewicht. Der innere Fuß ist völlig unbelastet und jederzeit bereit, auszuklicken. Der *Po* schiebt sich etwa 10 bis 15 Zentimeter hinter den Sattel, ohne diesen zu berühren. Auf gar keinen Fall sitzend fahren! Der *kurveninnere* Arm drückt das Rad nach unten und streckt sich etwas, der *kurvenäußere* Arm ist nach außen gebeugt. Sehr wichtig dabei ist auch die *Blickführung.* Der Blick geht weit voraus und definiert exakt die Linie, die kurz darauf das Vorderrad fahren soll. Das bedeutet ein deutliches Drehen des Kopfes. Der Körper und das Bike folgen immer der Kopfbewegung. Die tiefste Körperhaltung soll sich im *Scheitelpunkt der Kurve* befinden, denn hier tritt der maximale Anpressdruck auf. Eine *hohe Körperspannung* ist genauso wichtig wie das Vermeiden von *ruckartigen Lenkbewegungen.* Die Ideallinie befindet sich sehr oft dort wo die Kurve festgefahren ist und wenig loses Material liegt. Beim Ausfahren aus der Kurve wieder aufrichten. Aus engen Kurven drückt man sich dynamisch aus der Kurve und baut so wieder Geschwindigkeit auf. Der Blick bei der *Kurvenausfahrt* richtet sich weit voraus auf den Verlauf der Strecke und darf nicht in der *Kurvenausfahrt* kleben bleiben. Damit ist die Ideallinie zur nächsten Kurve garantiert. Kurz aufeinander folgende, enge Steilkurven werden am besten mit *waagerechter Pedalstellung* gefahren, da keine Zeit für die Pedalumstellung bleibt – dabei werden die Beine für einen tieferen Schwerpunkt angewinkelt.

OUTFIT / EQUIPMENT

RACE OUTFIT

Halbschalenhelm: Racer verwenden leichte MTB-Helme (ca. 200 g) mit erstklassiger Belüftung. Einhändig verstellbare Systeme bringen zusätzliche Sicherheit beim Öffnen und Schließen während der Fahrt.

Das **Trikot** sollte mindestens drei Rückentaschen besitzen. Praktisch ist auch eine kleine separate Tasche mit Reißverschluss für *Schlüssel, Geld* und *Bankomatkarte.* Ein durchgehender Reißverschluss ermöglicht beim Öffnen des Trikots mehrere Klimastufen.
Bei Bergfahrten an ganz heißen Tagen ist das Öffnen des Trikots ein nicht zu unterschätzender Energiegewinn. Das Ausziehen des komplett verschwitzten Trikots nach der Tour oder auf der Toillette fällt mit komplett geöffnetem Zipp erheblich leichter.

Lycrahosen (Trägerhosen) halten den Sitzpolster immer in optimaler Position. Abhängig von der Fahrposition rutscht das Gesäß vor, über oder hinter den Sattel, dabei bleibt die windschnittige *Lycrahose* im Schritt beim Sattel nicht hängen. Auch bei Nässe hängt die Hose im Schritt nicht durch und bringt so mehr Sicherheit bei fahrtechnischen Herausforderungen, vor allem dann wenn der Sattel nicht abgesenkt wird.

Handschuhe vermeiden Druckstellen bei langen Touren, schützen die Hände bei einem Sturz und bieten besseren Halt am Lenker bei Nässe und schweißnasser Haut. *Langfingerhandschuhe* halten in der kühleren Übergangszeit die Gelenke fürs Bremsen und Schalten beweglich.

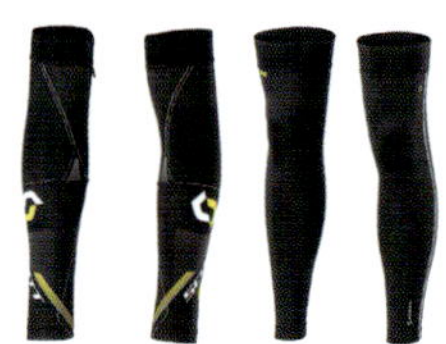

Ärmlinge bieten Schutz vor Wind und Kälte und lassen sich während der Fahrt ausziehen. Zusammengerollt beanspruchen sie sehr wenig Platz in den Trikottaschen.

Beinlinge: Für niedrige Temperaturen frühmorgens oder auf hohen Bergen sind Beinlinge sehr ratsam. Zur Not kann man auch mit heruntergerollten Beinlingen fahren.

Schuhe: Damit keine Energie bei der Schnittstelle zwischen Mensch und Maschine verloren geht, werden Schuhe und Pedale optimal aufeinander abgestimmt und mit *mechanischen Klicksystemen* verbunden. Falsches Material führt hierbei oft zu schmerzhaften *Knieproblemen.* Achtung! Neue Schuhe und neue Pedale verursachen beim gleichzeitigen Kauf eines Bikes erhebliche Zusatzkosten.

Schuhüberzieher halten die Füße trocken und warm. Die Schuhe bleiben sauber und die *Schuhüberzieher* wäscht die Waschmaschine.

Die **Windstopperjacke** muss besonders leicht und auf *Faustgröße* komprimierbar sein. Für die Einkehr am Dach der Tour und für die Abfahrt von hoch gelegenen Pässen, aber auch bei einem Wetterumschwung auf langen Touren ist die *Windstopperjacke* fast so wichtig wie das Bike.

All Season Langarmtrikots eignen sich für Herbst- und Frühlingsausfahrten. Sie schützen vor Wind und Nässe, verfügen über einen durchgehenden Reißverschluss und drei Rückentaschen.

Brillen zum Biken schützen vor Sonne, Regen, Staub, kleinen Steinen, Insekten und Ästen. Ein weites Sichtfeld, guter Sitz, kratzfeste Gläser und gute Ventilation werden verlangt. Spezielle *Polfilterbrillen* reduzieren Spiegelungen.

TRAIL OUTFIT

Shorts kombinieren technische Features mit stylischem Design. Die *Außenshort* sollte aus einem widerstandsfähigen, wasserresistenten und atmungsaktiven Material gefertigt sein.

Die *Innenshort* sollte herausnehmbar sein und einen guten Sitzpolster besitzen. Achtung Sturzgefahr! Weite und lange Shorts, die bis zu den Knien reichen und im Schritt zu weit durchhängen, bleiben auf technischen Single Trail Abfahrten gerne beim Sattel oder Schnellspanner hängen.

Handschuhe: Abhängig von der Witterung und den fahrtechnischen Herausforderungen sind *Langfingerhandschuhe* mit guter Ventilation und eingenähten Protektoren den *Kurzfingerhandschuhen* vorzuziehen.

Halbschalenhelm – Das Tempo auf fahrtechnischen Trails wird immer höher. *Endurohelme* besitzen eine größere Oberfläche mit speziellen Verstärkungen in den am häufigsten vorkommenden *Crashzonen.* Der Stil, die Funktionalität und die Innovationen versucht man mit der Sicherheit von *Mountainbike Helmen* zu vereinen.

Flatternde **Trikots** verleihen auf der Haut ein angenehmes Gefühl. Eingenähte Rückentaschen gibt es keine, aber das Material muss atmungsaktiv, feuchtigkeitstransportierend und strapazierfähig sein.

Die **Schuhe** sollten auf Vielseitigkeit konzipiert sein, um den Anforderungen beim Treten und Gehen gleichermaßen gerecht zu werden. Sie sollen die Kraft beim Treten optimal auf die Pedale übertragen und flexibel genug sein für einen sicheren Halt beim Gehen im Gelände.

BIGMOUNTAIN OUTFIT

3-Lagen-Jacken sind im Herbst im Hochgebirge zu empfehlen, denn sie sind leicht, schützen vor Wind, Kälte und Nässe und lassen sich sehr gut komprimieren.

Knielange GORE-TEX® Regenhosen stören beim Treten deutlich weniger als *lange Regenhosen,* sind extrem leicht und passen wie die Windstopperjacken in die Trikotrückentaschen.

Winddichte Helmmützen trotzen der Kälte und passen problemlos unter den Helm. Bei Dauerregen zusätzlich über den Helm eine *Einwegduschhaube* ziehen.

Rucksack: Der *Scott Grafter Protect* wurde mit einer herausnehmbaren *Rückenprotektorplatte* ausgestattet. Die schaumgepolsterte Hüftgurtkonstruktion hält den *Rucksack* auf allen Trails sicher und bequem auf Position – man spürt ihn kaum. Dank des integrierten Helmbefestigungssystems lassen sich sowohl *Integral-* als auch *Crosscountry-Helme* problemlos auf dem *Rucksack* fixieren, dabei gibt es zusätzliche Befestigungsmöglichkeiten für das Anbringen von *Protektoren.* Es gibt eine spezielle Tasche für das *Werkzeug* und eine Hartschalentasche für die *Sonnenbrille.* Zudem ist der Rucksack kompatibel mit *Trinksystemen* und besitzt ein eigens dafür vorgesehenes Trinkbeutelfach.

SAFETY OUTFIT

Integralhelme werden *Downhillern, Bikecrossern* und *Dual-Bikern* empfohlen. Wer nur gelegentlich in die *Gravity-Szene* wechselt und nicht um sein letztes Hemd fährt, kann auch einen *Endurohelm* oder *Skaterhelm* verwenden und auf *Protektorwesten* bzw. *Rückenprotektoren, Schienbeinschützer* und *Ellbogenschützer* verzichten.

Leichte **Knieschützer,** die sich ohne Schuhe ausziehen öffnen lassen, sind eine sinnvolle Investition. Sie finden nicht nur im Bikepark Verwendung, sondern auch im Wald hinterm Haus oder auf Touren im Hochgebirge entlang technischer Single Trails.

Langfingerhandschuhe mit eingenähten Protektoren und guter Belüftung finden ebenfalls universelle Verwendung.

Schuhe: Profillose robuste Schuhe mit ordentlichen Dämpfungseigenschaften garantieren sicheren Halt und perfekte Kontrolle auf großen *Plattformpedalen.* Zunehmend gibt es wieder Modelle mit integriertem *SPD-Klicksystem.*

BIKE EQUIPMENT FÜR UNTERWEGS

Flaschenhalter, Trinkflasche, Trinkrucksack:

Flaschenhalter und *Trinkflasche* gehören auf das Bike, sofern Platz dafür vorhanden ist. Auf längeren Touren empfiehlt es sich, *zwei Flaschenhalter* zu montieren, und zwar so, dass *längere Flaschen* mit einer Füllmenge von 0,7 Litern problemlos herausgezogen werden können. *Flaschenhalter* mit seitlicher Öffnung erleichtern das Hineinstecken und Herausziehen der Flasche während der Fahrt. Fullys mit kleinem Rahmen machen die Aufnahme von *Flaschen* teilweise unmöglich. Wer unterwegs nicht bei jedem Brunnen stehen bleiben will, verwendet *Trinkrucksacksysteme.*

Reparaturset: In die *Satteltasche* gehören ein *Ersatzschlauch, Flicken, Aushebelwerkzeug, Multifunktionstool,* eine *CO_2-Minipumpe* mit einer *Ersatzpatrone, Kettenschloss* und eine *Duschhaube* als Helmüberzieher, falls es stark zu regnen beginnt. Alle Teile sollten möglichst leicht sein. Unverzichtbar sind auf jeden Fall die *Minipumpe,* das *Aushebelwerkzeug* und der *Ersatzschlauch.* Die Größe der *Satteltasche* ist so zu wählen, dass der Inhalt den Raum bestmöglich füllt, damit während der Fahrt keine nervtötenden Klappergeräusche auftreten.

DAS BIKE

CYCLO-CROSSBIKE

Scott Addict CX RC: *Carbon | 28 Zoll | 11 Gänge (42 // 11-34) | Reifen Schwalbe X-One CX 35-622 bzw. 1.3 | 8,1 kg*

Cyclocross-Bikes unterscheiden sich nur marginal von den *Gravelbikes.* Die Sitzposition ist etwas sportlicher und die Reifenbreite ist limitiert mit 33C bzw. 1.3 Zoll. Es gibt sie wahlweise mit Einfach- und Zweifachkurbeln mit entsprechenden Kassetten. Das Gewicht dieser Bikes, in der mittleren Preisklasse, liegt unter 9 kg. **Einsatzgebiet:** *Uphill, Crosscountry, Tour, Race*

GRAVELBIKE

Scott Addict Gravel: *Carbon | 28 Zoll | 24 Gänge (46/33 // 10-33) | Reifen Schwalbe G-ONE 35C bzw. 1.3 | 8,3 kg*

Gravelbikes sind für viele die neuen *Mountainbike Hardtails.* Sie rollen auf dicken 28 Zoll Rennrad-Profilreifen und bremsen hydraulisch. Die Sitzposition ist komfortabler als auf einem *Crossbike* oder *Rennrad.* Es gibt sie wahlweise mit Einfach- und Zweifachkurbeln mit entsprechenden Kassetten. Das Gewicht dieser Bikes, in der mittleren Preisklasse, liegt unter 10 kg. **Einsatzgebiet:** *Uphill, Crosscountry, Tour, mehrtägige Etappen, Reisen*

HARDTAIL

Scott Aspect: *Alu | 29 Zoll | Federgabel 100 mm | 12 Gänge (30 // 11-50) | Reifen Kenda Booster 2.4 | 13,5 kg*

Mountainbike Hardtails werden fast nur noch als 29-Zoll Bikes angeboten. Ein steifer Hinterbau, Luftfedergabeln bis 110 mm, hydraulische Scheibenbremsen und der klassische Diamantrahmen sind charakteristisch für diese Bikekategorie. Einfach- und Zweifachkurbeln mit den passenden Kassetten sind auf diesen Bikes zu finden. Das Gewicht dieser Bikes, in der mittleren Preisklasse, liegt unter 11 kg. **Einsatzgebiet:** *Uphill, Crosscountry, All-Mountain, Marathon*

RACEFULLY / MARATHONFULLY

Scott Spark RC: *Carbon | 29 Zoll | Federgabel 110 mm / Hinterbau 100 mm| Twinloc | 20 Gänge (32 // 10-52) | Reifen Maxxis Rekon Race 2.35 | 10 kg*

Scott Contessa Spark RC: *Carbon | 29 Zoll | Federgabel 110 mm / Hinterbau 100 mm | Twinloc | 10 Gänge (30 // 10-52) | Maxxis Rekon Race 2.35 | 10,7 kg*

Race- und *Marathonfullys* sind superleichte und wendige Full-Suspension-Bikes mit maximal 110 mm Federweg werden nur noch als 29-Zoll Bikes angeboten. Die Bikes sind ausgestattet mit Luftfederelementen, hydraulischen Scheibenbremsen, Locksystemen zum Sperren der Federungen und mit Einfachkurbeln. Das Gewicht dieser Bikes, in der mittleren bis gehobenen Preisklasse, liegt unter 12 kg. **Einsatzgebiet:** *Cross Country, All-Mountain, Marathon, Alpenüberquerungen bzw. mehrtägige Touren*

TRAIL-BIKE

Scott Spark: *Carbon | 29 Zoll | Federgabel 130 mm / Hinterbau 120 mm | Twinloc CTD | 12 Gänge (32 // 10-52) | Reifen Maxxis Rekon 2.4 | 11,3 kg*

Trail-Bikes sind stabile Full-Suspension-Bikes mit 120 mm Federweg werden nur noch als 29-Zoll Bikes angeboten. Die Bikes sind ausgestattet mit Luftfederelementen, Federgabeln mit Niveauregulierung, hydraulischen Scheibenbremsen, Locksystemen zum Sperren der Federungen, per Remote Control versenkbarer Sattelstütze und mit Einfachkurbeln. Das Gewicht dieser Bikes, in der mittleren bis gehobenen Preisklasse, liegt unter 12 kg. **Einsatzgebiet:** *Uphill, Crosscountry, All-Mountain, Freeride*

ALL-MOUNTAIN-BIKE

Scott Genius: *Carbon | 29 Zoll | Federgabel 150 mm / Hinterbau 150 mm | Twinloc CTD | 12 Gänge (32 // 10-50) | Reifen Maxxis Rekon 2.6 | 13 kg*

All-Mountain-Bikes sind stabile Full-Suspension-Bikes mit 150 mm Federweg werden nur noch als 29-Zoll Bikes angeboten. Die Bikes sind ausgestattet mit Luftfederelementen, Federgabeln mit Niveauregulierung, hydraulischen Scheibenbremsen, Locksystemen zum Sperren der Federungen, per Remote Control versenkbarer Sattelstütze und mit Einfachkurbeln. Das Gewicht dieser Bikes, in der mittleren bis gehobenen Preisklasse, liegt unter 14 kg. **Einsatzgebiet:** *Uphill, Crosscountry, All-Mountain, Freeride, Enduro, Big-Mountain*

ENDURO-BIKE

Scott Ransom: *Carbon | 29 Zoll | Federgabel 170 mm / Hinterbau 170 mm| Twinloc CTD | 12 Gänge (32 // 10-52) | Kettenführung | Reifen Maxxis Dissector 2.6 | Gewicht 13,7 kg*

Enduro-Bikes sind sehr robuste Full-Suspensions-Bikes mit 170 mm Federweg werden als 29-Zoll-Bikes angeboten. Die Bikes sind ausgestattet mit Luftfederelementen, Federgabeln mit Niveauregulierung, hydraulischen Scheibenbremsen mit großem Rotor, Locksystemen zum Sperren der Federungen, per Remote Control versenkbarer Sattelstütze, Kettenführung und mit Einfachkurbel. Das Gewicht dieser Bikes, in der mittleren bis gehobenen Preisklasse, liegt unter 14 kg. **Einsatzgebiet:** *in Enduro-Regionen wie zum Beispiel Dreiländer-Enduro in Nauders oder Overmountain-Challenge in Ischgl oder Bikerepublik Sölden*

DOWNHILL-BIKE

Scott Gambler: *Carbon | 29 Zoll | Federgabel 203 mm / Hinterbau 200 mm | 7 Gänge (34 // 11-25) | Kettenführung | Reifen Maxxis Assegai 2.5 DH | Gewicht 15,6 kg*

Downhill-Bikes sind kompromissloses Bikes, die sich ausschließlich nur zum Bergabfahren eignen. Die Sitzposition und der Antrieb lassen keine längeren Transferstrecken zu. Features wie eine tiefere und flachere Geometrie, einen längeren Dämpfer und ein optimiertes Übersetzungsverhältnis kennzeichnen dieses Bike. Das Bike wird serienmäßig in der Laufradgröße 29 Zoll ausgeliefert. Das Bike kann aber auf 27,5 Zoll umgerüstet werden. **Einsatzgebiet:** *in Bikeparks auf Downhillstrecken*

DER LENKERVORBAU

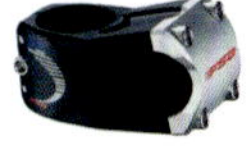

Ein *langer Vorbau* bringt ordentlich Druck auf das Vorderrad. Das freut einen *XCO-Piloten,* ist aber im groben Gelände eher von Nachteil. Mit *kurzen steilen Vorbauten* lenkt es sich direkter in *Kurven* und *Anlieger* ein, zudem lässt sich das Vorderrad erheblich leichter hochziehen. Die Länge des *Vorbaus* ist schlussendlich ein individueller Kompromiss. Zu *kurze Vorbauten* verschlechtern die Steigfähigkeit beim Bergauffahren und die Laufruhe des Vorderrades. Sehr *kurze* und *hohe Vorbauten* erleichtern dafür aber extrem steile Abfahrten. Um auf *29-Zoll-Bikes* eine sportlichere Sitzposition zu ermöglichen, werden *Vorbauten* mit *negativem Vorbauwinkel* montiert.

DER LENKER

Ein *stabiler, breiter Lenker* sollte mindestens *700 Millimeter* breit sein. *Breite Lenker* verbessern das Gleichgewicht, die Kontrolle beim Springen (Droppen) und wenn große Kräfte auf das Vorderrad

einwirken. *Überbreite Lenker* sind fürs Gelände jedoch nicht zu empfehlen. Es besteht die Gefahr, dass man in engen Passagen hängen bleibt. Dünne harte *Kunststoffgriffe* ermöglichen einen optimalen Halt des Lenkers und eine *exakte Linienführung* bei kniffligen Trialpassagen. Der Durchmesser der *Kunststoffgriffe* ist der Größe der Hände entsprechend anzupassen.

ANTRIEB

Der Einsatz und die Laufradgröße bestimmen die Wahl des Antriebes. Die Übersetzungsbandbreite von *Einfachkurbeln (28–34)* mit *Zwölffach-Kassetten (10–52)* auf *29-Zoll-Hardtails* reicht für Uphills und crosscountryartigen Runden. Alle zwölf Gänge sind ohne Überschneidungen nutzbar und die Schaltvorgänge werden deutlich reduziert. *Zweifachkurbeln (39/26* oder *38/24)* mit *Elffach-Kassetten (11-36)* findet man auf *29-Zoll-Hardtails, Racefullys* und *Trailbikes.* Auf *All-Mountain-Bikes,* und *Enduro-Bikes* sind nur noch *Einfachantriebe* zu finden. Auf *Freeride-* und *Downhillbikes* gibt es ohnehin schon seit längerem nur noch *Einfachantriebe.* Die *Dreifachkurbel (40/30/22)* kombiniert mit *Zehnfach-Kassetten (11-36)* ist nur noch auf günstigen *Kaufhaus-Bikes* zu finden. Der *Vortrieb* eines Bikes pro Pedalumdrehung wird in Meter angegeben. Dieser Wert ist ein Maß für die Zuordnung leichter und schwerer Gänge. Der *Vortrieb* ist abhängig von der Anzahl der Zähne der Kurbel, der Anzahl der Zähne der Kassette, der Laufradgröße und der Reifengröße. Der *Online-Ritzelrechner* www.ritzelrechner.de hilft bei der Ermittlung des Vortriebes, der Übersetzungsbandbreite und der effektiv nutzbaren Gänge.

DIE SCHALTUNG

Ob *Shimano* oder *SRAM,* ob *Zeigefinger-Daumen-Schaltung* oder *Drehgriffschaltung,* ist Geschmackssache. Der Unterschied zwischen einer Einsteiger- und einer Topgruppe sind der Preis und das Gewicht, nicht aber die Funktion. *Sieben-, Acht-* und *Neunfach-Schalthebel, Umwerfer* und *Schaltwerke* lassen sich untereinander und zwischen den Herstellern *Shimano* und *SRAM* großteils problemlos kombinieren. Ab der *Zehnfach-Schaltgruppe* aufwärts ändert sich das Übersetzungsverhältnis der Schalthebel von *SRAM* und *Shimano,* deshalb können *Schalthebel, Umwerfer* und *Schaltwerk* nicht mehr gemischt werden. *Neun-, Zehn-, Elf-* und *Zwölffach-Schaltgruppen* innerhalb eines Herstellers können ebenfalls nicht wahllos kombiniert werden. Schaltungsteile unterschiedlichen Niveaus können weiterhin gemischt werden. Zum Beispiel funktioniert ein *Shimano SLX-Zehnfach-Schalthebel* mit einem *Shimano XT-Zehnfach-Schaltwerk* oder ein *SRAM X7-Zehnfach-Schalthebel* mit einem *SRAM X9-Zehnfach-Schaltwerk. Schaltwerke* mit *Reibungsdämpfer* reduzieren das Schlagen der Kette, ungewollte Gangwechsel und das Herunterspringen der Kette vom Zahnkranz. *Shimano* kennzeichnet *Schaltwerke mit Reibungsdämpfer* mit *Shadow+* und *SRAM* mit *Typ2*. *SRAM* bietet zusätzlich zur *Daumen-Zeigefinger-Schaltung* weiterhin die *Drehgriff-Schaltung* an. Achtung beim Wechseln der *Schaltwerke! Schaltwerke* werden meistens in drei unterschiedlichen Längen angeboten. Für eine optimale Kattenspannung gilt: Je größer der *Zahnkranz* der *Kassette,* desto länger muss das *Schaltwerk* sein. Wer das *Schaltwerk* wechselt, sollte gleichzeitig *Bowdenzüge* und *Schaltseile* tauschen, um eine optimale Funktion zu gewährleisten.

DER BASH GUARD

Der *Bash Guard (Rockring)* schützt die *Kettenblätter* vor *Zahnausfall.* Zwingend erforderlich für hohe Stufen und querliegende Bäume. *Rockringe* sind für *Kettenblätter* von *32* bis *42 Zähnen* erhältlich.

DIE PEDALE

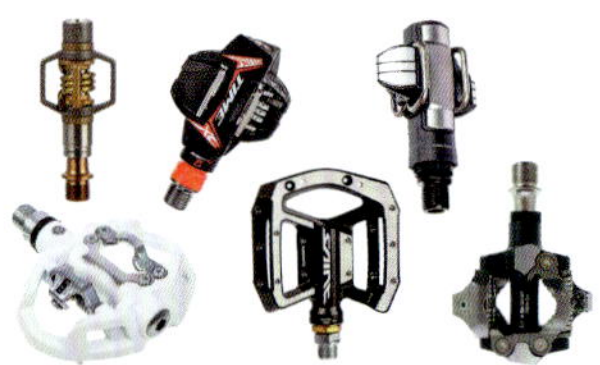

Klickbare Systempedale, die eine mechanische Verbindung mit dem Schuh herstellen und optimal aufeinander abgestimmt sind, ermöglichen beste Kraftübertragung beim Treten. Die Bewegungsfreiheit, das Gewicht, die Funktion des Einrastens vor allem bei verdreckter Schuhsohle und nicht zuletzt der Preis sind wichtige Kaufkriterien. Auf jeden Fall rentiert sich ein Blick auf Systeme folgender Hersteller: *Shimano, Crank Brothers, Look* und *Time.* Auf schwierigen Single Trails erleichtern *Plattformpedale* den Absprung vom Bike ohne Zeitverzögerung. Zudem ermöglichen sie beim Balancieren im technisch anspruchsvollen Gelände, die Pedalposition und den Pedaldruck großflächig zu verändern. Die *Pins* an der Oberfläche der *Pedale* müssen austauschbar sein und bestmöglichen *Grip* mit den Schuhen garantieren. *Dualride-Pedale* oder auf Deutsch *Kombipedale* besitzen auf einer Seite eine rutschfeste Plattform und auf der anderen Seite ein Klicksystem. Das Klicksystem im Schuh sollte gut versenkt sein, damit es auf der Plattformseite des Pedals nicht hängen bleibt oder die Reibung verschlechtert.

DIE REIFEN

Die Wahl der *Reifen, Schläuche* und *Felgen* erweitert oder spezialisiert die Verwendung eines Bikes. Schwere Bikes werden leichter und eignen sich plötzlich für die Bergfahrt. Umgekehrt kann man aus leichten Bikes schwere Bikes machen und im Bikepark fahrtechnische Herausforderungen suchen. Ausschlaggebend für den Rollwiderstand eines *Reifens* sind die Gummimischung, die Profilierung, das Gewicht und die Form des *Reifens* – nicht zwangsläufig die Reifenbreite. So wichtig, wie für *Uphillbiker* der geringe Rollwiderstand ist, so wichtig ist für *Downhillbiker* der Pannenschutz und der Grip. *Crosscountrybiker* und *Marathonbiker* benötigen leichte Reifen mit erhöhtem Pannenschutz. *Endurobiker* und *Freeridebiker* suchen mittelschwere Reifen mit hohem Pannenschutz.

Furios Fred | Racing Ralph | Rocket Ron

Rock Razor | Nobby Nic | Hans Dampf

Magic Mary | Hans Dampf / Dirty Dan

Der Untergrund und die Fahrbahnverhältnisse spielen ebenfalls eine wichtige Rolle bei der Wahl der *Reifen. Mountainbiker* fahren auf Asphaltstraßen, groben oder feinen Schotterstraßen, die lose oder gepresst sein können, auf der Wiese oder im Wald über Wurzelteppiche und im Hochgebirge über felsige Steinplatten. Abhängig von der Jahreszeit und vom Wetter kann der Untergrund trocken, nass oder verschneit sein. Das führt dazu, dass im Wald und auf der Wiese der Boden tief und schlammig wird.

Es gibt *Faltreifen, Drahtreifen, Schlauchreifen* und *Reifen,* die man *schlauchlos* fährt. Die Hersteller kennzeichnen ihre Produkte dementsprechend. *Schlauchreifen* sind rundum geschlossen und werden ins *Felgenbett* geklebt. Sie benötigen keinen zusätzlichen *Schlauch.* Wer seine Reifen *schlauchlos (tubeless)* fahren möchte, benötigt *Felgen* und *Mäntel,* die dafür vorgesehen sind. *Drahtreifen* sind meistens schwerer als *Faltreifen* und finden deshalb häufig bei *Enduro-, Freeride-* und *Downhill-Bikes* Verwendung.

Die *Reifenbreite* wird in Zoll (2.1 oder 2.35) gemessen und ist seitlich auf dem *Reifen* angegeben. Achtung! Bei der *Reifenmontage* auf die angegebene Laufrichtung achten.

REIFENTIPP BEI TROCKENEN BODEN

Uphill-Bike (29" Hardtail) – vorne und hinten *Furios Fred 29 x 2.0 (360 g)* | **Crosscountry-Bike (29" Hardtail)** und **Marathon-Bike (29" Fully)** – vorne *Rocket Ron 2.25 (29": 570 g),* hinten *Racing Ralph 2.1 (29": 585 g)* | **Bigmountain–Bike (27,5" Fully)** und **All-Mountain-Bike (27,5" Fully)** – vorne *Minion 3C 2.3 (850 g),* hinten *Nobby Nic 2.35 (675 g)* | **Enduro-Bike** und **Freeride-Bike (27,5" Fully)** – vorne *Magic Mary VertStar 2.35 (1100 g),* hinten *Rock Razor Trailstar 2.35 (965 g)* | **Downhill-Bike (27,5" Fully)** – vorne *Minion 3C 2.5 (1390 g),* hinten *High Roller II 2.4 (1250 g)*

REIFENTIPP BEI NASSEN UND SCHLAMMIGEN BODEN

Uphillbike (29" Hardtail) – vorne und hinten *Rocket Ron 2.25 (490 g)* | **Crosscountry-Bike (29" Hardtail)** und **Marathon-Bike (29" Fully)** – vorne und hinten *Nobby Nic 2.25 (29": 575 g | 29": 645 g)* | **All-Mountain-** und **Bigmountain-Bike (27,5" Fully)** – vorne *Minion 3C,* hinten *Rock Razor Pacestar 2.35 (695 g)* | **Enduro-, Freeride-** und **Downhill-Bike (27,5" Fully)** – vorne und hinten *Dirty Dan 2.35 (1075 g)*

DER LUFTDRUCK

Der *Luftdruck* ist ein entscheidender Faktor für die Traktion. Er muss so abgesenkt werden, dass eine möglichst große Auflagefläche entsteht. Zu wenig *Luftdruck* ist aber auch sehr schlecht, da der Reifen an Seitenstabilität verliert, was dazu führt, dass er bei seitlichen Belastungen und Kräften wegwalkt. Das Gleichgewicht geht verloren, außerdem vergrößert sich die Gefahr eines Durchschlages *(Snakebite-Platten)*, oder dass die Felge beschädigt wird. Zu *niedriger Luftdruck* ist bei Sprüngen und schnellen Abfahrten besonders gefährlich. Die seitliche Instabilität des *Reifens* führt zum Schleudern.

DER LUFTDRUCK IST ABHÄNGIG

Vom Reifen: Breite Reifen mit starken Seitenwänden ermöglichen niedrigen Luftdruck.

Vom Gewicht des Fahrers und dessen Fahrstil.

Vom Gelände: Asphaltstraßen, Forststraßen mit losem Schotter, der grobsteinig oder feinkörnig sein kann, felsiger oder steiniger Untergrund, wurzeliger Waldboden oder sumpfiger tiefer Wiesenboden. Achtung! Hartes kantiges Gelände erfordert einen *höheren Luftdruck*, um Reifen- und Felgenschäden zu verhindern.

Vom Speed: Schnelle Abfahrten erfordern einen *höheren Luftdruck*, der die seitliche Stabilität des *Reifens* verbessert.

Zwei Bar ist ein Richtwert für den *Reifendruck* für Biker bis 70 Kilogramm. 2,4 Bar für schmale und leichte *Reifen* und 1,8 Bar für schwere und breite *Reifen*.

DIE BREMSEN

Es werden kaum noch Bikes verkauft ohne *hydraulische Scheibenbremsen*.

Die sehr gut dosierbare und hohe Bremsleistung ist maßgeblich von der Scheibengröße abhängig. 160 mm, 180 mm und 203 mm sind derzeit die Standardgrößen. Am Vorderrad werden sehr oft größere *Bremsscheiben* montiert, weil dort größere Bremskräfte wirken als am Hinterrad. Die meisten *Scheibenbremsen* lassen sich nachträglich mittels Adapter auf andere Scheibengrößen umrüsten. Wer größere Bremsscheiben nachrüstet, erhöht die Bremsleistung und verringert den Bremsbelagverschleiß. *Bremsscheiben* sind Verschleißteile. Sollte ein Wechsel der Bremsscheibe notwendig sein, ist zu überlegen, ob es Sinn macht, auf größere Scheiben umzusteigen. Adapter kosten meistens weniger als ein paar Bremsbeläge. *Hydraulische Scheibenbremsen* haben sich in den letzten Jahren enorm weiterentwickelt. Sie müssen maximal einmal im Jahr entlüftet werden und die Laufräder bzw. Scheiben drehen sich schleiffrei im Bremssattel. Der Wechsel neuer Bremsbeläge ist einfacher geworden, als es bei *Cantilever-Bremsen* jemals war.

EINSTELLUNG DER BREMSHEBEL

Die Position am Bike ist abhängig vom Gelände. Steile Abfahrten machen eine Position erforderlich, die sich weit hinter dem Sattel befindet und knapp über dem Hinterrad endet. Dabei sind die Arme gestreckt und parallel zum Oberrohr. Sind die *Bremshebel* zu weit nach unten geneigt, sind sie schwer zu greifen. Sind sie aber zu hoch eingestellt, verursachen sie bei normaler Sitzposition und langen Abfahrten Schmerzen in den angewinkelten Handgelenken. Die Einstellung erfolgt über eine Imbusschraube am *Bremshebel* und am besten unterwegs. Der *Bremshebel* ist so zu platzieren, dass der Zeigefinger beim Drücken der Bremse die größten Hebelkräfte ausüben kann und der kleine Finger fünf Millimeter vom Lenkerende entfernt ist. Besitzt die Bremse eine *Bremshebelweitenverstellung*, ist diese so zu justieren, dass der Zeigefinger den *Bremshebel* leicht erreicht. Zum Schluss ist noch der Druckpunkt einzustellen. Der Druckpunkt definiert den Bremspunkt. Biker mit großen Händen stellen einen früheren Druckpunkt ein als Biker mit kleineren Händen. Da man die Bremsen nicht mit allen vier Fingern betätigen sollte, muss die volle Bremswirkung mit maximal zwei besser nur mit einem Finger erreicht werden, ohne dass der *Bremshebel* die Finger einklemmt, die den Lenker greifen.

NAVIGATION

www.bikerides.at ermöglicht den Download von *GPS-Tracks*. Alle Touren und Varianten, die in diesem Buch beschrieben sind, stehen als *GPX-Files* zur Verfügung.

Apemap – *Digitale Straßenkarten* und *Topografische Karten* werden von der Software und von der App *Apemap* (http://apemap.com/) auf dem PC und dem Smartphone (iOS, Android) dargestellt. Die amtlichen topografischen Karten für *Deutschland* und *Österreich*, sowie die topografischen Karten von *Kompass, Alpenverein, Swiss Map, Kümmerly & Frey* werden ebenfalls unterstützt. Kartenausschnitte können mit der Software von *Apemap* vom PC auf das Smartphone übertragen werden, damit entfällt die Notwendigkeit der Mobilfunkunterstützung während der Navigation. Wer sich außerhalb des Mobilfunknetzes befindet, orientiert sich weiterhin mit den heruntergeladenen Karten im Smartphone, solange bis die GPS-Verbindung abreißt. Die kostenlose App, und PC-Software stellt sicher viele zufrieden, alle Funktionen lassen sich mit 20 Euro freischalten. Die Farbe und die Linienstärke des GPS-Tracks können in der App eingestellt werden. Sobald man sich auf dem GPS-Track befindet, wird ein Teil des GPS-Tracks in einer anderen Farbe dargestellt und akustisch signalisiert. Das Tracking ist genauso möglich wie das Einzeichnen individueller Tracks zum Nachfahren. Sprachunterstütztes Routing gibt es aber nicht. Mit der App können auch radtachospezifische Daten wie Geschwindigkeit, zurückgelegte Höhenmeter, Distanz und vieles mehr während der Fahrt angezeigt werden.

Energiespartipps – Abgesehen vom Telefonieren benötigt das *Display* eines Smartphones den Großteil der Energie. Reduzieren Sie deshalb die Displayhelligkeit, aktivieren Sie den Standbymodus und schalten Sie die automatische Tastensperre ein. Mit einem *Zweitakku* oder einer *Powerbank* können Sie die elektronische Navigation verlängern.

Datenvolumen – Achtung! Die Navigation mit Onlinekarten verbraucht sehr viel Datenvolumen. In 30 Minuten werden ungefähr 250 MB verbraucht. Mit der App *Apemape* können die meisten Karten als Offlinekarten am Smartphone gespeichert werden, so dass sie während der Navigation kein Datenvolumen verbrauchen. Es ist auch möglich, individuelle Kartenausschnitte festzulegen und auf das Smartphone zu übertragen. Dazu wird aber ein Computer benötigt.

001 - 031

UNTERINNTAL

MITTERWEERBERG
001 Geiseljoch

KOLSASS
002 Grafennsalm
003 Studlalm

SCHWAZ
004 Loas

SANKT MARGARETHEN
005 Kellerjochhütte

BUCH
006 Kaunzalm

MÜNSTER
007 Scherbensteinalm
008 Bayreuther Hütte

PILL
009 Haglhütte

BRIXLEGG
010 Holzalm
011 Bischoferalm
012 Silberbergalm

KRAMSACH
013 Nachbergalm

KUNDL
014 Kragenalm
015 Rosskopfhütte
016 Schatzberg
017 Färberwirt

WÖRGL
018 Oberhausberg

MARIASTEIN
019 Buchackeralm

BAD HÄRING
020 Moorsee

EGERBACH
021 Hintersteinersee

LANDL
022 Burgstein

VORDERTHIERSEE
023 Trainsalm
024 Höhlensteinalm

HINTERTHIERSEE
025 Köglalm

KUFSTEIN
026 Kaindlhütte
027 Kaleralm
028 Anton-Karg-Haus
029 Vorderkaiserfeldenhütte

EBBS
030 Aschinger Alm

ERL
031 Kranzhornhütte

Foto: © TVB-Alpbachtal

001 GEISELJOCH

ANFAHRT – *Innsbruck – Mitterweerberg* 24 km: A12 Richtung München, Ausfahrt Wattens, anschließend der Beschilderung Richtung Schwaz bis nach Weer folgen, in Weer nach der SHELL-Tankstelle rechts abbiegen zum ADEG-Geschäft, dort links abbiegen und beim Hotel Weererwirt rechts bergauf weiter nach Mitterweerberg bis zur Dorfkirche

PARKMÖGLICHKEIT – bei der Dorfkirche

START – bei der Dorfkirche, der Asphaltstraße taleinwärts entlang bis zum *Ghf. Innerst* und dort der Beschilderung zum *Geiseljoch* folgen, nach 1,5 km bei der Bushaltestelle rechts weiter, der Beschilderung nach *Innerst* folgen

TOURENBESCHREIBUNG – 16,6 km und **1410 Hm** sind von *Mitterweerberg* über *Ghf. Innerst* und *Weidener Hütte* bis zum *Geiseljoch* auf Asphalt, gut präpariertem Forstweg, Karrenweg und Single Track bergauf zurückzulegen. Der 1,9 km lange Single Track über das *Geiseljoch* ist für jeden geübten Biker befahrbar. Anschließend folgt ein 9,4 km langer Downhill ins *Tuxertal*. Bei Kilometer 26 führt die Tour auf Forstweg, Karrenweg und Single Track bis zur *Steinpyramide* großteils bergauf. Der 700 m lange Single Track beginnt beim Gipfelkreuz und ist bis zur Liftstütze Nummer *Sieben* nicht befahrbar. Für diesen Abschnitt muss ein Fußmarsch von drei Minuten eingeplant werden. Ab der Liftstütze Nummer *Sieben* beginnt ein markierter Single Track hinauf zur Steinpyramide, der für geübte Biker mit Trialerfahrung zur Gänze befahrbar ist. Einen Kilometer vor dem *Ghf. Roswitha* endet die Abfahrt von der *Steinpyramide*. Bis dorthin sind nur sehr kurze, leichte Anstiege zu erwarten. Bis zur *Rastkogelhütte* sind erneut **500 Hm** auf Asphalt, Forstweg und Karrenweg zurückzulegen. Anschließend beginnt ein 1,7 km langer Single Track, der die *Rastkogelhütte* mit der *Berghütte* verbindet. Bis zum *Sidanjoch* ist dieser Single Track nur teilweise befahrbar. Zusätzlich muss ein Fußmarsch von fünf Minuten eingeplant wer-

800
m

MITTERWEERBERG
882m_3200Hm_77,6km_7h10'

GHF. LOAS
1626m_3180Hm_65,5km_6h37'

GAMSSTEINHAUS
1675m_3180Hm_65km_6h35'

GHF. INNERST
1283m_401Hm_5,8km_30'

HOCHFÜGEN
1474m_2969Hm_60km_6h5'

BERGHÜTTE
1917m_2969Hm_55,1km_5h50'

RASTKOGELHÜTTE
2117m_2959Hm_53,3km_5h30'

WEIDENER HÜTTE
1799m_917Hm_11,7km_1h20'

SIDANJOCH
2127m_2969Hm_53,9km_5h40'

SIDANALM
1871m_2713Hm_50,7km_5h5'

GHF. ATLAS
1711m_2531Hm_48,3km_4h45'

LÄMMERBICHLALM
2093m_1920Hm_30,4km_3h15'

STEINPYRAMIDE
2271m_2123Hm_32,7km_3h40'

GHF. ROSWITHA
1387m_2190Hm_45,4km_4h20'

GEISELJOCH
2292m_1410Hm_16,6km_2h5'

MITTERTRETTALM
1728m_2130Hm_39,4km_4h5'

GHF. GOLDBRÜNDL
1620m_2130Hm_41,8km_4h10

HOB ALM
1807m_1410Hm_22,7km_2h15'

WANGLALM
2128m_2123Hm_34,5km_3h50'

MITTERTRETTALM HL.
1869m_2130Hm_37,3km_4h

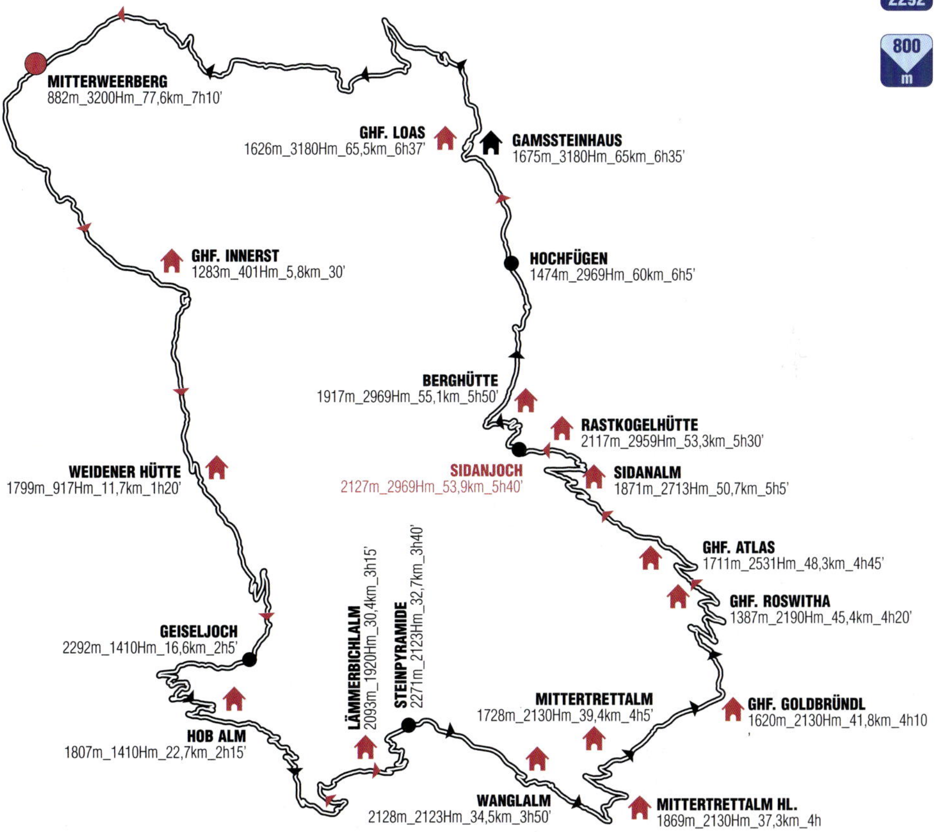

den. Vom *Sidanjoch* geht es nur noch bergab bis zur Berghütte. Dieser Abschnitt ist für *Trialbiker* zur Gänze befahrbar. Ungeübte Biker müssen für diesen Abschnitt einen Fußmarsch von 15 Minuten einplanen. Von der *Berghütte* bergab nach *Hochfügen* und anschließend über das *Gamssteinhaus* zurück nach *Mitterweerberg* sind, abgesehen von der *Tourlänge,* keine nennenswerten Schwierigkeiten zu erwarten. Insgesamt sind **77,6 km** und **3200 Hm** auf dieser Rundtour zu bewältigen.

Tourverbindungen: 004 *Loas,* 002 *Grafennsalm,* 096 *Vallruckalm,* 093 *Lämmerbichlalm,* 094 *Gschößwandhaus,* 072 *Penkenalm,* 069 *Rastkogelhütte,* 056 *Gartalm,* 059 *Lamargalm,* 061 *Gedrechter,* 058 *Holzalm*

KARTENMATERIAL – ÖK: 1:25000 119 | 149 | **F&B: 1:50000** 151

INFOS – Ghf. Innerst, Ghf. Loas, Ghf. Roswitha: ganzjährig bewirtschaftete Ghf.; **Weidener Hütte:** im Sommer bewirtschaftete AV-Hütte; **Hob Alm, Wangalm, Mittertrettalm Hochleger, Mittertrettalm, Berghütte:** unbewirtschaftete Almhütten; **Lämmerbichlalm:** bewirtschaftet Anfang Juli bis Anfang Oktober; **Ghf. Goldbründl:** im Sommer bewirtschafteter Bergghf.; **Ghf. Atlas:** bewirtschaftet Anfang Mai bis Mitte November; **Gamssteinhaus:** Selbstversorgerhaus

Sidanjoch (2127 m) | Foto: G. Gast

002 GRAFENNSALM

ANFAHRT – *Innsbruck – Kolsass* 20 km: A12 Richtung *München*, Ausfahrt *Wattens*, anschließend der Beschilderung Richtung *Schwaz* bis nach *Kolsass* folgen, in *Kolsass* rechts von der Bundesstraße B 171 zur Dorfkirche abbiegen
PARKMÖGLICHKEIT – bei der Dorfkirche
START – bei der Dorfkirche, der Asphaltstraße dorfauswärts, Richtung *Wattens,* entlang, anschließend auf der Bundesstraße B171 weiter bis zur blauen Kilometertafel 58,8 und dort nach der Bushaltestelle links in den Forstweg einbiegen
TOURENBESCHREIBUNG – 24,2 km und **1898 Hm** sind von *Kolsass* über den *Ghf. Gartlach, Jägerhof* und *Grafennsalm* bis zum *Dach der Tour* auf Asphalt, gut präpariertem Forstweg und

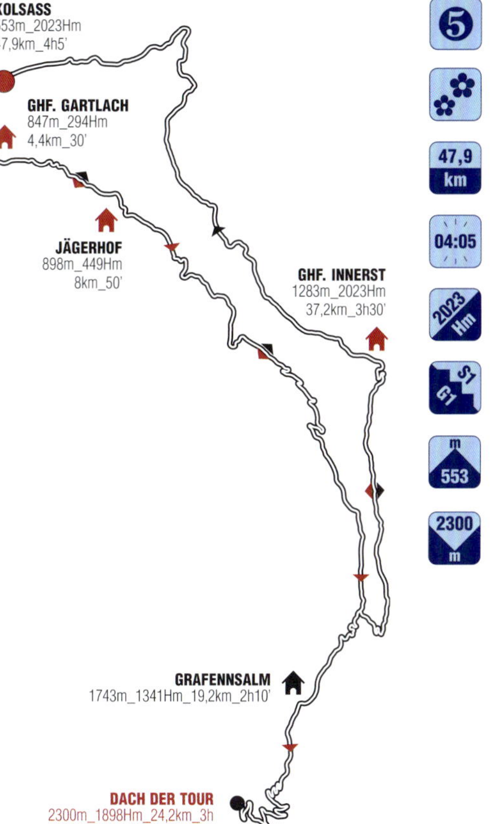

Karrenweg großteils bergauf zurückzulegen. Der Abschnitt vom *Ghf. Gartlach* bis zum *Dach der Tour* führt teilweise auch bergab. Auf dem Rückweg über den *Gasthof Innerst* sind nochmals **125 Hm** bergauf zurückzulegen, der Rest der Strecke führt zur Gänze bergab. Insgesamt sind **47,9 km** und **2023 Hm** auf dieser Rundtour zu bewältigen.
Variante: Vom *Dach der Tour* (Forstwegende) führt der ST302A über das *Grafennsjoch* (2450 m) zum *Außermelang Hochleger* ins *Wattental*. Für diesen Übergang ist ein zusätzlicher Fußmarsch von 1,5 Stunden einzuplanen. 150 Hm bergauf und 383 Hm bergab sind zu bewältigen. Ab dem *Außermelang Hochleger* führt ein Forstweg bergab ins *Wattental* zur Asphaltstraße nach *Wattens* und *Kolsass*.
Tourverbindungen: 003 *Studlalm*, 001 *Geiseljoch*, 009 *Haglhütte*
KARTENMATERIAL – ÖK: 1:25000 119 | 149 |
F&B: 1:50000 151
INFOS – Ghf. Gartlach, Ghf. Innerst: ganzjährig bewirtschaftete Ghf.; **Jägerhof:** ganzjährig bewirtschaftetes Hotel; **Grafennsalm:** unbewirtschaftete Almhütte

13 Kehren zählt die Forststraße von der *Grafennsalm* (1743 m) bis zum Dach der Tour auf 2300 Metern Seehöhe. | Foto: W. Hofer

003 STUDLALM

ANFAHRT – *Innsbruck – Kolsass* 20 km: A12 Richtung *München*, Ausfahrt *Wattens*, anschließend der Beschilderung Richtung *Schwaz* bis nach *Kolsass* folgen, in *Kolsass* rechts von der Bundesstraße B 171 zur Dorfkirche abbiegen

PARKMÖGLICHKEIT – bei der Dorfkirche

START – bei der Dorfkirche, der Asphaltstraße dorfauswärts Richtung *Wattens* entlang, anschließend auf der Bundesstraße B171 weiter bis zur blauen Kilometertafel 58,8 und dort nach der Bushaltestelle links in den Forstweg einbiegen

TOURENBESCHREIBUNG – **12,5 km** und **1159 Hm** sind von *Kolsass* über den *Ghf. Gartlach* auf Asphalt und gut präpariertem Forstweg bergauf zurückzulegen. Es sind keine schwierigen Anstiege zu erwarten. Die Abfahrt nach *Kolsass* von der *Sagalm* über die *Studlalm* und dem *Jägerhof* führt durchgehend bergab auf Karrenweg, Forstweg und Asphalt. Insgesamt sind **25,5 km** und **1159 Hm** auf dieser Rundtour zu bewältigen.

m
1712

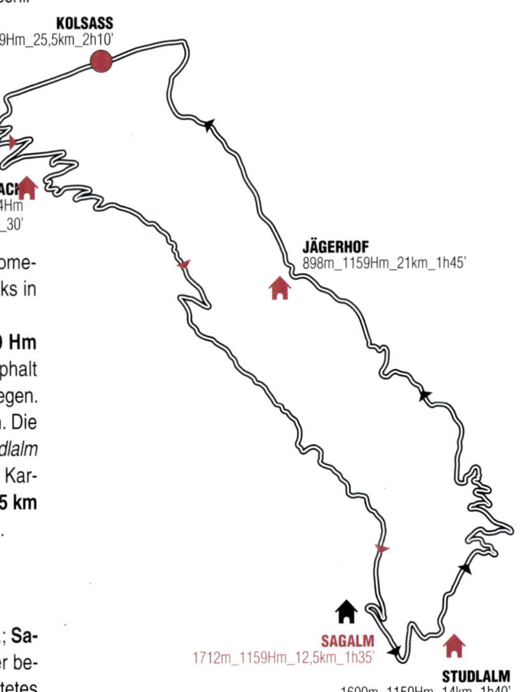

Tourverbindungen: 001 *Geiseljoch,* 002 *Grafennsalm*

KARTENMATERIAL – **ÖK: 1:25000** 119 | 149 |
F&B: 1:50000 151

INFOS – **Ghf. Gartlach:** ganzjährig bewirtschafteter Ghf.; **Sagalm:** unbewirtschaftete Almhütte; **Studlalm:** im Sommer bewirtschaftete Almhütte; **Jägerhof:** ganzjährig bewirtschaftetes Hotel

Ausblick vom *Ghf. Gartlach* (847 m) ins *Inntal.* | Foto: W. Hofer

004 LOAS

ANFAHRT – *Innsbruck – Schwaz* 28 km: A12 Richtung *München*, Ausfahrt *Schwaz*, anschließend auf der Bundesstraße B171 Richtung *Innsbruck*, bis zum Sportplatz
PARKMÖGLICHKEIT – beim Sportplatz
START – beim *Sportplatz*, der Bundesstraße B 171 stadteinwärts entlang bis zur ampelgeregelten Kreuzung, bei dieser Kreuzung rechts abbiegen in die *Burggasse* und anschließend zwischen der Kirche und der Tabaktrafik gerdeaus bergauf weiter Richtung *Schloß Freundsberg*, ab dem *Schloß Freundsberg* der Beschilderung zum *Alpengasthof Grafenast* folgen

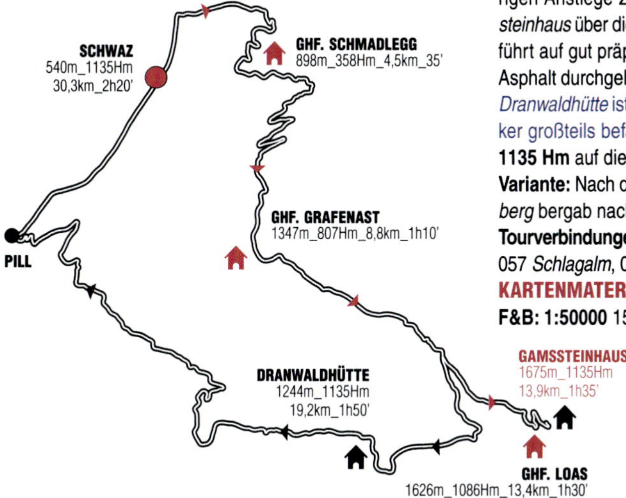

TOURENBESCHREIBUNG – 13,9 km und **1135 Hm** sind von Schwaz über den *Ghf. Schmadlegg*, *Ghf. Grafenast* und *Ghf. Loas* auf Asphalt und gut präpariertem Forstweg bergauf zurückzulegen. Es sind keine schwierigen Anstiege zu erwarten. Die Abfahrt vom *Gamssteinhaus* über die *Dranwaldhütte* nach *Pill* und *Schwaz* führt auf gut präpariertem Forstweg, Single Track und Asphalt durchgehend bergab. Der Single Track vor der *Dranwaldhütte* ist 600 m lang und für jeden geübten Biker großteils befahrbar. Insgesamt sind **30,3 km** und **1135 Hm** auf dieser Rundtour zu bewältigen.
Variante: Nach dem *Ghf. Grafenast* über den *Hochpillberg* bergab nach *Schwaz*.
Tourverbindungen: 005 *Kellerjochhütte*, 001 *Geiseljoch*, 057 *Schlagalm*, 010 *Holzalm*, 059 *Lamargalm*
KARTENMATERIAL – ÖK: 1:25000 119 | **F&B: 1:50000** 151

INFOS – Ghf. Schmadlegg, Ghf. Grafenast, Gashtof Loas: ganzjährig bewirtschaftete Ghf.; **Gamssteinhaus:** unbewirtschaftete AV-Hütte; **Dranwaldhütte:** unbewirtschaftete Jägerhütte

Der *Loassattel* (1675 m) befindet sich direkt beim *Gamssteinhaus* (1675 m). | Foto: W. Hofer

005 KELLERJOCHHÜTTE

ANFAHRT – *Innsbruck – St. Margarethen* 38 km: A12 Richtung *München*, Ausfahrt *Jenbach*, anschließend der Beschilderung nach *St. Margarethen* folgen, in *St. Margarethen* rechts abbiegen Richtung *Buch* zur *Raiffeisenkasse*

PARKMÖGLICHKEIT – gegenüber der *Raiffeisenkasse*

START – beim *SPAR-Geschäft,* der Asphaltstraße Richtung Osten nach *Maurach* entlang und nach 1,5 km rechts bergauf abbiegen, der Beschilderung nach *Troi* folgen

TOURENBESCHREIBUNG – 17,7 km und **1573 Hm** sind von *St. Margarethen* über *Bergrast* und *Proxenalm* auf Asphalt, gut präpariertem Forstweg, Karrenweg und Single Track, zum Teil auch bergab, zurückzulegen. Der 2 km lange Karrenweg nach der *Proxenalm* führt durchgehend extrem steil bergauf. Anschließend folgt ein 800 m langer Single Track, der bergauf großteils nicht befahrbar ist. Für diesen Abschnitt muss ein zusätzlicher Fußmarsch von 15 Minuten über leicht begehbares Gelände eingeplant werden. Der breite Single Track vom Dach der Tour bis zum *Ghf. Hecher* ist 1,6 km lang und für geübte Biker leicht befahrbar. Ab dem *Ghf. Hecher* führt ein Karrenweg 1,4 km extrem steil bergab. Der Rückweg über den *Ghf. Schmadlegg* nach *St. Margarethen* führt auf gut präpariertem Forstweg und Asphalt, ohne nennenswerte Schwierigkeiten pausenlos bergab. Insgesamt sind **35,5 km** und **1573 Hm** auf dieser Rundtour zurückzulegen.

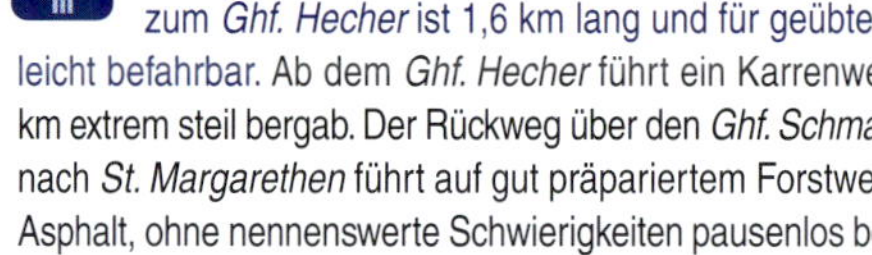

Variante: Der ST312 vom *Dach der Tour* zur *Kellerjochhütte* ist bergauf nicht befahrbar. Für diesen Abschnitt muss zusätzlich ein Fußmarsch von 20 Minuten eingeplant werden. Bergab ist dieser Single Track für geübte Biker fahrbar.

Tourverbindungen: 006 *Kaunzalm*, 056 *Gartalm*, 004 *Loas*

KARTENMATERIAL – ÖK: 1:25000 119 | **F&B: 1:50000** 151

INFOS – Bergrast: im Sommer bewirtschaftete Jausenstation; **Proxenalm:** unbewirtschaftete Almhütte; **Ghf. Schmadlegg:** ganzjährig bewirtschafteter Ghf.; **Ghf. Hecher:** im Sommer bewirtschafteter Bergghf.

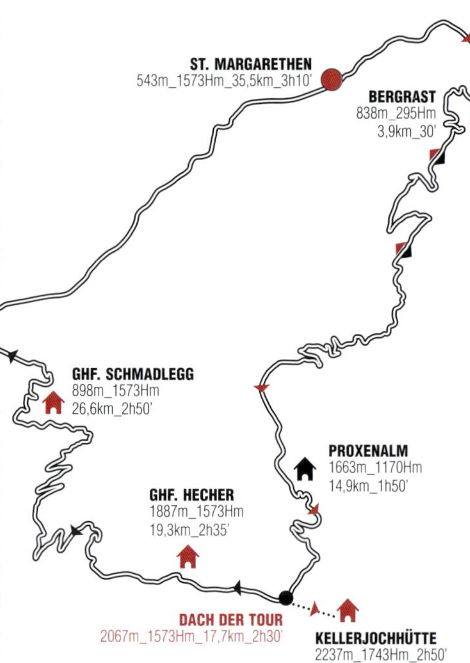

Kellerjochhütte (2237 m) | Foto: W. Hofer

006 KAUNZALM

GPX 

4 | 28,2 km | 02:15 | 1165 Hm | S1 G1 | 1525 m | 543 m

ANFAHRT – *Innsbruck – Buch* 38 km: A12 Richtung *München*, Ausfahrt *Jenbach*, anschließend der Beschilderung nach *Buch* folgen

PARKMÖGLICHKEIT – beim *Bucherwirt*

START – beim *Bucherwirt,* der Asphaltstraße Richtung Westen entlang und nach 200 m links abbiegen, der dortigen Beschilderung nach *Gallzein* folgen – am rechten Ufer des *Bucher* Bachs entlang

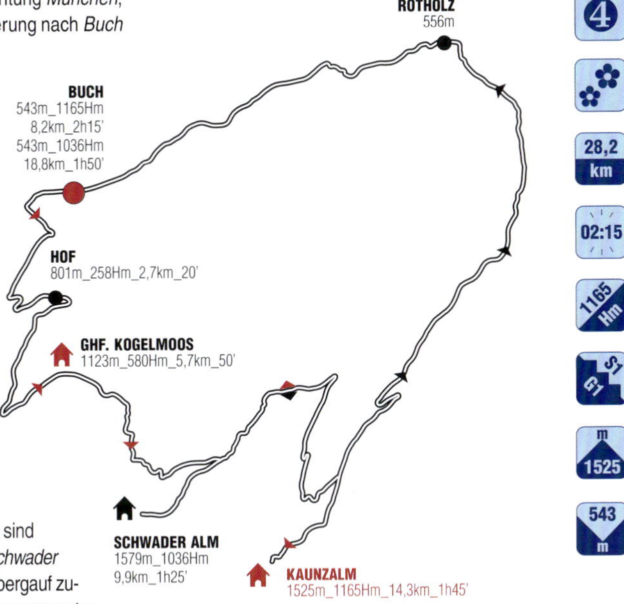

TOURENBESCHREIBUNG – 14,3 km und **1165 Hm** sind von *Buch* über *Hof* und *Ghf. Kogelmoos* zur *Kaunzalm* zurückzulegen. Bei Kilometer 10,1 *(Lackerhütte)* führt der Forstweg bergab zum *Ulpenwald* und von dort erneut bergauf zur *Kaunzalm.* Der Rückweg von der *Kaunzalm* über *Rotholz* nach *Buch* führt auf gut präpariertem Forstweg und Asphalt ohne weitere Anstiege großteils bergab und flach. Insgesamt sind **28,2 km** und **1165 Hm** auf dieser Rundtour zu bewältigen.

Variante Schwader Alm: 9,9 km und **1036 Hm** sind von *Buch* über *Hof* und *Ghf. Kogelmoos* bis zur *Schwader Alm* auf Asphalt und gut präpariertem Forstweg bergauf zurückzulegen. Es sind keine schwierigen Anstiege zu erwarten. Anschließend weiter Richtung *Kaunzalm* oder auf dem selben Weg retour.

Tourverbindungen: 005 *Kellerjochhütte*, 056 *Gartalm*

KARTENMATERIAL – ÖK: 1:25000 119 | **F&B: 1:50000** 151

INFOS – Kogelmoos: im Sommer bewirtschafteter Ghf.; **Schwader Alm:** unbewirtschaftete Almhütte; **Kaunzalm:** im Sommer bewirtschafteter Bergghf.

Ausblick vom *Ghf. Kogelmoos* (1123 m) ins *Inntal.* | Foto: © TVB-Silberregion Karwendel

007 SCHERBENSTEINALM

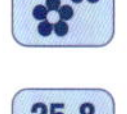

ANFAHRT – *Innsbruck* – *Münster* 40 km: A12 Richtung *München*, Ausfahrt *Achensee*, anschließend rechts abbiegen und der Beschilderung nach *Münster* folgen

PARKMÖGLICHKEIT – 100 m nach dem Ortstafelschild *Münster* auf der rechten Straßenseite, gegenüber vom *Hotel Hauserwirt*

START – beim *Hotel Hauserwirt,* der Asphaltstraße Richtung Osten entlang bis zur Dorfkirche, bei der Dorfkirche links abbiegen, anschließend rechts am Postamt vorbei und nach 100 m der Beschilderung zur *Alpigalm* folgen

TOURENBESCHREIBUNG – **12,9 km** und **1309 Hm** sind von *Münster* über die *Alpigalm* bis zur *Scherbensteinalm* auf Asphalt, Forstweg und Karrenweg bergauf zurückzulegen. Der Forstweg bergauf zur *Alpigalm* weist ab Kilometer 6 durchgehend steile Anstiege auf. Der Karrenweg von der *Alpigalm* bergauf zur *Scherbensteinalm* ist großteils extrem steil. Zwei kurze Abschnitte sind aufgrund der Steilheit und des schlechten Untergrundes (kleine Muren verlegen alljährlich den Weg) erschwert befahrbar. Ein zusätzlicher Fußmarsch von zehn Minuten ist einzuplanen. Der Rückweg ist derselbe. Insgesamt sind **25,8 km** und **1309 Hm** zu bewältigen.

Variante Sonnwendbühelalm: 11,8 km und **1104 Hm** sind von *Münster* über die *Alpigalm* bis zur *Sonnwendbühelalm* auf Asphalt, Forstweg und Karrenweg bergauf zurückzulegen. Der Forstweg bergauf zur *Alpigalm* weist ab Kilometer 6 durchgehend steile Anstiege auf. Der Rückweg ist derselbe.

Tourverbindungen: 008 *Bayreuther Hütte,* 045 *Schönjochalm*

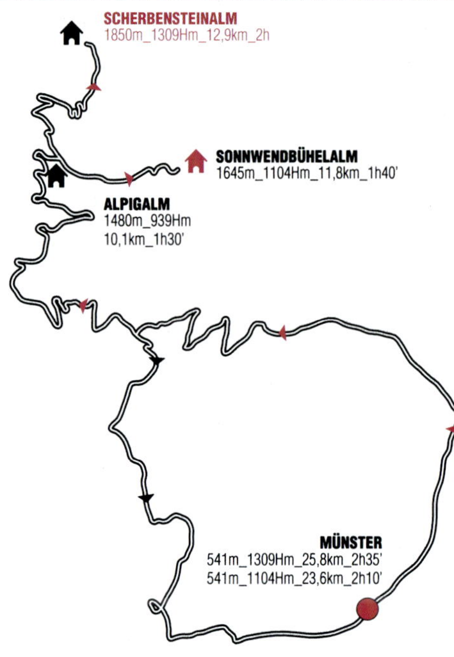

KARTENMATERIAL – **ÖK: 1:25000** 119 | 120 |
F&B: 1:50000 321

INFOS – **Sonnwendbühelalm:** zeitweise bewirtschaftete Almhütte; **Alpigalm, Scherbensteinalm:** unbewirtschaftete Almhütten

Die S-Bahn entlang der *Inntalachse* befördert problemlos Bikes.
Foto: W. Hofer

008 BAYREUTHER HÜTTE

ANFAHRT – *Innsbruck* – *Münster* 40 km: A12 Richtung *München*, Ausfahrt *Achensee*, anschließend rechts abbiegen und der Beschilderung nach *Münster* folgen
PARKMÖGLICHKEIT – 100 m nach dem Ortstafelschild *Münster* auf der rechten Straßenseite, gegenüber vom *Hotel Hauserwirt*

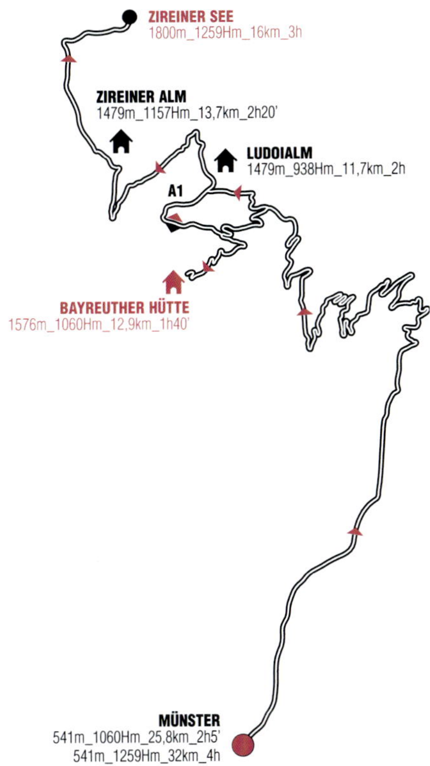

START – beim *Hotel Hauserwirt,* der Asphaltstraße Richtung Osten entlang, bei der Dorfkirche geradeaus leicht bergab weiter bis zum Ortstafelschild *Münster* Ende, dort links abbiegen nach *Grünsbach,* der Beschilderung zur *Bayreuther Hütte* folgen

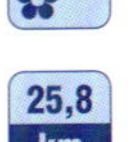

TOURENBESCHREIBUNG – **12,9 km** und **1060 Hm** sind von *Münster* bis zur *Bayreuther Hütte* auf Asphalt und gut präpariertem Forstweg zurückzulegen. Die Tour verläuft bis Kilometer 4 flach und anschließend permanent bergauf. Es sind keine schwierigen Anstiege zu erwarten. Der Rückweg ist derselbe. Insgesamt sind **25,8 km** und **1060 Hm** ohne nennenswerte Schwierigkeiten zu bewältigen.

Variante Zireiner See: 16 km und **1259 Hm** sind von *Münster* über die *Ludoialm* und *Zireiner Alm* bis zum *Zireiner See* zurückzulegen. Bis zur *Zireiner Alm* sind keine schwierigen Anstiege zu erwarten. Der Single Track von der *Zireiner Alm* hinauf zum *Zireiner See* ist großteils nicht befahrbar. Ein zusätzlicher Fußmarsch von 30 Minuten über leichtes Gelände ist einzuplanen. Bergab ist dieser Single Track für Trialbiker zur Gänze befahrbar. Insgesamt sind **32 km** und **1259 Hm** zu bewältigen.

m 1576

541 m

Variante: Bei Kilometer 10,7 rechts abbiegen über die unbewirtschaftete *Pletzachalm* zur *unbewirtschafteten Hochalm.*
Rückweg: Entweder auf demselben Weg retour oder zwischen *Pletzachalm* und *Habacher Bach* bergab in den Karrenweg einbiegen. Dieser Karrenweg ist aufgrund seiner Steilheit und seines groben Untergrundes nur geübten Bikern zu empfehlen.
Tourverbindungen: 049 *Labeggalm*, 007 *Scherbensteinalm*
KARTENMATERIAL – **ÖK: 1:25000** 119 | 120 |
F&B: 1:50000 323
INFOS – **Bayreuther Hütte:** im Sommer bewirtschaftete AV-Hütte; **Ludoialm, Zireiner Alm, Pletzachalm, Hochalm:** unbewirtschaftete Almhütten

Bayreuther Hütte (1576 m)
Foto: © TVB-Alpbachtal

009 HAGLHÜTTE

ANFAHRT – *Innsbruck – Pill* 25 km: A12 Richtung *München*, Ausfahrt *Vomp*, anschließend der Beschilderung nach *Pill* folgen

PARKMÖGLICHKEIT – bei der Dorfkirche

START – bei der Dorfkirche, der Bundesstraße B171 Richtung Westen entlang, beim *Café Restaurant Parcours* vorbei und nach 1,1 km bei der *Tischlerei Franz Ebner* links in den asphaltierten Feldweg einbiegen

TOURENBESCHREIBUNG – 26,5 km und **1807 Hm** sind von *Pill* über die *Stallenalm* und *Obere Nurpensalm* bis zur *Haglhütte* zurückzulegen. Der Forstweg bis zur *Stallenalm* führt abwechselnd bergauf und bergab. Der 2,7 km lange, in sehr schlechtem Zustand befindliche Karrenweg, von der *Oberen Nurpensalm* bis zur *Haglhütte,* weist abschnittsweise steile Anstiege auf. Der Rückweg bis zur *Stallenalm* ist derselbe. Anschließend führt die Tour über *Ghf. Innerst*, *Innerweerberg* und *Mitterweerberg* nach *Pill* nur noch bergab auf gut präpariertem Forstweg und Asphalt und weist keine nennenswerten Schwierigkeiten auf. Insgesamt sind **46,2 km** und **1807 Hm** zu bewältigen.

Variante Lafasteralm: 15,7 km und **1348 Hm** sind von *Pill* über den *Lafasteralm Niederleger* zum *Lafasteralm Hochleger* zurückzulegen. Retour auf demselben Weg oder weiter zur *Stallenalm* und von dort über *Ghf. Innerst*, *Innerweerberg* und *Mitterweerberg* zurück nach *Pill.*

Variante: Der etwas höher gelegene Panoramaweg (Karrenweg) verbindet die *Haglhütte* mit dem *Unteren Nurpensalm Hochleger* und von dort geht es weiter bergab bis zur *Stallenalm.*

Tourverbindungen: Von der *Haglhütte* über das *Nurpensjoch* zur Tour 001 *Geiseljoch.* Von der *Lafasteralm* zur Tour 004 *Loas*

KARTENMATERIAL – ÖK: 1:25000 119 | 149 | **F&B: 1:50000** 151

INFOS – Ghf. Innerst: ganzjährig bewirtschafteter Ghf.; **Lafasteralm Niederleger, Lafasteralm Hochleger, Stallenalm, Nurpensalm Oberleger, Haglhütte:** unbewirtschaftete Almhütten

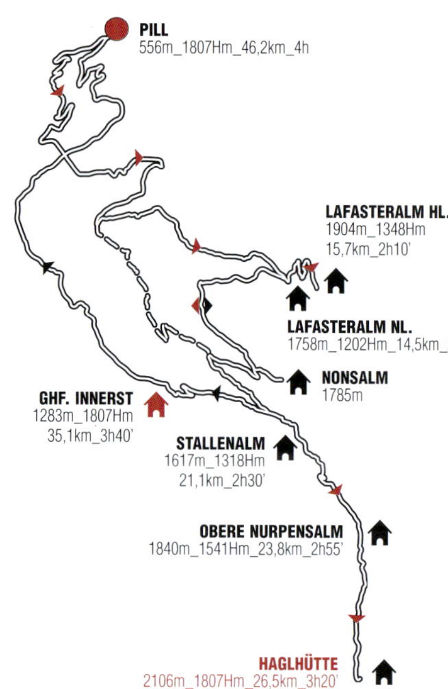

Foto: © Tirol Werbung / Wolfgang Ehn

010 HOLZALM

ANFAHRT – *Innsbruck – Brixlegg* 50 km: A12 Richtung *München*, Ausfahrt *Kramsach*, anschließend der Beschilderung nach *Brixlegg* folgen, in *Brixlegg* an den Tankstellen vorbei bis zur *Grillalm*
PARKMÖGLICHKEIT – bei der *Grillalm*
START – bei der *Grillalm,* der Bundesstraße Richtung Westen entlang bis zum Kreisverkehr und dort links abbiegen ins *Alpbachtal,* bei der ampelgeregelten Kreuzung geradeaus leicht bergauf weiter und nach dem Ortstafelschild *Brixlegg Ende,* unmittelbar vor einer Linkskehre, links abbiegen zum *Haidachhof,* beim *Haidachhof* nach den Garagen rechts und anschließend links abbiegen
TOURENBESCHREIBUNG – **11,7 km** und **927 Hm** sind von *Brixlegg* über den *Larcherhof* und die *Hauseralm* bis zum *Ghf. Holzalm* auf Asphalt und gut präpariertem Forstweg bergauf zurückzulegen. Es sind keine schwierigen Anstiege zu erwarten. Der Rückweg über *Rattenberg* nach *Brixlegg* führt nur noch bergab und flach. Insgesamt sind **26,4 km** und **927 Hm** zu bewältigen.
Tourverbindungen: 012 *Silberbergalm*, 011 *Bischoferalm*
KARTENMATERIAL – **ÖK: 1:25000** 120 | **F&B: 1:50000** 151
INFOS – **Larcherhof:** unbewirtschafteter Bauernhof; **Hauseralm:** unbewirtschaftete Almhütte; **Ghf. Holzalm:** bewirtschaftet Mitte Mai bis Ende Oktober

3

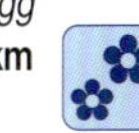

26,4 km

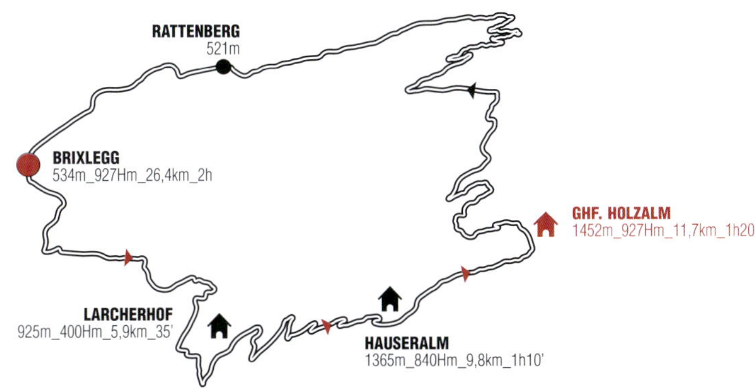

Holzalm (1452 m) | Foto: © TVB-Alpbachtal

011 BISCHOFERALM

ANFAHRT – *Innsbruck – Brixlegg* 50 km: A12 Richtung *München*, Ausfahrt *Kramsach*, anschließend der Beschilderung nach *Brixlegg* folgen, in *Brixlegg* an den Tankstellen vorbei bis zum *Tiroler Grill*

PARKMÖGLICHKEIT – beim *Tiroler Grill*

START – beim *Tiroler Grill,* der Bundesstraße Richtung Westen entlang bis zum Kreisverkehr, beim Kreisverkehr links abbiegen ins *Alpbachtal* und bei der ampelgeregelten Kreuzung geradeaus leicht bergauf weiter, nach 1 km bei der Bushaltestelle erneut links abbiegen und der Beschilderung zum *Landghf. Hanslwirt* folgen

TOURENBESCHREIBUNG – 10,4 km und **790 Hm** sind von **Brixlegg** über die *Scheffachalm* bis zur *Bischoferalm* auf gut präpariertem Forstweg und Asphalt ohne nennenswerte Schwierigkeiten bergauf zurückzulegen. Der Rückweg führt von der *Bischoferalm* über die *Außerhauseralm* zum *Ghf. Holzalm* abwechselnd bergauf und bergab (4,5 km und 220 Hm). Der Rest der Strecke über *Rattenberg* nach *Brixlegg* führt nur noch bergab und flach. Insgesamt sind **29,6 km** und **1010 Hm** zu bewältigen.

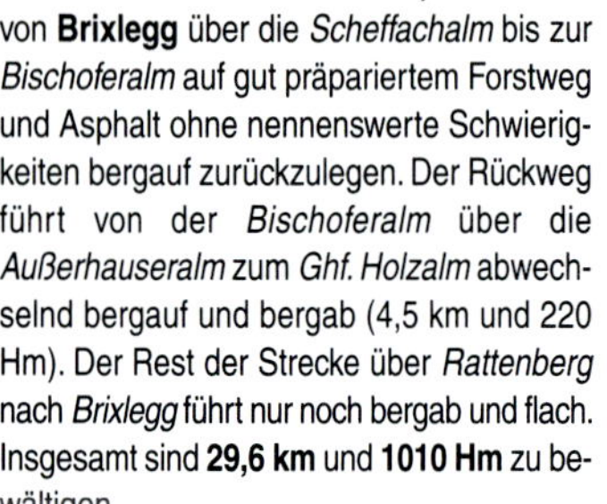

Tourverbindungen: 012 *Silberbergalm*, 010 *Holzalm*, 139 *Schatzbergalm*

KARTENMATERIAL – ÖK: 1:25000 120 | **F&B: 1:50000** 151

INFOS – Scheffachalm: ganzjährig bewirtschaftete Jausenstation; **Bischoferalm:** bewirtschaftet Anfang Mai bis Ende Oktober; **Außerhauseralm:** unbewirtschaftete Almhütte; **Ghf. Holzalm:** bewirtschaftet Mitte Mai bis Ende Oktober

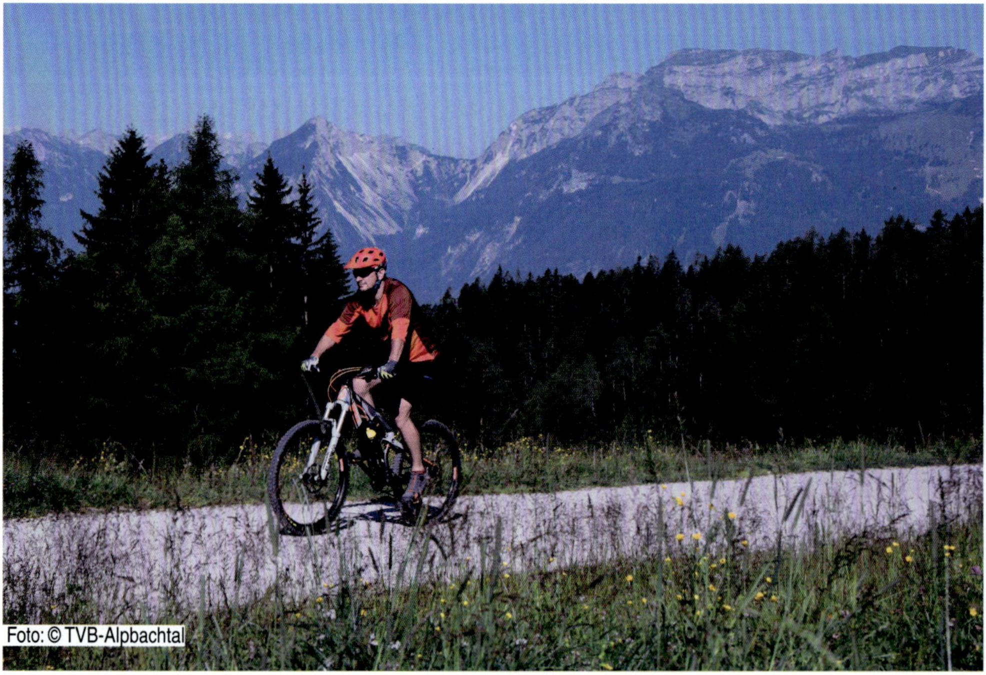

Foto: © TVB-Alpbachtal

012 SILBERBERGALM

ANFAHRT – *Innsbruck – Brixlegg* 50 km: A12 Richtung *München*, Ausfahrt *Kramsach*, anschließend der Beschilderung nach *Brixlegg* folgen, in *Brixlegg* an den Tankstellen vorbei bis zum *Tiroler Grill*

PARKMÖGLICHKEIT – beim *Tiroler Grill*

START – beim *Tiroler Grill,* der Bundesstraße Richtung Westen entlang bis zum Kreisverkehr, beim Kreisverkehr links abbiegen ins *Alpbachtal* und anschließend bei der ampelgeregelten Kreuzung geradeaus leicht bergauf weiter, nach dem Ortstafelschild *Brixlegg* Ende, unmittelbar vor einer Linkskehre, erneut links abbiegen zum *Haidachhof,* beim *Haidachhof* nach den Garagen geradeaus weiter und anschließend links abbiegen

TOURENBESCHREIBUNG – 7,3 km und **646 Hm** sind von *Brixlegg* über den *Ghf. Pinzgerhof* zur *Silberbergalm* auf Asphalt, gut präpariertem Forstweg und Karrenweg großteils bergauf zurückzulegen. Der 1 km lange Karrenweg zur *Silberbergalm* führt durchgehend sehr steil bergauf.

Der Rückweg über *Zimmermoos* nach *Brixlegg* weist keine nennenswerten Schwierigkeiten auf. Insgesamt sind **14,4 km** und **646 Hm** auf dieser Rundtour zu bewältigen.

Tourverbindungen: 010 *Holzalm*, 011 *Bischoferalm*

KARTENMATERIAL – ÖK: 1:25000 120 | **F&B: 1:50000** 151

INFOS – Ghf. Pinzgerhof: ganzjährig bewirtschafteter Ghf.; **Silberbergalm:** unbewirtschaftete Almhütte

4

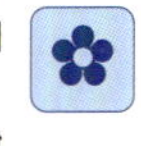

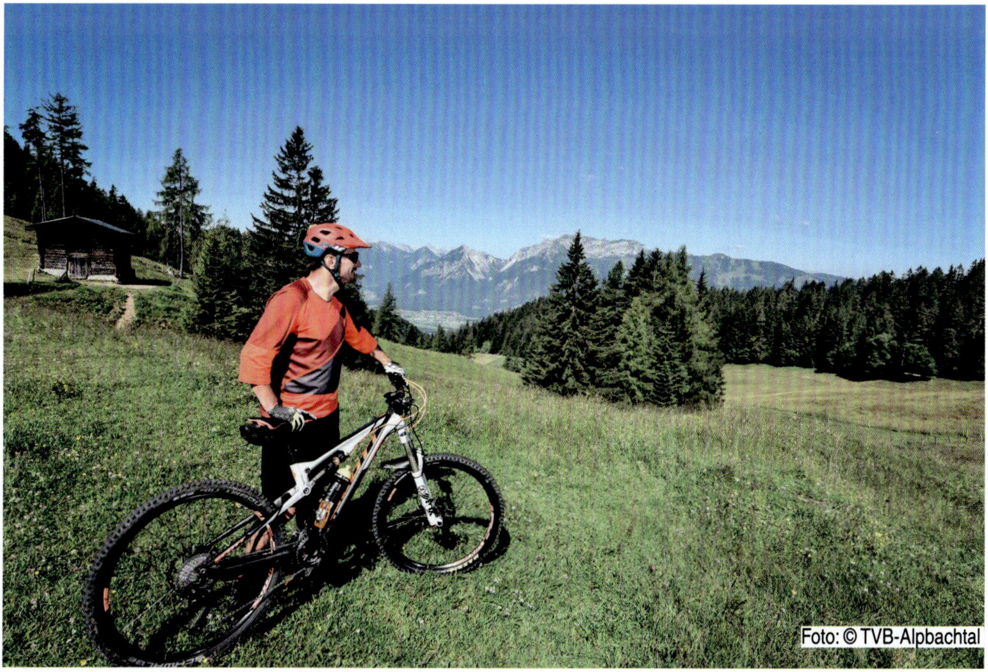

Foto: © TVB-Alpbachtal

013 NACHBERGALM

50,6 km

03:15

1335 Hm

S1 G1

m 1305

521 m

ANFAHRT – *Innsbruck – Kramsach* 50 km: A12 Richtung *München*, Ausfahrt *Kramsach*, anschließend der Beschilderung nach *Kramsach* und *Brandenberg* folgen, in *Kramsach* beim *BILLA-Geschäft* vorbei und bei der *Raiffeisenkasse* links abbiegen zur *Landesmusikschule*

PARKMÖGLICHKEIT – bei der *Landesmusikschule* auf der rechten Straßenseite

START – bei der *Landesmusikschule*, der Asphaltstraße Richtung Norden entlang und der Beschilderung zu den Seen folgen, nach 9,3 km in *Breitenbach* kurz vor der Innbrücke links abbiegen, der dortigen Beschilderung Richtung *Mariastein, Angerberg* und *Schönau* folgen

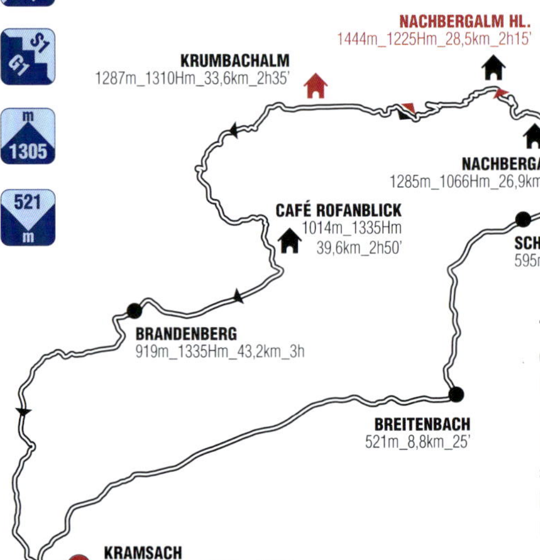

TOURENBESCHREIBUNG – 28,5 km und **1225 Hm** sind von *Kramsach* über *Breitenbach, Schönau, Buchackeralm* und *Nachbergalm* zum *Nachbergalm Hochleger* zurückzulegen. Bis Kilometer 17,5 verläuft die Tour abwechselnd bergauf und bergab. Anschließend führt ein 5 km langer Forstweg zur *Buchackeralm* durchgehend sehr steil bergauf. Ein 500 m langer Single Track unterbricht den Forstweg zwischen *Buchackeralm* und *Nachbergalm*. Dieser Single Track führt bergauf und ist nicht befahrbar. Für diesen Abschnitt muss ein zusätzlicher Fußmarsch von 15 Minuten eingeplant werden. Der Rückweg vom *Nachbergalm Hochleger* über die *Krumbachalm, Café Rofanblick* und *Brandenberg* führt abwechselnd auf gut präpariertem Forstweg und Asphalt bergauf und bergab nach *Kramsach*. Insgesamt sind **50,6 km** und **1335 Hm** auf dieser Rundtour zu bewältigen.

Variante: Wem der Aufstieg von *Wies* zur *Buchackeralm* zu steil und der Single Track hinauf zur *Nachbergalm* (15-minütiger Fußmarsch) zu schwierig ist, fährt diese Tour besser in umgekehrter Richtung. Attraktiver ist diese Rundtour jedoch in beschriebener Richtung!

Tourverbindungen: 047 *Schienbachalm*, 048 *Thaleralm*, 049 *Labeggalm*

KARTENMATERIAL – ÖK: 1:2500 89 | 120 |
F&B: 1:50000 321 | 301

INFOS – Krumbachalm, Café Rofanblick: ganzjährig bewirtschaftete Ghf.; **Buchackeralm:** im Sommer bewirtschaftete Almhütte; **Nachbergalm, Nachbergalm Hl.:** unbewirtschaftete Almhütten

Die Tour führt zu Beginn am *Reintaler See* (572 m) vorbei. | Foto: W. Hofer

014 KRAGENALM

GPX 

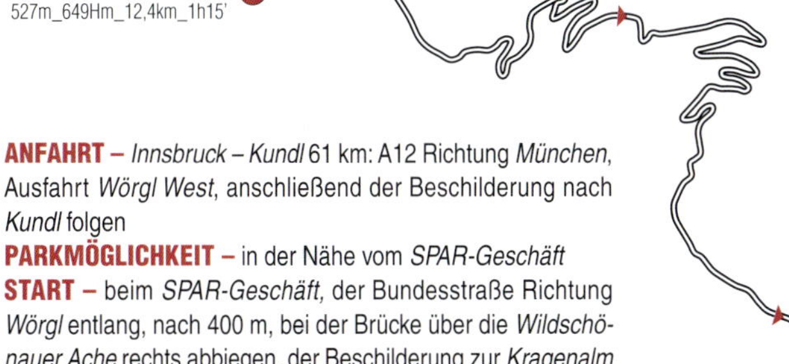

ANFAHRT – *Innsbruck – Kundl* 61 km: A12 Richtung *München*, Ausfahrt *Wörgl West*, anschließend der Beschilderung nach *Kundl* folgen

PARKMÖGLICHKEIT – in der Nähe vom *SPAR-Geschäft*

START – beim *SPAR-Geschäft*, der Bundesstraße Richtung *Wörgl* entlang, nach 400 m, bei der Brücke über die *Wildschönauer Ache* rechts abbiegen, der Beschilderung zur *Kragenalm* folgen

TOURENBESCHREIBUNG – 6,2 km und **649 Hm** sind von *Kundl* bis zur *Kragenalm* auf Asphalt und gut präpariertem Forstweg bergauf zurückzulegen. Es sind keine schwierigen Anstiege zu erwarten. Anschließend auf demselben Weg retour. Insgesamt sind **12,4 km** und **649 Hm** zu bewältigen.

Tourverbindungen: Über das *Kragenjoch* nach *Oberau* und von dort weiter zur Tour 015 *Rosskopfhütte*.

KARTENMATERIAL – ÖK: 1:25000 120 | **F&B: 1:50000** 321 | 302

INFOS – Kragenalm: im Sommer bewirtschaftete Almhütte

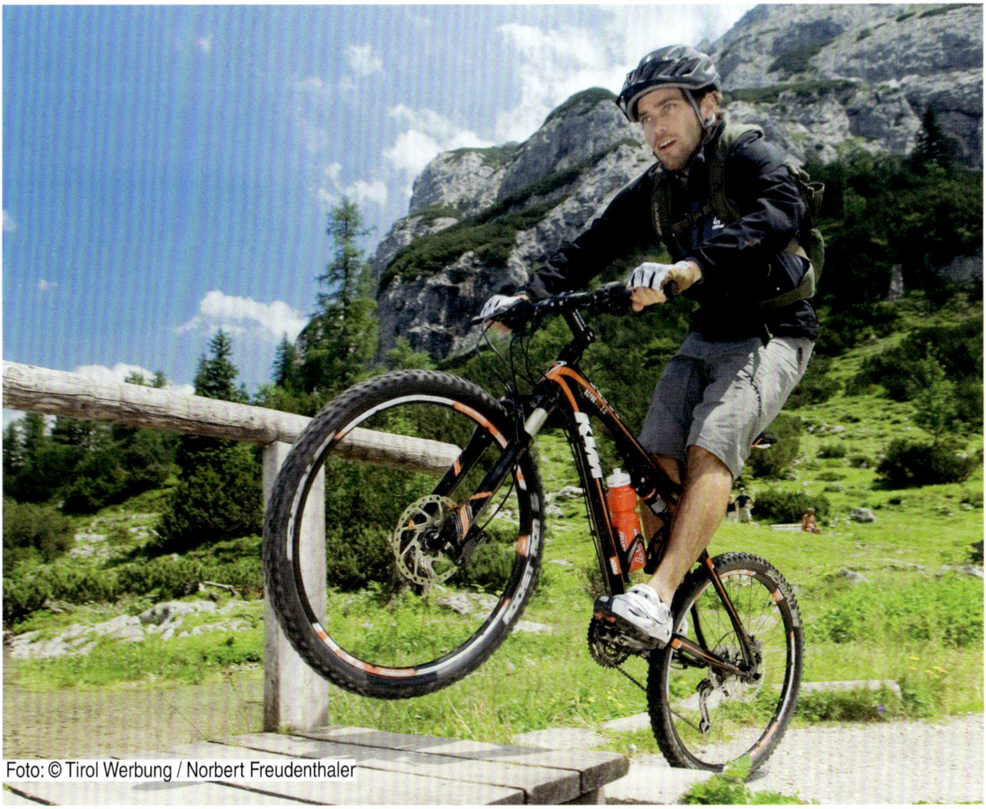

Foto: © Tirol Werbung / Norbert Freudenthaler

015 ROSSKOPFHÜTTE

ANFAHRT – *Innsbruck – Kundl* 61 km: A12 Richtung *München*, Ausfahrt *Wörgl West*, anschließend der Beschilderung nach *Kundl* folgen

PARKMÖGLICHKEIT – in der Nähe vom *SPAR-Geschäft.*

START – beim *SPAR-Geschäft,* gegenüber vom *SPAR-Geschäft* in den *Turbinenweg* einbiegen, nach 400 m beim Tennisplatz vorbei und anschließend der Beschilderung in die *Kundler Klamm* folgen

1120 Hm

S2 G2

1490 m

TOURENBESCHREIBUNG – 15,6 km und **963 Hm** sind von *Kundl* über den *Ghf. Färberwirt* und das *Sonnbergstüberl* bis zur *Rosskopfhütte* auf Asphalt und gut präpariertem Forstweg bergauf zurückzulegen. Es sind keine schwierigen Anstiege zu erwarten. Der Rückweg von der *Rosskopfhütte* führt anfangs auf einem 1,6 km langen Single Track permanent bergab. Dieser Single Track ist für geübte Biker mit Trialerfahrung großteils befahrbar. Biker ohne Trialkenntnisse fahren besser auf demselben Weg zurück nach *Mühltal* und von dort weiter nach *Oberau.* Anschließend führt abwechselnd gut präparierter Forstweg und Asphalt bergauf und bergab nach *Wörgl.* Insgesamt sind **38,2 km** und **1120 Hm** zu bewältigen.

Tourverbindungen: 149 *Markbachjochalm*, 138 *Hörlerstiegel* (siehe Tour 145 *Siedeljoch*)

KARTENMATERIAL – ÖK: 1:25000 120 | 121 | **F&B: 1:50000** 321 | 302

INFOS – Ghf. Färberwirt: ganzjährig bewirtschafteter Ghf.; **Sonnbergstüberl:** im Sommer bewirtschafteter Ghf.; **Rosskopfhütte:** im Sommer bewirtschaftete Almhütte

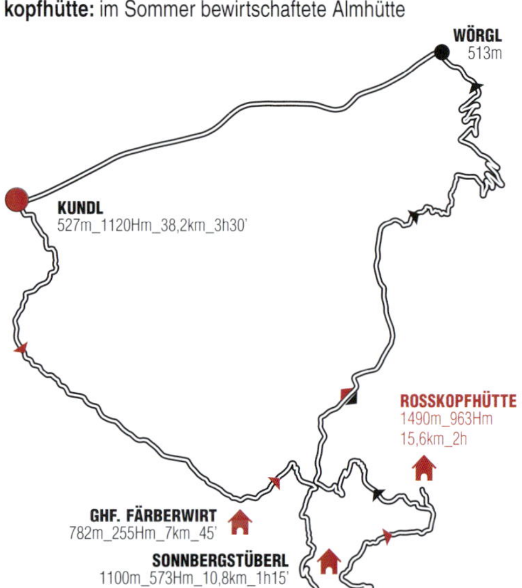

Alle Touren im *Unterinntal* sind auch mit der S-Banhn bequem erreichbar. | Foto: © Tirol Werbung / Gerhard Berger

016 SCHATZBERG

ANFAHRT – *Innsbruck – Kundl* 61 km: A12 Richtung *München*, Ausfahrt *Wörgl West*, anschließend der Beschilderung nach *Kundl* folgen

PARKMÖGLICHKEIT – in der Nähe vom *SPAR-Geschäft*

START – beim *SPAR-Geschäft*, gegenüber vom *SPAR-Geschäft* in den *Turbinenweg* einbiegen, nach 400 m beim Tennisplatz vorbei und anschließend der Beschilderung in die *Kundler Klamm* folgen

TOURENBESCHREIBUNG – 16,2 km und **1349 Hm** sind von *Kundl* über *Thierbach* und die *Schatzbergalm* bis zum *Schatzberg* auf Asphalt, gut präpariertem Forstweg und Karrenweg bergauf zurückzulegen. Bis kurz vor dem *Schatzberg* sind keine schwierigen Anstiege zu erwarten. Der 400 m lange Karrenweg bergauf bis zum Gipfel ist durchgehend sehr steil. Der Rückweg führt abwechselnd auf gut präparierten Forstweg und Asphalt bis kurz vor den *Erbhof* ausschließlich bergab. Vom *Erbhof* über den *Wurmhof*, die *Bischoferalm* und das *Hauser Joch* bis zum *Ghf. Holzalm,* sind erneut **13,7km** und **679 Hm**, die abwechselnd bergauf und bergab führen, zu bewältigen. Erst ab dem *Ghf. Holzalm* führt die Runde nur noch bergab und flach bis nach *Kundl*. Insgesamt sind **51,2 km** und **2028 Hm** zurückzulegen.

Tourverbindungen: 139 *Schatzbergalm*, 143 *Neuhögenalm*, 141 *Baumgartenalm*, 064 *Otto-Leixl-Hütte*

KARTENMATERIAL – ÖK: 1:25000 120 | **F&B: 1:50000** 151 | 321

INFOS – Schatzbergalm, Ghf. Holzalm: im Sommer bewirtschaftete Ghf.; **Wurmhof:** im Sommer bewirtschaftete Jausenstation; **Bischoferalm:** im Sommer bewirtschaftete Almhütte

5

51,2 km

05:10

2028 Hm

S1 G1

m 1876

527 m

KUNDL
527m_2028Hm
51,2km_5h10'

THIERBACH
1175m_648Hm
9,3km_1h20'

SCHATZBERGALM
1776m_1249Hm_15,2km_2h20'

SCHATZBERG
1876m_1349Hm_16,2km_2h30'

ERBHOF
1265m_1394Hm_23,7km_3h

WURMHOF
1144m_1434Hm
26,3km_3h20'

BISCHOFERALM
1324m_1779Hm
33,2km_3h55'

HAUSERJOCH
1465m_1920Hm_34,9km_4h10'

GHF. HOLZALM
1452m_2028Hm
37,4km_4h25'

Der *Schatzberggipfel* (1876 m), im Hintergrund das *Wiedersbergerhorn* (2127 m). | Foto: W. Hofer

017 FÄRBERWIRT

ANFAHRT – *Innsbruck – Kundl* 61 km: A12 Richtung *München*, Ausfahrt *Wörgl West*, anschließend der Beschilderung nach *Kundl* folgen

PARKMÖGLICHKEIT – in der Nähe vom *SPAR-Geschäft*

START – beim *SPAR-Geschäft*, gegenüber vom *SPAR-Geschäft* in den *Turbinenweg* einbiegen, nach 400 m beim Tennisplatz vorbei und anschließend der Beschilderung in die *Kundler Klamm* folgen

TOURENBESCHREIBUNG – 7 km und **255 Hm** sind von *Kundl* durch die *Kundler Klamm* bis nach *Mühltal* und **9,1 km** und **343 Hm** bis nach *Auffach* auf gut präpariertem Forstweg und Asphalt leicht bergauf, zurückzulegen. Es sind keine schwierigen Anstiege zu erwarten. Diese Anfahrt dient jenen Bikern, die nachstehend angeführte Touren von *Kundl* aus starten wollen und sich damit die Anfahrt mit dem PKW nach *Mühltal* und *Auffach* ersparen.

Tourverbindungen: 138 *Hörlerstiegel*, 139 *Schatzbergalm*, 140 *Gressensteinalm*, 141 *Baumgartenalm*, 142 *Prädastenalm* und 143 *Neuhögenalm*.

KARTENMATERIAL – ÖK: 1:25000 120 | **F&B: 1:50000** 321

INFOS – Ghf. Färberwirt: ganzjährig bewirtschafteter Ghf.

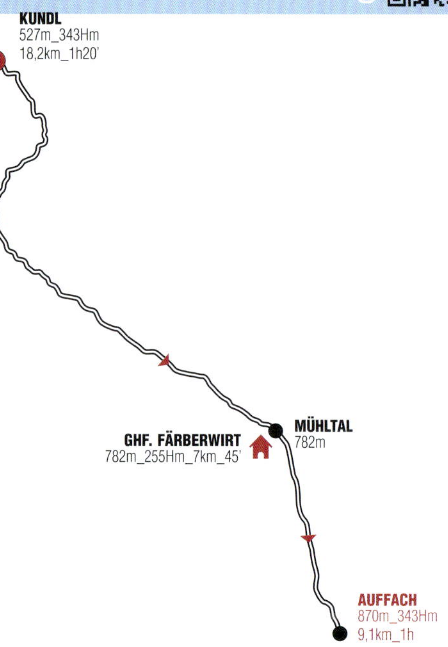

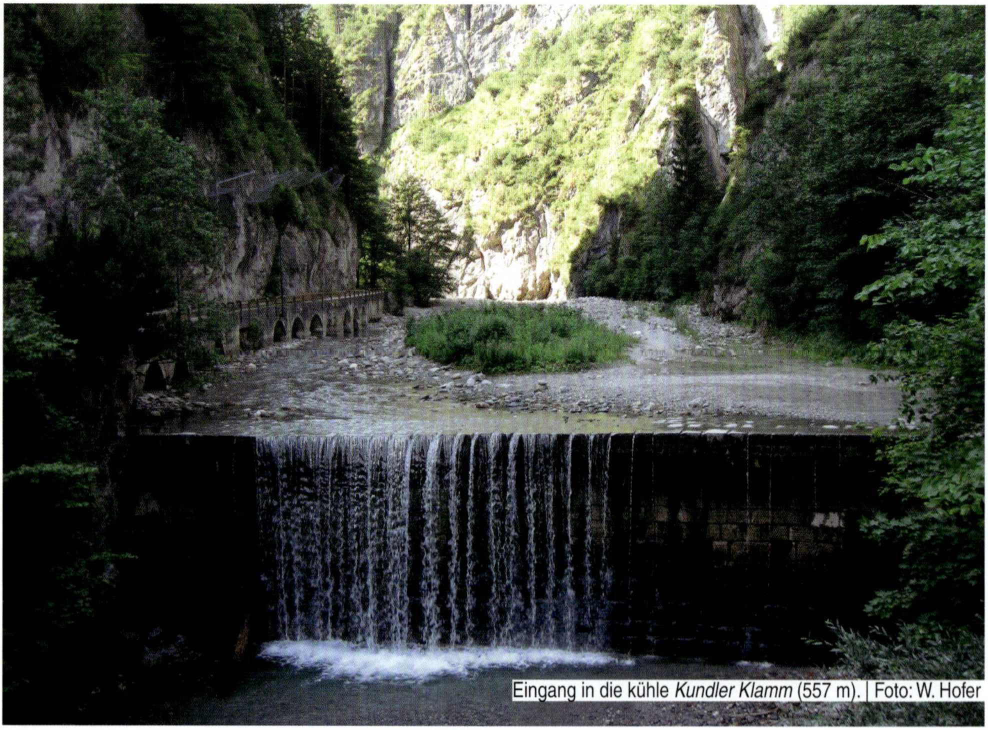

Eingang in die kühle *Kundler Klamm* (557 m). | Foto: W. Hofer

018 OBERHAUSBERG

ANFAHRT – *Innsbruck – Wörgl* 60 km: A12 Richtung *München*, Ausfahrt *Wörgl West*, anschließend der Beschilderung nach *Wörgl* folgen

PARKMÖGLICHKEIT – 200 m vor der Dorfkirche rechts zum gebührenpflichtigen Parkplatz abbiegen

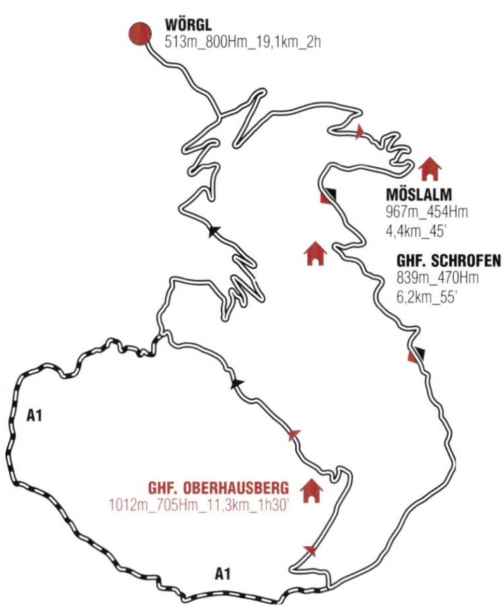

START – beim Abzweig Richtung *Wildschönau*, der Bundesstraße Richtung *Wildschönau* entlang, nach 800 m beim *Café Berghäusel* links bergauf zum Forstweg einbiegen und der dortigen Beschilderung zur *Möslalm* folgen

TOURENBESCHREIBUNG – 11,3 km und **705 Hm** sind von *Wörgl* über die *Möslalm* und den *Ghf. Schrofen* bis zum *Ghf. Oberhausberg* auf Asphalt, gut präpariertem Forstweg und Single Track abwechselnd bergauf und bergab zurückzulegen. Der Single Track nach der *Möslalm* ist 800 m lang und für jeden Biker befahrbar.

Vom *Ghf. Oberhausberg* zurück nach *Wörgl* führt der Forstweg anfangs leicht bergauf und erst dann permanent bergab. Auf dem Rückweg sind bis auf einen 200 m langen Single Track keine schwierigen Abschnitte zu erwarten. Dieser schmale Single Track ist für Biker mit Trialerfahrung zur Gänze befahrbar. Ungeübte Biker müssen für diesen Abschnitt einen zusätzlichen Fußmarsch von fünf Minuten einplanen. Insgesamt sind auf dieser Rundtour **19,1 km** und **800 Hm** zurückzulegen.

Variante (A1): Vom *Ghf. Oberhausberg* nach *Haus* und *Schmalzgrub* über den Zauberwinkel nach Wörgl.

Tourverbindungen: 015 *Rosskopfhütte*, 149 *Markbachjochalm*

KARTENMATERIAL – ÖK: 1:25000 120 | 121 | **F&B: 1:50000** 302 | 321

INFOS – Möslalm: im Sommer bewirtschaftete Almhütte; **Ghf. Schrofen, Ghf. Oberhausberg:** im Sommer bewirtschaftete Ghf.

19,1 km

800 Hm

Möslalmkogel (1107 m) 140 Hm oberhalb der *Möslalm* (967 m).
Foto: © TVB-Kitzbüheler Alpen / Hannes Dabernig

019 BUCHACKERALM

ANFAHRT – *Innsbruck – Marienstein* 70 km: A12 Richtung *München*, Ausfahrt *Wörgl Ost*, anschließend der Beschilderung nach *Angath* und *Angerberg* folgen, in *Angerberg* beim Fußballplatz rechts abbiegen nach *Mariastein*

PARKMÖGLICHKEIT – auf der linken Straßenseite beim Postamt und Tourismusbüro

START – beim Postamt, der Asphaltstraße bergab entlang, nach 200 m geradeaus weiter über die Brücke des *Moosbachs* und anschließend der Beschilderung nach *Embach* folgen, nach 2,7 km vor dem Haus mit der Nummer 51 rechts in den Forstweg einbiegen, der dortigen Beschilderung zum *Ghf. Buchacker* folgen

TOURENBESCHREIBUNG – 7,7 km und **735 Hm** sind von *Mariastein* bis zur *Buchackeralm* auf gut präpariertem Forstweg zurückzulegen. Bis Kilometer 2,6 verläuft die Tour abwechselnd bergauf und bergab. Anschließend führt der Weg 5 km durchgehend steil bergauf zur *Buchackeralm.* Der Rückweg über die *Köglalm* und *Au* nach *Mariastein* führt auf gut präpariertem Forstweg, Karrenweg, Single Track und Asphalt abwechselnd bergauf und bergab. Insgesamt sind **33,7 km** und **1064 Hm** zu bewältigen. Der Single Track nach der *Köglalm* ist 1 km lang und für geübte Biker leicht befahrbar.

Tourverbindungen: 024 *Höhlensteinalm*, 027 Kaleralm)

KARTENMATERIAL – ÖK: 1:25000 89 | 90 |
F&B: 1:50000 301 | 321

INFOS – Buchackeralm: bewirtschaftet Anfang Mai Bis Mitte Oktober; **Köglalm:** unbewirtschaftete Almhütte

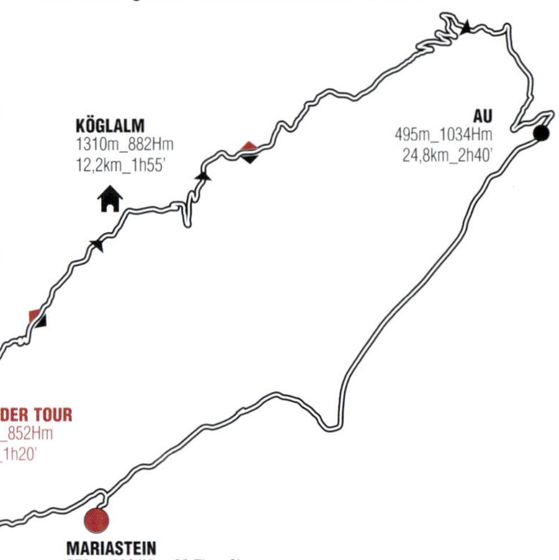

Foto: © TVB-Kitzbüheler Alpen / Kurt Tropper

020 MOORSEE

ANFAHRT – *Innsbruck – Bad Häring* 67 km: A12 Richtung *München*, Ausfahrt *Kirchbichl*, anschließend der Beschilderung nach *Bad Häring* folgen, in *Bad Häring* links abbiegen zur Dorfkirche
PARKMÖGLICHKEIT – bei der Zufahrt zum Friedhof

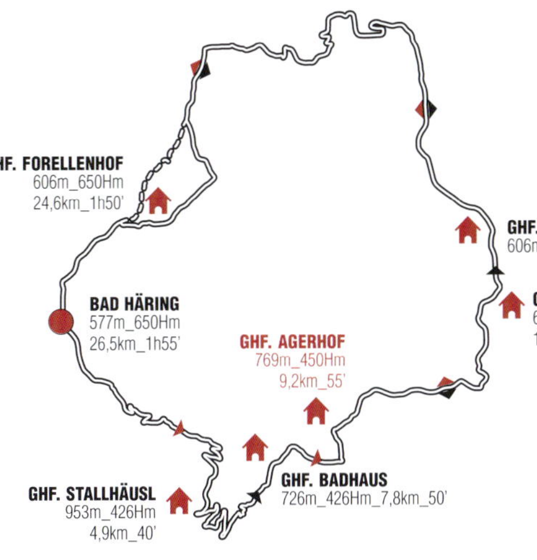

START – bei der Dorfkirche, rechts an der Dorfkirche vorbei und der dortigen Beschilderung nach *Lengau* folgen, nach 900 m geradeaus bergauf weiter, am linken Bachufer entlang, beim Schild Sackgasse vorbei und der Beschilderung Richtung *Juffinger Jöchl* folgen

TOURENBESCHREIBUNG – 12,7 km und **450 Hm** sind von *Bad Häring* über den *Ghf. Stallhäusl*, *Ghf. Badhaus* und *Ghf. Agerhof* bis zum *Ghf. Moorsee* auf Asphalt und gut präpariertem Forstweg zurückzulegen. Die ersten 3,5 km verlaufen permanent bergauf. Der Rückweg führt großteils auf Asphalt abwechselnd bergauf und bergab, vorbei am *Ghf. Oberstegen* und *Ghf. Forellenhof*, zurück nach *Bad Häring*. Insgesamt sind **26,5 km** und **650 Hm** auf der gesamten Rundtour, ohne nennenswerte Anstiege, zu bewältigen.

Tourverbindungen: 021 *Hintersteinersee*, 103 *Filzalm*, 102 *Hühneralm*, 101 *Brandstadl*, 100 *Hohe Salve*

KARTENMATERIAL – ÖK: 1:25000 120 | 121 | **F&B: 1:50000** 301

INFOS – Ghf. Stallhäusl: bewirtschaftet Anfang April bis Mitte Oktober; **Ghf. Badhaus, Ghf. Agerhof, Ghf. Moorsee, Ghf. Oberstegen, Ghf. Forellenhof:** ganzjährig bewirtschaftete Ghf.

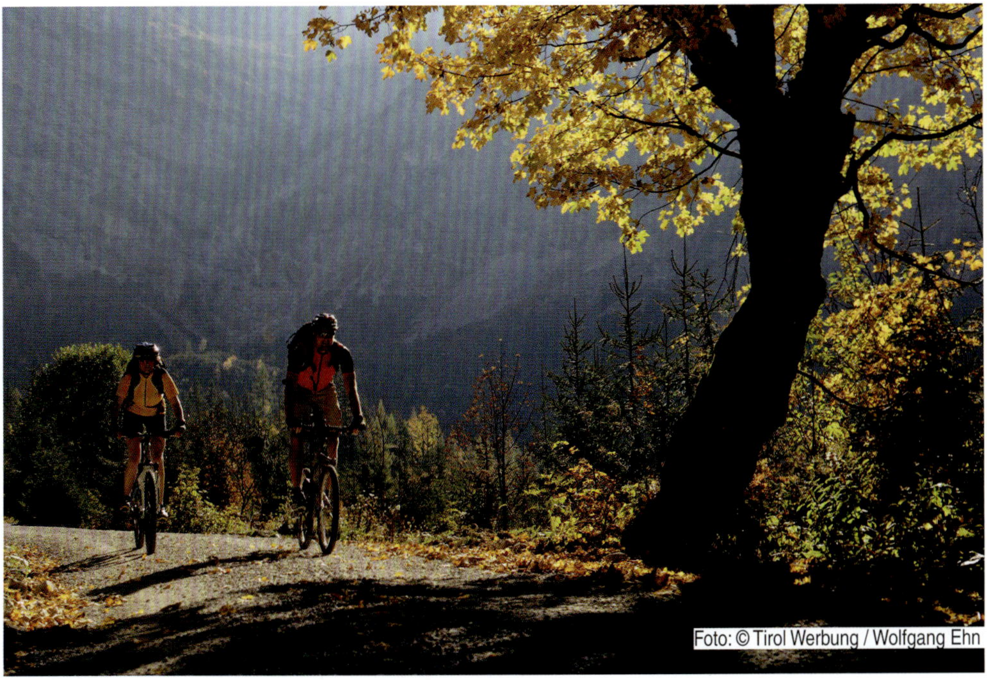

Foto: © Tirol Werbung / Wolfgang Ehn

021 HINTERSTEINERSEE

ANFAHRT – *Innsbruck – Egerbach* 75 km: A12 Richtung *München*, Ausfahrt *Kufstein-Süd*, anschließend der Beschilderung Richtung *St. Johann* und *Felbertauern* bis nach *Egerbach* folgen

PARKMÖGLICHKEIT – auf der linken Straßenseite in der Nähe vom *Ghf. Egerbach*

START – beim *Ghf. Egerbach,* dem Radweg entlang Richtung *St. Johann,* nach 1,7 km links bergauf abbiegen zur *Walleralm*

TOURENBESCHREIBUNG – 13,4 km und **710 Hm** sind von *Egerbach* über die *Stofflhütte*, *Walleralm*, dem *Ghf. Seespitzwirt* und dem *Ghf. Oberhofer* bis zum *Hintersteinersee* (*Ghf. Hinterstein*) auf Asphalt und gut präpariertem Forstweg zurückzulegen. Die Tour verläuft bis zur *Walleralm* permanent bergauf und anschließend bis zum *Ghf. Achleiten* abwechselnd bergauf und bergab. Auf dem Rückweg über den *Ghf. Achleiten* nach *Egerbach* sind noch kurze Anstiege zu erwarten. Insgesamt sind **25,6 km** und **881 Hm**, ohne schwierige Anstiege, auf dieser Rundtour zu bewältigen.

Tourverbindungen: 020 *Moorsee*, 104 *Kaiseralm*

KARTENMATERIAL – ÖK: 1:25000 90 | **F&B: 1:50000** 301

INFOS – Stofflhütte: im Sommer bewirtschaftete Almhütte; **Walleralm:** bewirtschaftet Mitte April bis Anfang November; **Ghf. Seespitzwirt, Ghf. Oberhofer, Ghf. Hinterstein, Ghf. Achleiten:** im Sommer bewirtschaftete Ghf.

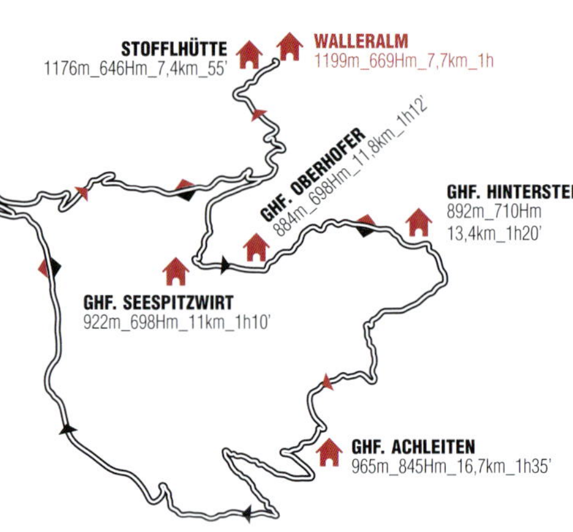

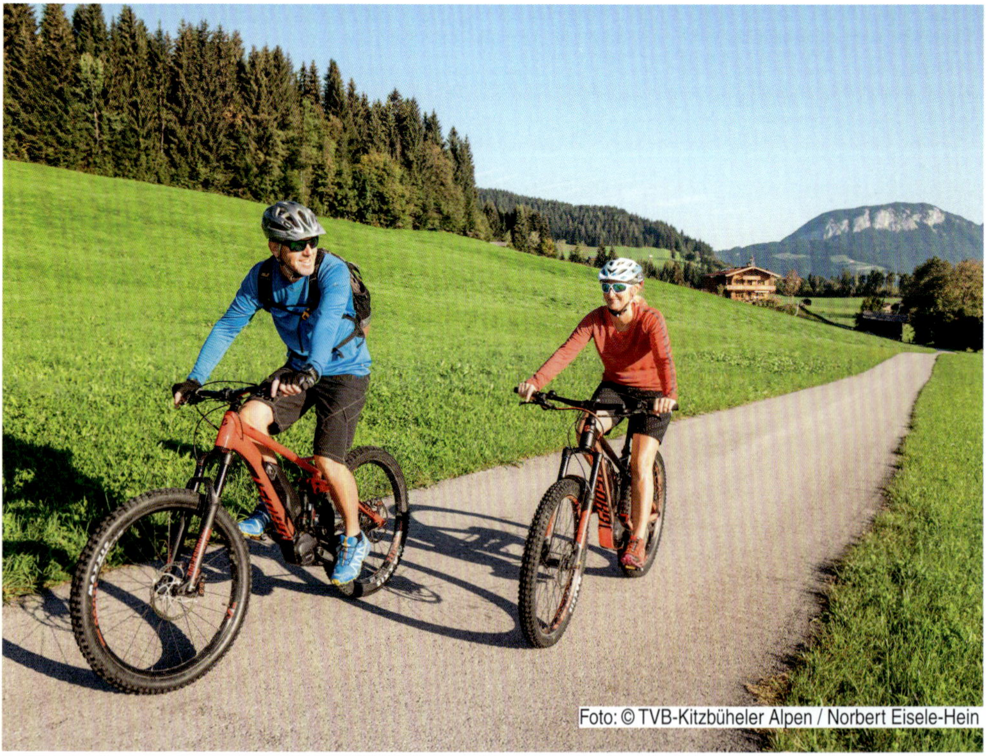

Foto: © TVB-Kitzbüheler Alpen / Norbert Eisele-Hein

022 BURGSTEIN

ANFAHRT – *Innsbruck – Landl* 86 km: A12 Richtung *München*, Ausfahrt *Kufstein Süd*, anschließend der Beschilderung Richtung *Kufstein* und *Thiersee* bis nach *Landl* folgen

PARKMÖGLICHKEIT – auf der rechten Straßenseite in der Nähe vom *Postghf. Landl*

START – beim *Postghf. Landl,* der Asphaltstraße Richtung *Deutschland* folgen, nach 500 m links abbiegen über die Brücke des *Stallenbachs* und der dortigen Beschilderung zum *Veitsberg* folgen

TOURENBESCHREIBUNG – 14,3 km und **1191 Hm** sind von *Landl* über die *Grabenbergalm*, den *Ghf. Ackern* und die *Frommalm* bis zum *Burgstein* auf Asphalt, gut präpariertem Forstweg, Karrenweg und Single Track abwechselnd bergauf und bergab zurückzulegen. Für den Übergang von der *Frommalm* über *Burgstein* zur *Wildenkaralm* ist ein zusätzlicher Fußmarsch über steiles Gelände von 30 Minuten einzuplanen. Diese Tour wird deshalb nur geübten, konditionsstarken Bikern empfohlen. Ungeübte Biker fahren besser auf dem Weg zum *Berggasthaus Ackern* zurück und von dort auf der Mautstraße weiter nach *Landl*. Der Single Track bergauf zum Dach der Tour *(Burgstein)* und die ersten 300 m bergab Richtung *Wildenkaralm* sind großteils sehr steil und deshalb nicht befahrbar. Die restlichen 1,5 km zur *Wildenkaralm* sind für geübte Biker großteils fahrbar. Insgesamt sind **24,9 km** und **1191 Hm** auf dieser Rundtour zu bewältigen. **Achtung:** Wer den Weg zur Mautstraße über die *Wildenkaralm* nimmt, muss bevor es bergab zur *Frommalm* geht, links bergauf in den Single Track Richtung *Sonnwendjoch* einbiegen.

Tourverbindungen: 023 *Trainsalm*

KARTENMATERIAL – ÖK: 1:25000 89 | **F&B: 1:50000** 321

INFOS – Grabenbergalm, Frommalm, Burgstein, Wildenkaralm: unbewirtschaftete Almhütten; **Ghf. Ackern:** im Sommer bewirtschafteter Ghf.

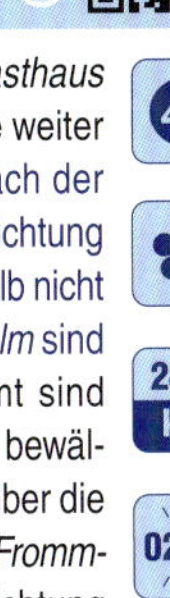

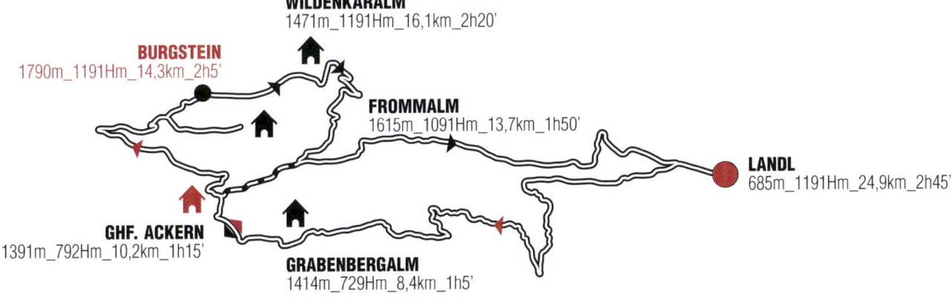

Foto: © TVB-Kaiserwinkl

023 TRAINSALM

35 km

02:50

1220 Hm

S1 G1

m 1294

616 m

ANFAHRT – *Innsbruck – Vorderthiersee* 80 km: A12 Richtung *München*, Ausfahrt *Kufstein Süd*, anschließend der Beschilderung Richtung *Kufstein* folgen und nach *Thiersee* abzweigen

PARKMÖGLICHKEIT – auf der rechten Straßenseite in der Nähe vom *Ghf. Weisses Rössl am See*

START – beim *Ghf. Weißes Rössl am See,* der Asphaltstraße Richtung *Bayrischzell* und *Landl* folgen, nach 1,3 km bei der Bushaltestelle rechts bergab abbiegen, der Beschilderung zur *Ursprungalm, Kreitalm* und *Trainsalm* folgen

TOURENBESCHREIBUNG – 10 km und **778 Hm** sind von *Vorderthiersee* über die *Ursprungalm* bis zur *Trainsalm* auf Asphalt und gut präpariertem Forstweg abwechselnd bergauf und bergab, zurückzulegen. Anschließend führt von der *Trainsalm* gut präparierter Forstweg und Karrenweg abwechselnd bergauf und bergab, zur *Trockenbachalm*. **11 km** und **423 Hm** sind auf diesem Abschnitt zu bewältigen. Der Rückweg verläuft permanent bergab und flach nach *Vorderthiersee.* Insgesamt sind **35 km** und **1220 Hm** ohne anspruchsvolle Steigungen auf dieser Rundtour zu bewältigen.

Tourverbindungen: 025 *Köglalm*, 027 Kaleralm

KARTENMATERIAL – ÖK: 1:25000 89 | 90 | **F&B: 1:50000** 301 | 321

INFOS – Ursprungalm: unbewirtschaftete Almhütte; **Trainsalm, Trockenbachalm:** im Sommer bewirtschaftete Almhütten

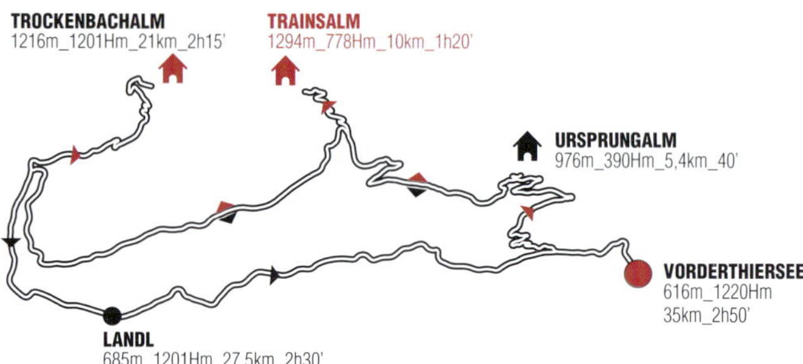

Foto: © TVB-Kufsteinerland / Lolin

024 HÖHLENSTEINALM

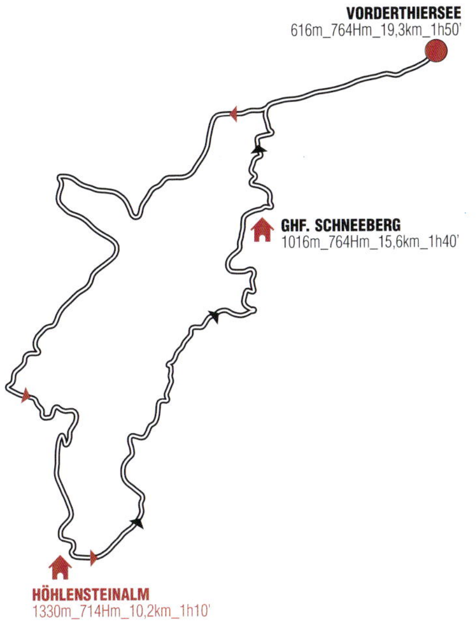

ANFAHRT – *Innsbruck – Vorderthiersee* 80 km: A12 Richtung *München*, Ausfahrt *Kufstein Süd*, anschließend der Beschilderung Richtung *Kufstein* folgen und nach *Thiersee* abzweigen

PARKMÖGLICHKEIT – auf der rechten Straßenseite in der Nähe vom *Ghf. Weisses Rössl am See*

START – beim *Ghf. Weißes Rössl am See,* der Asphaltstraße bergauf Richtung *Hinterthiersee* folgen, nach 4,5 km, 100 m vor dem *Hotel Sonnhof* links abbiegen und der Beschilderung *Höhlenstein* und *Köglalm* folgen

TOURENBESCHREIBUNG – 10,2 km und **714 Hm** sind von *Vorderthiersee* bis zur *Höhlensteinalm* auf Asphalt und gut präpariertem Forstweg großteils bergauf und flach zurückzulegen. Auf dem Rückweg von der *Höhlensteinalm* über den *Ghf. Schneeberg* bis nach *Vorderthiersee* führt anfangs ein breiter Single Track, der für jeden Biker befahrbar ist, 1,1 km leicht bergauf. Anschließend sind gut präparierter Forstweg und Asphalt ohne Anstiege zu erwarten. Insgesamt sind **19,3 km** und **764 Hm** auf dieser Rundtour zu bewältigen.

Tourverbindungen: 013 *Nachbergalm*, 025 *Köglalm*, 027 Kaleralm)

2
19,3 km
01:50
764 Hm
1330 m
616 m

KARTENMATERIAL – ÖK: 1:25000 89 | 90 |
F&B: 1:50000 301 | 321

INFOS – Höhlensteinalm: bewirtschaftet Anfang Mai bis Mitte Oktober; **Ghf. Schneeberg:** ganzjährig bewirtschafteter Ghf.

Foto: © TVB-Kaiserwinkl

025 KÖGLALM

ANFAHRT – *Innsbruck – Hinterthiersee* 84 km: A12 Richtung *München*, Ausfahrt *Kufstein Süd*, anschließend der Beschilderung Richtung *Kufstein* folgen und nach *Thiersee* abzweigen

PARKMÖGLICHKEIT – auf der linken Straßenseite, in der Nähe vom *Hotel Thaler*

START – beim *Hotel Thaler*, der Asphaltstraße entlang Richtung *Landl*, nach 500 m links abbiegen und der dortigen Beschilderung zur *Buchackeralm* folgen

TOURENBESCHREIBUNG – 14,4 km und **549 Hm** sind von *Hinterthiersee* bis zur *Buchackeralm* auf Asphalt und gut präpariertem Forstweg abwechselnd bergauf und bergab zurückzulegen. Der Rückweg von der *Buchackeralm* über die *Köglalm* bis nach *Hinterthiersee* führt auf gut präpariertem Forstweg, Karrenweg, Single Track und Asphalt abwechselnd bergauf und bergab. Der 600 m lange Single Track ab der *Köglalm* ist leicht befahrbar aber schlecht markiert. Achtung! Nicht dem Single Track bergab, sondern dem Weg am Waldrand entlang zur Traktorspur im Feld folgen. Von dort auf dem Pfad durch einen 150 m breiten Waldstreifen zum Forstweg

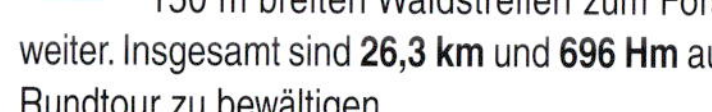

weiter. Insgesamt sind **26,3 km** und **696 Hm** auf dieser Rundtour zu bewältigen.

Tourverbindungen: 013 *Nachbergalm*, 022 *Burgstein*, 024 *Höhlensteinalm*, 027 Kaleralm

KARTENMATERIAL – ÖK: 1:25000 89 | **F&B: 1:50000** 301 | 321

INFOS – Buchackeralm: bewirtschaftet Anfang Mai Bis Mitte Oktober; **Köglalm:** unbewirtschaftete Almhütte

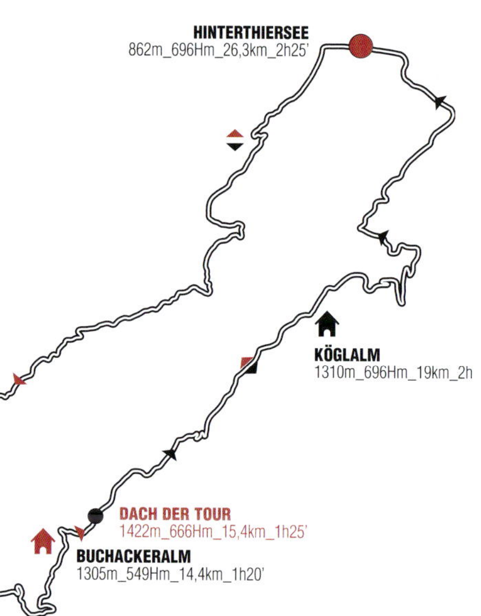

Foto: © TVB-Kufsteinerland / Lolin

026 KAINDLHÜTTE

ANFAHRT – *Innsbruck – Kufstein* 74 km: A12 Richtung *München*, Ausfahrt *Kufstein Süd*, anschließend der Beschilderung nach *Kufstein* zum Bahnhof folgen

PARKMÖGLICHKEIT – in der Nähe des Bahnhofs

START – bei der Stadtapotheke, vom Bahnhof über die Innbrücke Richtung Stadtzentrum, nach der Stadtpotheke links und beim *Kolpinghaus* rechts bergauf abbiegen, bei der nächsten ampelgeregelten Kreuzung rechts in die Einbahnstraße einbiegen, bei der Polizei links weiter zu den Feuerwehrgaragen zum *Café Maier*, nach 2,2 km geradeaus weiter, der Beschilderung zum *Aschenbrennerhaus* folgen

TOURENBESCHREIBUNG – **12,4 km** und **863 Hm** sind von *Kufstein* bis zur *Kaindlhütte* auf Asphalt und gut präpariertem Forstweg abwechselnd bergauf und bergab zurückzulegen. Der Rückweg über den *Ghf. Aschenbrennerhaus* führt ebenfalls auf gut präpariertem Forstweg und Asphalt abwechselnd bergauf und bergab, zurück nach *Kufstein*. Es sind auf der gesamten Rundtour **24,6 km** und **932 Hm**, ohne schwierige Anstiege, zu bewältigen.

KARTENMATERIAL – ÖK: 1:25000 90 | **F&B: 1:50000** 301

INFOS – Kaindlhütte: bewirtschaftet Anfang Mai bis Ende Oktober; **Ghf. Aschenbrennerhaus:** ganzjährig bewirtschafteter Ghf.

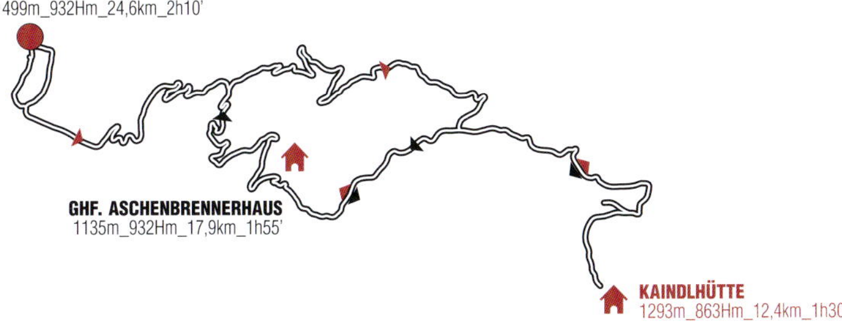

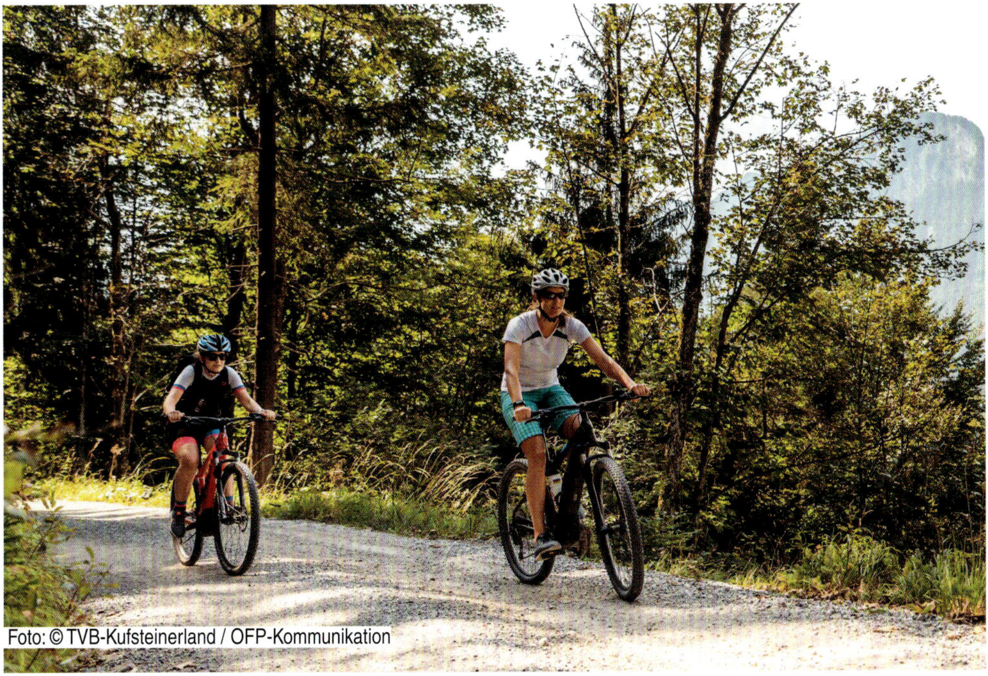

Foto: © TVB-Kufsteinerland / OFP-Kommunikation

027 KALERALM

36,8 km

m 1537

499 m

ANFAHRT – *Innsbruck – Kufstein* 74 km: A12 Richtung *München*, Ausfahrt *Kufstein Süd*, anschließend der Beschilderung nach *Kufstein* zum Bahnhof folgen

PARKMÖGLICHKEIT – in der Nähe des Bahnhofs

START – beim *Reisebüro Astl,* der Asphaltstraße Richtung *München* entlang, nach 800 m rechts abbiegen und der dortigen Beschilderung zum *Hechtsee* folgen

TOURENBESCHREIBUNG – 20,6 km und **1105 Hm** sind von *Kufstein* über den *Hechtsee*, *Längssee*, *Ghf. Marblinger Höhe*, *Thiersee*, *Ghf. Schneeberg* und der *Kaleralm* bis zur *Kufsteiner Hütte* auf Asphalt und gut präpariertem Forstweg großteils bergauf und flach zurückzulegen. Der Rückweg von der *Kufsteiner Hütte* über das *Dreibrunnenjoch* und den *Stimmersee,* führt auf gut präpariertem Forstweg, Asphalt und Karrenweg, ohne nennenswerte Schwierigkeiten großteils bergab und flach, bis nach *Kufstein*. Insgesamt sind **38 km** und **1105 Hm** auf dieser Rundtour zu bewältigen.

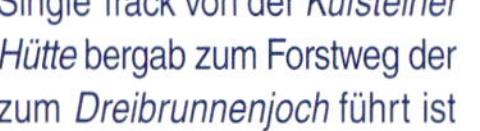

Variante (A1): Der 2 km lange Single Track von der *Kufsteiner Hütte* bergab zum Forstweg der zum *Dreibrunnenjoch* führt ist nur Trialbikern zu empfehlen. Der Weg führt über grobes Gestein und viele künstlich angelegte Stufen. Bei Nässe und Regen, sowie an Tagen, an denen mit vielen Wanderern gerechnet werden muss, ist diese Variante nicht zu empfehlen.

Tourverbindungen: 023 *Trainsalm*, 013 *Nachbergalm*, 024 *Höhlensteinalm*

KARTENMATERIAL – ÖK: 1:25000 89 | 90 | **F&B: 1:50000** 301

INFOS – Ghf. Marblinger Höhe, Ghf. Schneeberg: ganzjährig bewirtschaftete Ghf.; **Kufsteiner Hütte:** im Sommer bewirtschaftete AV-Hütte; **Kaleralm:** im Sommer bewirtschaftete Almhütte

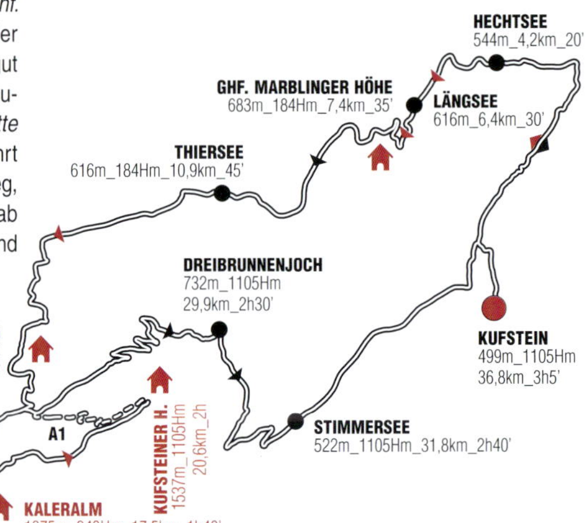

In und am *Thiersee* (616 m).
Foto: © TVB-Kufsteinerland / Lolin

028 ANTON-KARG-HAUS

ANFAHRT – *Innsbruck – Kufstein* 74 km: A12 Richtung *München*, Ausfahrt *Kufstein Süd*, anschließend der Beschilderung nach *Kufstein* zum Bahnhof folgen
PARKMÖGLICHKEIT – in der Nähe des Bahnhofs
START – bei der Stadtapotheke, vom Bahnhof über die Innbrücke Richtung Stadtzentrum, nach der Stadtbücherei links abbiegen und der dortigen Beschilderung nach *Niederndorf* folgen, beim Schwimmbad rechts vorbei und beim Fußballplatz links abbiegen Richtung *Niederndorf*, anschließend beim Kreisverkehr rechts weiter und bei der nächsten ampelgeregelten Kreuzung links abbiegen Richtung *Tiroler Hof*
TOURENBESCHREIBUNG – 12 km und **487 Hm** sind von *Kufstein* über den *Ghf. Veitenhof*, *Ghf. Pfandlhof* und den *Anton-Karg-Haus* bis zum *Hans-Berger-Haus* auf Asphalt und gut präpariertem Forstweg großteils bergauf zurückzulegen. Der Forstweg zwischen *Ghf. Pfandlhof* und *Anton-Karg-Haus* führt leicht bergab. Ein Teil des Forstwegs bergauf zum *Ghf. Veitenhof* führt über künstlich angelegte Stufen steil bergauf und ist daher nicht befahrbar. Für diesen 500 m langen Aufstieg muss ein Fußmarsch von 15 Minuten eingeplant werden. Bergab ist dieser Abschnitt für geübte Biker mit Trialkenntnissen großteils befahrbar. (Konditionsstarke Trialbiker schaffen diese Treppen auch bergauf.) Der Rückweg ist derselbe. Insgesamt sind **24 km** und **500 Hm** zu bewältigen.
Tourverbindungen: *Stripsenjoch Haus*, 027 Kaleralm, 026 *Kaindlhütte*
KARTENMATERIAL – ÖK: 1:25000 90 | **F&B: 1:50000** 301
INFOS – Ghf. Veitenhof, Ghf. Pfandlhof, Anton-Karg-Haus: im Sommer bewirtschaftete Ghf.; **Hans-Berger-Haus:** bewirtschaftet Anfang Mai bis Ende Oktober

3

24 km

02:00

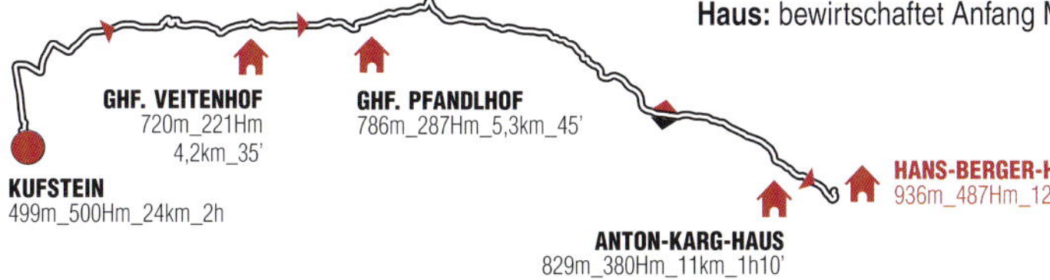

Foto: © TVB-Kufsteinerland / Lolin

029 VORDERKAISERFELDENHÜTTE

ANFAHRT – *Innsbruck – Kufstein* 74 km: A12 Richtung *München*, Ausfahrt *Kufstein Süd*, anschließend der Beschilderung nach *Kufstein* zum Bahnhof folgen
PARKMÖGLICHKEIT – in der Nähe des Bahnhofs
START – bei der Stadtapotheke, vom Bahnhof über die Innbrücke Richtung Stadtzentrum, nach der Stadtbücherei links abbiegen und der dortigen Beschilderung nach *Niederndorf* folgen, beim Schwimmbad rechts vorbei und beim Fußballplatz links abbiegen Richtung *Niederndorf,* anschließend beim Kreisverkehr rechts und bei der nächsten ampelgeregelten Kreuzung links abbiegen Richtung *Tiroler Hof*

TOURENBESCHREIBUNG – 11,3 km und **889 Hm** sind von *Kufstein* über den *Ghf. Veitenhof*, *Ghf. Pfandlhof* und die *Rietzaualm* bis zur *Vorderkaiserfeldenhütte* auf Asphalt und gut präpariertem Forstweg zurückzulegen. Die Tour verläuft ab Kilometer 2,8 permanent bergauf. Ein Teil des Forstwegs zum *Ghf. Veitenhof* führt über künstlich angelegte Stufen steil aufwärts und ist daher bergauf nicht befahrbar. Für diesen 500 m langen Aufstieg muss ein Fußmarsch von 15 Minuten eingeplant werden. Bergab ist dieser Abschnitt für geübte Biker mit Trialkenntnissen großteils befahrbar. (Konditionsstarke Trialbiker schaffen diese Treppen auch bergauf.)

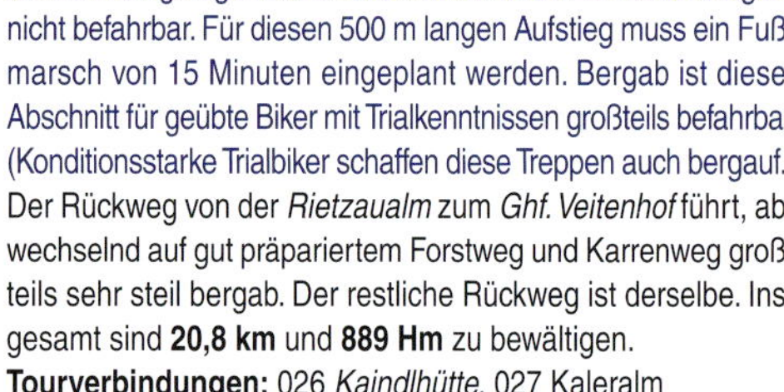

Der Rückweg von der *Rietzaualm* zum *Ghf. Veitenhof* führt, abwechselnd auf gut präpariertem Forstweg und Karrenweg großteils sehr steil bergab. Der restliche Rückweg ist derselbe. Insgesamt sind **20,8 km** und **889 Hm** zu bewältigen.
Tourverbindungen: 026 *Kaindlhütte*, 027 Kaleralm
KARTENMATERIAL – ÖK: 1:25000 90 | **F&B: 1:50000** 301
INFOS – Rietzaualm: im Sommer bewirtschaftete Almhütte; **Vorderkaiserfeldenhütte:** im Sommer bewirtschaftete AV-Hütte

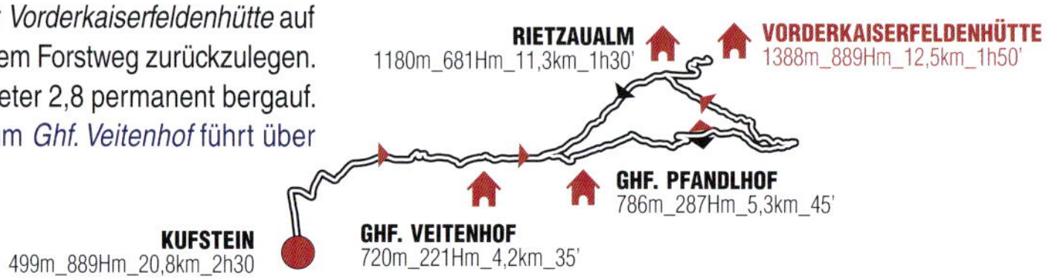

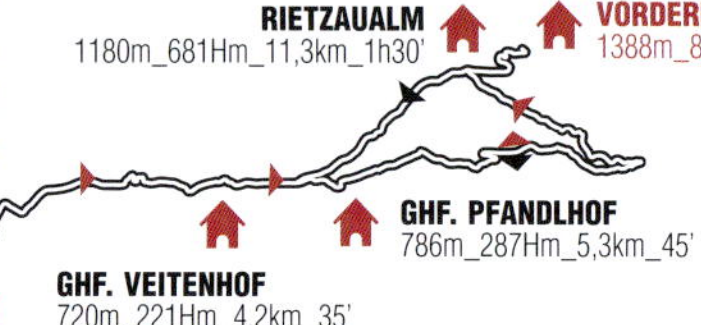

Foto: © TVB-Kufsteinerland / Lolin

030 ASCHINGER ALM

ANFAHRT – *Innsbruck – Ebbs* 81 km: A12 Richtung *München*, Ausfahrt *Kufstein Nord*, anschließend der Beschilderung nach *Ebbs* folgen

PARKMÖGLICHKEIT – gegenüber der Dorfkirche

START – bei der Dorfkirche, beim *Ghf. Oberwirt* rechts vorbei und der dortigen Beschilderung zur *Aschinger Alm* folgen, nach 1,1 km geradeaus weiter und der Beschilderung zur *Aschinger Alm folgen*

TOURENBESCHREIBUNG – 562 Hm und **7,1 km** sind von *Ebbs* über den *Ghf. Zacherl*, *Ghf. Kölnberg*, *Ghf. Aschinger Alm* und den *Ghf. Gruberhof* auf Asphalt und gut präpariertem Forstweg großteils bergauf, zurückzulegen. Auf der gesamten Rundtour sind keine nennenswerten Schwierigkeiten zu erwarten. Insgesamt sind **16,7 km** und **562 Hm** zu bewältigen.

Tourverbindungen: 110 *Priener Hütte*, 111 *Raischeralm*

KARTENMATERIAL – ÖK: 1:25000 90 | **F&B: 1:50000** 301

INFOS – Ghf. Zacherl, Ghf. Lederer: ganzjährig bewirtschaftete Ghf.; **Ghf. Kölnberg:** bewirtschaftet Mitte Dezember bis Ende Oktober; **Ghf. Aschinger Alm:** bewirtschaftet Anfang Mai bis Ende Oktober; **Ghf. Gruberberg:** im Sommer bewirtschaftete Schihütte

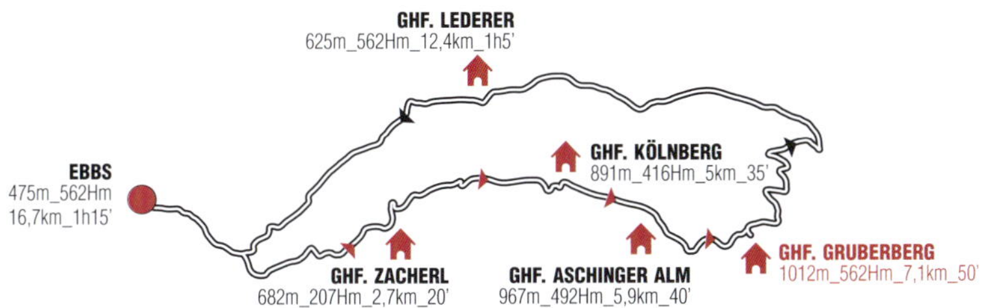

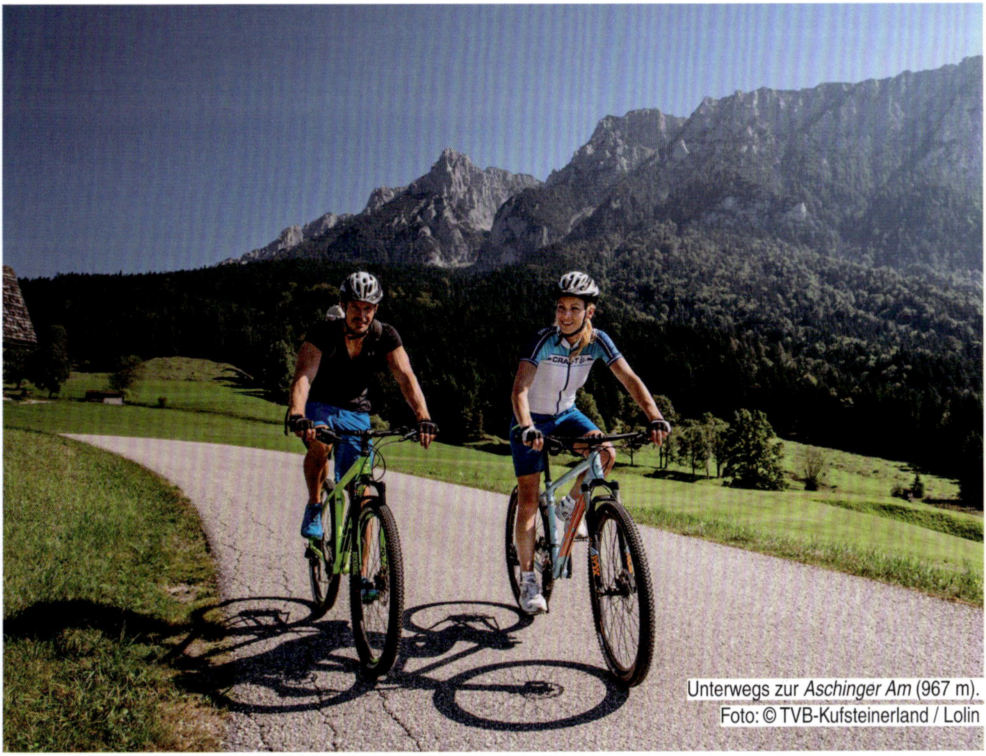

Unterwegs zur *Aschinger Am* (967 m).
Foto: © TVB-Kufsteinerland / Lolin

031 KRANZHORNHÜTTE

ANFAHRT – *Innsbruck – Erl* 88 km: A12 und A93 Richtung *München*, Ausfahrt *Oberaudorf*, anschließend der Beschilderung nach *Erl* folgen

PARKMÖGLICHKEIT – in der Nähe der Dorfkirche

START – bei der Dorfkirche, der Asphaltstraße nach *Erlberg* folgen, nach 2,8 km in einer Linkskurve links bergauf abbiegen und der Beschilderung nach *Kranzhorn* folgen

33,3 km

TOURENBESCHREIBUNG – 746 Hm und **8,3 km** sind von *Erl* über die *Hintermairalm*, *Ottenalm* und *Schindlaualm* bis zur *Kranzhornhütte* auf Asphalt und gut präpariertem Forstweg bergauf zurückzulegen. Von der *Kranzhornhütte* führt diese Rundtour auf gut präpariertem Forstweg, Karrenweg und Single Track abwechselnd bergauf und bergab vorbei an der *Käsalm*, *Nesselbrandalm*, am *Spitzensteinhaus* und der *Goglalm* zurück nach *Erl*. Der 100 m lange Single Track ab der *Käsalm* führt steil bergauf und ist deshalb nicht befahrbar. Für diesen Abschnitt ist ein Fußmarsch von drei Minuten einzuplanen, ansonsten sind keine nennenswerten Schwierigkeiten zu erwarten. Insgesamt sind **33,3 km** und **1362 Hm** zu bewältigen.

1362 Hm

m 1252

Variante: Wer sich die Auffahrt zur *Nesselbrandalm* ersparen will, fährt bei Kilometer 18,1 geradeaus weiter durch das *Trockenbachtal* nach *Erl* zurück.

Wer bei dieser Rundtour die *Kranzhornhütte* auslassen möchte, fährt bei Kilometer 4,2 rechts ins *Trockenbachtal* Richtung *Wiesenalm* und von dort weiter über die *Nesselbrandalm* zum *Spitzensteinhaus*.

Tourverbindungen: 111 *Raischeralm*

KARTENMATERIAL – ÖK: 1:25000 90 | 91 | **F&B: 1:50000** 301

INFOS – Hintermairalm, Ottenalm, Käsalm, Nesselbrandalm, Schindlaualm: unbewirtschaftete Almhütten; **Kranzhornhütte:** bewirtschaftet Anfang Mai bis Mitte Oktober; **Spitzensteinhaus:** ganzjährig bewirtschaftete AV-Hütte; **Goglalm:** bewirtschaftet Anfang Mai bis Mitte Oktober

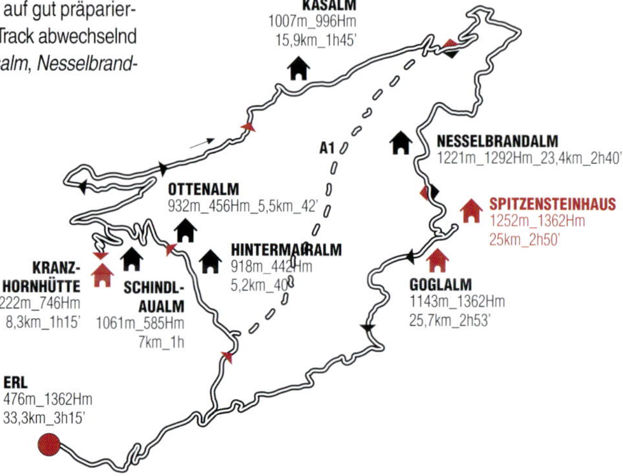

Foto: © TVB-Kaiserwinkl

Foto: © Achensee Tourismus

032 SCHLEIMSSATTEL

ANFAHRT – *Innsbruck – Pertisau* 43 km: A12 Richtung *München*, Ausfahrt *Achensee*, anschließend der Beschilderung Richtung *Achensee* nach *Pertisau* folgen, 50 m nach dem Ortstafelschild *Pertisau* links abbiegen zu den *Karwendel Bergbahnen*

PARKMÖGLICHKEIT – bei der Talstation *Karwendel Bergbahnen*

START – bei der Talstation *Karwendel Bergbahnen,* der Asphaltstraße Richtung *Hotel Tyrol* entlang, am Appartementhaus *Hannerl* rechts vorbei, nach 1 km gerdeaus auf der Asphaltstraße weiter, der Beschilderung zum *Lamsenjoch* folgen

TOURENBESCHREIBUNG – 45,8 km und **1410 Hm** sind auf dieser Rundtour über den *Schleimssattel* und den *Gröbner Hals* auf Asphalt, gut präpariertem Forstweg, Karrenweg und Single Track abwechselnd bergauf und bergab zurückzulegen. Der 2,8 km lange Karrenweg bergauf bis zum *Schleimssattel* ist durchgehend extrem steil und in schlechtem Zustand. Vom *Schleimssatttel* führt der Karrenweg bergab bis zur *Mantschenalm,* dort beginnt ein 1,4 km langer Single Track, der für geübte Biker großteils befahrbar ist. Nach der *Katzenschlagalm* führt gut präparierter Forstweg bergauf bis zum *Tiefenbachalm Hochleger*. Der Single Track, der den *Tiefenbachalm Hochleger* mit dem *Gröbner Hals* verbindet, ist 1,7 km lang und für Trialbiker bis 300 m vor dem *Gröbner Hals* befahrbar. Ungeübte Biker müssen für diesen Abschnitt einen Fußmarsch von 15 Minuten einplanen. Der 600 m lange Single Track vom *Gröbner Hals* bergab zur *Gröbenalm* ist für geübte Biker großteils befahrbar. Ungeübte Biker müssen für diesen Abschnitt erneut einen Fußmarsch von sieben Minuten einplanen. Der Rückweg von der *Gröbenalm* führt ohne nennenswerte Schwierigkeiten anfangs bergab bis zur *Seealm,* und anschließend flach am linken Seeufer des *Achensees* entlang bis nach *Pertisau.*

Tourverbindungen: 037 *Weissenbachsattel*, 041 *Rotwandhütte*, 042 *Gröbner Hals*

KARTENMATERIAL – ÖK: 1:25000 88 | **F&B: 1:50000** 321

INFOS – Seealm: ganzjährig bewirtschafteter Ghf.; **Ghf. Pletzachalm:** ganzjährig bewirtschafteter Ghf.; **Mantschenalm, Katzenschlagalm, Tiefenbachalm Mitterleger, Lochalm Mitterleger, Tiefenbachalm Hochleger, Gröbenalm:** unbewirtschaftete Almhütte

Foto: © Achensee Tourismus

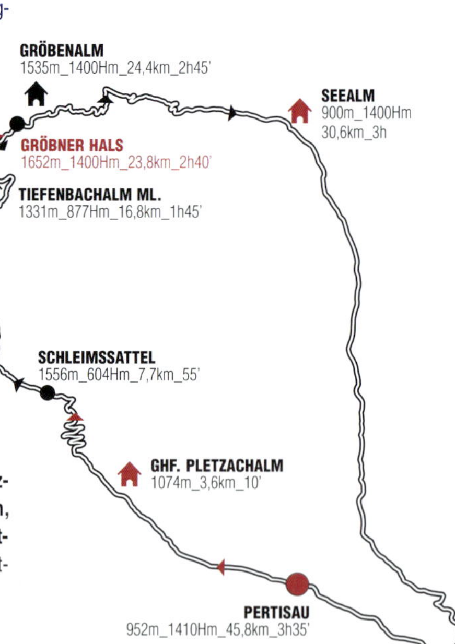

033 PLUMSJOCHHÜTTE

ANFAHRT – *Innsbruck – Pertisau* 43 km: A12 Richtung *München*, Ausfahrt *Achensee*, anschließend der Beschilderung Richtung *Achensee* nach *Pertisau* folgen, 50 m nach dem Ortstafelschild *Pertisau* links abbiegen zu den *Karwendel Bergbahnen*

PARKMÖGLICHKEIT – bei der Talstation *Karwendel Bergbahnen*

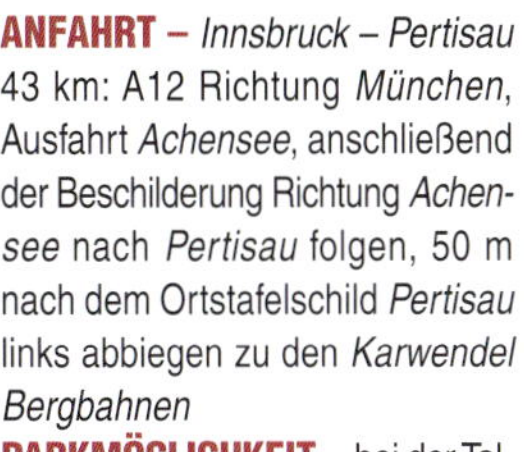

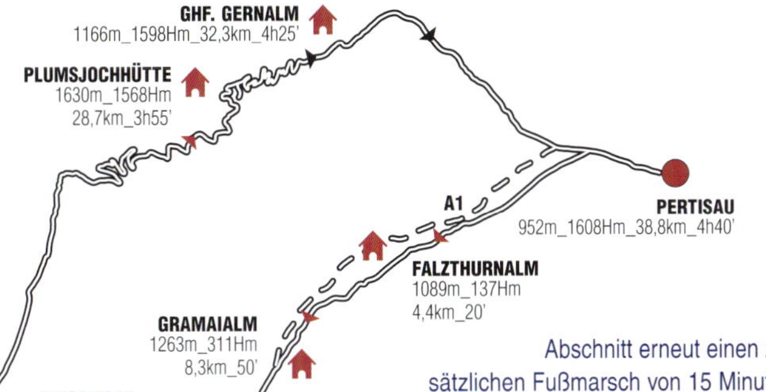

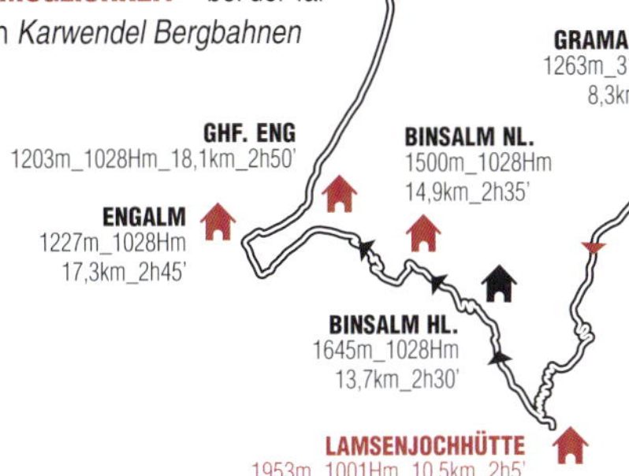

START – bei der Talstation *Karwendel Bergbahnen,* der Asphaltstraße taleinwärts ins *Falzthurntal* folgen, beim Appartementhaus *Hannerl* rechts vorbei und bei Kilometer 1,1 nach der Mautstelle links abbiegen und der dortigen Beschilderung zur *Falzthurnalm* folgen

TOURENBESCHREIBUNG – 38,3 km und **1608 Hm** sind auf dieser Rundtour von *Pertisau* über die *Lamsenjochhütte* und *Plumsjochhütte* auf Asphalt, gut präpariertem Forstweg, Karrenweg und Single Track abwechselnd bergauf und bergab zurückzulegen. Der Single Track hinauf zur *Lamsenjochhütte* ist nicht befahrbar. Für diesen Abschnitt ist ein zusätzlicher Fußmarsch, der großteils über leicht begehbares Gelände führt, von 1,5 h einzuplanen. Der Single Track, der die *Lamsenjochhüte* mit dem *Lamsenjoch* verbindet, ist 1,2 km lang und für Trialbiker großteils befahrbar. Biker ohne Trialerfahrung müssen für diesen Abschnitt erneut einen zusätzlichen Fußmarsch von 15 Minuten einplanen. Der Karrenweg vom *Lamsenjoch* bis zur *Engalm* führt abschnittsweise sehr steil bergab. Anschließend auf der Asphaltstraße talauswärts leicht bergab und auf dem gut präpariertem Forstweg bergauf bis zur *Plumsjochhütte.* Ab der *Plumsjochhütte* ist erneut mit erhöhter Schwierigkeit zu rechnen. Ein 3,3 km langer, grobschottriger, loser Karrenweg ist als technisch sehr anspruchsvoll einzustufen und erfordert Trialerfahrung. Biker ohne Trialkenntnisse müssen für diesen Abschnitt einen zusätzlichen Fußmarsch von 15 Minuten einplanen. Der restliche Rückweg führt auf der Asphaltstraße leicht bergab und flach bis nach *Pertisau.*

Tourverbindungen: 040 *Karwendelhaus*, 038 *Lamsenjochhütte*, 036 *Bärenbadalm*, 037 *Weissenbachsattel*, 034 *Feilkopf*, 042 *Gröbner Hals*

KARTENMATERIAL – ÖK: 1:25000 118 | 119 |
F&B: 1:50000 321

INFOS – Falzthurnalm, Gramaialm, Ghf. Eng, Ghf. Gernalm: im Sommer bewirtschaftete Ghf.; **Lamsenjochhütte:** bewirtschaftet Anfang Juni bis Ende September; **Binsalm Hochleger:** unbewirtschaftete Almhütte; **Binsalm Niederleger, Engalm:** im Sommer bewirtschaftete Almhütten; **Plumsjochhütte:** im Sommer bewirtschaftete AV-Hütte

Kurz vor der *Plumsjochhütte* (1630 m). | Foto: W. Hofer

034 FEILKOPF

GPX

18,2 km

610 Hm

952 m

ANFAHRT – *Innsbruck – Pertisau* 43 km: A12 Richtung *München*, Ausfahrt *Achensee*, anschließend der Beschilderung Richtung *Achensee* nach *Pertisau* folgen, 50 m nach dem Ortstafelschild *Pertisau* links abbiegen zu den Karwendel Bergbahnen

PARKMÖGLICHKEIT – bei der Talstation *Karwendel Bergbahnen*

START – bei der Talstation *Karwendel Bergbahnen,* der Asphaltstraße taleinwärts ins *Falzthurntal* folgen, beim Appartementhaus *Hannerl* rechts vorbei und bei Kilometer 1,1 nach der Mautstelle gerdeaus weiter, der dortigen Beschilderung Richtung *Gernalm* folgen

TOURENBESCHREIBUNG – 9,5 km und **610 Hm** sind von *Pertisau* über den *Ghf. Pletzachalm* und die *Feilalm* bis zum *Feilkopf* auf Asphalt und gut präpariertem Forstweg zurückzulegen. Es sind keine schwierigen Anstiege zu erwarten. Der Rückweg ist derselbe. Insgesamt sind **18,2 km** und **610 Hm** zu bewältigen.

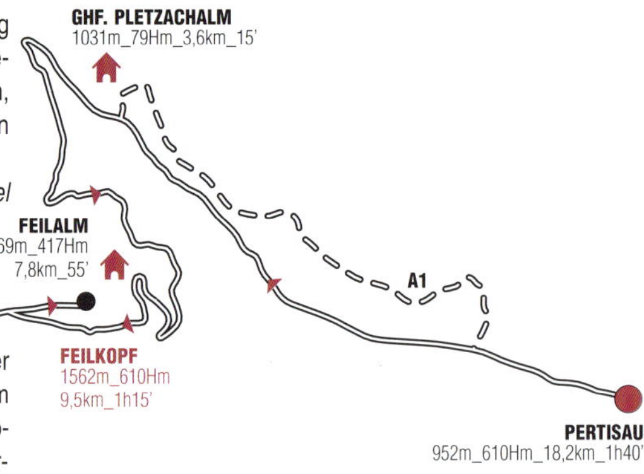

Tourverbindungen: 042 *Gröbner Hals*, 033 *Plumsjochhütte*, 035 *Gramaialm*, 038 *Lamsenjolchhütte*

KARTENMATERIAL – ÖK: 1:25000 119 | **F&B: 1:50000** 321

INFOS – Ghf. Pletzachalm: im Sommer bewirtschafteter Ghf.; **Feilalm:** im Sommer bewirtschaftete Almhütte; **Gütenbergalm:** unbewirtschaftete Almhütte

Feilkopf (1562 m) | Foto: © Achensee Tourismus

035 GRAMAIALM

ANFAHRT – *Innsbruck* – *Pertisau* 43 km: A12 Richtung *München*, Ausfahrt *Achensee*, anschließend der Beschilderung Richtung *Achensee* nach *Pertisau* folgen. 50 m nach dem Ortstafelschild *Pertisau* links abbiegen zu den *Karwendel Bergbahnen*

PARKMÖGLICHKEIT – bei der Talstation *Karwendel Bergbahnen*

START – bei der Talstation *Karwendel Bergbahnen*, der Asphaltstraße taleinwärts ins *Falzthurntal* folgen, beim Appartementhaus *Hannerl* rechts vorbei und bei Kilometer 1,1 nach der Mautstelle links abbiegen, der dortigen Beschilderung zur *Falzthurnalm* folgen

TOURENBESCHREIBUNG – 8,3 km und **311 Hm** sind von *Pertisau* über die *Falzthurnalm* bis zur *Gramaialm* auf Asphalt, gut präpariertem Forstweg und Karrenweg zurückzulegen. Es sind keine nennenswerten Schwierigkeiten zu erwarten. Insgesamt sind **16,7 km** und **311 Hm** zu bewältigen.

Tourverbindungen: 042 *Gröbner Hals*, 034 *Feilkopf*, 036 *Bärenbadalm*, 037 *Weissenbachsattel*

KARTENMATERIAL – ÖK: 1:25000 119 | **F&B: 1:50000** 321

INFOS – Falzthurnalm, Gramaialm: im Sommer bewirtschaftete Ghf.

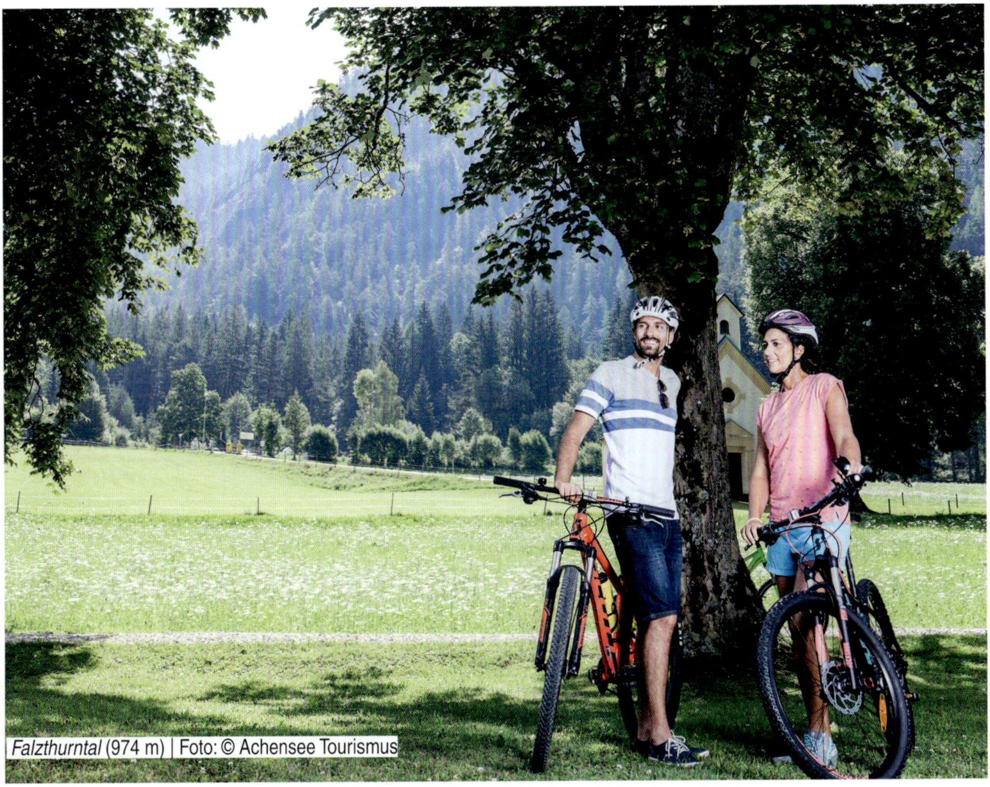

Falzthurntal (974 m) | Foto: © Achensee Tourismus

036 BÄRENBADALM

ANFAHRT – *Innsbruck – Pertisau* 43 km: A12 Richtung *München*, Ausfahrt *Achensee*, anschließend der Beschilderung Richtung *Achensee* nach *Pertisau* folgen, 50 m nach dem Ortstafelschild *Pertisau* links abbiegen zu den *Karwendel Bergbahnen*

PARKMÖGLICHKEIT – bei der Talstation *Karwendel Bergbahnen*

START – bei der Talstation *Karwendel Bergbahnen*, nach der Talstation *Karwendel Bergbahnen* links abbiegen und der dortigen Beschilderung ins *Dristenautal* zur *Bärenbadalm* folgen, anschließend beim Haus mit der Nummer 15 rechts vorbei

TOURENBESCHREIBUNG – 7,2 km und **505 Hm** sind von *Pertisau* bis zu *Bärenbadalm* auf Asphalt und gut präpariertem Forstweg bergauf zurückzulegen. Der Rückweg führt großteils auf einem Karrenweg links unterhalb des *Zwölferkopfs* vorbei, mit herrlichem Panoramablick auf den *Achensee*, zurück nach *Pertisau*. Insgesamt sind **11,9 km** und **505 Hm** zu bewältigen.

Tourverbindungen: 033 *Plumsjochhütte*, 042 *Gröbner Hals*, 034 *Feilkopf*, 035 *Gramaialm*, 038 *Lamsenjochhütte*, 037 *Weissenbachsattel*

KARTENMATERIAL – ÖK: 1:25000 119 | **F&B: 1:50000** 321

INFOS – Bärenbadalm: im Sommer bewirtschaftete Almhütte

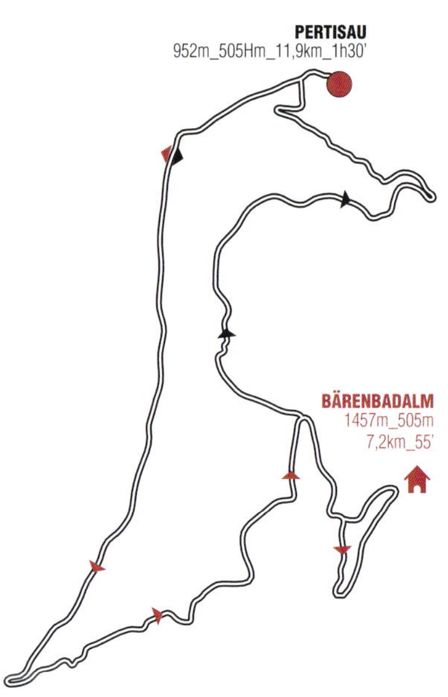

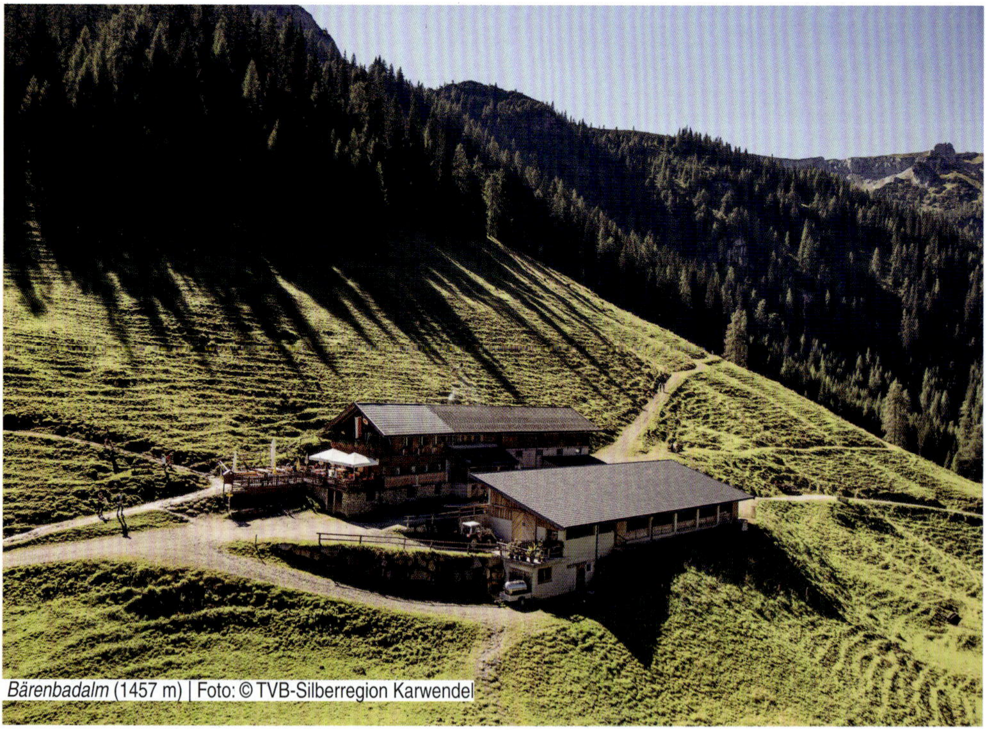

Bärenbadalm (1457 m) | Foto: © TVB-Silberregion Karwendel

037 WEISSENBACHSATTEL

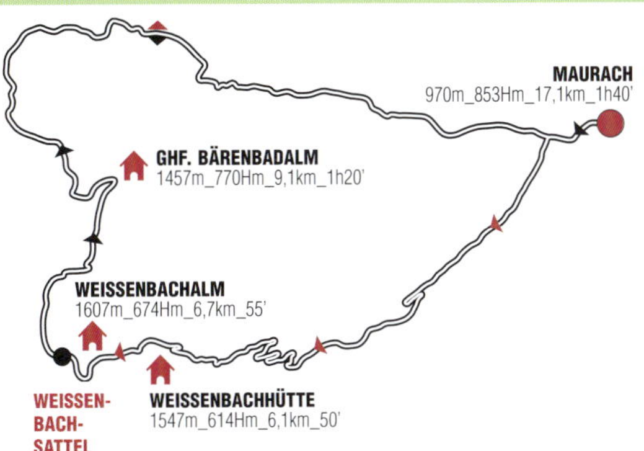

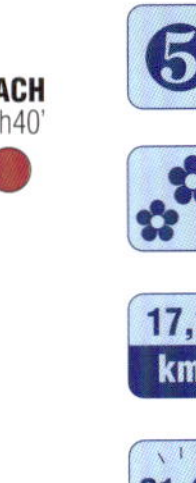

S3 G4

970 m

ANFAHRT – *Innsbruck – Maurach* 39 km: A12 Richtung *München*, Ausfahrt *Achensee*, anschließend der Beschilderung Richtung *Achensee* nach *Maurach* folgen

PARKMÖGLICHKEIT – in *Maurach* nach der *JET-Tankstelle* rechts abbiegen zur Talstation *Rofanbahn*

START – bei der Talstation *Rofanbahn,* bei der Unterführung durch und anschließend der Beschilderung Richtung *Pertisau* folgen, nach 400 m links abbiegen und der Beschilderung nach *Lärchenwiese* folgen, bei Kilometer 1,2 geradeaus auf dem Forstweg weiter, der Beschilderung zur *Weißenbachhütte* und *Weißenbachalm* folgen

TOURENBESCHREIBUNG – 6,7 km und **674 Hm** sind von *Maurach* über die *Weissenbachhütte* bis zur *Weissenbachalm* auf Asphalt und gut präpariertem Forstweg zurückzulegen. Ab Kilometer 1,2 führt die Tour permanent bergauf. Es sind keine nennenswerten Schwierigkeiten zu erwarten. Der Rückweg führt über den *Weissenbachsattel* bis zur *Bärenbadalm* durchgehend auf einem Single Track. Der Single Track bergauf von der *Weissenbachalm* bis zum *Weissenbachsattel* ist 500 m lang, extrem steil und nur von „Uphillfreaks" befahrbar. Der Single Track vom *Weissenbachsattel* bis zur *Bärenbadalm* ist 1,6 km lang und wird nur *Trialbikern* empfohlen. Der Weg führt teilweise über extrem exponiertes Gelände. An diesen Stellen wird wegen des erhöhten Unfallrisikos das Absteigen vom Bike empfohlen. Der restliche Rückweg von der *Bärenbadalm* führt auf Forst- und Karrenweg unterhalb des *Zwölferkopfs,* mit herrlichem Panoramablick auf den *Achensee* großteils bergab und flach, bis nach *Maurach.* Insgesamt sind **17,1 km** und **853 Hm** zu bewältigen.

Tourverbindungen: 036 *Bärenbadalm*

KARTENMATERIAL – ÖK: 1:25000 119 | **F&B: 1:50000** 321

INFOS – Weissenbachhütte, Weissenbachalm, Ghf. Bärenbadalm: im Sommer bewirtschaftete Almhütten

Foto: © Achensee Tourismus

038 LAMSENJOCHHÜTTE

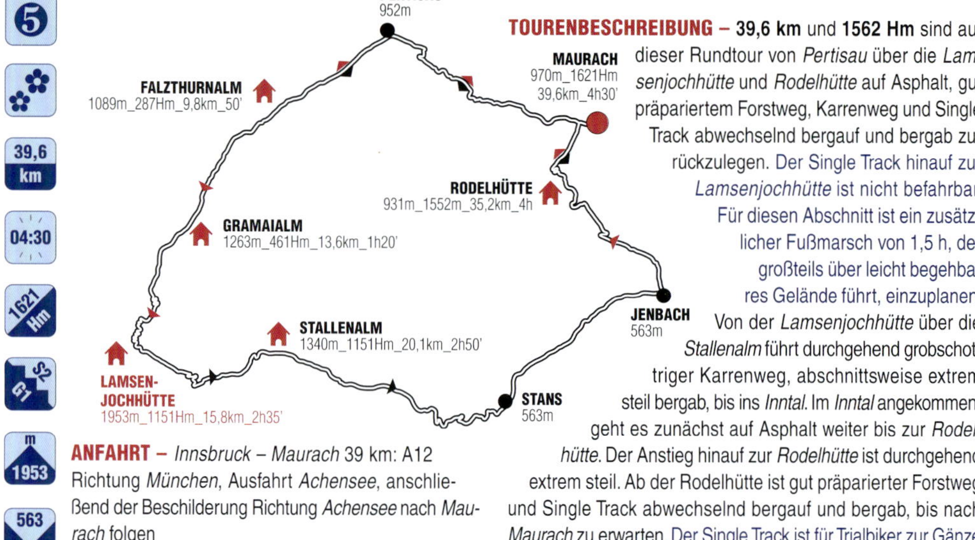

ANFAHRT – *Innsbruck – Maurach* 39 km: A12 Richtung *München*, Ausfahrt *Achensee*, anschließend der Beschilderung Richtung *Achensee* nach *Maurach* folgen

PARKMÖGLICHKEIT – in *Maurach* nach der *JET-Tankstelle* rechts abbiegen zur Talstation *Rofanbahn*

START – beim *Café-Restaurant Klingler*, bei der Unterführung durch und anschließend der Beschilderung Richtung *Pertisau* folgen, nach 800 m vor dem Ortstafelschild *Maurach* Ende links in den Forstweg, der oberhalb parallel zur Bundesstraße verläuft, einbiegen und der dortigen Beschilderung Richtung *Bärenbadalm* folgen, oder geradeaus weiter auf dem Radwanderweg am linken Seeufer entlang bis nach *Pertisau* – siehe *Alternativroute A1*, bei Kilometer 2,1 links bergauf abbiegen, der Beschilderung Richtung *Bärenbadalm* folgen

TOURENBESCHREIBUNG – 39,6 km und **1562 Hm** sind auf dieser Rundtour von *Pertisau* über die *Lamsenjochhütte* und *Rodelhütte* auf Asphalt, gut präpariertem Forstweg, Karrenweg und Single Track abwechselnd bergauf und bergab zurückzulegen. Der Single Track hinauf zur *Lamsenjochhütte* ist nicht befahrbar. Für diesen Abschnitt ist ein zusätzlicher Fußmarsch von 1,5 h, der großteils über leicht begehbares Gelände führt, einzuplanen. Von der *Lamsenjochhütte* über die *Stallenalm* führt durchgehend grobschottriger Karrenweg, abschnittsweise extrem steil bergab, bis ins *Inntal*. Im *Inntal* angekommen, geht es zunächst auf Asphalt weiter bis zur *Rodelhütte*. Der Anstieg hinauf zur *Rodelhütte* ist durchgehend extrem steil. Ab der Rodelhütte ist gut präparierter Forstweg und Single Track abwechselnd bergauf und bergab, bis nach *Maurach* zu erwarten. Der Single Track ist für Trialbiker zur Gänze befahrbar. Biker ohne Trialkenntnisse müssen für diesen Abschnitt einen zusätzlichen Fußmarsch von zehn Minuten einplanen.

Tourverbindungen: 034 *Feilkopf*, 036 *Bärenbadalm*, 037 *Weissenbachsattel*

KARTENMATERIAL – ÖK: 1:25000 118 | 119 | **F&B: 1:50000** 321

INFOS – Falzthurnalm, Gramaialm, Rodelhütte: im Sommer bewirtschaftete Ghf.; **Lamsenjochhütte:** bewirtschaftet Anfang Juni bis Ende September; **Stallenalm:** im Sommer bewirtschaftete Almhütte

Lamsenjochhütte (1953 m) | © TVB-Silberregion Karwendel

039 FALKENMOOSALM

ANFAHRT – *Innsbruck – Achenkirch* 63 km: A12 Richtung *München*, Ausfahrt *Achensee*, anschließend der Beschilderung Richtung *Achensee* nach *Achenkirch* folgen, bei der Kreuzung nach *Steinberg* geradeaus weiter und nach 300 m links abbiegen zum *Restaurant Tiroler Land*

PARKMÖGLICHKEIT – in der Nähe vom *Restaurant Tiroler Land* auf der rechten Straßenseite

START – bei der Parkmöglichkeit, der Asphaltstraße bergauf Richtung *Falkenmoosalm* folgen, nach 900 m rechts in den Forstweg einbiegen, der Beschilderung zum *Juifen* und nach 1,6 km der Rechtskurve entlang, der Beschilderung *Forststraße Falkenmoosalm* folgen

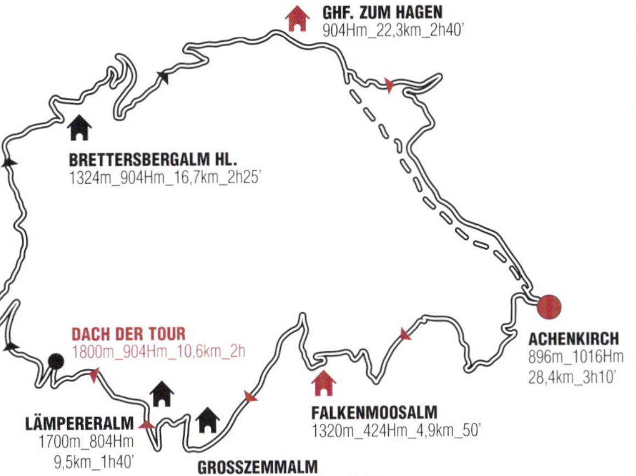

TOURENBESCHREIBUNG – 10,6 km und **904 Hm** sind von *Achenkirch* über die *Falkenmoosalm*, *Großzemmalm* und die *Lämpereralm* bis zum *Dach der Tour* auf Asphalt, gut präpariertem Forstweg und Single Track bergauf zurückzulegen. Der 600 m lange Single Track nach der *Lämpereralm* hinauf zum *Dach der Tour* ist nicht befahrbar. Für diesen Abschnitt ist ein Fußmarsch, auf leicht begehbarem Gelände, von 20 Minuten einzuplanen. Der Rückweg vom *Dach der Tour* über die *Rotwandalm*, *Brettersbergalm* und den *Ghf. zum Hagen* führt auf Karrenweg, gut präpariertem Forstweg und Asphalt abwechselnd bergauf und bergab, zurück nach *Achenkirch*. Insgesamt sind **28,4 km** und **1016 Hm** auf dieser Rundtour zu bewältigen.

Tourverbindungen: 043 *Kögljoch*, 045 *Schönjochalm*, 046 *Blaubergalm*, 041 *Rotwandhütte*

KARTENMATERIAL – ÖK: 1:25000 88 | **F&B: 1:50000** 321

INFOS – Falkenmoosalm: im Sommer bewirtschaftete Almhütte; **Großzemmalm, Lämpereralm, Rotwandalm, Brettersbergalm:** unbewirtschaftete Almhütten; **Ghf. zum Hagen:** ganzjährig bewirtschafteter Ghf.

Foto: © Achensee Tourismus

040 KARWENDELHAUS

ANFAHRT – *Innsbruck – Achenkirch* 54 km: A12 Richtung *München*, Ausfahrt *Achensee*, anschließend der Beschilderung Richtung *Achensee* nach *Achenkirch* folgen

PARKMÖGLICHKEIT – in der Nähe vom *Resort Achensee* auf der rechten Straßenseite

START – bei der Einfahrt zum *Resort Achensee,* auf der gegenüberliegenden Straßenseite, dem Forstweg leicht bergab folgen bis zur Asphaltstraße und in diese rechts einbiegen, am Ende der Ortsdurchfahrt *Achenkirch* der Bundesstraße oder dem Radweg Richtung *Deutschland* folgen

TOURENBESCHREIBUNG – 148,8 km und **3107 Hm** sind auf dieser zweitägigen Rundtour von *Achenkirch* über das *Krinner-Kofler-Haus*, *Scharnitz*, das *Karwendelhaus*, die *Falkenhütte* und die *Plumsjochhütte* abwechselnd auf Asphalt, gut präpariertem Forstweg, Karrenweg und Single Track bergauf und bergab zurückzulegen.

m 1848

782 m

1. TAG: Von *Achenkirch* führt die Asphaltstraße bis zum *Ghf. Hagen* leicht bergab. Vom *Ghf. Hagen* sind abwechselnd Asphaltstraßen und gut präparierte Forstwege, mit leichten Anstiegen, über den *Ghf. Post* bis zur *Kaiserhütte* zu erwarten. Nach der *Kaiserhütte* bei Kilometer 41,6 führt ein gut präparierter Forstweg 3,6 km permanent bergauf. Anschließend wieder bergab bis zum *Fermerbach.* Ab dem *Fermerbach* sind erneut 3,7 km auf gut präparierter Forstweg durchgehend bergauf bis zum *Krinner-Kofler-Haus* zu bewältigen. Vom *Krinner-Kofler-Haus* führen abwechselnd Forstwege und Asphaltstraßen großteils bergab und flach, mit seichten Anstiegen, bis nach *Scharnitz.* Insgesamt sind **72,8 km** und **1050 Hm** von *Achenkirch* bis *Scharnitz* zu bewältigen.

Übernachtungsmöglichkeiten sind entlang dem Tourenverlauf nach telefonischer Reservierung möglich bei: **Risserhof:** Telefon (++43) (0) 5213 | 5240; **Pension Arnspitz:** Telefon (++43) (0) 5213 | 5365; **Gästeheim Helga:** Telefon (++43) (0) 5213 | 5344 Wer lieber auf der Alm übernachtet, fährt weiter auf gut präpariertem Forstweg zur *Larchetalm.* Bis zur *Larchetalm* sind insgesamt **81,7 km** und **1350 Hm** von *Achenkirch* ohne nennenswerte Schwierigkeiten zurückzulegen. **Larchetalm:** Telefon (++43) (0) 664 | 97 59 311; Übernachtungsmöglichkeit in Zimmern mit Dusche. Achtung! Begrenzte Bettenkapazität. Wer lieber im Hochgebirge übernachtet fährt auf gut präpariertem Forstweg bis zum *Karwendelhaus.* Von *Achenkirch* bis zum *Karwendelhaus* sind insgesamt **92,3 km** und **1942 Hm,** ohne nennenswerte, Schwierigkeiten zu bewältigen. **Karwendelhaus:** Telefon (++43) (0) 5213 | 5623; Übernachtungsmöglichkeit im Zimmer oder Matratzenlager.

KARTENMATERIAL – ÖK: 1:200000 47 | 11 | 48 | 11 | **F&B: 1:50000** 321 | 323

INFOS – Ghf. zum Hagen, Ghf. Post: ganzjährig bewirtschaftete Ghf.; **Kaiserhütte:** im Sommer bewirtschafteter Ghf.; **Krinner-Kofler-Hütte, Larchetalm:** im Sommer bewirtschaftete Almhütten; **Karwendelhaus:** im Sommer bewirtschaftete AV-Hütte

2. TAG: Vom *Karwendelhaus* auf einem Forstweg 600 m bergauf bis zum Sattel. Dort beginnt ein grobschottriger Karrenweg, der

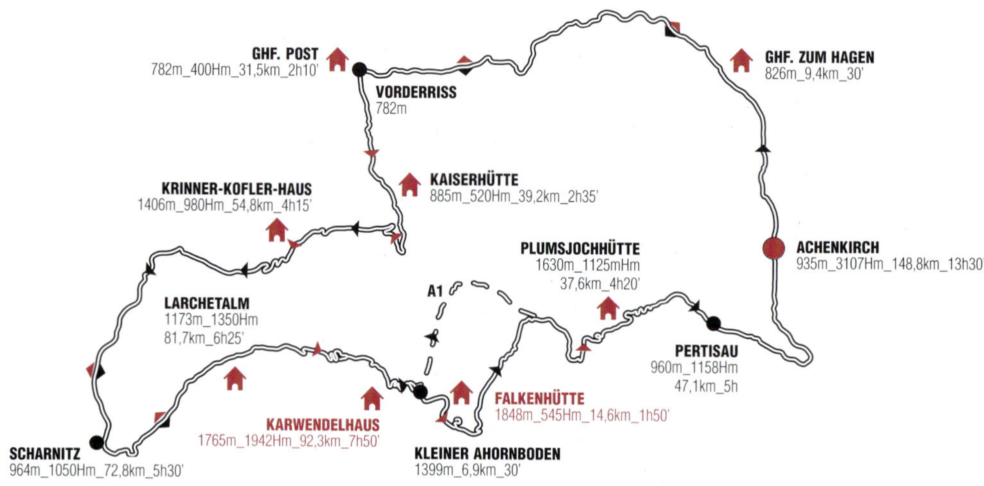

permanent bergab bis zum *Kleinen Ahornboden* führt. Vom *Kleinen Ahornboden* weiter auf dem Karrenweg bergab bis Kilometer 26,4 und dort dem Karrenweg nur noch bergauf über die *Ladizalm* bis zur *Falkenhütte* folgen. Von der *Falkenhütte* über den *Lalidersalm Niederleger* ins *Engtal* ist mit grobschottrigem Karrenweg und einem 1,6 km langem Single Track zu rechnen. Der Single Track beginnt nach der *Falkenhütte* und ist für Trialbiker großteils befahrbar. Biker ohne Trialerfahrung müssen für diesen Abschnitt einen zusätzlichen Fußmarsch von 20 Minuten einplanen. Im *Engtal* fährt man taleinwärts auf der Asphaltstraße leicht bergauf bis zur Abzweigung *Plumsjochhütte* bei Kilometer 49,1. Von dort führt ein gut präparierter Forstweg bergauf. Die Abfahrt von der *Plumsjochhütte* bis zum *Ghf. Gernalm* weist grobschottrigen Untergrund auf und ist durchgehend extrem steil. Der grobschottrige, lose Karrenweg ist als technisch sehr anspruchsvoll einzustufen und erfordert Trialerfahrung. Biker ohne Trialkenntnisse müssen für diesen Abschnitt einen zusätzlichen Fußmarsch von 15 Minuten einplanen. Der restliche Rückweg vom *Ghf. Gernalm* verläuft großteils auf einem asphaltierten Radwanderweg rund um den *Achensee* bis nach *Achenkirch*.

Variante A1: Wer sich die Auffahrt zur *Falkenhütte* ersparen will, fährt bei Kilometer 26,4 (*Kleiner Ahornboden*) geradeaus bergab ins *Risstal* und dort taleinwärts leicht bergauf weiter bis zur Abzweigung *Plumsjochhütte* bei Kilometer 49,1.

Tourverbindungen: 041 *Rotwandhütte*, 046 *Blaubergalm*, 044 *Gufferthütte*, 038 *Lamsenjochhütte*, 036 *Bärenbadalm*, 037 *Weissenbachsattel*, 034 *Feilkopf*, 043 *Kögljoch*, 042 *Gröbner Hals*, 032 *Schleimssattel*, *Pfeishütte*, *Lafatscher Joch*, *Solsteinhaus*

INFOS – Ladizalm, Lalidersalm Niederleger: unbewirtschaftete Almhütten; **Falkenhütte, Plumsjochhütte:** im Sommer bewirtschaftete AV-Hütten; **Ghf. Gernalm, Pletzachalm:** im Sommer bewirtschaftete Ghf.

Der *Ahonrboden* (1120 m) im *Rißtal*, kurz vor dem Abzweig bergauf zur *Plumsjochhütte* (1630 m).
Foto: © TVB-Silberregion Karwendel

Der 10 km lange Radweg am Ostufer des *Achesees* (940 m). | Foto: Gerit Mayer

041 ROTWANDHÜTTE

ANFAHRT – *Innsbruck – Achenwald* 67 km: A12 Richtung *München*, Ausfahrt *Achensee*, anschließend der Beschilderung Richtung *Achensee* nach *Achenwald* folgen bis zum *Ghf. zum Hagen*, ca. 6 km vor der Staatsgrenze *Österreich | Deutschland*
PARKMÖGLICHKEIT – kurz vor dem *Ghf. zum Hagen*, auf der linken Straßenseite
START – bei der Parkmöglichkeit, an der Kapelle rechts vorbei und der dortigen Beschilderung zur *Rotwandhütte* folgen
TOURENBESCHREIBUNG – 8,9 km und **702 Hm** sind von *Achenwald,* über die *Brettersbergalm* bis zur *Rotwandhütte,* auf gut präpariertem Forstweg bergauf zurückzulegen. Der Rückweg über den *Rotwandalm Niederleger*, die *Hiesenschlagalm* bis zum *Ghf. Aquila* verläuft auf gut präpariertem Forstweg großteils bergab. Der restliche Rückweg führt abwechselnd auf Forstwegen und Asphaltstraßen ohne nennenswerte Schwierigkeiten bergauf und bergab nach *Achenwald.* Insgesamt sind auf dieser Rundtour **38,9 km** und **1000 Hm** zu bewältigen.
Tourverbindungen: 042 *Gröbner Hals*, 040 *Karwendelhaus,* 046 *Blaubergalm*, 044 *Gufferthütte*, 043 *Kögljoch*

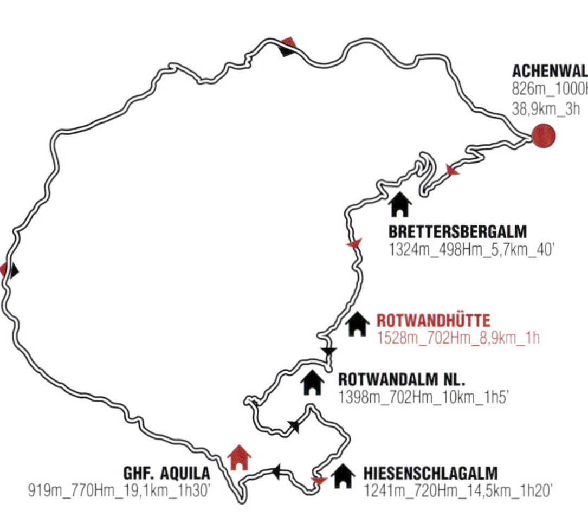

3
38,9 km
03:00
1000 Hm
S1 G1
m 1528
826 m

KARTENMATERIAL – ÖK: 1:25000 87 | 88 | **F&B: 1:50000** 321
INFOS – Brettersbergalm, Rotwandhütte, Rotwandalm Niederleger, Hiesenschlagalm: unbewirtschaftete Almhütten; **Ghf. Aquila:** im Sommer bewirtschafteter Ghf.

Foto: © Achensee Tourismus

042 GRÖBNER HALS

ANFAHRT – *Innsbruck – Achenwald* 67 km: A12 Richtung *München*, Ausfahrt *Achensee*, anschließend der Beschilderung Richtung *Achensee* nach *Achenwald* bis zum *Ghf. zum Hagen folgen*, ca. 6 km vor der Staatsgrenze *Österreich | Deutschland*

PARKMÖGLICHKEIT – kurz vor dem *Ghf. zum Hagen*, auf der linken Straßenseite

START – bei der Parkmöglichkeit, an der Kapelle rechts vorbei und der dortigen Beschilderung zur *Rotwandhütte* folgen

TOURENBESCHREIBUNG – **21,1 km** und **1177 Hm** sind von *Achenwald* über die *Brettersbergalm*, *Rotwandalm*, den *Rotwandalm Niederleger*, die *Bairalm*, den *Zotenalm Mitterleger*, den *Lochalm Mitterleger* und den *Tiefenbachalm Hochleger* bis zum *Gröbner Hals* auf Asphalt, gut präpariertem Forstweg und Single Track abwechselnd bergauf und bergab zurückzulegen.

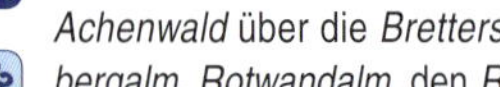

826
m

ACHENWALD
826m_1177Hm_37km_2h45'

BRETTERSBERGALM
1324m_498Hm_5,7km_40'

BAIRALM
1388m_702Hm_10,5km_1h7'

ROTWANDHÜTTE
1528m_702Hm_8,9km_1h

ZOTENALM ML.
1304m_702Hm
11,7km_1h10'

ROTWANDALM NL.
1398m_702Hm_10km_1h5'

GRÖBENALM
1535m_1177Hm_21,7km_2h15'

LOCHALM ML.
1425m_911Hm
17,4km_1h30'

GRÖBNER HALS
1652m_1177Hm_21,1km_2h10'

TIEFENBACHALM HL.
1624m_1110Hm
19,4km_1h50'

Der Single Track, der den *Tiefenbachalm Hochleger* mit dem *Gröbner Hals* verbindet, ist 1,7 km lang und für Trialbiker bis 300 m vor den *Gröbner Hals* befahrbar. Ungeübte Biker müssen für diesen Abschnitt einen zusätzlichen Fußmarsch von 15 Minuten einplanen. Der 600 m lange Single Track vom *Gröbner Hals* bergab zur *Gröbenalm* ist für geübte Biker großteils befahrbar. Ungeübte Biker müssen für diesen Abschnitt erneut einen zusätzlichen Fußmarsch von sieben Minuten einplanen. Der Rückweg von der *Gröbenalm* führt auf gut präpariertem Forstweg und Asphalt, ohne nennenswerte Schwierigkeiten permanent bergab bis nach *Achenwald*. Insgesamt sind auf dieser Rundtour **37 km** und **1177 Hm** zu bewältigen.

Tourverbindungen: 046 *Blaubergalm*, 044 *Gufferthütte*, 045 *Schönjochalm*, 041 *Rotwandhütte*, 040 *Karwendelhaus*

KARTENMATERIAL – ÖK: 1:25000 88 **| F&B: 1:50000** 321

INFOS – Brettersbergalm, Rotwandhütte, Rotwandalm Niederleger, Bairalm, Zottenalm Mitterleger, Lochalm Mitterleger, Tiefenbachalm Hochleger, Gröbenalm: unbewirtschaftete Almhütten

Foto: © Achensee Tourismus

Foto: © Achensee Tourismus

043 KÖGLJOCH

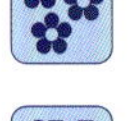

809 Hm

S2 G1

ANFAHRT – *Innsbruck – Achenkirch* 54 km: A12 Richtung *München*, Ausfahrt *Achensee*, anschließend der Beschilderung Richtung *Achensee* nach *Achenkirch* folgen

PARKMÖGLICHKEIT – in der Nähe vom *Resort Achensee* auf der rechten Straßenseite

START – bei der Einfahrt zum *Resort Achensee,* der Mountainbike-Beschilderung zur *Köglalm* folgen

TOURENBESCHREIBUNG – 5,3 km und **493 Hm** sind von *Achenkirch* bis zur *Köglalm* auf gut präpariertem Forstweg bergauf zurückzulegen. Es sind keine schwierigen Anstiege zu erwarten. Von der *Köglalm* führt der Rückweg zunächst auf einem Karrenweg 400 m bergauf bis zum *Kögljoch.* Dort beginnt der Single Track zur *Schönjochalm.* Dieser Single Track ist ebenfalls 400 m lang und für Trialbiker zur Gänze befahrbar. Biker ohne Trialerfahrung müssen für diesen Abschnitt einen zusätzlichen Fußmarsch von 15 Minuten einplanen. Auf dem restlichen Rückweg sind Asphalt- und Forststraßen, die ohne nennenswerte Schwierigkeiten abwechselnd bergauf und bergab führen, zu erwarten. Insgesamt sind **27,7 km** und **809 Hm** auf dieser Rundtour zu bewältigen.

Tourverbindungen: 045 *Schönjochalm*, 044 *Gufferthütte*, 040 *Karwendelhaus*, 039 *Falkenmoosalm*

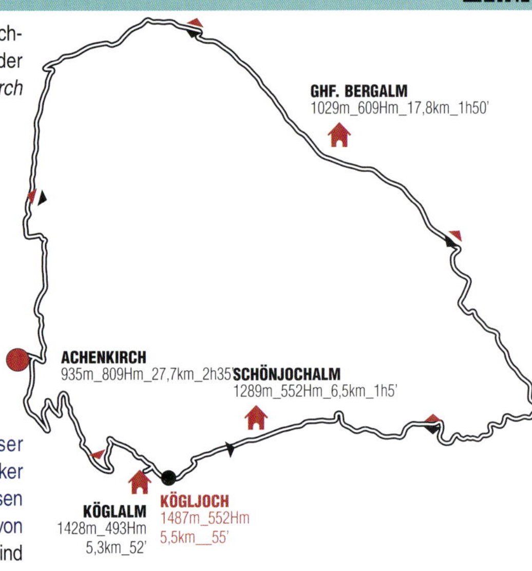

KARTENMATERIAL – ÖK: 1:25000 88 | 119 | **F&B: 1:50000** 321

INFOS – Köglalm: im Sommer bewirtschaftete Almhütte; **Schönjochalm:** bewirtschaftet Ende Mai bis Ende September; **Ghf. Bergalm:** ganzjährig bewirtschafteter Ghf.

Kögljoch (1487 m) | Foto: W. Hofer

044 GUFFERTHÜTTE

ANFAHRT – A12 Richtung *München*, Ausfahrt *Achensee*, anschließend der Beschilderung Richtung *Achensee* nach *Achenkirch* zum *Hotel Beretta* folgen, *Innsbruck – Achenkirch* 63 km
PARKMÖGLICHKEIT – in der Nähe vom *Hotel Beretta* kurz vor der Abzweigung nach *Steinberg*, auf der rechten Straßenseite
START – beim *Hotel Beretta*, nach dem *Hotel Beretta* rechts bergauf abbiegen Richtung *Steinberg*, nach 3,8 km, kurz vor der Brücke über den *Ampelsbach*, links abbiegen, an der Bushaltestelle vorbei und beim Schlagbaum der dortigen Beschilderung zur *Gufferthütte* folgen
TOURENBESCHREIBUNG – **11,8 km** und **589 Hm** sind von *Achenkirch* bis zur *Gufferthütte* auf Asphalt und gut präpariertem Forstweg bergauf zurückzulegen. Die Rundtour führt von der *Gufferthütte* über das *Kaiserhaus*, den *Ghf. Sonneck*, *Steinberg*, den *Ghf. Bergalm*, den *Ghf. Waldfrieden* auf Forst- und Asphaltstraßen abwechselnd bergauf und bergab, zurück nach *Achenkirch*. Auf der gesamten Rundtour sind **50,1 km** und **1080 Hm** ohne nennenswerte Schwierigkeiten zu bewältigen.
Tourverbindungen: 045 *Schönjochalm*, 046 *Blaubergalm*, 047 *Schienbachalm*, 048 *Thaleralm*, 049 *Labeggalm*, 013 *Nachbergalm*
KARTENMATERIAL – **ÖK: 1:25000** 88 | 89 |
F&B: 1:50000 321
INFOS – **Gufferthütte:** bewirtschaftet von Pfingsten bis Ende Oktober; **Kaiserhaus:** im Sommer bewirtschafteter Ghf.; **Ghf. Sonneck, Ghf. Bergalm, Ghf. Waldfrieden:** ganzjährig bewirtschafteter Ghf.;

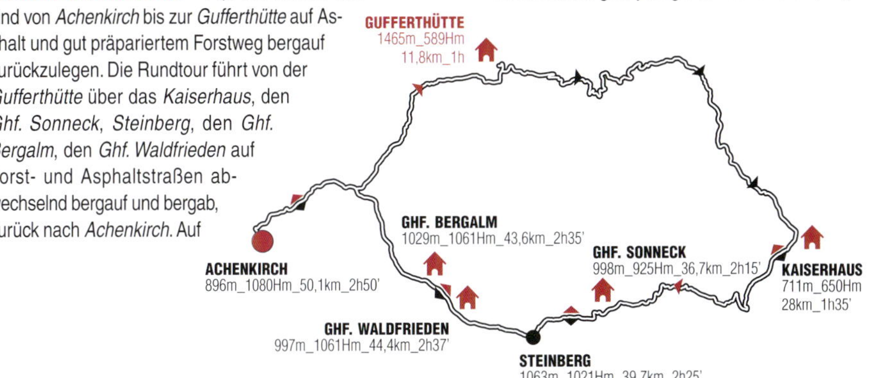

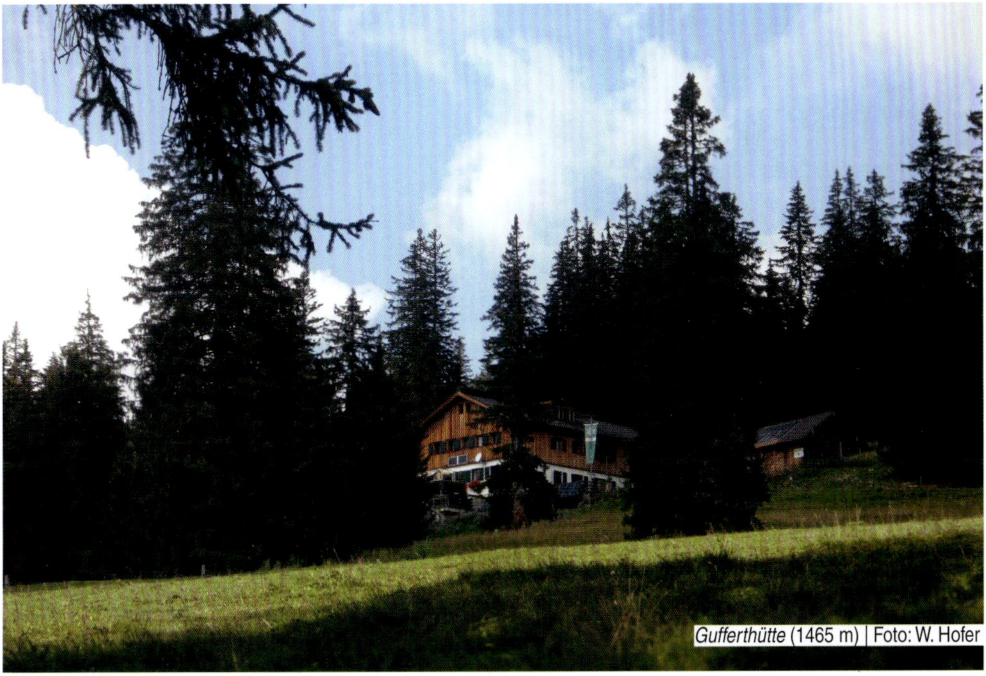

Gufferthütte (1465 m) | Foto: W. Hofer

045 SCHÖNJOCHALM

S1 G1

m 1287

1010 m

ANFAHRT – *Innsbruck – Steinberg* 70 km: A12 Richtung *München*, Ausfahrt *Achensee*, anschließend der Beschilderung Richtung *Achenkirch* folgen, in *Achenkirch* beim *Almgasthof* rechts abbiegen nach *Steinberg* (*Achenkirch – Steinberg* 10 km), in *Steinberg* an der *Raiffeisenkasse* vorbei, der Beschilderung zu den *Rofanliften Steinberg* bis zum *Kirchenwirt* folgen, dort links abbiegen zur Dorfkirche

PARKMÖGLICHKEIT – bei der Dorfkirche

START – bei der Dorfkirche, beim *Ghf. Kirchenwirt* links abbiegen, der Asphaltstraße entlang bis zum Parkplatz der *Rofanlifte Steinberg,* beim Parkplatz der *Rofanlifte Steinberg* links in den Forstweg einbiegen

TOURENBESCHREIBUNG – 7,4 km und **277 Hm** sind von *Steinberg* bis zur *Schönjochalm* auf Asphalt und gut präpariertem Forstweg leicht bergauf zurückzulegen. Anschließend auf demselben Weg retour. Insgesamt sind **14,8 km** und **277 Hm** zu bewältigen.

Variante Angeralm: 12,9 km und **535 Hm** sind von *Steinberg* über die *Schmalzklausenalm* bis zur *Angeralm* auf Asphalt und gut präpariertem Forstweg, der teilweise auch bergab führt zurückzulegen. Auf dem Rückweg über *Kühlermahd* nach *Steinberg* sind Forst- und Asphaltstraßen, die abwechselnd bergauf und bergab führen, zu erwarten. **31,8 km** und **841 Hm** sind auf dieser Rundtour ohne nennenswerte Schwierigkeiten zu bewältigen.

Tourverbindungen: 044 *Gufferthütte*, 047 *Schienbachalm*, 048 *Thaleralm*, 013 *Nachbergalm*, 025 *Köglalm*

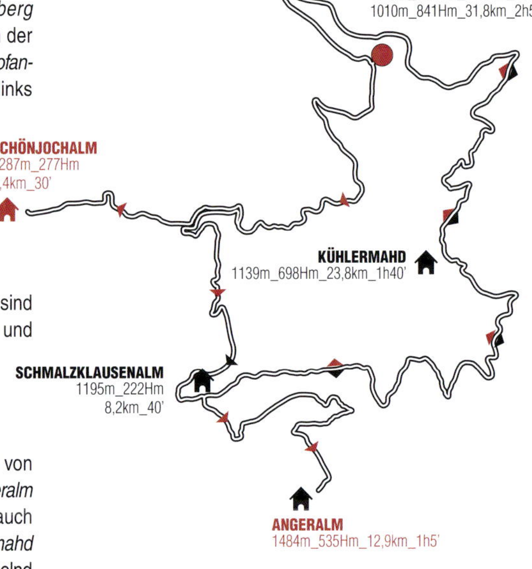

KARTENMATERIAL – ÖK: 1:25000 88 | 119 | **F&B: 1:50000** 321

INFOS – Schönjochalm: bewirtschaftet Ende Mai bis Ende September; **Schmalzklausenalm, Angeralm, Kühlermahd:** unbewirtschaftete Almhütten

Schmalzklause (1000 m) | Foto: © Achensee Tourismus

046 BLAUBERGALM

ANFAHRT – *Innsbruck – Achenwald* 67 km: A12 Richtung *München*, Ausfahrt *Achensee*, anschließend der Beschilderung Richtung *Achenkirch* und *Achenwald* bis zum *Gasthaus zur Marie* folgen
PARKMÖGLICHKEITEN – nach dem *Gasthaus zur Marie* beim Souvenirladen auf der linken Straßenseite
START – beim Souvenirladen, der Bundesstraße entlang Richtung *Deutschland,* nach 400 m rechts abbiegen über die Brücke des *Seebachs* und der dortigen Beschilderung zur *Blaubergalm* folgen
TOURENBESCHREIBUNG – 10,3 km und **711 Hm** sind von *Achenwald* bis zur *Blaubergalm* auf Asphalt und gut präpariertem Forstweg bergauf zurückzulegen. Auf dem Rückweg über *Im Sattel* und *Tiefental* sind Forst- und Asphaltstraßen, die abwechselnd bergauf und bergab führen, zu erwarten. Insgesamt sind **28,9 km** und **920 Hm** auf dieser Rundtour ohne nennenswerte Schwierigkeiten zu bewältigen.
Tourverbindungen: 044 *Gufferthütte*, 042 *Gröbner Hals*
KARTENMATERIAL – ÖK: 1:25000 88 | **F&B: 1:50000** 321
INFOS – Blaubergalm: bewirtschaftet Mitte Juni bis Ende Oktober

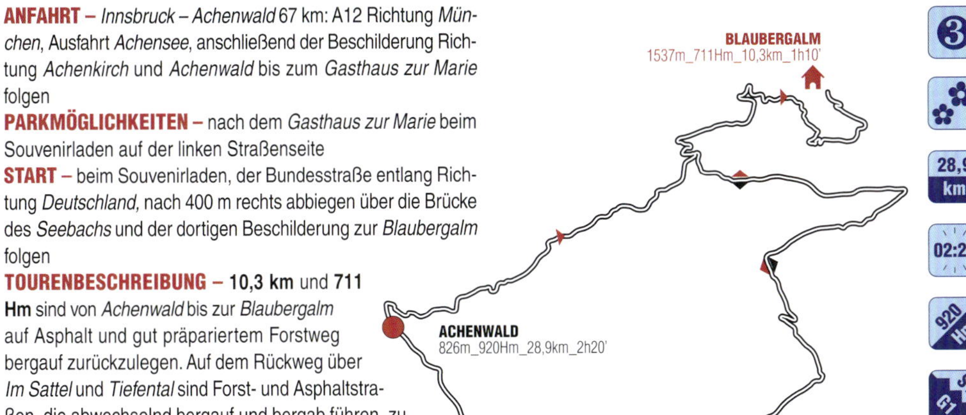

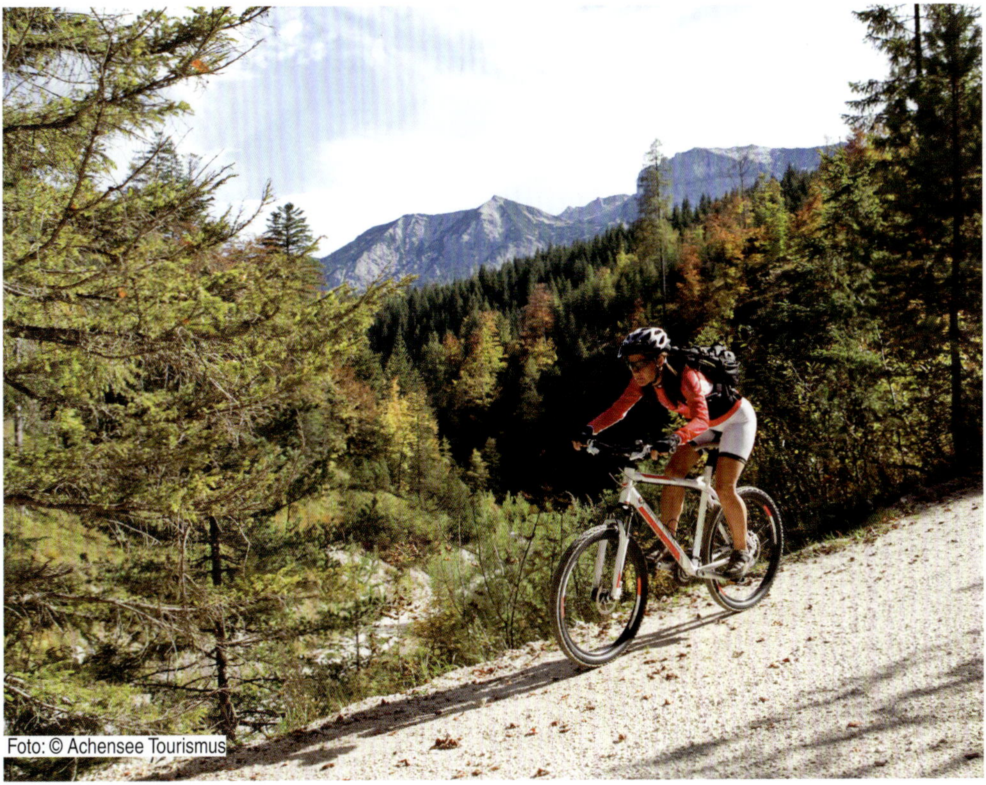

Foto: © Achensee Tourismus

047 SCHIENBACHALM

28,1 km

02:00

1245 m

675 m

ANFAHRT – *Innsbruck – Pinegg* 58 km: A12 Richtung *München*, Ausfahrt *Kramsach*, anschließend der Beschilderung Richtung *Kramsach* und *Aschau* nach *Pinegg* folgen, in *Pinegg* am Sägewerk vorbei, dort rechts abbiegen über die *Brandenberger Ache* bis zur Kapelle am rechten Straßenrand

PARKMÖGLICHKEIT – in der Nähe der Kapelle

START – bei der Kapelle, zurück zur Brücke über die *Brandenberger Ache* und anschließend rechts bergauf abbiegen Richtung *Kaiserhaus*

TOURENBESCHREIBUNG – 14,6 km und **684 Hm** sind von *Pinegg* über die *Baumgartenalm* und *Weittalalm* bis zur *Schienbachalm* auf Asphalt und gut präpariertem Forstweg großteils bergauf zurückzulegen. Auf dem Rückweg über die *Kaiserhütte* nach *Pinegg* sind Forst- und Asphaltstraßen, die abwechselnd bergauf und bergab führen, zu erwarten. Nach der *Schienbachalm* geht es zunächst auf einem Karrenweg 400 m bergab bis zu einem Single Track. Dieser 500 m lange Single Track hinunter zur *Weißache* ist für gute Trialbiker zur Gänze befahrbar. Ungeübte Biker müssen für diesen Abschnitt einen Fußmarsch von zehn Minuten, über leichtes Gelände, einplanen. Ansonsten sind auf dieser Rundtour keine nennenswerten Schwierigkeiten zu erwarten. Insgesamt sind **28,1 km** und **800 Hm** zu bewältigen.

Tourverbindungen: 044 *Gufferthütte*, 048 *Thaleralm*, 049 *Labeggalm*

KARTENMATERIAL – ÖK: 1:25000 88 | 89 | **F&B: 1:50000** 321

INFOS – Weittalalm, Schienbachalm: unbewirtschaftete Almhütte; **Kaiserhütte:** unbewirtschaftete Berghütte

Foto: © Achensee Tourismus

048 THALERALM

GPX

3

40,4 km

02:45

1000 Hm

S1 G1

m 1582

675 m

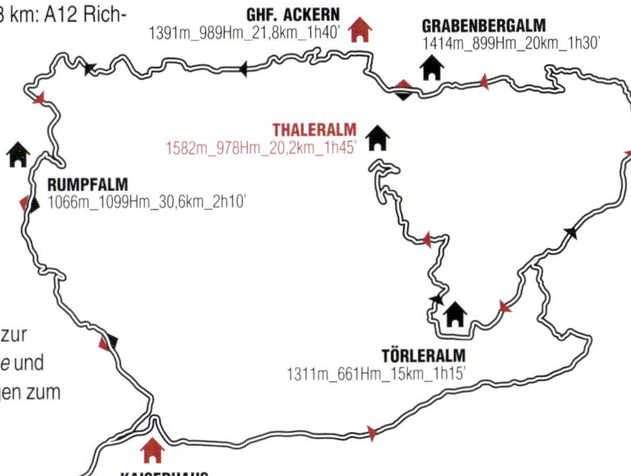

ANFAHRT – *Innsbruck – Pinegg* 58 km: A12 Richtung *München*, Ausfahrt *Kramsach*, anschließend der Beschilderung Richtung *Kramsach* und *Aschau* nach *Pinegg* folgen, in *Pinegg* am Sägewerk vorbei, dort rechts abbiegen über die *Brandenberger Ache* bis zur Kapelle am rechten Straßenrand

PARKMÖGLICHKEIT – in der Nähe der Kapelle

START – bei der Kapelle, zurück zur Brücke über die *Brandenberger Ache* und anschließend rechts bergauf abbiegen zum *Kaiserhaus*

TOURENBESCHREIBUNG – 20,2 km und **978 Hm** sind von *Pinegg* über das *Kaiserhaus* und die *Törlalm* bis zur *Thaleralm* auf Asphalt und gut präpariertem Forstweg großteils bergauf und flach, zurückzulegen. Auf demselben Weg retour. Insgesamt sind **40,4 km** und **1000 Hm** zu bewältigen.

Variante Ghf. Ackern: 39,1 km und **1287 Hm** sind von *Pinegg* über das *Kaiserhaus* und die *Grabenbergalm* bis zum *Ghf. Ackern* auf Asphalt und gut präpariertem Forstweg zurückzulegen. Der Rückweg führt über die *Rumpfalm* abwechselnd bergauf und bergab auf Karrenweg, Asphalt und gut präpariertem Forstweg.

Auf dieser Rundtour sind keine nennenswerten Schwierigkeiten zu erwarten. Insgesamt sind **39,1 km** und **1300 Hm** zu bewältigen.

Variante: Von der *Thaleralm* über das *Thalerjoch* zum *Ghf. Ackern.*

Tourverbindungen: 013 *Nachbergalm*, 044 *Gufferthütte*, 047 *Schienbachalm*, 049 *Labeggalm*, 022 *Burgstein*, 023 *Trainsalm*, 024 *Höhlensteinalm*, 019 *Buchackeralm*, 027 *Kaleralm*

KARTENMATERIAL – ÖK: 1:25000 89 | **F&B: 1:50000** 321

INFOS – Kaiserhaus: im Sommer bewirtschafteter Ghf.; **Törleralm, Thaleralm, Grabenbergalm, Rumpfalm:** unbewirtschaftete Almhütten; **Ghf. Ackern:** im Sommer bewirtschaftet Bergghf.

Kaiserhaus (711 m) | Foto: W. Hofer

049 LABEGGALM

GPX 

ANFAHRT – *Innsbruck – Pinegg* 58 km: A12 Richtung *München*, Ausfahrt *Kramsach*, anschließend der Beschilderung Richtung *Kramsach* und *Aschau* nach *Pinegg* folgen, in *Pinegg* am Sägewerk vorbei, dort rechts abbiegen über die *Brandenberger Ache* bis zur Kapelle am rechten Straßenrand

PARKMÖGLICHKEIT – in der Nähe der Kapelle

START – bei der Kapelle, zurück zur Brücke über die *Brandenberger Ache* und dort der Asphaltstraße nach *Aschau* folgen

TOURENBESCHREIBUNG – 11,5 km und **977 Hm** sind von *Pinegg* über die *Eilalm*, *Anderls Almhütte* und die *Labeggalm* bis zum *Kreuzeinalm Hochleger* auf Asphalt und gut präpariertem Forstweg bergauf zurückzulegen. Es sind keine schwierigen Anstiege zu erwarten. Der Rückweg über die *Lahnalm* und die *Aschaumahdalm* zurück nach *Pinegg* führt auf gut präpariertem Forstweg, Single Track und Asphalt abwechselnd bergauf und bergab. Der Single Track vor der *Lahnalm* ist 700 m lang und für geübte Biker leicht zu bewältigen. Der 300 m lange Single Track vor *Pinegg* ist großteils nicht befahrbar. Für diesen Abschnitt muss ein Fußmarsch von fünf Minuten eingeplant werden. Insgesamt sind auf dieser Rundtour **32,6 km** und **1220 Hm** zu bewältigen.

Tourverbindungen: 013 *Nachbergalm*, 044 *Gufferthütte*, 047 *Schienbachalm*, 048 *Thaleralm*

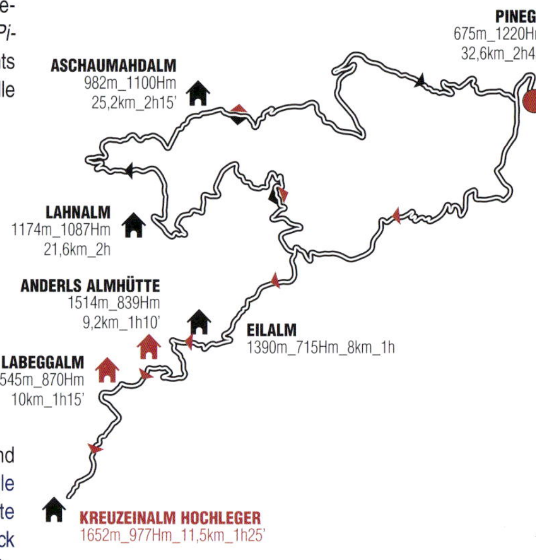

KARTENMATERIAL – ÖK: 1:25000 88, 89, 120 | 121 | **F&B: 1:50000** 321

INFOS – Eilalm, Kreuzeinalm Hochleger, Lahnalm, Aschaumahdalm: unbewirtschaftete Almhütten; **Anderls Almhütte, Labeggalm:** im Sommer bewirtschaftete Almhütten

Foto: © Achensee Tourismus

050 - 054

ALPBACHTAL

REITH
050 Hochlindalm
051 Kohlgrubenalm

ALPBACH
052 Wurmeggalm

INNERALPBACH
053 Hornboden
054 Farmenkehr Niederleger

Foto: © TVB-Alpbachtal

050 HOCHLINDALM

930 Hm

1431 m

ANFAHRT – *Innsbruck – Reith* 51 km: A12 Richtung *München*, Ausfahrt *Kramsach*, anschließend der Beschilderung nach *Brixlegg* folgen, in *Brixlegg* an den Tankstellen vorbei bis zum Kreisverkehr und dort links abbiegen ins *Alpbachtal* nach *Reith*, in *Reith* erneut links abbiegen, an der *ÖMV-Tankstelle* vorbei, weiter bis zur Talstation der *Reitherkogelbahn*
PARKMÖGLICHKEIT – bei der Talstation *Reitherkogelbahn*
START – bei der Talstation *Reitherkogelbahn*, der Asphaltstraße dorfeinwärts folgen, beim *Dorfwirt* geradeaus weiter bis zur Firma *Autoreisen Max Hechenblaikner*, dort links abbiegen nach *Hygna* und zum *Wirtshaus Nisslhof*, nach 900 Meter rechts abbiegen, der Beschilderung zum *Nisslhof* folgen
TOURENBESCHREIBUNG – 13,9 km und **930 Hm** sind von *Reith* über den *Ghf. Nisslhof* und die *Hechenblaikenalm* bis zur *Hochlindalm* auf Asphalt und gut präpariertem Forstweg abwechselnd bergauf und bergab zurückzulegen. Der Rückweg führt über die *Schindlebenalm* auf Forst- und Asphaltstraßen permanent bergab zurück nach *Reith*. Insgesamt sind **23,8 km** und **930 Hm** ohne nennenswerte Schwierigkeiten zu bewältigen.
Tourverbindungen: 051 *Kohlgrubenalm*, 064 *Otto-Leixl-Hütte*, 055 *Hansletalm*, 053 *Hornboden*, 054 *Farmenkehr Niederleger*
KARTENMATERIAL – ÖK: 1:25000 120 | **F&B: 1:50000** 151

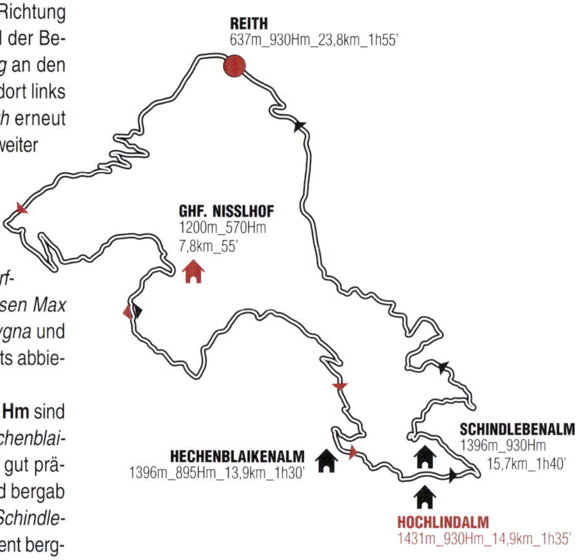

REITH
637m_930Hm_23,8km_1h55'

GHF. NISSLHOF
1200m_570Hm
7,8km_55'

SCHINDLEBENALM
1396m_930Hm
15,7km_1h40'

HECHENBLAIKENALM
1396m_895Hm_13,9km_1h30'

HOCHLINDALM
1431m_930Hm_14,9km_1h35'

INFOS – Ghf. Nisslhof: ganzjährig bewirtschafteter Ghf.; **Hechenblaikenalm, Hochlindalm, Schindlebenalm:** unbewirtschaftete Almhütten

Aussicht vom *Kerschbaumersattel* (1111 m). | Foto: W. Hofer

051 KOHLGRUBENALM

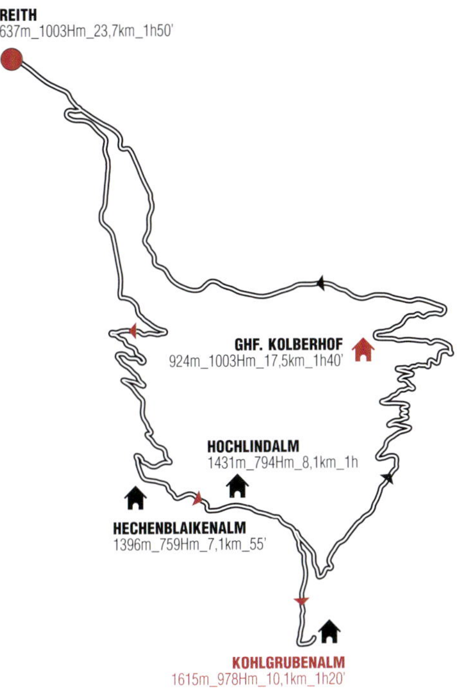

ANFAHRT – *Innsbruck – Reith* 51 km: A12 Richtung *München*, Ausfahrt *Kramsach*, anschließend der Beschilderung nach *Brixlegg* folgen, in *Brixlegg* an den Tankstellen vorbei bis zum *Kreisverkehr* und dort links abbiegen ins *Alpbachtal* nach *Reith*, in *Reith* erneut links abbiegen, an der *ÖMV-Tankstelle* vorbei, weiter bis zur Talstation der *Reitherkogelbahn*

PARKMÖGLICHKEIT – bei der Talstation *Reitherkogelbahn.*

START – bei der Talstation *Reitherkogelbahn,* der Asphaltstraße dorfauswärts ins *Alpbachtal* nach *Hygna* folgen, nach 600 m beim Sägewerk vorbei und anschließend rechts abbiegen, der dortigen Beschilderung nach *Hygna* folgen

TOURENBESCHREIBUNG – 10,1 km und **978 Hm** sind von *Reith* über die *Hechenblaikenalm* und *Hochlindalm* bis zur *Kohlgrubenalm* auf Asphalt und gut präpariertem Forstweg bergauf zurückzulegen. Der Rückweg über den *Ghf. Kolberhof* führt, abgesehen von einem kurzen Anstieg permanent bergab, zurück nach *Reith.* Bis auf einen 300 m langen Single Track, der für geübte Biker leicht zu bewältigen ist, sind abwechselnd Forst- und Asphaltstraßen ohne nennenswerte Schwierigkeiten zu erwarten. Insgesamt sind **23,7 km** und **1003 Hm** auf dieser Rundtour zurückzulegen.

Tourverbindungen: 064 *Otto-Leixl-Hütte*, 050 *Hochlindalm*, 053 *Hornboden*, 054 *Farmenkehr Niederleger*, 055 *Hansletalm*

KARTENMATERIAL – ÖK: 1:25000 120 | **F&B: 1:50000** 151

INFOS – Hechenblaikenalm, Hochlindalm, Kohlgrubenalm: unbewirtschaftete Almhütten; **Ghf. Kolberhof:** ganzjährig bewirtschafteter Ghf.

Foto: © TVB-Alpbachtal

052 WURMEGGALM

ANFAHRT – *Innsbruck – Alpbach* 52 km: A12 Richtung *München*, Ausfahrt *Kramsach*, anschließend der Beschilderung nach *Brixlegg* folgen, in *Brixlegg* an den Tankstellen vorbei bis zum Kreisverkehr und dort links abbiegen nach *Alpbach*, in *Alpbach* beim *Weilerhof* rechts abbiegen zum Hallenbad

PARKMÖGLICHKEIT – beim Hallenbad

START – beim Hallenbad, der Asphaltstraße dorfeinwärts folgen, nach 400 m bei der *Raiffeisenkasse* rechts abbiegen und weiter bis zur Dorfkirche, bei der Dorfkirche links abbiegen, geradeaus am *Böglerhof* vorbei, bei Kilometer 1,9 beim Haus *Dorferwirt* rechts abbiegen und nach 50 m, kurz vor der Brücke über den *Dorferbach* links bergauf abbiegen, der Beschilderung zur *Thaleralm* folgen, oder geradeaus am Rückweg direkt zur *Wurmeggalm*

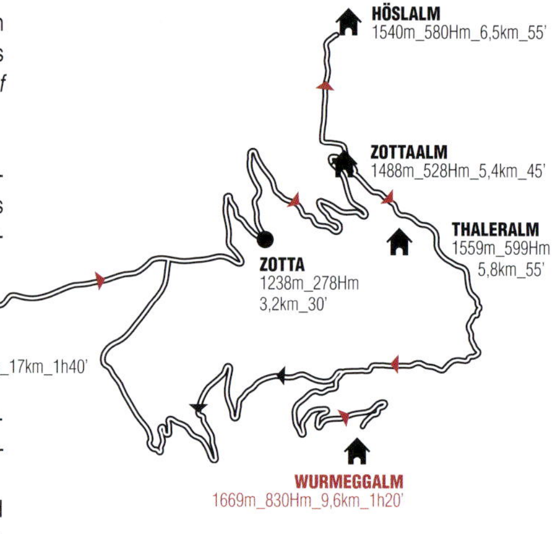

TOURENBESCHREIBUNG – 9,6 km und **830 Hm** sind von *Alpbach* über *Zotta*, *Zottaalm* und *Thaleralm* bis zur *Wurmeggalm* auf Asphalt, gut präpariertem Forstweg und Karrenweg zurückzulegen. Die Tour verläuft ab der *Thaleralm* leicht bergab, ansonsten aber permanent bergauf. Der Rückweg über *Feilmoos* führt permanent bergab, auf Forst- und Asphaltstraßen, zurück nach *Alpbach*. Insgesamt sind **17 km** und **830 Hm** auf dieser Rundtour zu bewältigen.

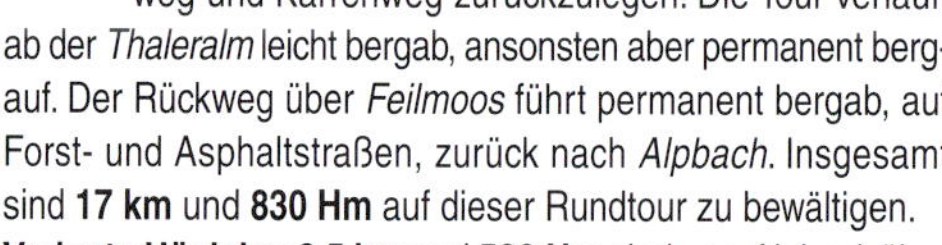

Variante Höslalm: 6,5 km und **580 Hm** sind von *Alpbach* über *Zotta* und *Zottaalm* bis zur *Höslalm* auf Asphalt- und Forststraßen ohne nennenswerte Schwierigkeiten zurückzulegen. Auf demselben Weg retour sind insgesamt **13 km** und **580 Hm** zu bewältigen.

Tourverbindungen: 011 *Bischoferalm*, 139 *Schatzbergalm*, 016 *Schatzberg*

KARTENMATERIAL – ÖK: 1:25000 120 | **F&B: 1:50000** 151

INFOS – Zottaalm, Höslalm, Thaleralm, Wurmeggalm: unbewirtschaftete Almhütten

Foto: © TVB-Alpbachtal

053 HORNBODEN

ANFAHRT – *Innsbruck – Inneralpbach* 59 km: A12 Richtung *München*, Ausfahrt *Kramsach*, anschließend der Beschilderung nach *Brixlegg* folgen, in *Brixlegg* an den Tankstellen vorbei bis zum Kreisverkehr, dort links abbiegen ins *Alpbachtal* nach *Inneralpbach*

PARKMÖGLICHKEIT – nach der *Freiwilligen Feuerwehr* auf der rechten Straßenseite

START – bei der Parkmöglichkeit, der Straße taleinwärts folgen, nach 300 m beim Hotel *Galtenberg* rechts abbiegen, am Ortstafelschild Alpbach Ende vorbei, der Beschilderung zur *Moserbaumgartenalm* am rechten Bachufer folgen, bei Kilometer 2,4 rechts abbiegen, der Beschilderung zur *Moserbaumgartenalm* folgen, oder geradeaus direkt zur *Greitalm*

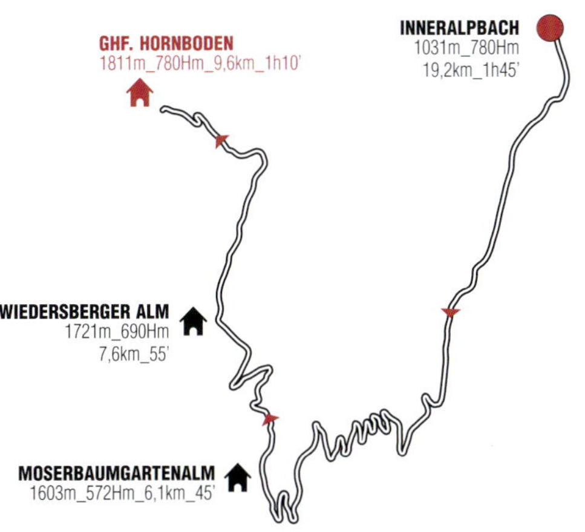

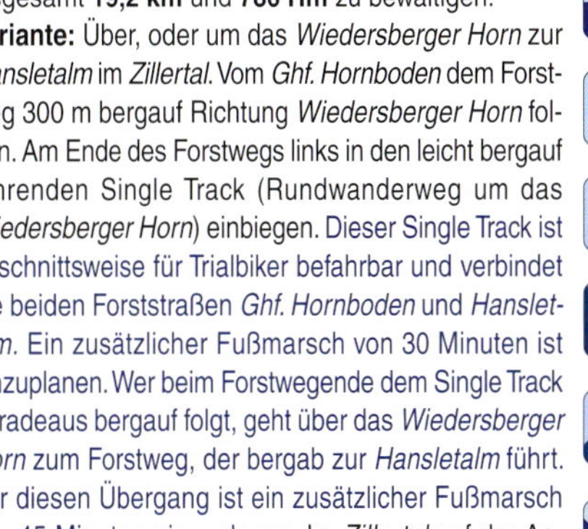

TOURENBESCHREIBUNG – 9,6 km und **780 Hm** sind von *Inneralpbach* über den *Ghf. Leitner, die Moserbaumgartenalm* und *Wiedersberger Alm* bis zum *Ghf. Hornboden* auf Asphalt- und Forststraßen bergauf zurückzulegen. Es sind keine nennenswerten Schwierigkeiten zu erwarten. Auf demselben Weg retour sind insgesamt **19,2 km** und **780 Hm** zu bewältigen.

Variante: Über, oder um das *Wiedersberger Horn* zur *Hansletalm* im *Zillertal*. Vom *Ghf. Hornboden* dem Forstweg 300 m bergauf Richtung *Wiedersberger Horn* folgen. Am Ende des Forstwegs links in den leicht bergauf führenden Single Track (Rundwanderweg um das *Wiedersberger Horn*) einbiegen. Dieser Single Track ist abschnittsweise für Trialbiker befahrbar und verbindet die beiden Forststraßen *Ghf. Hornboden* und *Hansletalm*. Ein zusätzlicher Fußmarsch von 30 Minuten ist einzuplanen. Wer beim Forstwegende dem Single Track geradeaus bergauf folgt, geht über das *Wiedersberger Horn* zum Forstweg, der bergab zur *Hansletalm* führt. Für diesen Übergang ist ein zusätzlicher Fußmarsch von 45 Minuten einzuplanen. Im *Zillertal* auf der Asphaltstraße über *Hart*, *Brixlegg* und *Alpbach* zurück nach *Inneralpbach*.

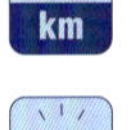

Tourverbindungen: 055 *Hansletalm*, *Bachleralm* (siehe 055 *Hansletalm*), 051 *Kohlgrubenalm*, 050 *Hochlindalm*, 064 *Otto-Leixl-Hütte*, 054 *Farmenkehr Niederleger*

KARTENMATERIAL – ÖK: 1:25000 120 | **F&B: 1:50000** 151

INFOS – Moserbaumgartenalm, Wiedersberger Alm: unbewirtschaftete Almhütten; **Ghf. Hornboden:** bewirtschaftet Mitte Juni bis Anfang Oktober

Foto: © TVB-Alpbachtal

054 FARMENKEHR NIEDERLEGER

ANFAHRT – *Innsbruck – Inneralpbach* 59 km: A12 Richtung *München*, Ausfahrt *Kramsach*, anschließend der Beschilderung nach *Brixlegg* folgen, in *Brixlegg* an den Tankstellen vorbei bis zum Kreisverkehr, dort links abbiegen ins *Alpbachtal* nach *Inneralpbach*

PARKMÖGLICHKEIT – nach der *Freiwilligen Feuerwehr* auf der rechten Straßenseite

START – bei der Parkmöglichkeit, der Straße taleinwärts entlang und nach 300 m beim *Hotel Galtenberg* rechts abbiegen, beim Ortstafelschild *Alpbach* Ende vorbei und der Beschilderung zur *Moserbaumgartenalm* am rechten Bachufer folgen

TOURENBESCHREIBUNG – 8,5 km und **740 Hm** sind von *Inneralpbach* über die *Greitalm* und den *Farmenkehr Niederleger* bis zum *Farmenkehr Hochleger* auf Asphalt- und Forststraßen ohne besondere Schwierigkeiten bergauf zurückzulegen. Auf dem Rückweg, der großteils nur bergab führt, sind Forstweg, Karrenweg, Single Track und Asphaltstraßen zu erwarten. Der Single Track vor der *Radingeralm* ist 900 m lang. Das erste Drittel dieses Single Tracks ist nicht befahrbar. Für diesen Abschnitt ist ein zusätzlicher Fußmarsch von sieben Minuten einzuplanen. Der Rest der Strecke ist für Trialbiker befahrbar. Insgesamt sind **18,2 km** und **760 Hm** auf dieser Rundtour zu bewältigen.

Tourverbindungen: 051 *Kohlgrubenalm*, 064 *Otto-Leixl-Hütte*, über das *Tristenjoch* zur 063 *Steinbergalm*, 053 *Hornboden*

KARTENMATERIAL – ÖK: 25000 120 | **F&B: 50000** 151

INFOS – Greitalm, Farmenkehr Hochleger, Radingeralm: unbewirtschaftete Almhütten; **Farmenkehr Niederleger:** bewirtschaftet Mitte Juni bis Ende September

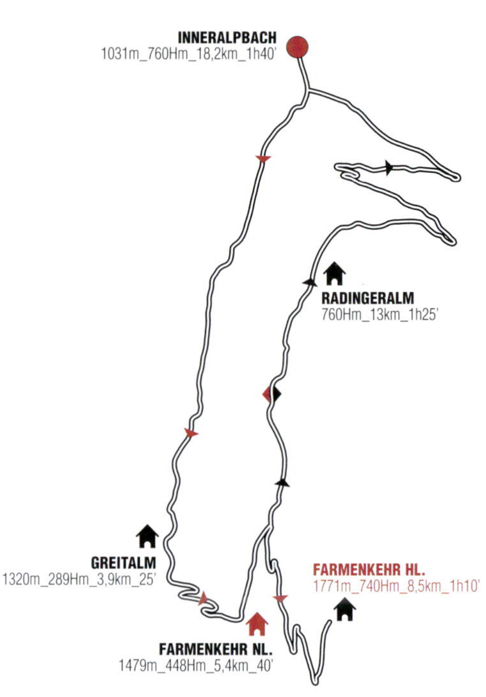

Inneralpbach | Foto: W. Hofer

055 - 084

ZILLERTAL

HART
055 Hansletalm
FÜGEN
056 Gartalm
UDERNS
057 Schlagalm
HOCHFÜGEN
058 Holzalm
059 Lamargalm
060 Gamssteinhaus
KALTENBACH
061 Gedrechter
STUMM
062 Brunnalm
063 Steinbergalm
064 Otto-Leixl-Hütte
065 Durachalm
066 Triplonalm
067 Hemereralm

ZELL AM ZILLER
068 Kreuzwiesenhütte
069 Rastkogelhütte
070 Kreuzjochhütte
RAMSAU
071 Kotahornalm
HIPPACH
072 Penkenalm

MAYRHOFEN
073 Filzenalm
074 Grüne Wand
075 Alpenrose
076 Ahornachalm
077 Karlalm
078 Au

IN DER AU
079 Zollwachhütte
080 Speicher Zillergründl
081 Kainzenhüttenalm
GINZLING
082 Alpenhaus Oberböden
083 Alpenrosenhütte
084 Steinbockhaus

Foto: © Zillertal Arena / Johannes Sautner

055 HANSLETALM

m
1615

ANFAHRT – *Innsbruck – Hart* 46 km: A12 Richtung *München*, Ausfahrt *Zillertal*, anschließend der Beschilderung Richtung *Zell am Ziller* nach *Fügen* folgen, im Zentrum von *Fügen* links abbiegen nach *Hart* zur Brücke über den *Ziller*

PARKMÖGLICHKEIT – 100 m vor dem Ortstafelschild *Niederhart* nach der Brücke über den *Ziller* auf der linken oder rechten Straßenseite

START – bei der Parkmöglichkeit, der Asphaltstraße entlang nach *Niederhart* und nach 500 m in *Niederhart* beim Haus *Hart 2* links abbiegen, der Beschilderung *Großhartberg* folgen

TOURENBESCHREIBUNG – 12,7 km und **1111 Hm** sind von *Hart* bis zur *Hansletalm* auf Asphalt- und Forststraßen, ohne schwierige Steigungen großteils bergauf zurückzulegen. Wer auf demselben Weg retour fährt, hat insgesamt **25,4 km** und **1111 Hm** zu bewältigen.

Variante Bachleralm: 15,6 km und **1240 Hm** sind von *Hart* bis zur *Bachleralm* auf Asphalt, gut präpariertem Forstweg, Karrenweg und Single Track zurückzulegen. Die Tour verläuft bis zur *Bachleralm* abschnittsweise leicht bergab, ansonsten bis zur *Hansletalm* permanent bergauf. Der Single Track vor der *Bachleralm* ist bergauf nicht fahrbar. Für diesen Abschnitt muss ein Fußmarsch, der steil bergauf führt, von zehn Minuten eingeplant werden. Ansonsten sind keine nennenswerten Schwierigkeiten zu erwarten. Der Rückweg führt auf gut präpariertem Forstweg und Asphalt permanent bergab bis zum Startpunkt in *Hart*. Insgesamt sind **27,4 km** und **1240 Hm** auf dieser Rundtour zu bewältigen.

Variante: Im Jahre 2002 wurde der Forstweg von der *Hansletalm* bergauf bis zum Bergrat (siehe Foto), der 100 Hm unterhalb des *Wiedersberger Horn* auf knapp über 2000 m Seehöhe liegt, verlängert. **400 Hm** sind noch von der *Hansletalm* bis zum Forstwegende (*Dach der Tour*) zu bewältigen. Am *Dach der Tour* wurde eine bewirtschaftete Almhütte errichtet. Vom *Dach der Tour* führt ein Single Track (Rundwanderweg um das *Wiedersberger Horn*) zum *Ghf. Hornboden*. Dieser Single Track verläuft großteils bergab und ist für Trialbiker zur Gänze befahrbar. Biker ohne Trialkenntnisse müssen für diesen Abschnitt einen zusätzlichen Fußmarsch von 30 Minuten einplanen. Der Rückweg führt also über *Ghf. Hornboden* (siehe Tour 053 *Hornboden*), *Inneralpbach*, *Alpbach* und *Reith* auf Forst- und Asphaltstraßen permanent bergab und flach ohne besondere Schwierigkeiten zurück nach *Hart*.

Tourverbindungen: *053 Hornboden*, 051 *Kohlgrubenalm*, 050 *Hochlindalm*, 052 *Wurmeggalm*, 054 *Farmenkehr Niederleger*, 064 *Otto-Leixl-Hütte*

KARTENMATERIAL – ÖK: 1:25000 120 | **F&B: 1:50000** 151

INFOS – Hansletalm, Bachleralm: unbewirtschaftete Almhütten

Foto: W. Hofer

056 GARTALM

ANFAHRT – *Innsbruck – Fügen* 46 km: A12 Richtung *München*, Ausfahrt *Zillertal*, anschließend der Beschilderung Richtung *Zell am Ziller* nach *Fügen* Zentrum folgen
PARKMÖGLICHKEIT – nach der *Sennerei* in der Nähe der Firma *Tourismusreisen Koch*
START – bei der Dorfkirche, rechts an der Dorfkirche vorbei, und beim *Ghf. Hoppeter* der Beschilderung zur *Spieljochbahn* folgen, anschließend geht es weiter Richtung *Hochfügen*
TOURENBESCHREIBUNG – 19,4 km und **1412 Hm** sind von *Fügen* über *Ghf. Kohleralmhof* und *Geolsalm* bis zur *Gartalm* auf Asphalt- und Forstraßen abwechselnd bergauf und bergab ohne nennenswerte Schwierigkeiten zurückzulegen. Der Rückweg über die *Geolsalm* und den *Ghf. Baumwannwiesköpfl* führt, abgesehen vom kurzen Anstieg zur *Geolsalm* permanent bergab bis nach *Fügen*. Forst- und Asphaltstraßen sind zu erwarten. Insgesamt sind **34,6 km** und **1462 Hm** auf dieser Rundtour zu bewältigen.
Tourverbindungen: 005 *Kellerjochhütte*, 057 *Schlagalm*, 004 *Loas*, 060 *Gamssteinhaus*, 058 *Holzalm*, 059 *Lamargalm*
KARTENMATERIAL – ÖK: 1:25000 119 | 120 | **F&B: 1:50000** 151
INFOS – Ghf. Baumannwiesköpfl: ganzjährig bewirtschafteter Ghf.; **Geolsalm, Gartalm:** im Sommer bewirtschaftete Almhütten; **Ghf. Kohleralmhof:** im Sommer bewirtschafteter Bergghf.

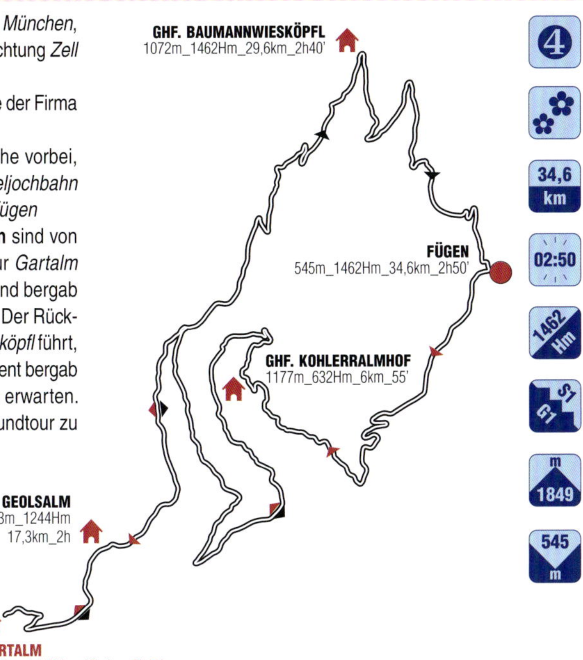

Gartalm (1849 m) | Foto: W. Hofer

057 SCHLAGALM

ANFAHRT – *Innsbruck* – *Uderns* 50 km: A12 Richtung *München*, Ausfahrt *Zillertal*, anschließend der Beschilderung Richtung *Zell am Ziller* nach *Uderns* folgen, 4 km nach der Ortschaft *Fügen* rechts von der Bundesstraße B 169 Richtung *Uderns*, zur Brücke über den *Finsingbach*, abbiegen
PARKMÖGLICHKEIT – nach der Brücke über den *Finsingbach* auf der rechten Straßenseite, in der Nähe vom *SPAR-Geschäft*
START – bei der Parkmöglichkeit, beim Startpunkt der Beschilderung zur *Jausenstation Seehütter* entlang dem *Finsingbach* folgen
TOURENBESCHREIBUNG – Insgesamt sind auf dieser Rundtour **40,3 km** und **1386 Hm** von *Uderns* über die *Schlagalm*, *Hochfügen*, das *Gamssteinhaus* und den *Ghf. Schellenberg* auf Asphalt- und Forststraßen abwechselnd bergauf und bergab zurückzulegen. Es sind keine nennenswerten Schwierigkeiten zu erwarten. Nach der *Schlagalm* führt der Forstweg großteils bergab bis zur Bundesstraße. Anschließend der Bundesstraße leicht bergauf bis nach *Hochfügen* folgen und dort weiter auf der Forststraße bergauf bis zum *Gamssteinhaus*. Der Rückweg vom *Gamssteinhaus* bis nach *Hochfügen* ist derselbe. Von *Hochfügen* auf der Bundesstraße permanent bergab bis nach *Uderns*.

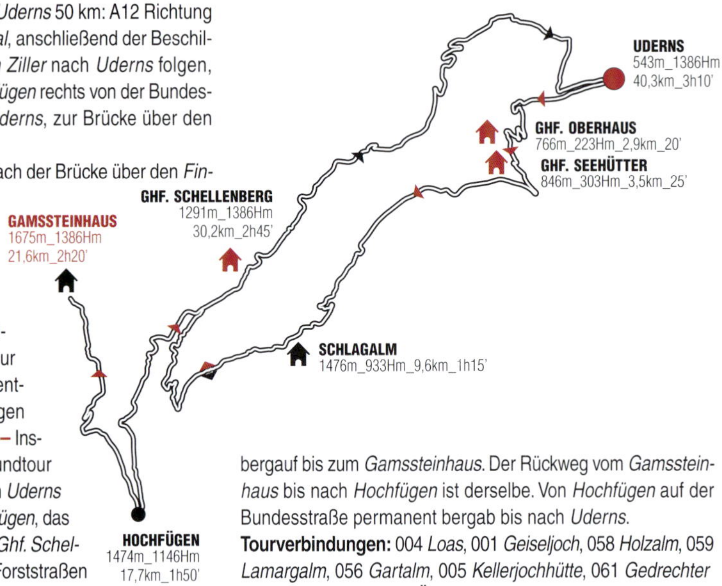

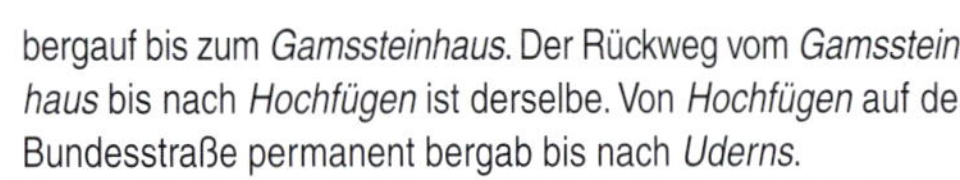

Tourverbindungen: 004 *Loas*, 001 *Geiseljoch*, 058 *Holzalm*, 059 *Lamargalm*, 056 *Gartalm*, 005 *Kellerjochhütte*, 061 *Gedrechter*
KARTENMATERIAL – **ÖK: 1:25000** 119 | 120 | **F&B: 1:50000** 151
INFOS – **Gamssteinhaus:** unbewirtschaftete AV-Hütte; **Ghf. Oberhaus; Ghf. Seehütter, Ghf. Schellenberg:** ganzjährig bewirtschaftete Ghf.; **Schlagalm:** unbewirtschaftete Almhütte

Die Abfahrt nach *Uderns* (543 m) erfolgt über den *Pankrazberg*. | Foto: W. Hofer

058 HOLZALM

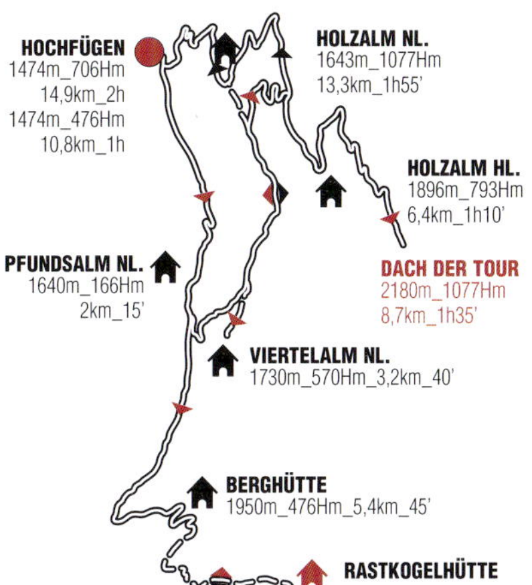

ANFAHRT – *Innsbruck – Hochfügen* 58 km: A12 Richtung *München*, Ausfahrt *Zillertal*, anschließend der Beschilderung Richtung *Zell am Ziller* bis nach *Fügen* folgen, beim Sägewerk rechts von der Bundesstraße B169 nach *Hochfügen* abbiegen

PARKMÖGLICHKEIT – gegenüber der Liftkassa, unterhalb vom *Hotel Lamark*

START – bei der Liftkassa, der Asphaltstraße taleinwärts am *Finsingbach* entlang, nach 200 m geradeaus weiter, der Beschilderung *Pfundsalm Niederleger* und *Rastkogelhütte* folgen

TOURENBESCHREIBUNG – 8,7 km und **706 Hm** sind von *Hochfügen* über den *Pfundsalm Niederleger*, *Viertelalm Niederleger* und den *Holzalm Hochleger* bis zum *Dach der Tour* auf Karrenweg und gut präpariertem Forstweg großteils bergauf, zurückzulegen. Der 500 m lange Single Track nach dem *Viertelalm Niederleger* ist für Trialbiker zur Gänze befahrbar. Ungeübte Biker müssen für diesen Abschnitt einen zusätzlichen Fußmarsch von fünf Minuten einplanen. Der anschließende, 1 km lange Karrenweg ist schwer befahrbar, deshalb sollten konditionsschwächere Biker besser über den *Holzalm Niederleger* zum *Holzalm Hochleger* fahren. Der Rückweg über den *Holzalm Hochleger* und den *Holzalm Niederleger* zurück nach *Hochfügen* ist zum Teil derselbe. Insgesamt sind **14,9 km** und **706 Hm** auf dieser Rundtour zu bewältigen.

Variante Berghütte: 5,4 km und **476 Hm** sind von *Hochfügen* über den *Pfundsalm Niederleger* bis zur *Berghütte* auf Asphalt, gut präpariertem Forstweg und Karrenweg bergauf zurückzulegen. Es sind keine nennenswerten Schwierigkeiten zu erwarten. Der Rückweg ist exakt derselbe. Insgesamt sind **10,8 km** und **476 Hm** zu bewältigen.

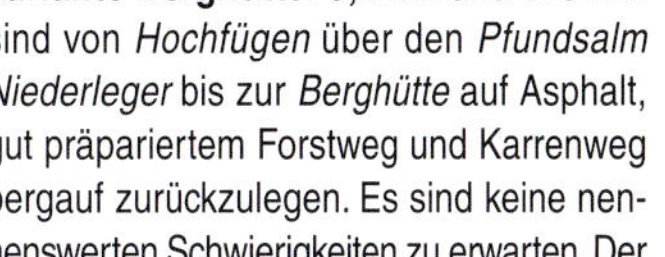
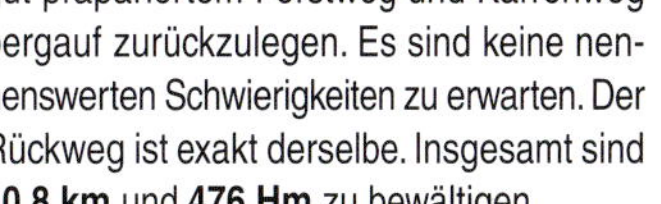

Variante: 176 Hm sind von der *Berghütte* über das *Sidanjoch* auf dem ST216 bis zur *Rastkogelhütte* zurückzulegen. Dieser Single Track ist nicht befahrbar, ein zusätzlicher Fußmarsch von 20 Minuten ist einzuplanen. Ab der *Rastkogelhütte* beginnt wieder ein Forstweg (siehe Tour *Rastkogelhütte*).

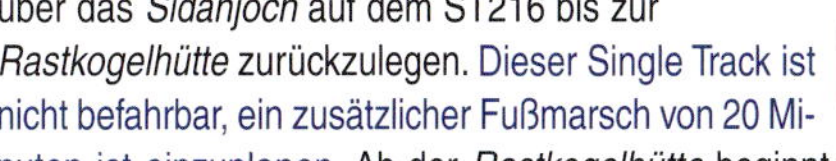

Tourverbindungen: 069 *Rastkogelhütte*, 059 *Lamargalm*, 060 060 *Gamssteinhaus*, 004 *Loas*, 056 *Gartalm*, 057 *Schlagalm*, 061 *Gedrechter*, 001 *Geiseljoch*

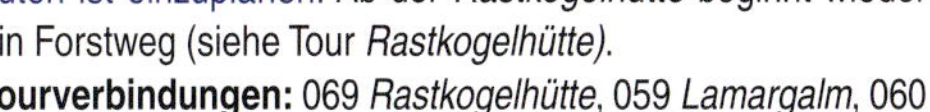

KARTENMATERIAL – ÖK: 1:25000 149 | 119 |
F&B: 1:50000 151

INFOS – Pfundsalm Niederleger, Berghütte, Viertelalm Niederleger, Holzalm Hochleger, Holzalm Niederleger: unbewirtschaftete Almhütten; **Rastkogelhütte:** AV-Hütte, bewirtschaftet Ende Mai bis Ende Oktober

Auffahrt zum *Holzalm Hochleger* (1896 m). | Foto: G. Gast

059 LAMARGALM

12,8 km | 01:20 | 659 Hm | S1 G5 | m 2133 | 1474 m

ANFAHRT – *Innsbruck – Hochfügen* 58 km: A12 Richtung *München*, Ausfahrt *Zillertal*, anschließend der Beschilderung Richtung *Zell am Ziller* bis nach *Fügen* folgen, beim Sägewerk rechts von der Bundesstraße B169 nach *Hochfügen* abbiegen

PARKMÖGLICHKEIT – gegenüber der Liftkassa, unterhalb vom *Hotel Lamark*

START – bei der Liftkassa, der Asphaltstraße taleinwärts entlang und nach 200 m rechts in den Forstweg einbiegen, der dortigen Beschilderung zur *Spieljochbahn Bergstation* folgen

TOURENBESCHREIBUNG – 6,4 km und **659 Hm** sind von *Hochfügen* über *Lamargalm Niederleger* und *Lamargalm Hochleger* bis zur *Bergstation* auf gut präpariertem Forstweg permanent bergauf ohne nennenswerte Schwierigkeiten zurückzulegen. Der Rückweg ist derselbe. Insgesamt sind **12,8 km** und **659 Hm** zu bewältigen.

Tourverbindungen: 060 *Gamssteinhaus*, 004 *Loas*, 069 *Rastkogelhütte*, 001 *Geiseljoch*, 058 *Holzalm*, 057 *Schlagalm*

KARTENMATERIAL – ÖK: 1:25000 149 | 119 | **F&B: 1:50000** 151

INFOS – Lamargalm Niederleger, Lamargalm Hochleger: unbewirtschaftete Almhütten

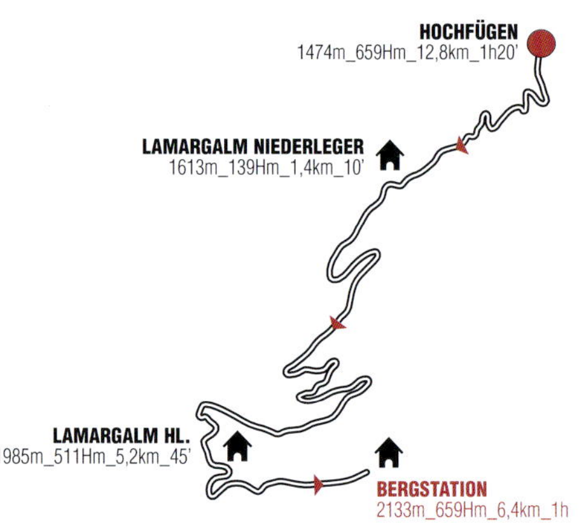

Foto: W. Hofer

060 GAMSSTEINHAUS

ANFAHRT – *Innsbruck – Hochfügen* 58 km: A12 Richtung *München*, Ausfahrt *Zillertal*, anschließend der Beschilderung Richtung *Zell am Ziller* bis nach *Fügen* folgen, beim Sägewerk rechts von der Bundesstraße B169 nach *Hochfügen* abbiegen
PARKMÖGLICHKEIT – gegenüber der Liftkassa, unterhalb vom *Hotel Lamark*
START – bei der Liftkassa, der Asphaltstraße talauswärts entlang und nach 300 m links in den Forstweg einbiegen, der dortigen Beschilderung zum *Gamssteinhaus* folgen
TOURENBESCHREIBUNG – 4,5 km und **240 Hm** sind von *Hochfügen* bis zum *Gamssteinhaus* auf gut präpariertem Forstweg abwechselnd bergauf und bergab, ohne nennenswerte Schwierigkeiten zurückzulegen. Der Rückweg ist derselbe. Insgesamt sind **9 km** und **300 Hm** zu bewältigen.
Tourverbindungen: 059 *Lamargalm*, 069 *Rastkogelhütte*, 001 *Geiseljoch*, 004 *Loas*, 056 *Gartalm*, 057 *Schlagalm*, 058 *Holzalm*
KARTENMATERIAL – ÖK: 1:25000 149 | 119 |
F&B: 1:50000 151
INFOS – Gamssteinhaus: Selbstversorgerhaus

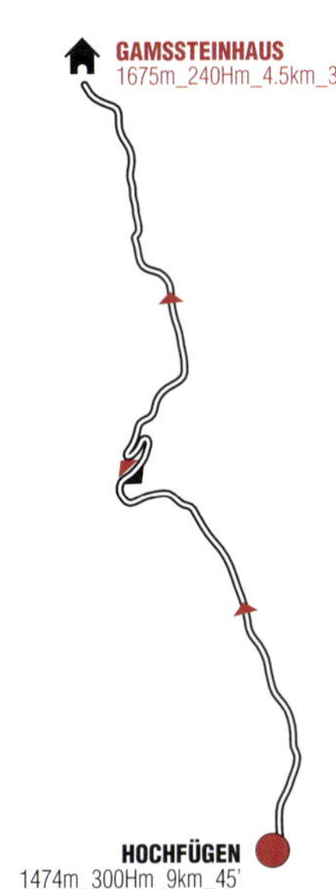

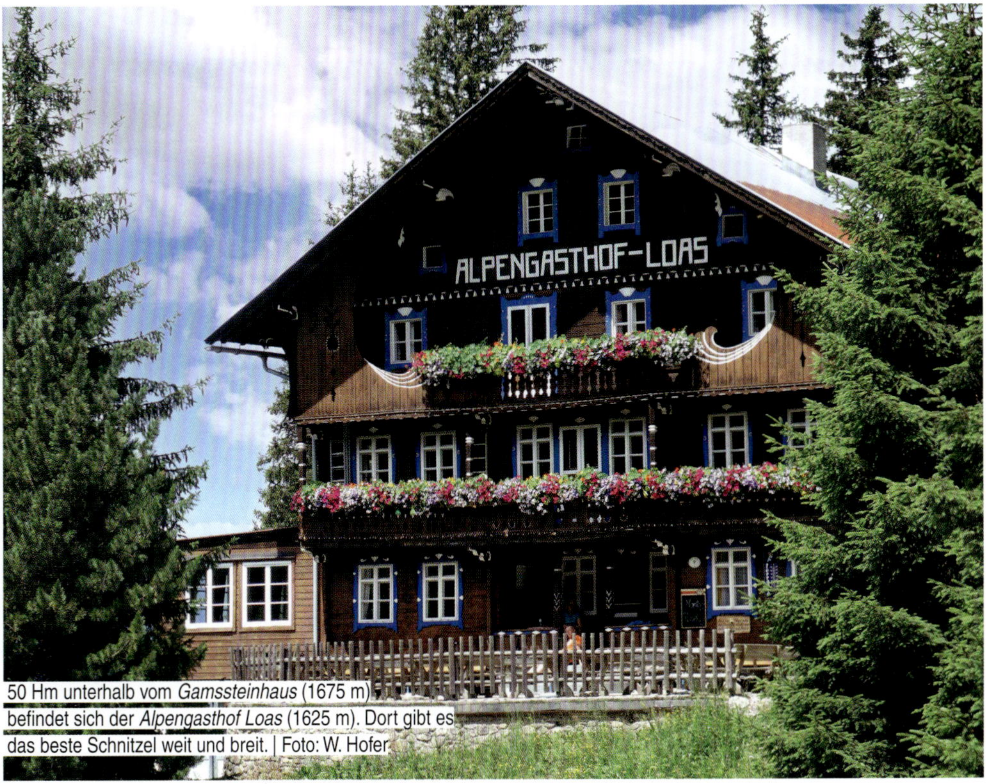

50 Hm unterhalb vom *Gamssteinhaus* (1675 m) befindet sich der *Alpengasthof Loas* (1625 m). Dort gibt es das beste Schnitzel weit und breit. | Foto: W. Hofer

061 GEDRECHTER

ANFAHRT – *Innsbruck – Kaltenbach* 51 km: A12 Richtung *München*, Ausfahrt *Zillertal*, anschließend der Beschilderung Richtung *Zell am Ziller* nach *Kaltenbach* folgen, in *Kaltenbach* rechts abbiegen zur Talstation der *Bergbahnen Hochzillertal*

PARKMÖGLICHKEIT – bei der Talstation *Bergbahnen Hochzillertal*

START – bei der Talstation *Bergbahnen Hochzillertal*, der Asphaltstraße talauswärts entlang und nach 400 m links abbiegen zur *Zillertaler Höhenstraße*. 50 m später erneut links abbiegen

TOURENBESCHREIBUNG – 18,9 km und **1686 Hm** sind von *Kaltenbach* über die *Kaltenbacher Schihütte*, den *Ghf. Zirbenstadl* und die *Mizunalm* bis zum *Dach der Tour* (*Gedrechter*) permanent bergauf auf Asphalt- und Forststraßen zurückzulegen. Der Forstweg von der *Mizunalm* bergauf bis zum *Dach der Tour* (2,5 km) ist durchgehend extrem steil. Ansonsten sind keine nennenswerten Schwierigkeiten zu erwarten. Der Rückweg auf der *Zillertaler Höhenstraße* über *Tiefenbach* und *Mühlfeld* führt permanent bergab und flach zurück nach *Kaltenbach*. Insgesamt sind **36,7 km** und **1686 Hm** auf dieser Rundtour zu bewältigen.

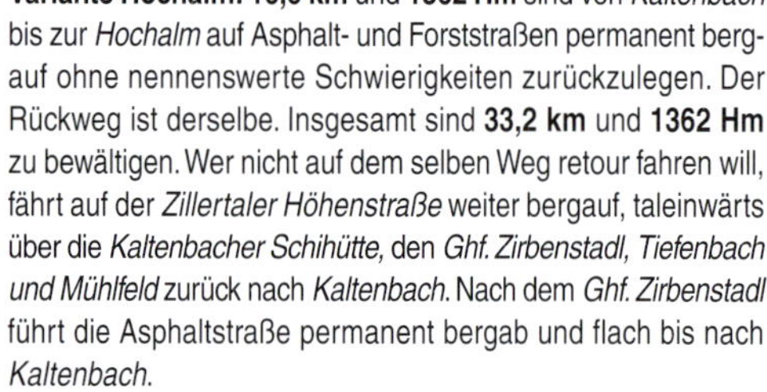

Variante Hochalm: 16,6 km und **1362 Hm** sind von *Kaltenbach* bis zur *Hochalm* auf Asphalt- und Forststraßen permanent bergauf ohne nennenswerte Schwierigkeiten zurückzulegen. Der Rückweg ist derselbe. Insgesamt sind **33,2 km** und **1362 Hm** zu bewältigen. Wer nicht auf dem selben Weg retour fahren will, fährt auf der *Zillertaler Höhenstraße* weiter bergauf, taleinwärts über die *Kaltenbacher Schihütte*, den *Ghf. Zirbenstadl, Tiefenbach und Mühlfeld* zurück nach *Kaltenbach*. Nach dem *Ghf. Zirbenstadl* führt die Asphaltstraße permanent bergab und flach bis nach *Kaltenbach*.

Tourverbindungen: 058 *Holzalm*

KARTENMATERIAL – ÖK: 1:25000 119, 120, 149 | 150 | **F&B: 1:50000** 151

INFOS – Hochalm: im Sommer bewirtschaftete Almhütte; **Kaltenbacher Schihütte, Zirbenstadl:** im Sommer bewirtschafteter Bergghf.; **Mizunalm:** unbewirtschaftete Almhütte

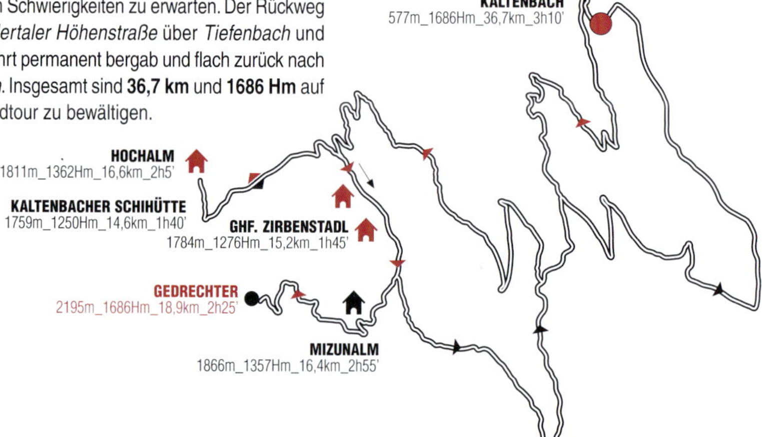

Die *Zillertaler Höhenstraße* kurz vor dem Abzweig zur *Hochalm* (1811 m). | Foto: W. Hofer

062 BRUNNALM

ANFAHRT – *Innsbruck – Stumm* 53 km: A12 Richtung *München*, Ausfahrt *Zillertal*, anschließend der Beschilderung Richtung *Zell am Ziller* nach *Stumm* folgen

PARKMÖGLICHKEIT – in der Nähe vom *Kurinstitut Stumm*, auf der rechten Straßenseite

START – beim *Kurinstitut Stumm*, der Asphaltstraße dorfeinwärts entlang, beim *ADEG-Geschäft* vorbei und nach 150 m links abbiegen, der Beschilderung *Stummerberg* folgen

TOURENBESCHREIBUNG – 13,6 km und **1359 Hm** sind von *Stumm* bis zur *Brunnalm* permanent bergauf zurückzulegen. Der Rückweg über *Kleinstummerberg* und *Ahrnbach* führt pausenlos bergab zurück nach *Stumm*. Insgesamt sind **27,6 km** und **1359 Hm** abwechselnd auf Asphalt- und Forststraßen ohne nennenswerte Schwierigkeiten zu bewältigen.

Tourverbindungen: 064 *Otto-Leixl-Hütte*, 065 *Durachalm*, 063 *Steinbergalm*, 066 *Triplonalm*, 067 *Hemererालm*, 070 *Kreuzjochhütte*

KARTENMATERIAL – ÖK: 1:25000 120 | 150 |
F&B: 1:50000 151

INFOS – Brunnalm: unbewirtschaftete Almhütte

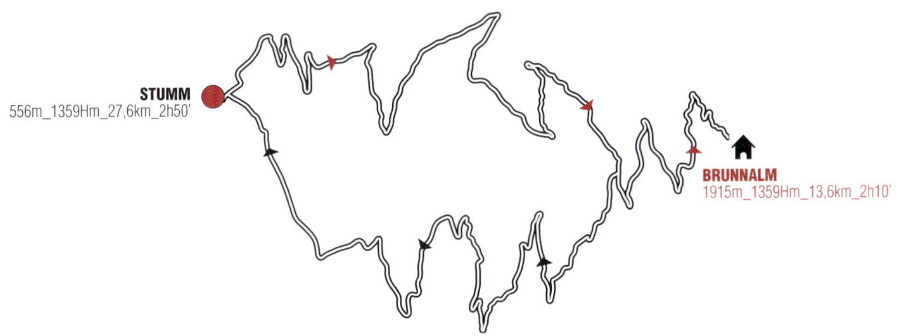

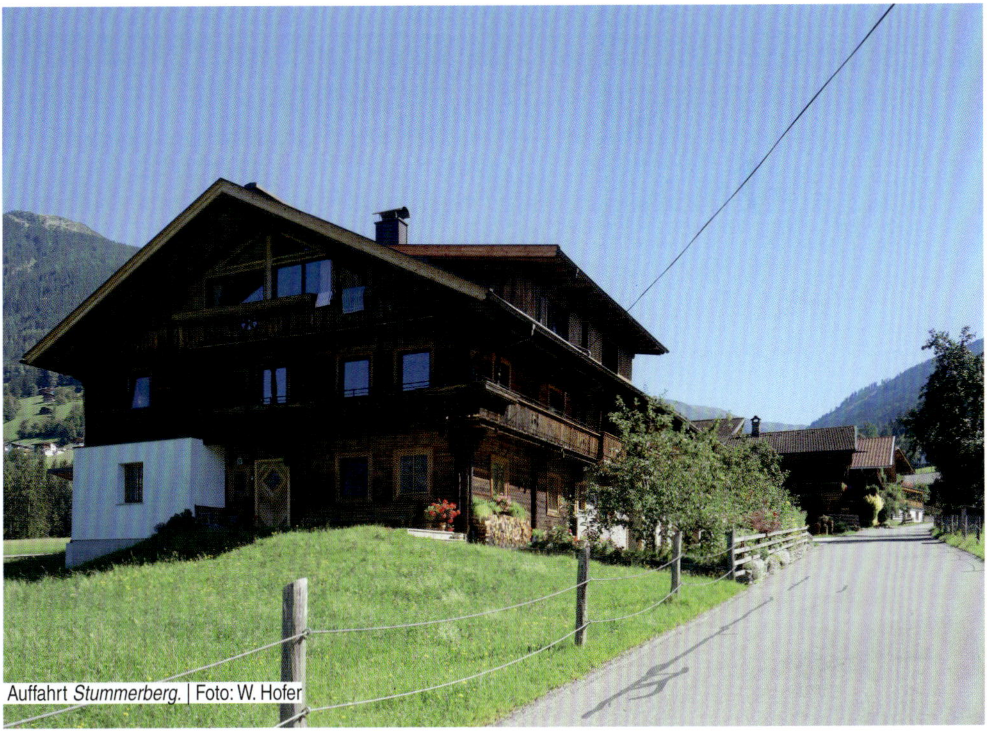

Auffahrt *Stummerberg*. | Foto: W. Hofer

063 STEINBERGALM

33,5 km

03:10

1325 Hm

S3 S2

m 1857

556 m

ANFAHRT – *Innsbruck – Stumm* 53 km: A12 Richtung *München*, Ausfahrt *Zillertal*, anschließend der Beschilderung Richtung *Zell am Ziller* nach *Stumm* folgen

PARKMÖGLICHKEIT – in der Nähe vom *Kurinstitut Stumm*, auf der rechten Straßenseite

START – beim *Kurinstitut Stumm*, der Asphaltstraße dorfeinwärts entlang, beim *ADEG-Geschäft* vorbei und nach 150 m links abbiegen, der Beschilderung *Stummerberg* folgen

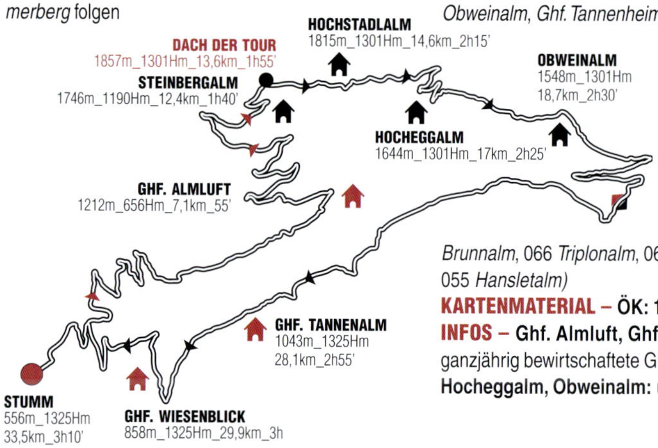

TOURENBESCHREIBUNG – 13,6 km und **1301 Hm** sind von *Stumm* über den *Ghf. Almluft* und die *Steinbergalm* bis zum *Dach der Tour* auf Asphalt und Forststraßen permanent bergauf ohne schwierige Anstiege zurückzulegen. Ein 1 km langer Single Track führt vom *Dach der Tour* bergab bis zur *Hochstadlalm* und verbindet beide Forstwege. Dieser Single Track ist großteils nicht befahrbar. Für diesen Abschnitt ist ein zusätzlicher Fußmarsch von 20 Minuten einzuplanen. Der Rückweg über *Hocheggalm*, *Obweinalm*, *Ghf. Tannenheim* und *Ghf. Wiesenblick* zurück nach *Stumm* führt, ohne nennenswerte Schwierigkeiten großteils bergab auf Forst- und Asphaltstraßen. Insgesamt sind **33,5 km** und **1325 Hm** auf dieser Rundtour zu bewältigen.

Tourverbindungen: 064 *Otto-Leixl-Hütte*, 065 *Durachalm*, 062 *Brunnalm*, 066 *Triplonalm*, 067 *Hemereralm*, *Bachleralm* (siehe 055 *Hansletalm*)

KARTENMATERIAL – ÖK: 1:25000 120 | **F&B: 1:50000** 151

INFOS – Ghf. Almluft, Ghf. Tannenalm, Ghf. Wiesenblick: ganzjährig bewirtschaftete Ghf.; **Steinbergalm, Hochstadlalm, Hocheggalm, Obweinalm:** unbewirtschaftete Almhütten

Ausblick auf das *Zillertal* bei der Auf- und Abfahrt vom *Stummerberg*. | Foto: W. Hofer

064 OTTO-LEIXL-HÜTTE

ANFAHRT – *Innsbruck – Stumm* 53 km: A12 Richtung *München*, Ausfahrt *Zillertal*, anschließend der Beschilderung Richtung *Zell am Ziller* nach *Stumm* folgen
PARKMÖGLICHKEIT – in der Nähe vom *Kurinstitut Stumm*, auf der rechten Straßenseite
START – beim *Kurinstitut Stumm*, der Asphaltstraße dorfeinwärts entlang, beim *ADEG-Geschäft* vorbei und nach 150 m links abbiegen, der Beschilderung *Stummerberg* folgen
TOURENBESCHREIBUNG – 18,4 km und **1380 Hm** sind von *Stumm* über den *Ghf. Wiesenblick*, *Ghf. Tannenalm*, *Baumgartenasten* und die *Kothüttenalm* bis zur *Otto-Leixl-Hütte* permanent bergauf auf Asphalt, gut präpariertem Forstweg und Single Track zurückzulegen. Der 800 m lange Single Track bergauf zur *Otto-Leixl-Hütte* ist nicht befahrbar. Für diesen Abschnitt ist ein zusätzlicher Fußmarsch von 20 Minuten einzuplanen. Der Single Track bergab vom *Dach der Tour* bis zur *Steinbergalm* ist 1,6 km lang und für geübte Trialbiker großteils befahrbar. Biker ohne Trialerfahrung müssen für diesen Abschnitt erneut einen zusätzlichen Fußmarsch von 20 Minuten einplanen. Anschließend führt von der *Steinbergalm* über die *Filzalm*, *Kühtalalm* und den *Ghf. Wiedersbergeralm* bis kurz vor dem *Ghf. Kolberhof*, ein Karrenweg, gut präparierter Forstweg und Asphalt,ohne nennenswerte Schwierigkeiten permanent bergab. Der Rest des Rückwegs führt abwechselnd auf Forst- und Asphaltstraßen bergauf und bergab über den *Kerschbaumersattel* und den *Ghf. Steinerhof* zurück nach *Stumm*. Insgesamt sind **54,9 km** und **1761 Hm** auf dieser Rundtour zu bewältigen.
Tourverbindungen: 050 *Hochlindalm*, 052 *Wurmeggalm*, 053 *Hornboden*, 054 *Farmenkehr Niederleger*, 051 *Kohlgrubenalm*, 055 *Hansletalm*, 063 *Steinbergalm*, über das *Sonnenjoch* zur 140 *Gressensteinalm*
KARTENMATERIAL – ÖK: 1:25000 120 |
F&B: 1:50000 151

5
54,9 km
04:15
1761 Hm
S3 G2

GHF. KOLBERHOF
947m_1455Hm_32,4km_2h55'

KERSCHBAUMERSATTEL
1111m_1761Hm_39,7km_3h35'

GHF. STEINERHOF
1046m_1761Hm_40,5km_3h40'

GHF. WIEDERSBERGALM
1031m_1380Hm_28km_2h45'

KÜHTALALM
1201m_1380Hm_25,3km_2h40'

HART
666m

FILZALM
1643m_1380Hm_22,2km_2h30'

STEINBERGALM
1712m_1380Hm_20,1km_2h25'

OTTO-LEIXL-HÜTTE
1911m_1380Hm_18,4km_2h10'

BAUMGARTENASTEN
1470m_939Hm_14,6km_1h35'

KOTHÜTTENALM
1689m_1158Hm
16,7km_1h50'

GHF. TANNENALM
1043m_487Hm_5,5km_40'

STUMM
556m_1761Hm_54,9km_4h15'

GHF. WIESENBLICK
858m_302Hm_3,6km_25'

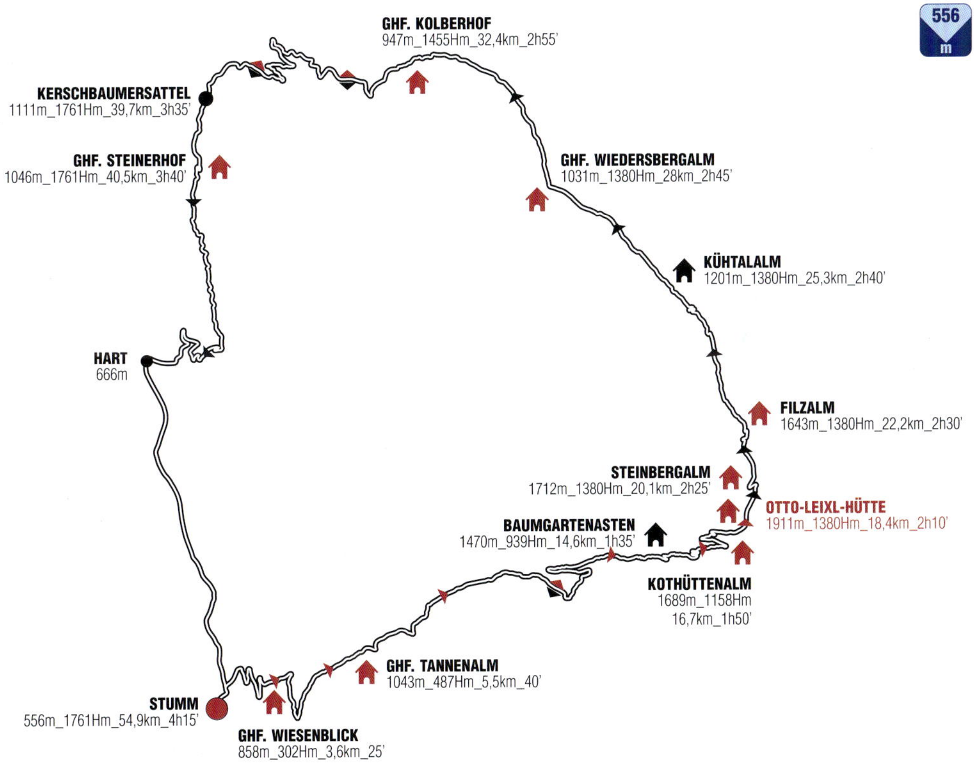

INFOS – Ghf. Wiesenblick, Ghf. Tannenalm, Ghf. Wiedersbergalm, Ghf. Kolberhof, Ghf. Steinerhof: ganzjährig bewirtschaftete Ghf.; **Baumgartenasten, Kühtalalm:** unbewirtschaftete Almhütten; **Kothüttenalm:** zeitweise bewirtschaftete Almhütte; **Otto-Leixl-Hütte:** im Sommer bewirtschaftete Hütte; **Steinbergalm:** bewirtschaftet Anfang Juni bis Mitte September; **Filzalm:** im Sommer bewirtschaftete Almhütte

Der Rückweg führt über den *Kerschbaumersattel* (1111 m). | Foto: W. Hofer

065 DURACHALM

ANFAHRT – *Innsbruck – Stumm* 53 km: A12 Richtung *München*, Ausfahrt *Zillertal*, anschließend der Beschilderung Richtung *Zell am Ziller* bis nach *Stumm* folgen
PARKMÖGLICHKEIT – in der Nähe vom *Kurinstitut Stumm*, auf der rechten Straßenseite
START – beim *Kurinstitut Stumm*, der Asphaltstraße dorfeinwärts entlang, beim *ADEG-Geschäft* vorbei und nach 150 m links abbiegen, der Beschilderung *Stummerberg* folgen
TOURENBESCHREIBUNG – 16,4 km und **1312 Hm** sind von *Stumm* über den *Ghf. Wiesenblick*, *Ghf. Tannenalm*, die *Lab Niederalm* und *Lab Mitteralm* bis zur *Durachalm* auf Asphalt- und Forststraßen großteils bergauf und ohne nennenswerte Schwierigkeiten zurückzulegen. Der Rückweg ist derselbe. Insgesamt sind **32,8 km** und **1350 Hm** zu bewältigen.
Tourverbindungen: 063 *Steinbergalm*, 064 *Otto-Leixl-Hütte*, 067 *Hemereralm*, 066 *Triplonalm*
KARTENMATERIAL – ÖK: 1:25000 120 | **F&B: 1:50000** 151
INFOS – Ghf. Wiesenblick, Ghf. Tannenalm: ganzjährig bewirtschaftete Ghf.; **Lab Niederalm, Lab Mitteralm, Durachalm:** unbewirtschaftete Almhütten

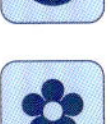

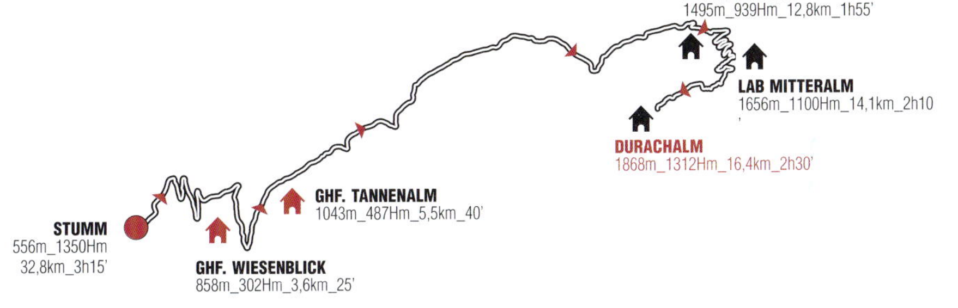

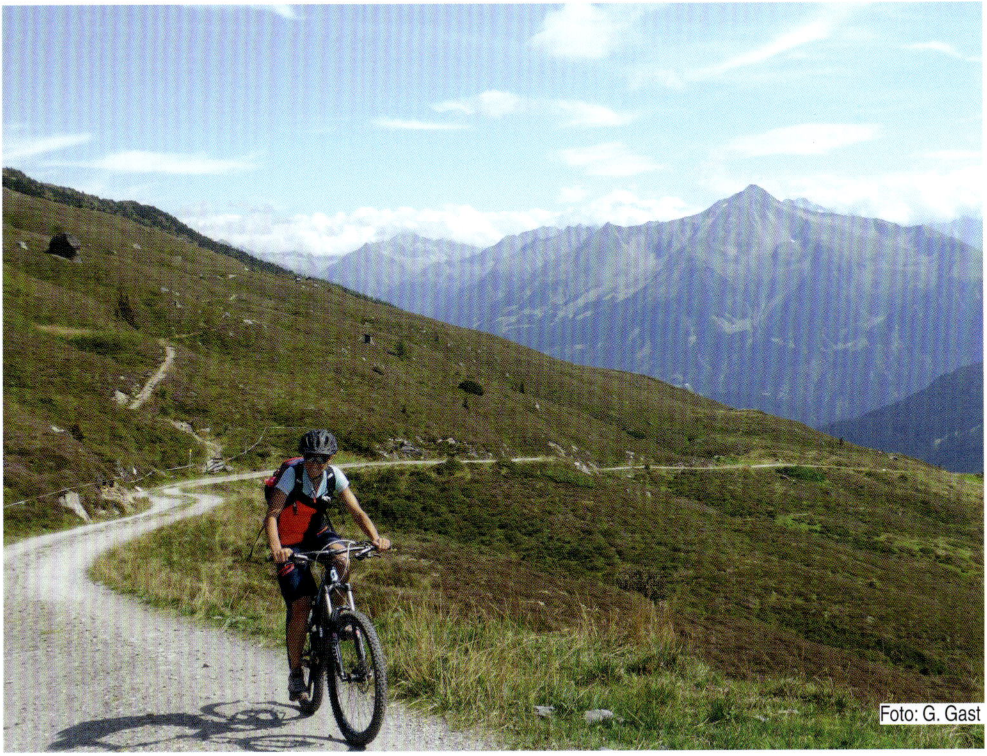

Foto: G. Gast

066 TRIPLONALM

ANFAHRT – *Innsbruck – Stumm* 53 km: A12 Richtung *München*, Ausfahrt *Zillertal*, anschließend der Beschilderung Richtung *Zell am Ziller* bis nach *Stumm* folgen

PARKMÖGLICHKEIT – in der Nähe vom *Kurinstitut Stumm*, auf der rechten Straßenseite

START – beim *Kurinstitut Stumm,* der Asphaltstraße dorfeinwärts entlang, beim *ADEG-Geschäft* vorbei und nach 150 m links abbiegen, der Beschilderung *Stummerberg* folgen

TOURENBESCHREIBUNG – 18,2 km und **1496 Hm** sind von *Stumm* über den *Ghf. Wiesenblick, Ghf. Tannenalm* und *die Triplonalm* bis zum *Dach der Tour* auf Asphalt, gut präpariertem Forstweg und Karrenweg großteils bergauf und ohne nennenswerte Schwierigkeiten, zurückzulegen. Der Rückweg ist derselbe. Insgesamt sind **36,4 km** und **1530 Hm** zu bewältigen.

Tourverbindungen: 063 *Steinbergalm*, 064 *Otto-Leixl-Hütte*, 067 *Hemereralm*, 065 *Durachalm*

KARTENMATERIAL – ÖK: 1:25000 120 | **F&B: 1:50000** 151

INFOS – Ghf. Wiesenblick, Ghf. Tannenalm: ganzjährig bewirtschaftete Ghf.; **Triplonalm:** unbewirtschaftete Almhütte

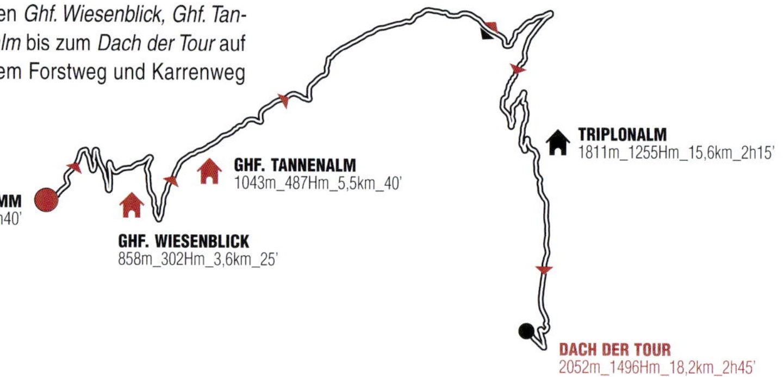

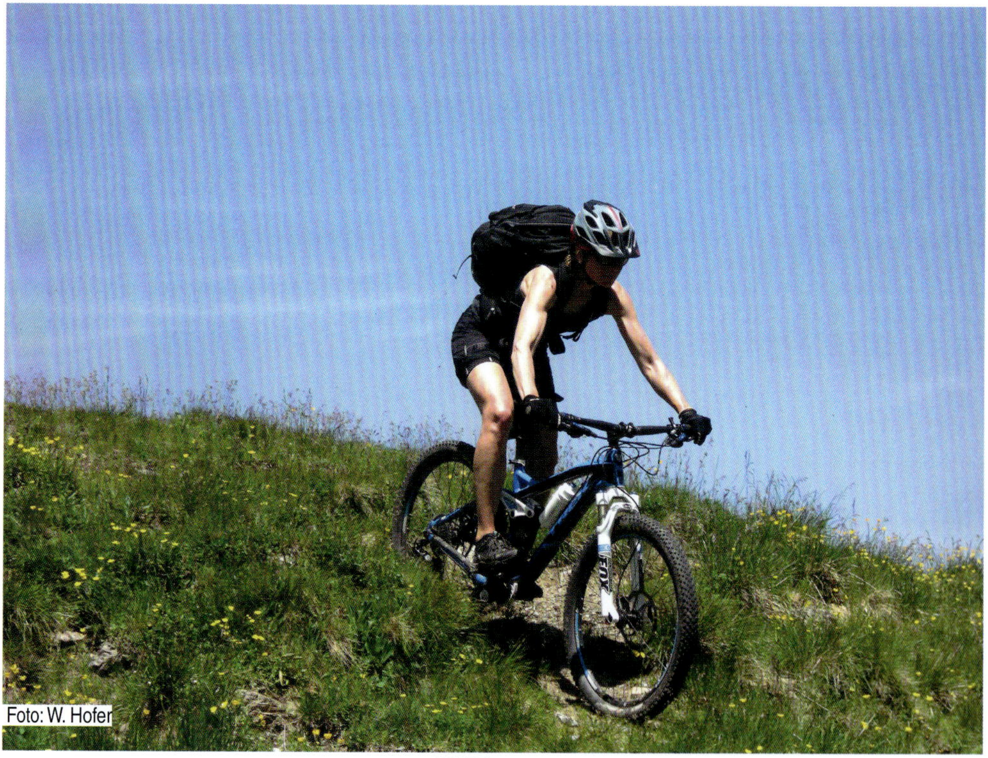

Foto: W. Hofer

067 HEMERERALM

ANFAHRT – *Innsbruck – Stumm* 53 km: A12 Richtung *München*, Ausfahrt *Zillertal*, anschließend der Beschilderung Richtung *Zell am Ziller* bis nach *Stumm* folgen

PARKMÖGLICHKEIT – in der Nähe vom *Kurinstitut Stumm*, auf der rechten Straßenseite

START – beim *Kurinstitut Stumm*, der Asphaltstraße dorfeinwärts entlang, beim *ADEG-Geschäft* vorbei und nach 150 m links abbiegen, der Beschilderung *Stummerberg* folgen

TOURENBESCHREIBUNG – 22,5 km und **1477 Hm** sind von *Stumm* über den *Ghf. Wiesenblick, Ghf. Tannenalm*, die *Kothüttenalm*, *Hemererhosalm* und *Hemereralm* bis zum *Dach der Tour* auf Asphalt- und Forststraßen großteils bergauf ohne nennenswerte Schwierigkeiten zurückzulegen. Der Rückweg ist derselbe. Insgesamt sind **45 km** und **1500 Hm** zu bewältigen.

Tourverbindungen: 063 *Steinbergalm*, 064 *Otto-Leixl-Hütte*, 066 *Triplonalm*, 065 *Durachalm*

KARTENMATERIAL – ÖK: 1:25000 120 | **F&B: 1:50000** 151

INFOS – Ghf. Wiesenblick, Ghf. Tannenalm: ganzjährig bewirtschaftete Ghf.; **Kothüttenalm, Hemererhosalm, Hemereralm:** unbewirtschaftete Almhütten

5

45 km

03:50

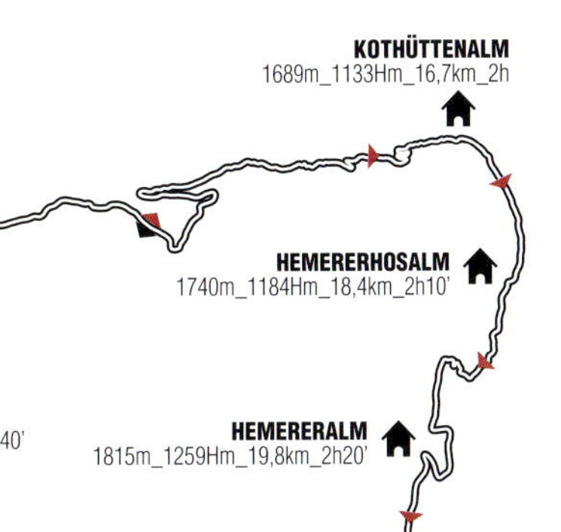

STUMM
556m_1500Hm_45km_3h50'

GHF. WIESENBLICK
858m_302Hm_3,6km_25'

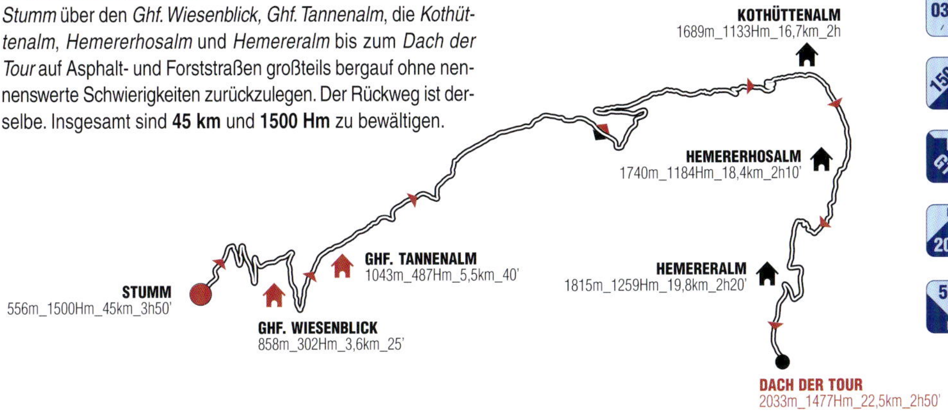

Foto: W. Hofer

068 KREUZWIESENHÜTTE

ANFAHRT – *Innsbruck – Zell am Ziller* 60 km: A12 Richtung *München*, Ausfahrt *Zillertal*, anschließend der Beschilderung nach *Zell am Ziller* folgen, vor der *OMV-Tankstelle* rechts abbiegen Richtung *Gerlospass* zum *Ghf. Waldheim*

PARKMÖGLICHKEIT – vor dem Ortstafelschild *Zell am Ziller*, auf der rechten Straßenseite

START – beim *Ghf. Pension Waldheim*, der *Gerlospassstraße* bergauf entlang und nach 200 m links über die Brücke des *Gerlosbachs* Richtung *Gerlosberg* und *Rohrberg* abbiegen, nach 1 km der Rechtskehre entlang, der Beschilderung *Gerlosberg* folgen

TOURENBESCHREIBUNG – 12,6 km und **1309 Hm** sind von *Zell am Ziller* bis zur *Kreuzwiesenhütte* permanent bergauf zurückzulegen. Der Rückweg über die *Außerertensalm* und *Gerlostalalm* verläuft abwechselnd bergauf und bergab. Der restliche Rückweg über *Café Tennisstüberl*, *Ghf. Kühle Rast* und *Ghf. Ötschen*, führt permanent bergab und flach zurück nach *Zell am Ziller*. Insgesamt sind **39,9 km** und **1400 Hm** auf Asphalt und Forststraßen ohne nennenswerte Schwierigkeiten zu bewältigen.

Tourverbindungen: 070 *Kreuzjochhütte*, 085 *Isskogel*, 090 *Trisslalm*, 071 *Kotahornalm*, 086 *Fürstalm*, 087 *Schönbergalm*, 088 *Tödtengrubenalm*, 089 *Weissbachalm*, 091 *Arzlaneralm*, 092 *Pasteinalm*

KARTENMATERIAL – ÖK: 1:25000 120 | 150 |
F&B: 1:50000 151

INFOS – Kreuzwiesenhütte: im Sommer bewirtschafteter Ghf.; **Außerertensalm, Gerlostalalm:** unbewirtschaftete Almhütten; **Café Tennisstüberl, Ghf. Kühle Rast, Ghf. Ötschen:** ganzjährig bewirtschaftete Ghf.

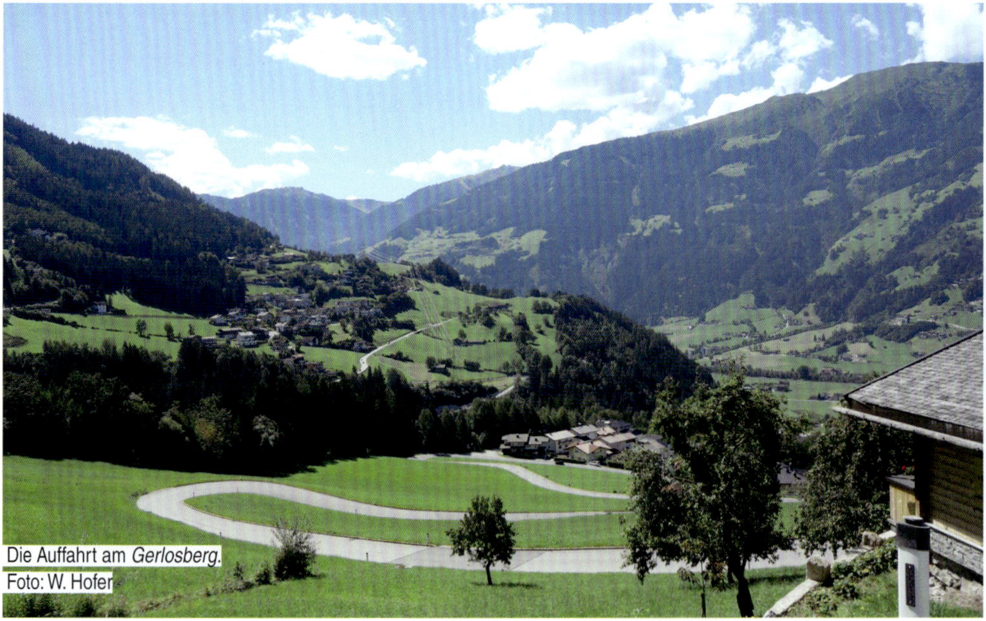

Die Auffahrt am *Gerlosberg*.
Foto: W. Hofer

069 RASTKOGELHÜTTE

ANFAHRT – *Innsbruck – Zell am Ziller* 60 km: A12 Richtung *München*, Ausfahrt *Zillertal*, anschließend auf der Bundesstraße B 169 nach *Zell am Ziller*, Ausfahrt *Zell am Ziller Nord*, der Beschilderung zum Bahnhof folgen und dort rechts abbiegen zum *Freizeitpark*

PARKMÖGLICHKEIT – auf der rechten Straßenseite beim *Freizeitpark*

START – beim Bahnhof, der Asphaltstraße dorfeinwärts entlang, beim *Hotel Bräu* links abbiegen Richtung *Kaltenbach* und *Aschau*, weiter bis zur *SHELL-Tankstelle*, dort erneut links abbiegen, der Beschilderung zum *Ghf. Zur Schönen Aussicht* folgen, nach 900 m rechts abbiegen, der Beschilderung nach *Zellberg* folgen

TOURENBESCHREIBUNG – **21,4 km** und **1720 Hm** sind von *Zell am Ziller* über den *Ghf. Schöne Aussicht*, die *Grünalm*, *Hirschbichlalm*, *Pigneidalm Niederleger* und die *Passhöhe* bis zur *Rastkogelhütte* auf Asphaltstraßen und Karrenweg großteils bergauf zurückzulegen. Ab der *Hirschbichlalm* bis zur *Rastkogelhütte* verläuft die Tour abwechselnd bergauf und bergab. Der Rückweg über die *Schafleitenalm*, den *Ghf. Atlas*, *Ghf. Roswitha* und *Ghf. Gletscherblick* zurück nach *Zell am Ziller* führt permanent bergab. Insgesamt sind **41,3 km** und **1740 Hm** ohne nennenswerte Schwierigkeiten auf dieser Rundtour zu bewältigen.

Tourverbindungen: 061 *Gedrechter*, 058 *Holzalm*, 001 *Geiseljoch*, 072 *Penkenalm*

KARTENMATERIAL – **ÖK: 1:25000** 149 | 150 | **F&B: 1:50000** 151

INFOS – **Ghf. Schöne Aussicht:** ganzjährig bewirtschafteter Ghf.; **Grünalm, Hirschbichlalm:** im Sommer bewirtschaftete Almhütte; **Pigneidalm Niederleger, Schafleitenalm:** unbewirtschaftete Almhütten; **Rastkogelhütte:** bewirtschaftet Ende Mai bis Ende Oktober; **Ghf. Atlas:** bewirtschaftet Anfang Mai bis Mitte November; **Ghf. Roswitha, Ghf. Gletscherblick:** ganzjährig bewirtschaftete Ghf.

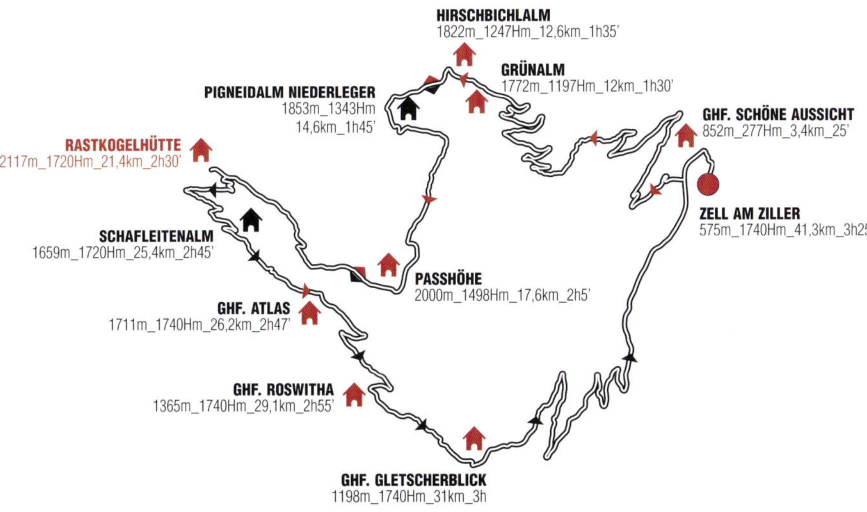

Die Auffahrt entlang der *Zillertaler Höhenstraße.* Foto: W. Hofer

070 KREUZJOCHHÜTTE

ANFAHRT – *Innsbruck – Zell am Ziller* 60 km: A12 Richtung *München*, Ausfahrt *Zillertal*, anschließend der Beschilderung nach *Zell am Ziller* folgen, vor der *OMV-Tankstelle* rechts abbiegen Richtung *Gerlospass* zum *Ghf. Waldheim*

PARKMÖGLICHKEIT – vor dem Ortstafelschild *Zell am Ziller* auf der rechten Straßenseite

START – beim *Ghf. Pension Waldheim*, der *Gerlospassstraße* leicht bergauf folgen und nach 200 m links über die Brücke des *Gerlosbachs* Richtung *Gerlosberg* und *Rohrberg* abbiegen

TOURENBESCHREIBUNG – 13,8 km und **1336 Hm** sind von *Zell am Ziller* über *Ghf. Grindlalm*, *Kreithütte*, *Ghf. Rosenalm* und *Gründlalm* bis zur *Kreuzjochhütte* auf Asphalt und Forststraßen zurückzulegen. Der Forstweg zur *Kapaunsalm* führt abwechselnd bergauf und bergab. Ab der *Kapaunsalm* geht es nur noch bergab und flach zurück zum Startpunkt in *Zell am Ziller*. Insgesamt sind **36,1 km** und **1420 Hm** ohne nennenswerte Schwierigkeiten zurückzulegen.

Tourverbindungen: 071 *Kotahornalm*, 068 *Kreuzwiesenhütte*, 062 *Brunnalm*, über das *Törljoch* zur *Karspitze* und zum *Roßsee* und von dort weiter zur Tour 085 *Isskogel*

KARTENMATERIAL – ÖK: 1:25000 120 | 150 | **F&B: 1:50000** 151

INFOS – Ghf. Grindlalm: ganzjährig bewirtschafteter Ghf.; **Kreithütte, Kreuzjochhütte, Kapaunsalm:** im Sommer bewirtschaftete Almhütten; **Ghf. Rosenalm:** im Sommer bewirtschafteter Bergghf.; **Gründlalm:** unbewirtschaftete Almhütte

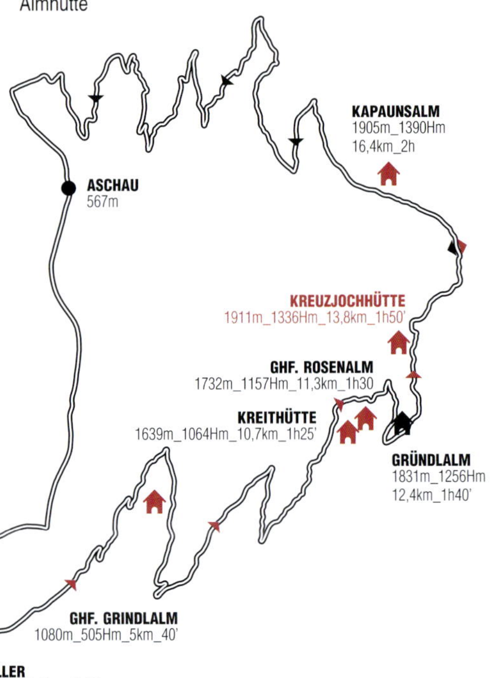

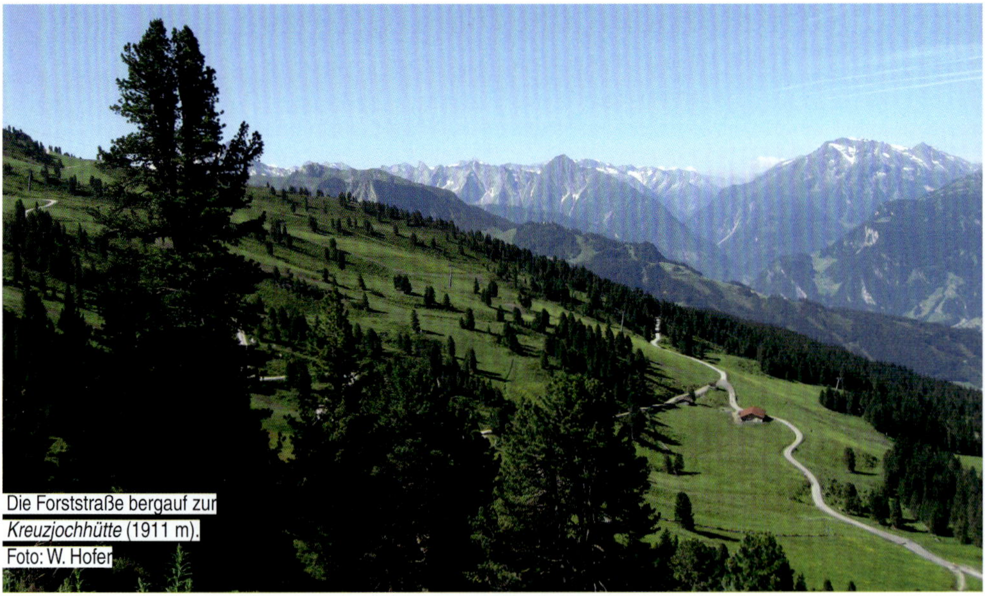

Die Forststraße bergauf zur *Kreuzjochhütte* (1911 m). Foto: W. Hofer

071 KOTAHORNALM

GPX 

ANFAHRT – *Innsbruck – Ramsau* 65 km: A12 Richtung *München*, Ausfahrt *Zillertal*, anschließend der Beschilderung Richtung *Zell am Ziller* und *Mayrhofen* nach *Ramsau* folgen, in *Ramsau* links abbiegen zur Talstation *Sessellift Ramsberg*
PARKMÖGLICHKEIT – bei der Talstation *Sessellift Ramsberg*
START – bei der Talstation *Sessellift Ramsberg,* am Haus mit der Nummer 32 rechts vorbei und bei der nächsten Kreuzung links abbiegen zum *Café Restaurant Kramerwirt,* nach 400 m bei der Bushaltestelle links abbiegen, der Beschilderung nach *Ramsberg* folgen
TOURENBESCHREIBUNG – 15 km und **1124 Hm** sind von *Ramsau* über *Hainzenberg*, *Sonnalm* und *Ghf. Gerlosstein* bis zur *Kotahornalm* auf Asphalt- und Forststraßen abwechselnd bergauf und bergab ohne schwierige Steigungen, zurückzulegen. Auf demselben Weg retour bis nach *Hainzenberg* und dort auf der *Gerlostal Bundesstraße* bergab nach *Zell am Ziller*. In *Zell am Ziller* ohne weitere Anstiege auf der Asphaltstraße zurück nach *Ramsau*. Insgesamt sind **1124 Hm** und **30,8 km** ohne nennenswerte Schwierigkeiten zu bewältigen.
Variante: Von der *Kotahornalm* auf dem ST51 bergab bis zum Forstweg. Für diesen Abschnitt ist ein zusätzlicher Fußmarsch von 20 Minuten einzuplanen. Der Rest des Rückwegs über den *Ramsberg* nach *Ramsau* führt auf Asphalt- und Forststraßen permanent bergab.

Tourverbindungen: 070 *Kreuzjochhütte*, 077 *Karlalm*, 072 *Penkenalm*
KARTENMATERIAL – ÖK: 1:25000 150 |
F&B: 1:50000 151
INFOS – Sonnalm, Kotahornalm: im Sommer bewirtschaftete Almhütten; **Ghf. Gerlosstein:** im Sommer bewirtschafteter Bergghf.

30,8 km

02:25

1124 Hm

S1 G1

m 1640

604 m

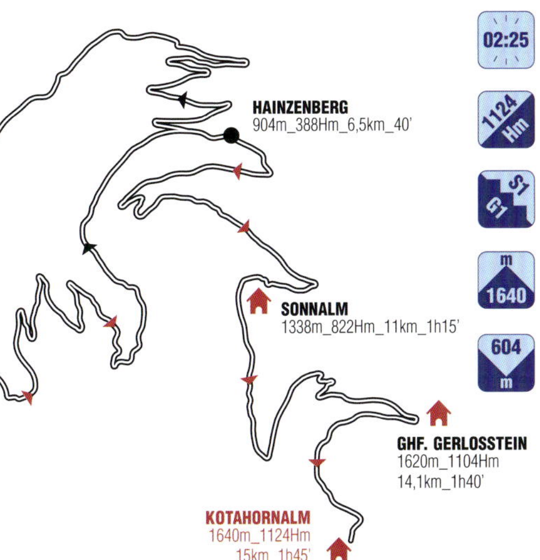

Foto: W. Hofer

072 PENKENALM

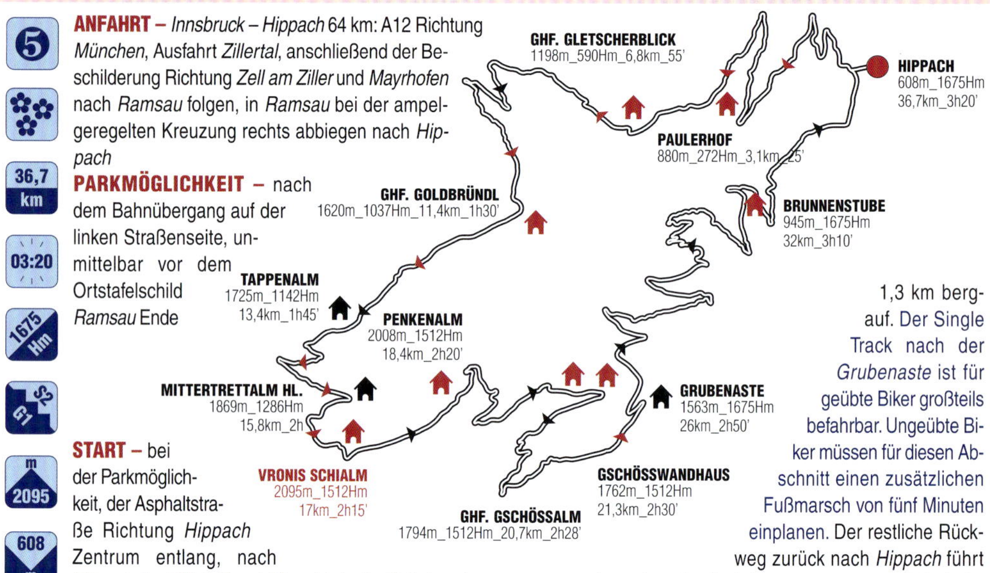

ANFAHRT – *Innsbruck – Hippach* 64 km: A12 Richtung *München*, Ausfahrt *Zillertal*, anschließend der Beschilderung Richtung *Zell am Ziller* und *Mayrhofen* nach *Ramsau* folgen, in *Ramsau* bei der ampelgeregelten Kreuzung rechts abbiegen nach *Hippach*

PARKMÖGLICHKEIT – nach dem Bahnübergang auf der linken Straßenseite, unmittelbar vor dem Ortstafelschild *Ramsau* Ende

START – bei der Parkmöglichkeit, der Asphaltstraße Richtung *Hippach* Zentrum entlang, nach 200 m beim *SPAR-Geschäft* rechts in die Einbahn einbiegen zum *Kirchbichler Hof,* dort links abbiegen zur *Zillertaler Höhenstraße* und nach 100 m am Ortstafelschild *Hippach* Ende vorbei

TOURENBESCHREIBUNG – 18,4 km und **1512 Hm** sind von *Hippach* über *Paulerhof*, *Ghf. Gletscherblick*, *Ghf. Goldbründl*, *Tappenalm*, *Mittertrettalm Hochleger* und *Vronis Schialm* bis zur *Penkenalm* auf Asphalt, Forstweg und Karrenweg großteils bergauf zurückzulegen. Der Karrenweg nach dem *Mittertrettalm Hochleger* führt aufgrund der extremen Steilheit unfahrbar bergauf. Für diesen Abschnitt ist ein zusätzlicher Fußmarsch von 15 Minuten einzuplanen. Ansonsten sind keine nennenswerten Schwierigkeiten zu erwarten. Der Rückweg von der *Penkenalm* über *Ghf. Gschößalm*, *Gschösswandhhaus* und *Grubenaste* zur *Brunnenstube* verläuft auf gut präpariertem Forstweg und Single Track großteils bergab. Vor der *Grubenaste* führt der Forstweg 1,3 km bergauf. Der Single Track nach der *Grubenaste* ist für geübte Biker großteils befahrbar. Ungeübte Biker müssen für diesen Abschnitt einen zusätzlichen Fußmarsch von fünf Minuten einplanen. Der restliche Rückweg zurück nach *Hippach* führt permanent bergab und weist keine nennenswerten Schwierigkeiten auf. Insgesamt sind **36,7 km** und **1675 Hm** zu bewältigen.

Tourverbindungen: 001 *Geiseljoch*, 093 *Lämmerbichlalm*, 069 *Rastkogelhütte*, 071 *Kotahornalm*, über das *Nurpensjoch* zur Tour 009 *Haglhütte*

KARTENMATERIAL – ÖK: 1:25000 149 | 150 |
F&B: 1:50000 151

INFOS – Paulerhof, Ghf. Gletscherblick: ganzjährig bewirtschaftete Ghf.; **Ghf. Goldbründl:** im Sommer bewirtschafteter Bergghf.; **Tappenalm, Mittertrettalm Hochleger, Grubenaste:** unbewirtschaftete Almhütten; **Vronis Schialm:** bewirtschaftet Mitte Juni bis Ende Oktober; **Penkenalm:** bewirtschaftet Ende Mai bis Anfang Oktober; **Ghf. Gschößalm:** bewirtschaftet Mitte Mai bis Anfang Oktober; **Gschößwandhaus:** im Sommer bewirtschaftete Almhütte; **Brunnenstube:** bewirtschaftet Mitte Mai bis Ende Oktober

Foto: © TVB-Mayrhofen Hippach / Michael Werlberger

073 FILZENALM

GPX

ANFAHRT – *Innsbruck – Mayrhofen* 66 km: A12 Richtung *München*, Ausfahrt *Zillertal*, anschließend der Beschilderung Richtung *Zell am Ziller* und *Mayrhofen* folgen
PARKMÖGLICHKEIT – auf der linken Seite entlang der Durchzugsstraße beim gebührenpflichtigen Parkplatz kurz nach der Einfahrt *Mayrhofen-Mitte*
START – beim Postamt entlang der Einfahrt *Mayrhofen-Mitte,* der Asphaltstraße dorfeinwärts Richtung *Stilluptal* folgen, nach der Brücke über den *Stillupbach* links ins *Stilluptal* einbiegen
TOURENBESCHREIBUNG – 12,7 km und **1322 Hm** sind von *Mayrhofen* über die *Ahornalm* bis zur *Filzenalm* auf Asphalt, Forstweg und Karrenweg permanent bergauf zurückzulegen. Der 2 km lange Karrenweg, bergauf zur *Ahornalm* beginnt bei der Talstation der Zweiersesselbahn und ist großteils, aufgrund seiner Steilheit, nicht befahrbar. Für diesen Abschnitt muss ein zusätzlicher Fußmarsch von 20 Minuten eingeplant werden. Der Rückweg ist großteils derselbe, es sind keine weiteren Anstiege zu erwarten. Wem der Karrenweg bei Kilometer 21,6 zu ruppig ist, fährt den selben Weg zurück nach Mayrhofen. Insgesamt sind **25 km** und **1320 Hm** zu bewältigen.
Variante Ghf. Wiesenhof: 5,2 km und **425 Hm** sind von *Mayrhofen* bis zum *Ghf. Wiesenhof* auf Asphalt- und Forststraßen ohne nennenswerte Schwierigkeiten, permanent bergauf, zu bewältigen. Auf demselben Weg retour sind insgesamt **10,4 km** und **425 Hm** zurückzulegen.
Tourverbindungen: 074 *Grüne Wand*
KARTENMATERIAL – ÖK: 1:25000 150 | **F&B: 1:50000** 152
INFOS – Ghf. Wiesenhof: ganzjährig bewirtschafteter Ghf.; **Ahornalm:** bewirtschaftet Anfang Juni bis Anfang Oktober; **Filzenalm:** im Sommer bewirtschaftete Almhütte

5
25 km
02:20
1320 Hm
S1 G1
m 1955
633 m

Foto: © TVB-Mayrhofen Hippach / Michael Werlberger

074 GRÜNE WAND

37,5 km

S1 G1

633 m

ANFAHRT – *Innsbruck – Mayrhofen* 66 km: A12 Richtung *München*, Ausfahrt *Zillertal*, anschließend der Beschilderung Richtung *Zell am Ziller* und *Mayrhofen* – folgen

PARKMÖGLICHKEIT – auf der linken Seite entlang der Durchzugsstraße beim gebührenpflichtigen Parkplatz kurz nach der Einfahrt *Mayrhofen-Mitte*

START – beim Postamt entlang der Einfahrt *Mayrhofen-Mitte,* der Asphaltstraße dorfeinwärts Richtung *Stilluptal* folgen, nach der Brücke über den *Stillupbach* links ins *Stilluptal* einbiegen

TOURENBESCHREIBUNG – 19,1 km und **1011 Hm** sind von *Mayrhofen* über *Ghf. Lacknerbrunn, Ghf. Wasserfall, Ghf. Stilluphaus* und Ghf. *Grüne Wand* bis zum *Dach der Tour* auf Asphalt- und Forststraßen bergauf und flach zurückzulegen. 1 km vor dem *Dach der Tour* sind steile Anstiege zu bewältigen. Der Rückweg ist großteils derselbe, es sind keine nennenswerten Schwierigkeiten zu erwarten. Wem der Karrenweg bei Kilometer 4 zu ruppig ist, fährt denselben Weg zurück nach Mayrhofen. Insgesamt sind **37,5 km** und **1011 Hm** zurückzulegen.

Tourverbindungen: 073 *Filzenalm*

KARTENMATERIAL – ÖK: 1:25000 150 | **F&B: 1:50000** 152

INFOS – Ghf. Lacknerbrunn, Ghf. Wasserfall, Ghf. Stilluphaus, Ghf. Grüne Wand: bewirtschaftet Anfang Mai bis Ende Oktober

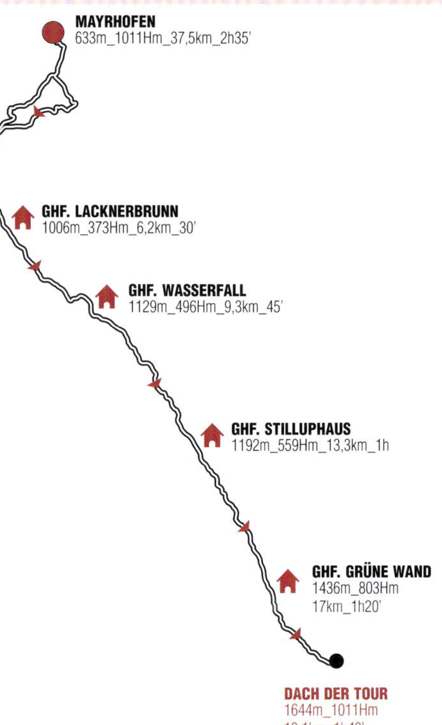

Foto: © W9 Studios / Lorenz Seiwald

075 ALPENROSE

ANFAHRT – *Innsbruck – Mayrhofen* 66 km: A12 Richtung *München*, Ausfahrt *Zillertal*, anschließend der Beschilderung Richtung *Zell am Ziller* und *Mayrhofen* folgen

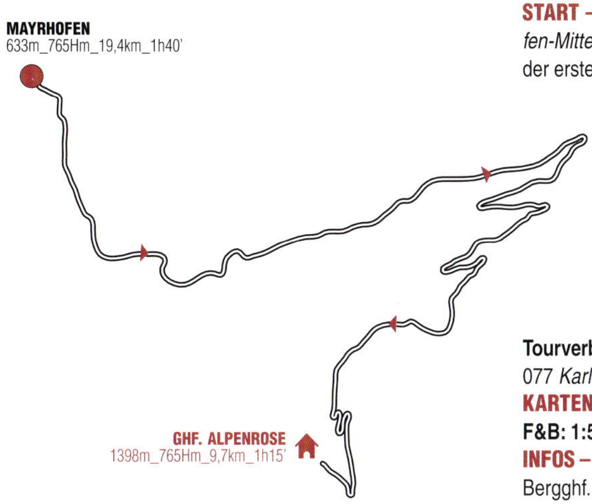

MAYRHOFEN
633m_765Hm_19,4km_1h40'

GHF. ALPENROSE
1398m_765Hm_9,7km_1h15'

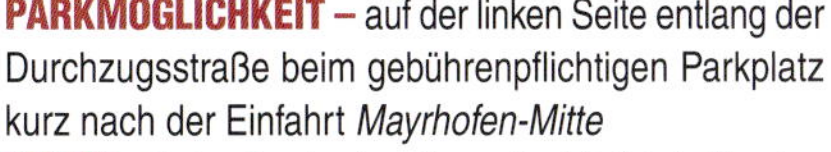

PARKMÖGLICHKEIT – auf der linken Seite entlang der Durchzugsstraße beim gebührenpflichtigen Parkplatz kurz nach der Einfahrt *Mayrhofen-Mitte*

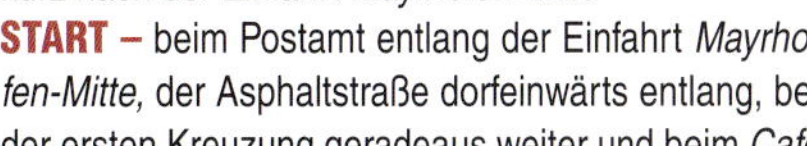

START – beim Postamt entlang der Einfahrt *Mayrhofen-Mitte,* der Asphaltstraße dorfeinwärts entlang, bei der ersten Kreuzung geradeaus weiter und beim *Café Móre* vorbei, anschließend bei der *Allianz* Versicherung rechts abbiegen und der Beschilderung *Zillergrund* folgen

TOURENBESCHREIBUNG – 9,7 km und **765 Hm** sind von *Mayrhofen* bis zum *Ghf. Alpenrose* auf Asphalt- und Forststraßen bergauf zurückzulegen. Der Rückweg ist derselbe. Insgesamt sind **19,4 km** und **765 Hm** ohne nennenswerte Schwierigkeiten zu bewältigen.

Tourverbindungen: 073 *Filzenalm*, 076 *Ahornachalm*, 077 *Karlalm*, 078 *Au*

KARTENMATERIAL – ÖK: 1:25000 150 | **F&B: 1:50000** 152

INFOS – Ghf. Alpenrose: im Sommer bewirtschafteter Bergghf.

Foto: © TVB-Mayrhofen Hippach / Michael Werlberger

076 AHORNACHALM

ANFAHRT – *Innsbruck – Mayrhofen* 66 km: A12 Richtung *München*, Ausfahrt *Zillertal*, anschließend der Beschilderung Richtung *Zell am Ziller* und *Mayrhofen* folgen

PARKMÖGLICHKEIT – auf der linken Seite entlang der Durchzugsstraße beim gebührenpflichtigen Parkplatz kurz nach der Einfahrt *Mayrhofen-Mitte*

START – beim Postamt entlang der Einfahrt *Mayrhofen-Mitte,* der Asphaltstraße dorfeinwärts entlang, bei der ersten Kreuzung geradeaus weiter und beim *Café Móre* vorbei, anschließend bei der *Allianz* Versicherung rechts abbiegen und der Beschilderung *Zillergrund* folgen

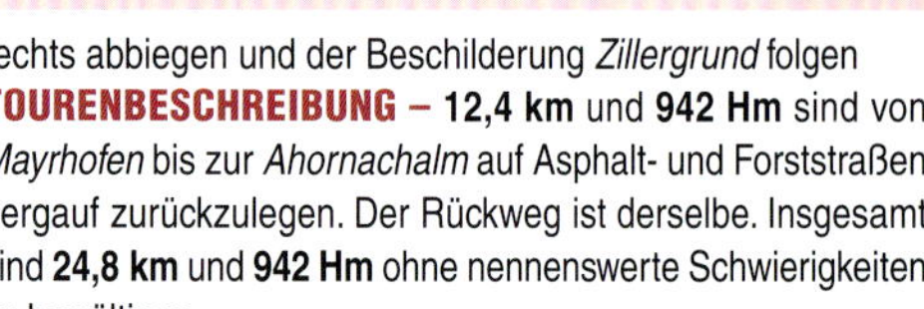

TOURENBESCHREIBUNG – 12,4 km und **942 Hm** sind von *Mayrhofen* bis zur *Ahornachalm* auf Asphalt- und Forststraßen bergauf zurückzulegen. Der Rückweg ist derselbe. Insgesamt sind **24,8 km** und **942 Hm** ohne nennenswerte Schwierigkeiten zu bewältigen.

Variante Stadelbachalm: 13 km und **1084 Hm** sind von *Mayrhofen* bis zur *Stadelbachalm* auf Asphalt- und Forststraßen bergauf zurückzulegen. Der Rückweg ist derselbe. Insgesamt sind **26 km** und **1084 Hm** ohne nennenswerte Schwierigkeiten zu bewältigen.

Tourverbindungen: 075 *Alpenrose*, 077 *Karlalm*, 078 *Au*

KARTENMATERIAL – ÖK: 1:25000 150 | **F&B: 1:50000** 152

INFOS – Stadelbachalm, Ahornachalm: unbewirtschaftete Almhütten

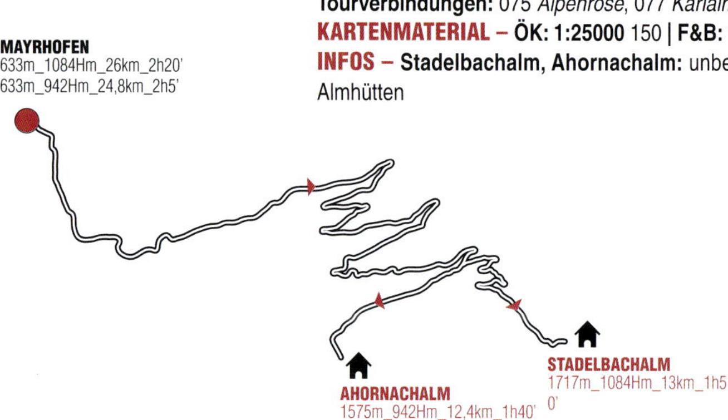

Foto: W. Hofer

077 KARLALM

ANFAHRT – *Innsbruck – Mayrhofen* 66 km: A12 Richtung *München*, Ausfahrt *Zillertal*, anschließend der Beschilderung Richtung *Zell am Ziller* und *Mayrhofen* folgen

PARKMÖGLICHKEIT – auf der linken Seite entlang der Durchzugsstraße beim gebührenpflichtigen Parkplatz,kurz nach der Einfahrt *Mayrhofen-Mitte*

START – beim Postamt entlang der Einfahrt *Mayrhofen-Mitte,* der Asphaltstraße dorfeinwärts entlang, bei der ersten Kreuzung geradeaus weiter und beim *Café Móre* vorbei, anschließend bei der *Allianz* Versicherung rechts abbiegen und der Beschilderung *Zillergrund* folgen

TOURENBESCHREIBUNG – 12,1 km und **1140 Hm** sind von *Mayrhofen* über *Ghf. Steinerkogel*, *Ghf. Hochwart*, *Angerhütte* und *Labergalm* bis zur *Karlalm* auf Asphalt und Forststraßen großteils bergauf zurückzulegen. Kurz vor der *Karlalm* führt der Karrenweg 50 Hm bergab. Der Rückweg ist derselbe. Insgesamt sind **24,2 km** und **1190 Hm** ohne nennenswerte Schwierigkeiten zu bewältigen.

Tourverbindungen: 071 *Kotahornalm*, 075 *Alpenrose*, 078 *Au*, 076 *Ahornachalm*

KARTENMATERIAL – ÖK: 1:25000 150 | **F&B: 1:50000** 152

INFOS – Ghf. Hochwart, Ghf. Steinerkogel: ganzjährig bewirtschaftete Ghf.; **Angerhütte, Labergalm, Karlalm:** unbewirtschaftete Almhütten

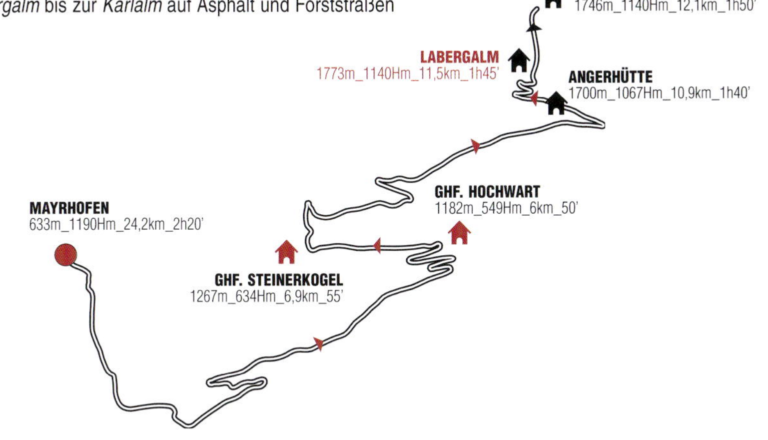

Bikerfreundliche Weidegatter auf der *Labergalm* (1773 m).
Foto: W. Hofer

078 AU

ANFAHRT – *Innsbruck – Mayrhofen* 66 km: A12 Richtung *München*, Ausfahrt *Zillertal*, anschließend der Beschilderung Richtung *Zell am Ziller* und *Mayrhofen* folgen

PARKMÖGLICHKEIT – auf der linken Seite entlang der Durchzugsstraße beim gebührenpflichtigen Parkplatz kurz nach der Einfahrt *Mayrhofen-Mitte*

START – beim Postamt entlang der Einfahrt *Mayrhofen-Mitte,* der Asphaltstraße dorfeinwärts entlang, bei der ersten Kreuzung geradeaus weiter und beim *Café Móre* vorbei, anschließend bei der *Allianz* Versicherung rechts abbiegen und der Beschilderung *Zillergrund* folgen

TOURENBESCHREIBUNG – 14,9 km und **632 Hm** sind von *Mayrhofen* über *Almstüberl* und Ghf. *Häusling* bis zum *Ghf. Au* auf der Asphaltstraße permanent bergauf zurückzulegen. Insgesamt sind **29,8 km** und **632 Hm** ohne nennenswerte Schwierigkeiten zu bewältigen.

Tourverbindungen: 077 *Karlalm*, 075 *Alpenrose*, 076 *Ahornachalm*, 079 *Zollwachhütte*, 080 *Speicher Zillergründl*, 081 *Kainzenhüttenalm*

KARTENMATERIAL – ÖK: 1:25000 119 | 149 | **F&B: 1:50000** 152

INFOS – Alm-Stüberl: bewirtschaftet Mitte Mai bis Mitte Oktober; **Ghf. Häusling:** ganzjährig bewirtschafteter Ghf.; **Ghf. Au:** bewirtschaftet Anfang Mai bis Mitte November

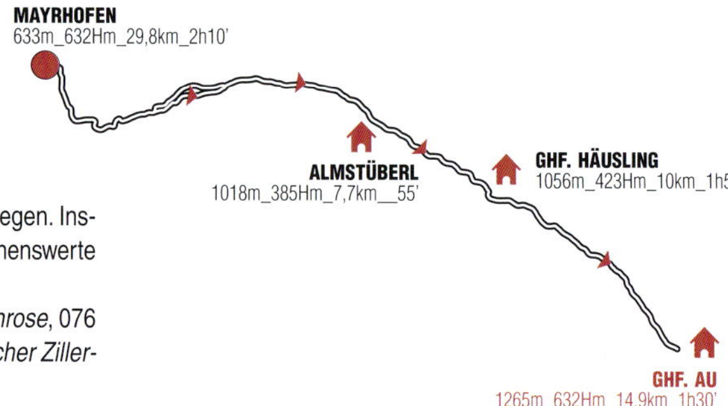

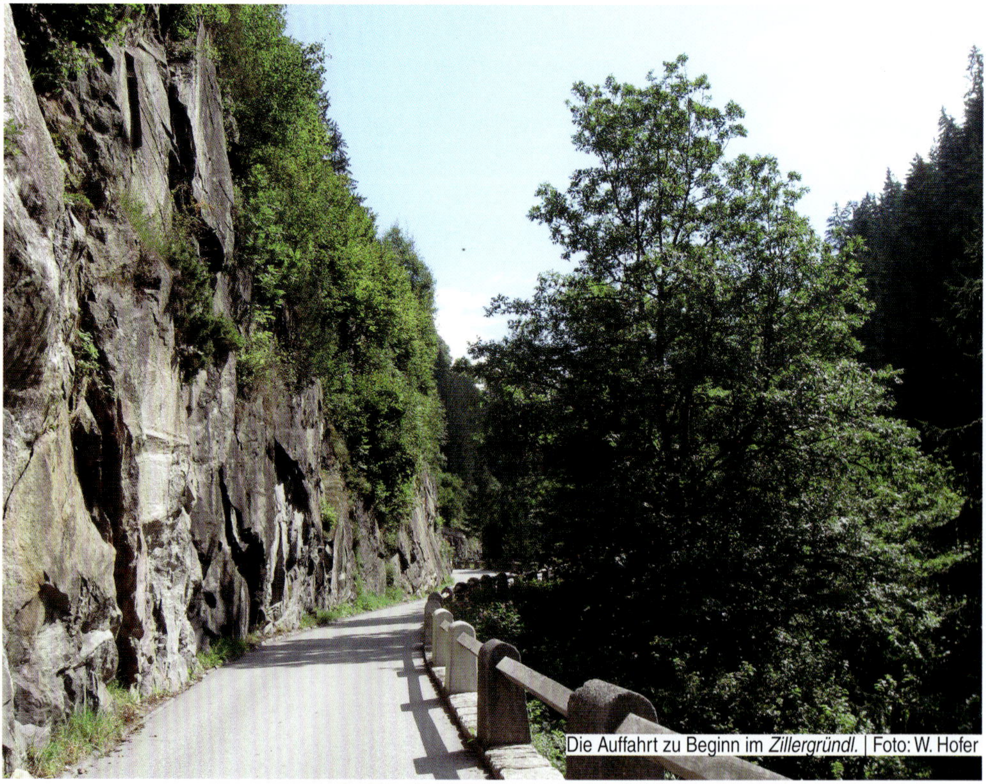

Die Auffahrt zu Beginn im *Zillergründl.* | Foto: W. Hofer

079 ZOLLWACHHÜTTE

ANFAHRT – *Innsbruck – In der Au* 78 km: A12 Richtung *München*, Ausfahrt *Zillertal*, anschließend der Beschilderung Richtung *Zell am Ziller* und *Mayrhofen* folgen, kurz vor *Mayrhofen* beim Kreisverkehr links abbiegen und weiter zum ampelgeregelten einspurigen Tunnel Richtung *Brandberg*, nach dem Tunnel beginnt die gebührenpflichtige Mautstraße, deren Kapazität mit 100 Pkw begrenzt ist, Mautgebühr 8 Euro | Pkw

PARKMÖGLICHKEIT – beim *Ghf. Au*

START – beim *Ghf. Au,* der Asphaltstraße taleinwärts entlang Richtung *Ghf. Bärenbad,* nach 2,7 km rechts in den Forstweg zur Brücke über den *Hundskehlbach* einbiegen, anschließend links abbiegen, am rechten Bachufer entlang

TOURENBESCHREIBUNG – 8,2 km und **682 Hm** sind von *In der Au* über die *Mitterhütten* bis zur *Zollwachhütte* auf Asphalt, Forstweg und Karrenweg permanent bergauf zurückzulegen. Der 1,2 km lange Karrenweg von der *Mitterhütten* bis zur *Zollwachhütte* ist durchgehend sehr steil. Der Rückweg ist derselbe. Insgesamt sind **16,4 km** und **682 Hm** zu bewältigen.

Tourverbindungen: Über das *Hundskehlenjoch* (2557 m) nach *Italien.*

KARTENMATERIAL – ÖK: 1:25000 150 | **F&B: 1:50000** 152

INFOS – Mitterhütten, Zollwachhütte: unbewirtschaftete Almhütten

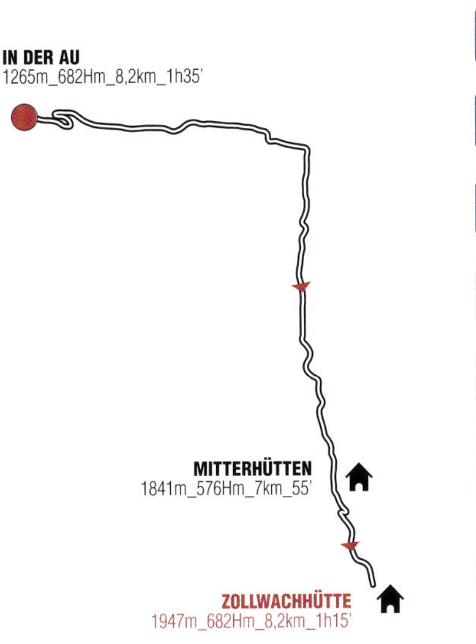

3

8,2 km

01:35

682 Hm

S1 G1

m 1947

1265 m

Foto: © W9 Studios / Lorenz Seiwald

080 SPEICHER ZILLERGRÜNDL

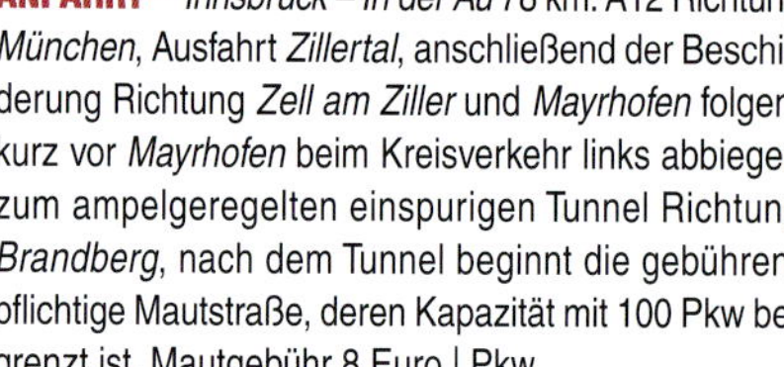

01:40

m
1868

1265
m

ANFAHRT – *Innsbruck – In der Au* 78 km: A12 Richtung *München*, Ausfahrt *Zillertal*, anschließend der Beschilderung Richtung *Zell am Ziller* und *Mayrhofen* folgen, kurz vor *Mayrhofen* beim Kreisverkehr links abbiegen zum ampelgeregelten einspurigen Tunnel Richtung *Brandberg*, nach dem Tunnel beginnt die gebührenpflichtige Mautstraße, deren Kapazität mit 100 Pkw begrenzt ist, Mautgebühr 8 Euro | Pkw

PARKMÖGLICHKEIT – beim *Ghf. Au.* Der Asphaltstraße taleinwärts entlang Richtung *Ghf. Bärenbad.* Nach 2,7 km geradeaus auf der Asphaltstraße weiter und anschließend der Rechtskehre folgen. Beim Schranken vorbei, oder rechts weiter zur *Mitterhütte* und *Zollwachhütte.*

START – beim *Ghf. Au,* der Asphaltstraße taleinwärts entlang Richtung *Ghf. Bärenbad,* nach 2,7 km geradeaus auf der Asphaltstraße weiter und anschließend der Rechtskehre folgen – beim Schranken vorbei, oder rechts zur *Mitterhütte* und *Zollwachhütte*

TOURENBESCHREIBUNG – 10,8 km und **460 Hm** sind von *In der Au* über *Ghf. Bärenbad* und *Speicher Zillergründl* bis zur *Hohenaualm* auf Asphalt- und Forststraßen großteils bergauf zurückzulegen. Der Forstweg vom *Speicher Zillergründl* bis zur *Hohenaualm* führt am linken Seeufer abwechselnd bergauf und bergab. Der Rückweg ist derselbe. Insgesamt sind **21,6 km** und **550 Hm** zu bewältigen. Achtung! Licht nicht vergessen, denn der Weg zum Speicher *Zillergrund* führt durch zwei lange, unbeleuchtete Tunnel.

Tourverbindungen: Im *Zillergründl* von der *Hohenaualm* über das *Heilige Geistjöchl* (2658 m) nach *Italien*

KARTENMATERIAL – ÖK: 1:25000 150 | 151 | **F&B: 1:50000** 152

INFOS – Ghf. Bärenbad: bewirtschaftet Ende Mai bis Mitte Oktober; **Hohenaualm:** unbewirtschaftete Almhütte

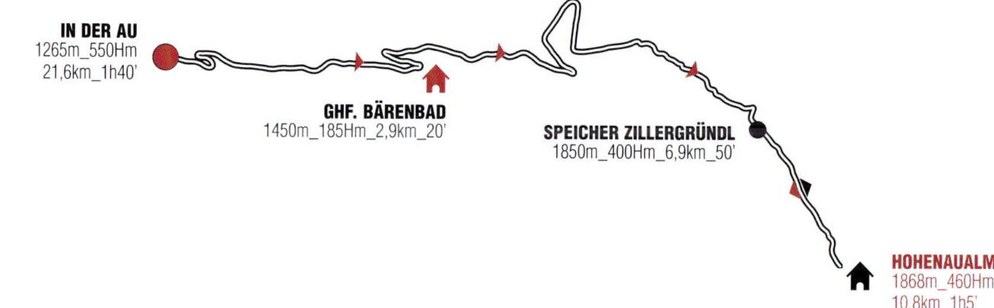

Foto: © TVB-Mayrhofen Hippach / Michael Werlberger

081 KAINZENHÜTTENALM

ANFAHRT – *Innsbruck – In der Au* 78 km: A12 Richtung *München*, Ausfahrt *Zillertal*, anschließend der Beschilderung Richtung *Zell am Ziller* und *Mayrhofen* folgen, kurz vor *Mayrhofen* beim Kreisverkehr links abbiegen, zweiter zum ampelgeregelten einspurigen Tunnel Richtung *Brandberg*, nach dem Tunnel beginnt die gebührenpflichtige Mautstraße, deren Kapazität mit 100 Pkw begrenzt ist, Mautgebühr 8 Euro | Pkw

PARKMÖGLICHKEIT – beim *Ghf. Au*

START – beim *Ghf. Au,* der Asphaltstraße taleinwärts entlang, nach 100 m rechts in den Forstweg einbiegen, der dortigen Beschilderung zur *Kainzenhüttenalm* folgen

TOURENBESCHREIBUNG – 7,2 km und **578 Hm** sind von *In der Au* über *Rachhüttenalm*, *Kainzenhüttenalm*, *Mitterhüttenalm* und *Schönhüttenalm* bis zum *Karboden* auf Asphalt, gut präpariertem Forstweg und Karrenweg permanent bergauf, zurückzulegen. Der Rückweg ist derselbe. Insgesamt sind **14,4 km** und **578 Hm** ohne nennenswerte Schwierigkeiten zu bewältigen.

KARTENMATERIAL – ÖK: 1:25000 150 | 151 | **F&B: 1:50000** 152

INFOS – Rachhüttenalm, Mitterhüttenalm, Schönhüttenalm, Karboden: unbewirtschaftete Almhütten; **Kainzenhüttenalm:** im Sommer bewirtschaftete Almhütte

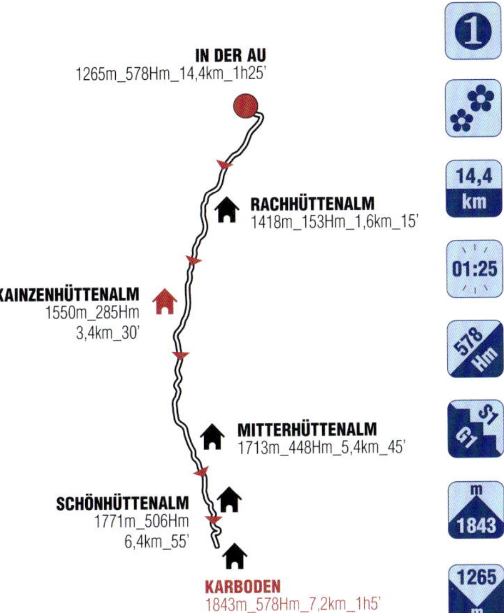

Foto: Birgit C.

082 ALPENHAUS OBERBÖDEN

ANFAHRT – *Innsbruck – Ginzling* 79 km: A12 Richtung *München*, Ausfahrt *Zillertal*, anschließend der Beschilderung Richtung *Zell am Ziller* und *Mayrhofen* folgen, in *Mayrhofen* geradeaus weiter bis zur Kreuzung *Ginzling | Schlegeis* und *Ginzling | Jochberg*, dort entweder durch den einspurigen ampelgeregelten Straßentunnel, (es sind Wartezeiten bis zu 20 Minuten möglich), oder auf der schmalen Bergstraße über *Jochberg* nach *Ginzling*

PARKMÖGLICHKEIT – in Ginzling auf der rechten oder linken Straßenseite beim *Ghf. Alt Ginzling*

START – beim *Ghf. Alt-Ginzling*, hinter dem *Ghf. Alt-Ginzling* geradeaus weiter zur Brücke über den *Zemmbach*, bei der Brücke links abbiegen und bei der *Gemischtwarenhandlung Klausner* vorbei, weiter taleinwärts am rechten Bachufer entlang

TOURENBESCHREIBUNG – 7,5 km und **539 Hm** sind von *Ginzling* über *Ghf. Tristnerblick* und *Ghf. Innerböden* bis zum *Alpenhaus Oberböden* auf Asphalt- und Forststraßen permanent bergauf zurückzulegen. Der Rückweg ist derselbe. Insgesamt sind **15 km** und **539 Hm** ohne nennenswerte Schwierigkeiten zu bewältigen.

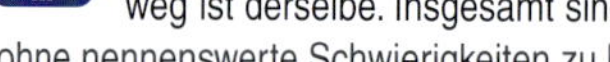

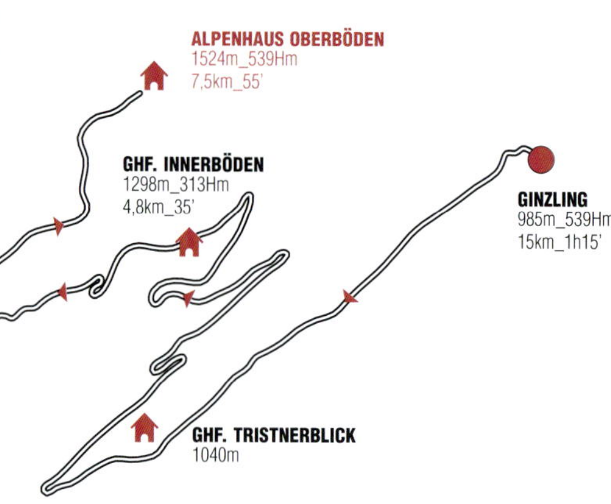

Tourverbindungen: Vom *Schlegeisspeicher* (1782 m) über das *Pfitscher Joch* (2246 m) zur *Pfitscherjochhütte* (2275 m) nach *Italien*.

KARTENMATERIAL – ÖK: 1:25000 149 | **F&B: 1:50000** 152

INFOS – Alpenhaus Oberböden: bewirtschaftet Ende Juni bis Anfang Oktober; **Ghf. Tristnerblick:** ganzjährig bewirtschafteter Ghf.; **Ghf. Innerböden:** ganzjährig bewirtschafteter Bergghf.

Foto: © Tirol Werbung / Norbert Freudenthaler

083 ALPENROSENHÜTTE

ANFAHRT – *Innsbruck – Ginzling* 79 km: A12 Richtung *München*, Ausfahrt *Zillertal*, anschließend der Beschilderung Richtung *Zell am Ziller* und *Mayrhofen* folgen, in *Mayrhofen* geradeaus weiter bis zur Kreuzung *Ginzling | Schlegeis* und *Ginzling | Jochberg*, dort entweder durch den einspurigen ampelgeregelten Straßentunnel (es sind Wartezeiten bis zu 20 Minuten möglich), oder auf der schmalen Bergstraße über *Jochberg* nach *Ginzling*
PARKMÖGLICHKEIT – in *Ginzling* auf der rechten oder linken Straßenseite beim *Ghf. Alt Ginzling.*
START – beim *Ghf. Alt Ginzling,* hinter dem *Ghf. Alt-Ginzling* geradeaus weiter zur Brücke über den *Zemmbach,* bei der Brücke links abbiegen und bei der *Gemischtwarenhandlung Klausner* vorbei, weiter taleinwärts am rechten Bachufer entlang
TOURENBESCHREIBUNG – **15,2 km** und **888 Hm** sind von *Ginzling* über *Kaserleralm, Ghf. Breitlahner, Klausenalm, Schwemmalm, Grawandhütte* und *Waxeggalm* bis zur *Alpenrosenhütte* auf Asphalt, gut präpariertem Forstweg und Karrenweg permanent bergauf zurückzulegen. Der Rückweg ist derselbe. Insgesamt sind **30,4 km** und **888 Hm** ohne nennenswerte Schwierigkeiten zu bewältigen.
Variante: Ein Fußmarsch von 20 Minuten verbindet die *Alpenrosenhütte* mit der *Berliner Hütte.*
Tourverbindungen: Vom *Schlegeisspeicher* (1782 m) über das *Pfitscher Joch* (2246 m) zur *Pfitscherjochhütte* (2275 m) nach *Italien.*
KARTENMATERIAL – **ÖK: 1:25000** 149 | **F&B: 1:50000** 152
INFOS – **Kaserleralm:** im Sommer bewirtschaftete Jausenstation; **Ghf. Breitlahner:** ganzjährig bewirtschafteter Ghf.; **Klausenalm, Grawandhütte:** bewirtschaftet Mitte Mai bis Anfang Oktober; **Schwemmalm:** unbewirtschaftete Almhütte; **Waxeggalm:** bewirtschaftet Mitte Juni bis Ende September; **Alpenrosenhütte:** im Sommer bewirtschaftete privat geführte Schutzhütte

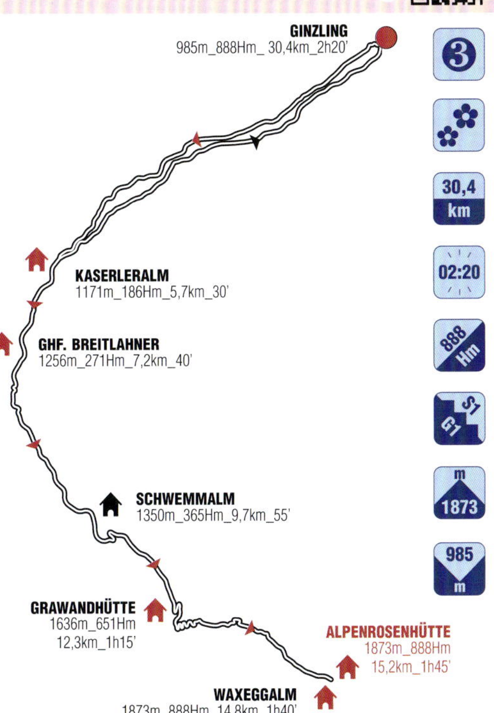

Foto: © TVB-Mayrhofen Hippach / Michael Werlberger

084 STEINBOCKHAUS

ANFAHRT – *Innsbruck – Ginzling* 79 km: A12 Richtung *München*, Ausfahrt *Zillertal*, anschließend der Beschilderung Richtung *Zell am Ziller* und *Mayrhofen* folgen, in *Mayrhofen* geradeaus weiter bis zur Kreuzung *Ginzling | Schlegeis* und *Ginzling | Jochberg*, dort entweder durch den einspurigen ampelgeregelten Straßentunnel (es sind Wartezeiten bis zu 20 Minuten möglich) oder auf der schmalen Bergstraße über *Jochberg* nach *Ginzling*

11,4 km

PARKMÖGLICHKEIT – in *Ginzling* auf der rechten oder linken Straßenseite beim *Ghf. Alt Ginzling*

START – beim *Ghf. Alt Ginzling,* der Asphaltstraße hinter der Bushaltestelle bergauf folgen und am rechten Ufer des *Floitenbachs* entlang

TOURENBESCHREIBUNG – 5,7 km und **418 Hm** sind von *Ginzling* über *Tristenbachalm*, *Sulzenalm* und *Steinbockhaus* bis zur *Böckachalm* auf Asphalt und Forststraßen permanent bergauf zurückzulegen. Der Rückweg ist derselbe. Insgesamt sind **11,4 km** und **418 Hm** ohne nennenswerte Schwierigkeiten zurückzulegen.

m 1403

KARTENMATERIAL – ÖK: 1:25000 150 | **F&B: 1:50000** 152

INFOS – Tristenbachalm: bewirtschaftet Anfang Mai bis Mitte Oktober; **Sulzenalm:** im Sommer bewirtschaftete Almhütte; **Steinbockhaus:** bewirtschaftet Mitte Mai bis Ende Oktober; **Böckachalm:** unbewirtschaftete Almhütte

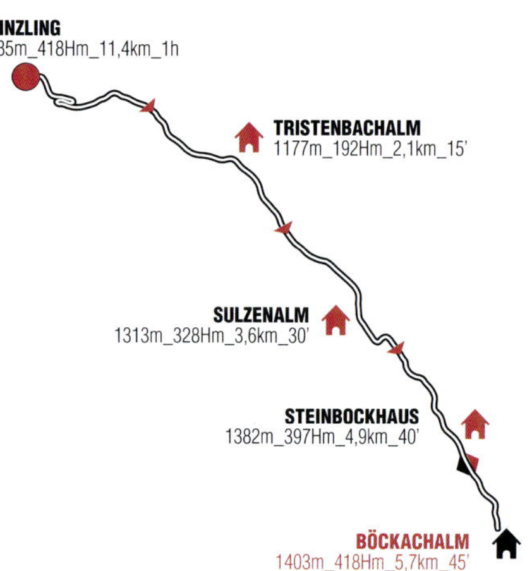

Foto: © TVB-Mayrhofen Hippach / Michael Werlberger

085 - 092

GERLOSTAL

GMÜND
085 Isskogel
086 Fürstalm
087 Schönbergalm
088 Tödtengrubenalm
089 Weissbachalm
GERLOS
090 Trisslalm
091 Arzlaneralm
092 Pasteinalm

Foto: © EFZ

085 ISSKOGEL

ANFAHRT – *Innsbruck – Gmünd* 71 km: A12 Richtung *München*, Ausfahrt *Zillertal*, anschließend der Beschilderung nach *Zell am Ziller* folgen, in *Zell am Ziller* kurz vor der *OMV-Tankstelle* rechts abbiegen Richtung *Gerlospass* nach *Gmünd, weiter* zur Talstation *Fürstalmbahn*

PARKMÖGLICHKEIT – beim Parkplatz der ehemaligen *Fürstalmbahn*

START – beim Parkplatz der ehemaligen *Fürstalmbahn,* nach der *Pension Andrea* links bergauf in den *Brennachweg* einbiegen

TOURENBESCHREIBUNG – 12,1 km und **1097 Hm** sind von *Gmünd* über *Innerertensalm* und *Innerertenskaralm* bis zum *Isskogel* auf Asphalt, gut präpariertem Forstweg und Single Track permanent bergauf, zurückzulegen. Der Single Track, 200 m vor dem *Isskogel* ist bergauf nicht befahrbar. Für diesen Abschnitt ist ein Fußmarsch von drei Minuten einzuplanen. Der Rückweg vom *Isskogel* über die *Ebenfeldalm*, *Nöckentalalm*, *Krumbachalm* und *Ghf. Almstüberl* zurück nach *Gmünd* führt auf Single Track, Karrenweg, Forstweg und Asphalt. Der 800 m lange Single Track vom *Isskogel,* hinunter zur *Ebenfeldalm,* ist für geübte Biker leicht befahrbar. Der Karrenweg von der *Ebenfeldalm* zur *Nöckentalalm* führt anfangs leicht bergauf. Der Single Track von der *Nöckentalalm* bergab bis zur *Krumbachalm* ist 1,9 km lang und für geübte Biker mit Trialerfahrung großteils befahrbar. Ungeübte Biker fahren besser über die *Isskogel Schihütte* zurück nach *Gmünd,* ansonsten muss für diesen Abschnitt ein zusätzlicher Fußmarsch von 45 Minuten eingeplant werden. Insgesamt sind **26,1 km** und **1127 Hm** zu bewältigen.

2263 m

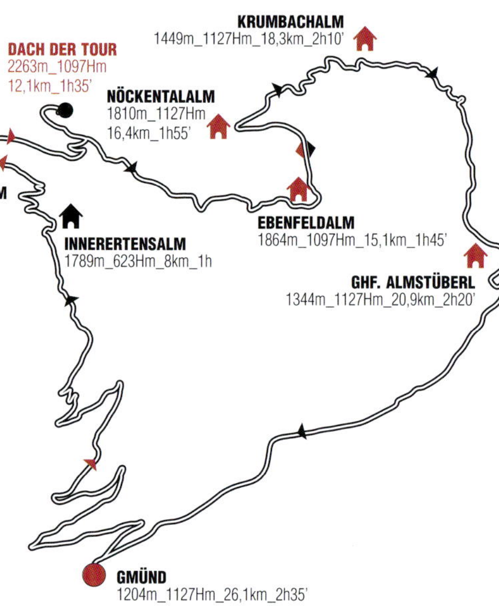

Tourverbindungen: 070 *Kreuzjochhütte*, 068 *Kreuzwiesenhütte*, 090 *Trisslalm*, 091 *Arzlaneralm*

KARTENMATERIAL – ÖK: 1:25000 120 | 150 |
F&B: 1:50000 152

INFOS – Innerertensalm, Innerertenskaralm, Ebenfeldalm: unbewirtschaftete Almhütten; **Nöckentalalm:** abgerissene Almhütte; **Krumbachalm:** im Sommer bewirtschaftete Almhütte; **Ghf. Almstüberl:** im Sommer bewirtschafteter Ghf.

Isskogel-Trails | Foto: © Zillertal Arena / Johannes Sautner

086 FÜRSTALM

ANFAHRT – *Innsbruck – Gmünd* 71 km: A12 Richtung *München*, Ausfahrt *Zillertal*, anschließend der Beschilderung nach *Zell am Ziller* folgen, in *Zell am Ziller* kurz vor der *OMV-Tankstelle* rechts abbiegen Richtung *Gerlospass* und weiter nach *Gmünd* zur Talstation *Fürstalmbahn*
PARKMÖGLICHKEIT – beim Parkplatz der ehemaligen *Fürstalmbahn*
START – beim Parkplatz der ehemaligen Fürstalmbahn, der *Gerlospassstraße* talauswärts entlang, beim *Ghf. Gröll* vorbei und nach der Brücke über den *Gerlosbach* links in den Forstweg einbiegen, der dortigen Beschilderung zur *Jausenstation Wimmertal* folgen
TOURENBESCHREIBUNG – 6,7 km und **620 Hm** sind von *Gmünd* über die *Kothüttenalm* bis zur *Fürstalm* auf Asphalt- und Forststraßen zurückzulegen. Die Tour verläuft anfangs talauswärts auf der Asphaltstraße 900 m leicht bergab und anschließend permanent bergauf. Der Rückweg ist derselbe. Insgesamt sind **13,4 km** und **620 Hm** ohne nennenswerte Schwierigkeiten zu bewältigen.
KARTENMATERIAL – ÖK: 1:25000 150 | **F&B: 1:50000** 152
INFOS – Kothüttenalm, Fürstalm: unbewirtschaftete Almhütten

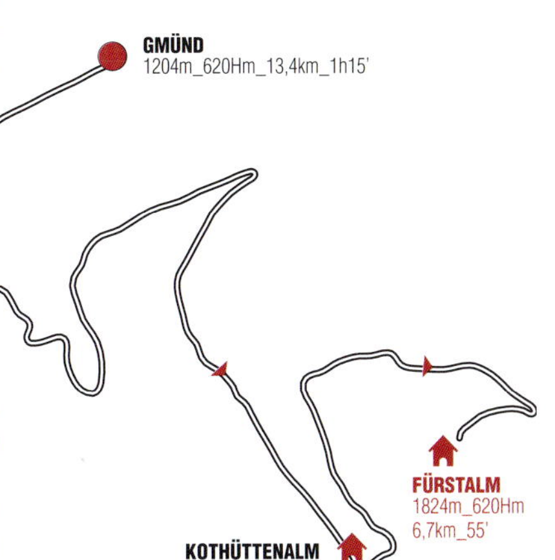

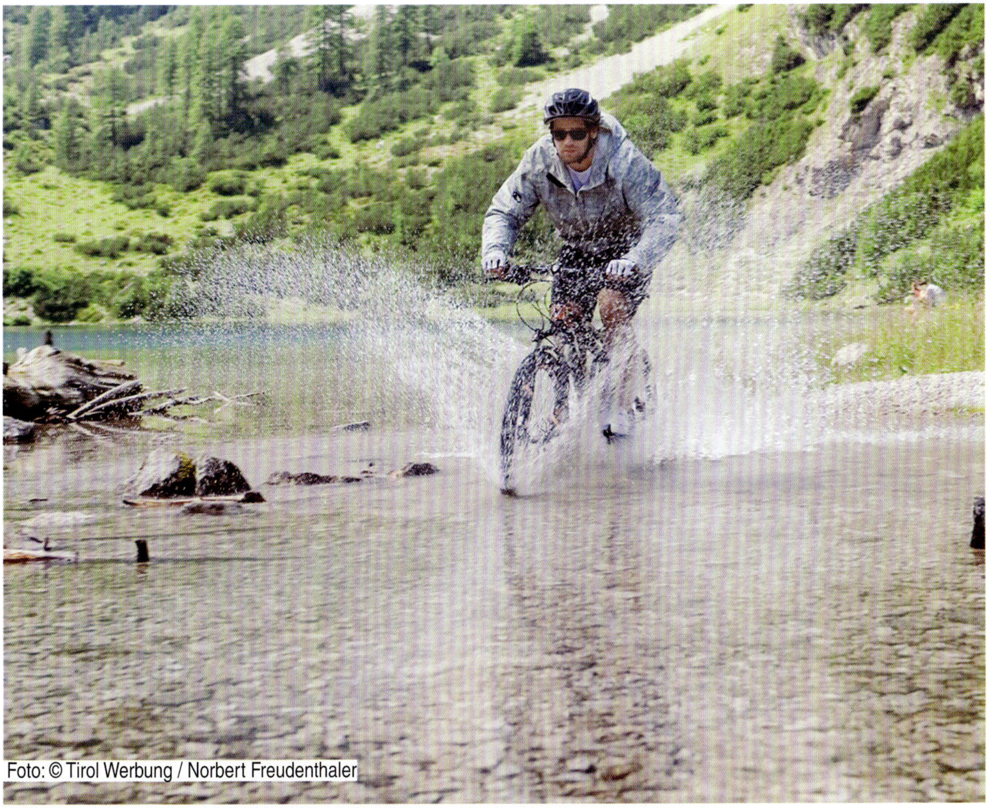

Foto: © Tirol Werbung / Norbert Freudenthaler

087 SCHÖNBERGALM

2

19,4 km

01:40

700 Hm

S1 G1

1191 m

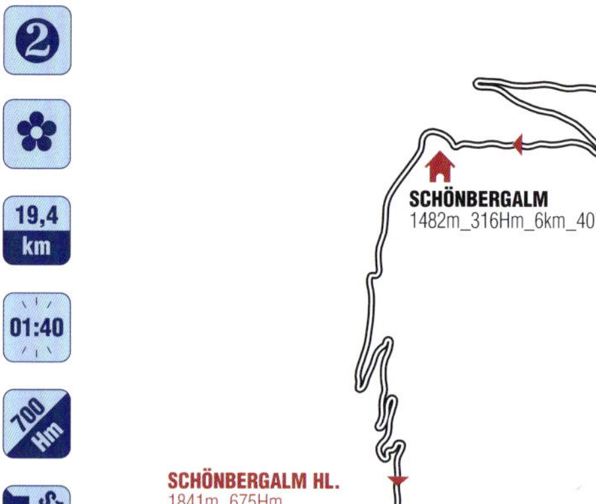

ANFAHRT – *Innsbruck – Gmünd* 69 km: A12 Richtung *München*, Ausfahrt *Zillertal*, anschließend der Beschilderung nach *Zell am Ziller* folgen, in *Zell am Ziller* kurz vor der *OMV-Tankstelle* rechts abbiegen Richtung *Gerlospass* und *Gmünd*

PARKMÖGLICHKEIT – 2 km vor der Ortschaft *Gmünd* beim *Ghf. Kühle Rast* rechts in den Forstweg zum Parkplatz einbiegen

START – beim *Ghf. Kühle Rast*, der *Gerlospassstraße* talauswärts entlang und nach 2,6 km bei der blauen Kilometertafel 48,6 links bergauf in den Forstweg einbiegen

TOURENBESCHREIBUNG – 9,7 km und **675 Hm** sind von *Gmünd* über die *Schönbergalm* bis zum *Schönbergalm Hochleger* auf Asphalt- und Forststraßen zurückzulegen. Die Tour verläuft anfangs talauswärts auf der Asphaltstraße 2,6 km leicht bergab und anschließend permanent bergauf. Der Rückweg ist derselbe. Insgesamt sind **19,4 km** und **700 Hm** ohne nennenswerte Schwierigkeiten zu bewältigen.

KARTENMATERIAL – ÖK: 1:25000 150 | **F&B: 1:50000** 152

INFOS – Schönbergalm, Schönbergalm Hochleger: unbewirtschaftete Almhütten

Foto: Gerit M.

088 TÖDTENGRUBENALM

ANFAHRT – *Innsbruck – Gmünd* 69 km: A12 Richtung *München*, Ausfahrt *Zillertal*, anschließend der Beschilderung nach *Zell am Ziller* folgen, in *Zell am Ziller* kurz vor der *OMV-Tankstelle* rechts abbiegen Richtung *Gerlospass* und *Gmünd*
PARKMÖGLICHKEIT – 2 km vor der Ortschaft *Gmünd* beim *Ghf. Kühle Rast* rechts in den Forstweg zum Parkplatz einbiegen
START – beim *Ghf. Kühle Rast*, der *Gerlospassstraße* talauswärts entlang und nach 2,6 km bei der blauen Kilometertafel 48,6 links bergauf in den Forstweg einbiegen
TOURENBESCHREIBUNG – **11,2 km** und **832 Hm** sind von *Gmünd* über *Tödtengrubenalm* und *Tötdtengrubenalm Hochleger* bis zum *Dach der Tour* auf Asphalt, gut präpariertem Forstweg und Karrenweg zurückzulegen. Die Tour verläuft anfangs talauswärts auf der Asphaltstraße 2,6 km leicht bergab und anschließend permanent bergauf. Der Rückweg ist derselbe. Insgesamt sind **22,4 km** und **882 Hm** ohne nennenswerte Schwierigkeiten zurückzulegen.
KARTENMATERIAL – **ÖK: 1:25000** 150 | **F&B: 1:50000** 152
INFOS – **Tödtengrubenalm, Tödtengrubenalm Hochleger:** unbewirtschaftete Almhütten

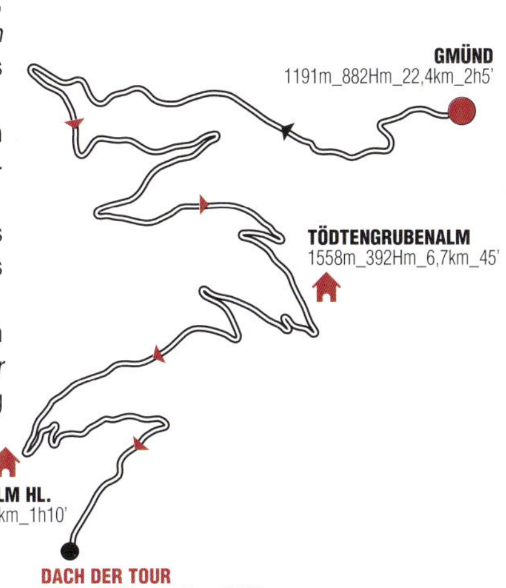

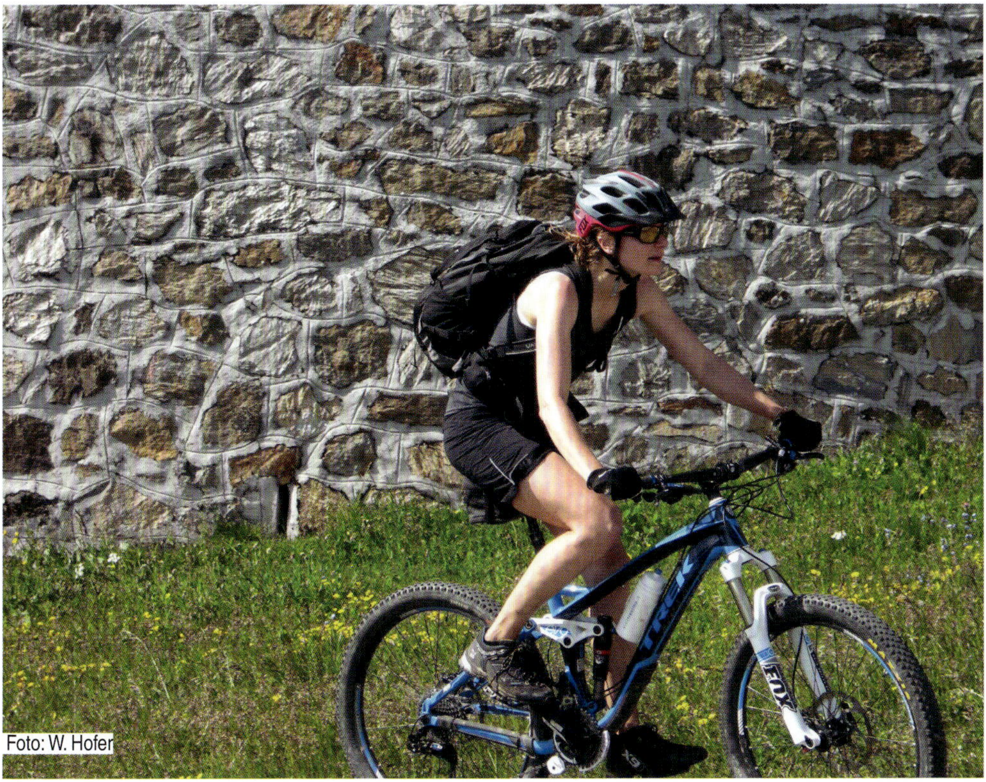

Foto: W. Hofer

089 WEISSBACHALM

ANFAHRT – *Innsbruck – Gmünd* 69 km: A12 Richtung *München*, Ausfahrt *Zillertal*, anschließend der Beschilderung nach *Zell am Ziller* folgen, in *Zell am Ziller* kurz vor der *OMV-Tankstelle* rechts abbiegen Richtung *Gerlospass* und *Gmünd*

PARKMÖGLICHKEIT – 2 km vor der Ortschaft *Gmünd* beim *Ghf. Kühle Rast* rechts in den Forstweg zum Parkplatz einbiegen

START – bei der Parkmöglichkeit, dem *Schwarzachtal* taleinwärts am rechten Bachufer entlang und nach 500 m rechts abbiegen, der Beschilderung *Seespitz* folgen, oder geradeaus zur *Jausenstation Schwarzachalm*

TOURENBESCHREIBUNG – 6,2 km und **717 Hm** sind von *Gmünd* über *Weissbachalm* und *Weissbachalm Mitterleger* bis zum *Weissbachalm Hochleger* auf Forst- und Karrenweg permanent bergauf zurückzulegen. Der Rückweg ist derselbe. Insgesamt sind **12,4 km** und **717 Hm** ohne nennenswerte Schwierigkeiten zu bewältigen.

Tourverbindungen: Auf dem ST8 und ST513 über das *Brandberger Joch* zum *Brandberger Kolmhaus* zur Tour 077 *Karalm*.

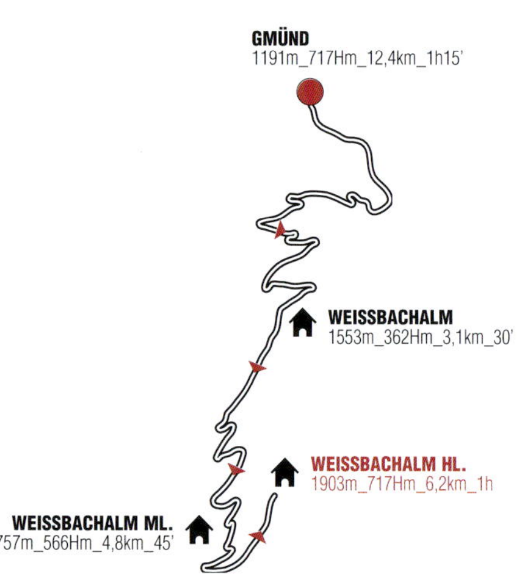

KARTENMATERIAL – ÖK: 1:25000 150 | **F&B: 1:50000** 152

INFOS – Weissbachalm, Weissbachalm Mitterleger, Weissbachalm Hochleger: unbewirtschaftete Almhütten

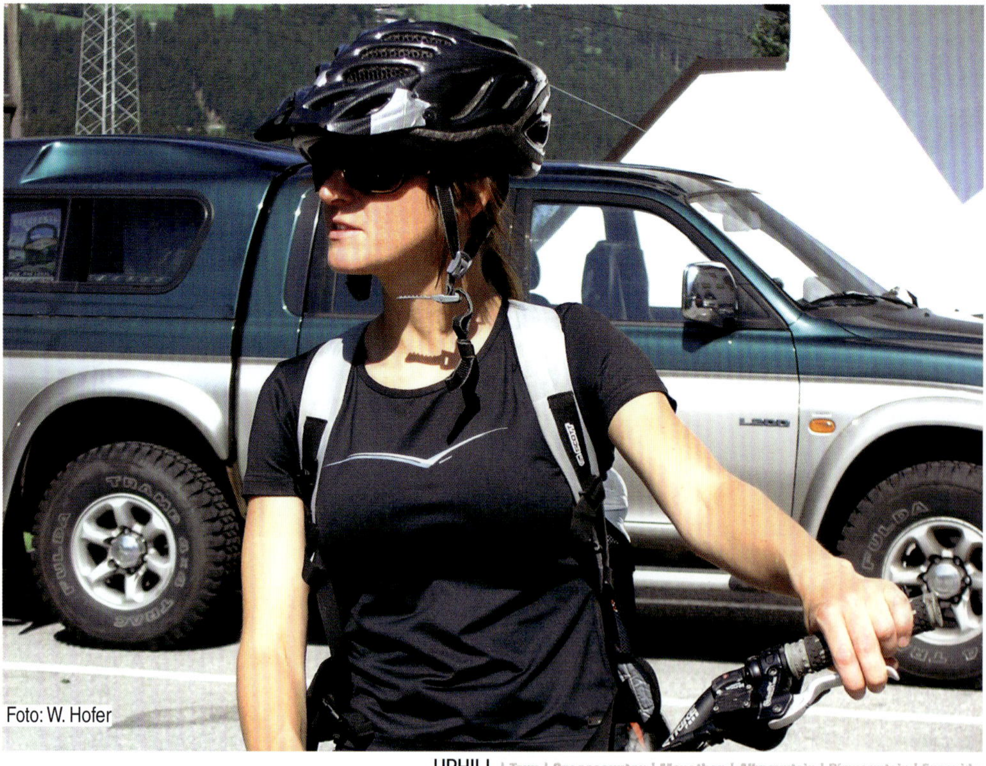

Foto: W. Hofer

090 TRISSLALM

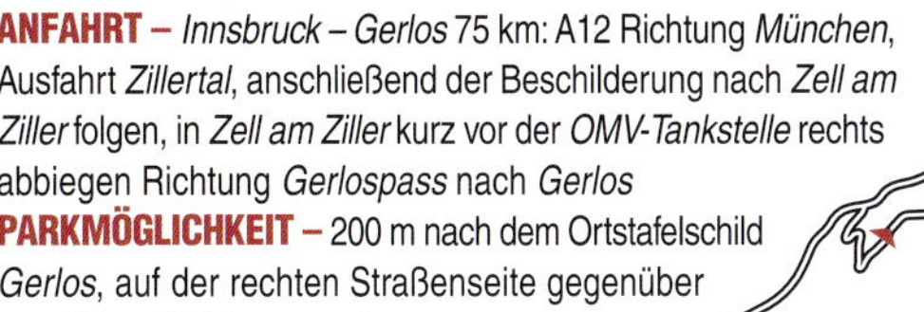

ANFAHRT – *Innsbruck* – *Gerlos* 75 km: A12 Richtung *München*, Ausfahrt *Zillertal*, anschließend der Beschilderung nach *Zell am Ziller* folgen, in *Zell am Ziller* kurz vor der *OMV-Tankstelle* rechts abbiegen Richtung *Gerlospass* nach *Gerlos*
PARKMÖGLICHKEIT – 200 m nach dem Ortstafelschild *Gerlos*, auf der rechten Straßenseite gegenüber vom Haus *Waidmannsruh*
START – beim Haus *Waidmannsruh,* der Asphaltstraße dorfeinwärts folgen, nach 2,8 km bei der blauen Kilometertafel 39,2 rechts in den Forstweg einbiegen, beim rot-weißen Schranken vorbei, nach 200 m geradeaus bergauf weiter und der nachfolgenden Linkskehr folgen
TOURENBESCHREIBUNG – **28,4 km** und **577 Hm** sind auf dieser Rundtour von *Gerlos* über *Auerschlagalm*, *Bärschlagalm*, *Lechneralm*, *Ghf. Finkau*, *Trisslalm* und *Seestüberl* auf Asphalt, gut präpariertem Forstweg, Karrenweg und Single Track abwechselnd bergauf und bergab zurückzulegen. Anfangs verläuft die Tour bis zur *Auerschlagalm* permanent bergauf, anschließend flach und bergab bis zum *Ghf. Finkau,* von dort wieder bergauf bis zur *Trisslalm.* Der Single Track vor der *Bärschlagalm* führt über die Landesgrenze nach *Salzburg* und ist 200 m nicht befahrbar. Für diesen Abschnitt muss ein Fußmarsch von 3 Minuten eingeplant werden. Der Rückweg ist abschnittsweise derselbe. Der Single Track am rechten Seeufer des Stausees *Durchlassboden* ist 2,5 km lang und für geübte Biker mit Trialerfahrung zur Gänze befahrbar. Ungeübten Bikern ist der Rückweg über die *Gerlospassstraße* nach *Gerlos* zu empfehlen.
Tourverbindungen:
091 *Arzlaneralm*
KARTENMATERIAL –
ÖK: 1:25000 150 | 151 |
F&B: 1:50000 152
INFOS – **Auerschlagalm, Bärschlagalm, Lechneralm:** unbewirtschaftete Almhütten; **Ghf. Finkau:** im Sommer bewirtschafteter Ghf.; **Trisslalm:** im Sommer bewirtschaftete Almhütte; **Seestüberl:** im Sommer bewirtschaftete Jausenstation

Foto: W. Hofer

091 ARZLANERALM

GPX 

ANFAHRT – *Innsbruck – Gerlos* 75 km: A12 Richtung *München*, Ausfahrt *Zillertal*, anschließend der Beschilderung nach *Zell am Ziller* folgen, in *Zell am Ziller* kurz vor der *OMV-Tankstelle* rechts abbiegen Richtung *Gerlospass* nach *Gerlos*

PARKMÖGLICHKEIT – 200 m nach dem Ortstafelschild *Gerlos*, auf der rechten Straßenseite gegenüber vom Haus *Waidmannsruh*

START – beim Haus *Waidmannsruh,* der Asphaltstraße dorfeinwärts entlang, nach 1,6 km bei der *OMV-Tankstelle* links abbiegen und der Beschilderung *Gerlos-Innertal* folgen, anschließend bei der Talstation *Isskogelbahn* vorbei

TOURENBESCHREIBUNG – 9,8 km und **597 Hm** sind von *Gerlos* über *Hansi's Sunnalm, Hanselträttalm, Leiteneggalm* und *Neuhüttenalm* bis zur *Arzlaneralm* auf Asphalt, gut präpariertem Forstweg und Karrenweg zurückzulegen. Bis zur *Neuhüttenalm* führt die Tour permanent bergauf und nach der *Neuhüttenalm* auf einem Karrenweg **69 Hm** bis zur *Arzlaneralm* bergab. Der Rückweg ist derselbe. Insgesamt sind **19,6 km** und **666 Hm** ohne nennenswerte Schwierigkeiten zu bewältigen.

Tourverbindungen: 085 *Isskogel*, 090 *Trisslalm*

KARTENMATERIAL – ÖK: 1:25000 120 | 150 | **F&B: 1:50000** 152

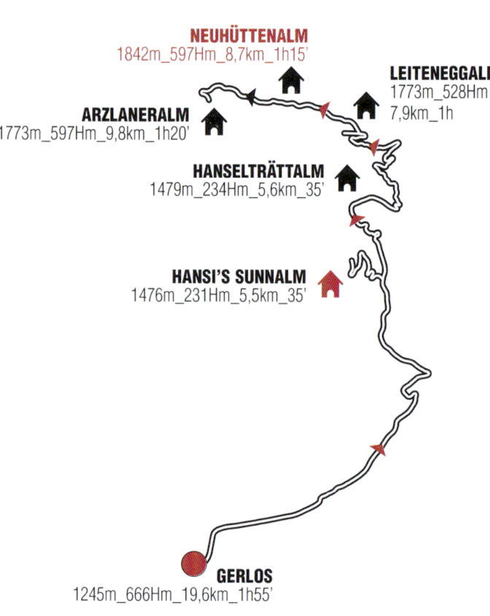

INFOS – Hansi's Sunnalm: im Sommer bewirtschafteter Berggḣf.; **Hanselträttalm, Leiteneggalm, Neuhüttenalm, Arzlaneralm:** unbewirtschaftete Almhütten

Foto: W. Hofer

092 PASTEINALM

ANFAHRT – *Innsbruck – Gerlos* 75 km: A12 Richtung *München*, Ausfahrt *Zillertal*, anschließend der Beschilderung nach *Zell am Ziller* folgen, in *Zell am Ziller* kurz vor der *OMV-Tankstelle* rechts abbiegen Richtung *Gerlospass* nach *Gerlos*

PARKMÖGLICHKEIT – 200 m nach dem Ortstafelschild *Gerlos*, auf der rechten Straßenseite gegenüber vom Haus *Waidmannsruh*

START – beim Haus *Waidmannsruh,* der Asphaltstraße dorfeinwärts folgen, nach 1,3 km beim *Gästehaus Birkenheim* rechts abbiegen über die Brücke des *Gerlosbachs,* anschließend links abbiegen am rechten Bachufer entlang

TOURENBESCHREIBUNG – 10,5 km und **655 Hm** sind von *Gerlos* über *Stinkmoosalm*, *Lackenalm*, *Issalm* und *Pasteinalm* bis zum *Dach der Tour* auf Asphalt, Forstweg und Karrenweg permanent bergauf zurückzulegen. Der Rückweg ist derselbe. Insgesamt sind **21 km** und **655 Hm** zu bewältigen. Die letzten 500 m Karrenweg bergauf zum *Dach der Tour* sind sehr steil und großteils in schlechtem Zustand. Deshalb ist dies der anspruchsvollste Abschnitt der Tour.

KARTENMATERIAL – ÖK: 1:25000 150 | **F&B: 1:50000** 152

INFOS – Stinkmoosalm, Issalm, Pasteinalm: unbewirtschaftete Almhütten; **Lackenalm:** im Sommer bewirtschaftete Almhütte

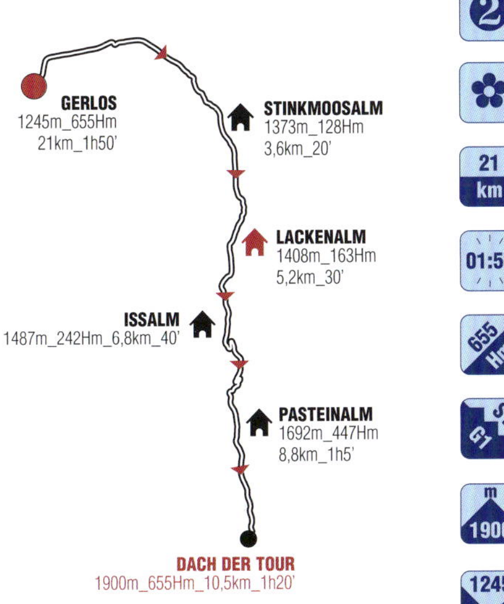

2

21 km

01:50

655 Hm

S1 G1

m 1900

1245 m

Foto: W. Hofer

093 - 099
TUXERTAL

FINKENBERG
093 Lämmerbichlalm
094 Geschößwandhaus

VORDERLANERSBACH
095 Eggalm
096 Vallruckalm

LANERSBACH
097 Stoankasernalm
098 Brandteralm

HINTERTUX
099 Tuxer-Joch-Hütte

Foto: © TVB-Tux Finkenbe

093 LÄMMERBICHLALM

ANFAHRT – *Innsbruck – Finkenberg* 71 km: A12 Richtung *München*, Ausfahrt *Zillertal*, anschließend der Beschilderung Richtung *Zell am Ziller* und *Mayrhofen* folgen, in *Mayrhofen* geradeaus weiter bis zum Kreisverkehr *Ginzling | Finkenberg*, dort rechts abbiegen ins *Tuxertal* nach *Finkenberg* zur Talstation *Finkenberger Almbahnen*

PARKMÖGLICHKEIT – bei der Talstation *Finkenberger Almbahnen*

START – bei der Talstation *Finkenberger Almbahnen,* der Asphaltstraße bergauf taleinwärts entlang, nach 500 m rechts abbiegen und der dortigen Beschilderung nach *Astegg* und *Stein* folgen

TOURENBESCHREIBUNG – 34,8 km und **1481 Hm** sind auf dieser Rundtour von *Finkenberg* über *Gschößwandhaus, Ghf. Gschößalm, Penkenalm, Vronis Schialm, Wanglalm, Lämmerbichlalm* und *Vorderlanersbach* bis nach *Finkenberg* zurückzulegen. Bis zur *Vronis Schialm* verläuft die Tour auf Asphalt und Forststraßen permanent bergauf. Anschließend auf Karrenweg und Single Track abwechselnd bergauf und bergab. Der 1,8 km lange Karrenweg nach der *Wanglalm* ist großteils in schlechtem Zustand. Der tiefe Boden macht aus geringen Steigungen schwere Anstiege. Konditionsschwächere Biker fahren von der *Wanglalm* bergab nach *Vorderlanersbach.* Der 1,1 km lange Single Track bergab zur *Lämmerbichlalm* ist für geübte Biker befahrbar. Ungeübte Biker müssen für diesen Abschnitt einen zusätzlichen Fußmarsch von zehn Minuten einplanen. Der Rest des Rückwegs führt ohne nennenswerte Schwierigkeiten auf Forst- und Asphaltstraßen permanent bergab.

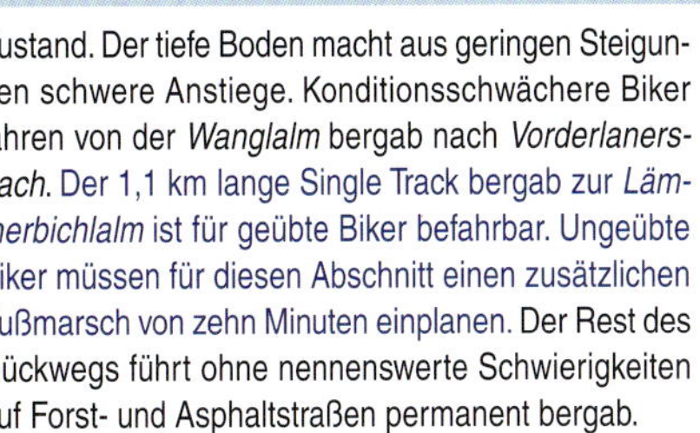

Tourverbindungen: 001 *Geiseljoch*, 099 *Tuxer-Joch-Hütte*, 096 *Vallruckalm*, 095 *Eggalm*, 072 *Penkenalm*, 094 *Gschößwandhaus*, über das *Nurpensjoch* zur Tour 009 *Haglhütte*

KARTENMATERIAL – ÖK: 1:25000 149 | 150 | **F&B: 1:50000** 152

INFOS – Gschößwandhaus: im Sommer bewirtschafteter Ghf.; **Ghf. Gschößalm:** im Sommer bewirtschafteter Ghf.; **Penkenalm:** bewirtschaftet Ende Mai bis Anfang Oktober; **Vronis Schialm:** bewirtschaftet Mitte Juni bis Ende Oktober; **Wanglalm:** unbewirtschaftete Almhütte; **Lämmerbichlalm:** bewirtschaftet Anfang Juli bis Anfang Oktober

4

34,8 km

03:15

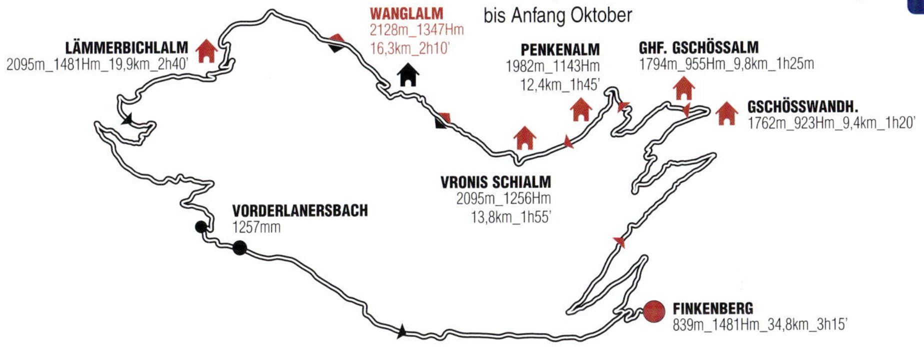

Foto: © TVB-Tux Finkenberg

094 GSCHÖSSWANDHAUS

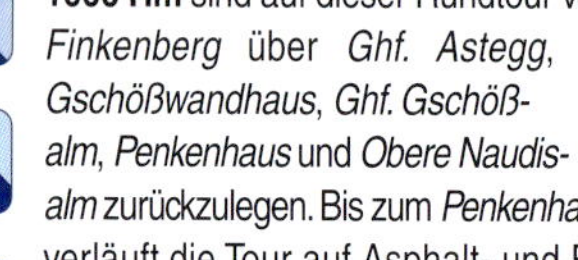

ANFAHRT – *Innsbruck – Finkenberg* 71 km: A12 Richtung *München*, Ausfahrt *Zillertal*, anschließend der Beschilderung Richtung *Zell am Ziller* und *Mayrhofen* folgen, in *Mayrhofen* geradeaus weiter bis zum Kreisverkehr *Ginzling | Finkenberg*, dort rechts abbiegen ins *Tuxertal* nach *Finkenberg* zur Talstation *Finkenberger Almbahnen*

PARKMÖGLICHKEIT – bei der Talstation *Finkenberger Almbahnen*

START – bei der Talstation *Finkenberger Almbahnen*, der Asphaltstraße bergauf taleinwärts entlang, nach 500 m rechts abbiegen und der dortigen Beschilderung nach *Astegg* und *Stein* folgen

TOURENBESCHREIBUNG – 22,5 km und **1000 Hm** sind auf dieser Rundtour von *Finkenberg* über *Ghf. Astegg*, *Gschößwandhaus*, *Ghf. Gschößalm*, *Penkenhaus* und *Obere Naudisalm* zurückzulegen. Bis zum *Penkenhaus* verläuft die Tour auf Asphalt- und Forststraßen permanent bergauf. Vom *Penkenhaus* bis zur *Oberen Naudisalm* führt Forstweg, Asphalt und Single Track abwechselnd bergauf und bergab. Der 700 m lange Single Track vor der *Oberen Naudisalm* ist anfangs für geübte Biker leicht zu bewältigen. Ein Teil dieses Abschnitts ist jedoch nicht befahrbar, ein zusätzlicher Fußmarsch von zehn Minuten ist einzuplanen. Der Rest des Rückwegs führt permanent bergab bis nach *Finkenberg* und weist keine nennenswerten Schwierigkeiten auf.

Tourverbindungen: 001 *Geiseljoch*, 099 *Tuxer-Joch-Hütte*, 096 *Vallruckalm*, *095 Eggalm*, 072 *Penkenalm*, 094 *Gschößwandhaus*, über das *Nurpensjoch* zur Tour 009 *Haglhütte*

KARTENMATERIAL – ÖK: 1:25000 149 | 150 | **F&B: 1:50000** 152

INFOS – Ghf. Astegg: bewirtschaftet Mitte Mai bis Ende Oktober; **Gschößwandhaus:** im Sommer bewirtschafteter Ghf.; **Ghf. Gschößalm:** im Sommer bewirtschafteter Ghf.; **Penkenhaus:** bewirtschaftet Ende Mai bis Mitte Oktober; **Obere Naudisalm:** unbewirtschaftete Almhütte

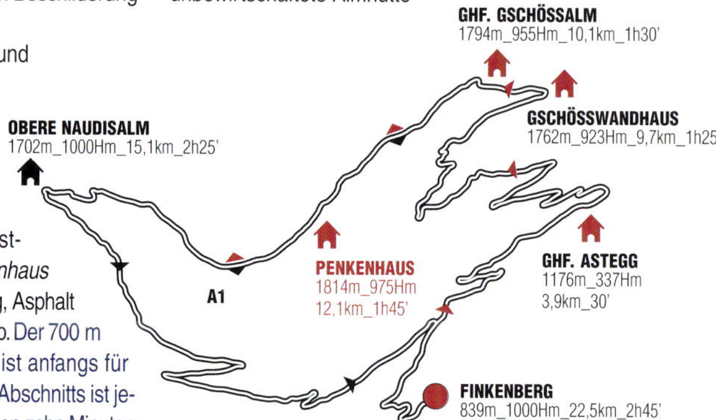

Foto: © TVB-Tux Finkenberg

095 EGGALM

ANFAHRT – *Innsbruck – Vorderlanersbach*
79 km: A12 Richtung *München*, Ausfahrt *Zillertal*, anschließend der Beschilderung Richtung *Zell am Ziller* und *Mayrhofen* folgen, in *Mayrhofen* geradeaus weiter bis zum Kreisverkehr *Ginzling | Lanersbach*, dort rechts abbiegen ins *Tuxertal* nach *Vorderlanersbach* zur Talstation *Rastkogelbahn*

PARKMÖGLICHKEIT – bei der Talstation *Rastkogelbahn*

START – bei der Talstation *Rastkogelbahn,* der Asphaltstraße bergab bis zur *Raiffeisenkasse* folgen und dort links abbiegen beim Haus mit dem Namen *Staudenhäusl* vorbei, nach 400 m links bergauf abbiegen, bei der *Pension Jagdhof* vorbei, der Beschilderung zu den *Geiselhöfen* folgen

TOURENBESCHREIBUNG – 20,8 km und **936 Hm** sind auf dieser Rundtour von *Vorderlanersbach* über *Ghf. Geislerhof*, *Nasse Tuxalm*, *Ghf. Eggalm*, und *Lattenalm* zurückzulegen. Bis zur *Nassen Tuxalm* verläuft die Tour auf Asphalt- und Forststraßen permanent bergauf. Von der *Nassen Tuxalm* bis zum *Ghf. Eggalm* geht es abwechselnd bergauf und bergab auf Karrenweg, Single Track und Forstweg. Der Single Track ist 300 m lang, führt über den *Torbach* zum Forstweg auf der linken Bachseite und ist nicht befahrbar. Für diesen Abschnitt ist ein zusätzlicher Fußmarsch über unwegsames Gelände von drei Minuten einzuplanen. Der Rückweg vom *Ghf. Eggalm* über die *Lattenalm* nach *Vorderlanersbach* weist bis auf den 400 m langen Single Track vor der *Lattenalm* keine nennenswerten Schwierigkeiten auf und führt auf Forst- und Asphaltstraßen permanent bergab. Dieser Single Track ist für geübte Biker leicht zu bewältigen. Ungeübte Biker fahren besser denselben Weg retour zur *Lattenalm*.

Tourverbindungen: 096 *Vallruckalm*, 001 *Geiseljoch*, 072 *Penkenalm*, 094 *Gschößwandhaus*, 099 *Tuxer-Joch-Hütte*, 093 *Lämmerbichlalm*

KARTENMATERIAL – ÖK: 1:25000 149 |
F&B: 1:50000 152

INFOS – Ghf. Geislerhof: bewirtschaftet Anfang Augus bis Mitte September; **Nasse Tuxalm:** unbewirtschaftete Almhütte; **Lattenalm:** bewirtschaftet Ende Juni bis Anfang Oktober; **Ghf. Eggalm:** bewirtschaftet Mitte Juni bis Anfang Oktober

Foto: © TVB-Tux Finkenberg

096 VALLRUCKALM

ANFAHRT – *Innsbruck – Vorderlanersbach* 79 km: A12 Richtung *München*, Ausfahrt *Zillertal*, anschließend der Beschilderung Richtung *Zell am Ziller* und *Mayrhofen* folgen, in *Mayrhofen* geradeaus weiter bis zum Kreisverkehr *Ginzling | Lanersbach*, dort rechts abbiegen ins *Tuxertal* nach *Vorderlanersbach* zur Talstation *Rastkogelbahn*

PARKMÖGLICHKEIT – bei der Talstation *Rastkogelbahn*

START – bei der Talstation *Rastkogelbahn*, der Asphaltstraße bergab bis zur *Raiffeisenkasse* folgen und dort links abbiegen, beim Haus mit dem Namen *Staudenhäusl* vorbei, nach 400 m links bergauf abbiegen, bei der *Pension Jagdhof* vorbei, der Beschilderung zu den *Geiselhöfen* folgen

TOURENBESCHREIBUNG – 10,7 km und **875 Hm** sind von *Vorderlanersbach* über die *Hobalm* bis zur *Vallruckalm* auf Asphalt- und Forststraßen permanent bergauf, zurückzulegen. Der Rückweg ist derselbe. Insgesamt sind **21,4 km** und **875 Hm** ohne nennenswerte Schwierigkeiten zurückzulegen.

Tourverbindungen: 001 *Geiseljoch*, 093 *Lämmerbichlalm*, 094 *Gschößwandhhaus*, über das *Grafennsjoch* zur Tour 002 *Grafennsalm*, *095 Eggalm*, 099 *Tuxer-Joch-Hütte*

KARTENMATERIAL – ÖK: 1:25000 149 | **F&B: 1:50000** 152

INFOS – Hob Alm: unbewirtschaftete Almhütte; **Vallruckalm:** bewirtschaftet Anfang Juli bis Ende September

Foto: © TVB-Tux Finkenberg

097 STOANKASERNALM

ANFAHRT – *Innsbruck – Lanersbach* 81 km: A12 Richtung *München*, Ausfahrt *Zillertal*, anschließend der Beschilderung Richtung *Zell am Ziller* und *Mayrhofen* folgen, in *Mayrhofen* geradeaus weiter bis zum Kreisverkehr *Ginzling | Lanersbach*, dort rechts abbiegen ins *Tuxertal* nach *Lanersbach*

PARKMÖGLICHKEIT – gegenüber vom *Sporthotel Kirchler*

START – bei der Parkmöglichkeit, der Asphaltstraße taleinwärts nach *Juns* folgen, nach 1,5 km, vor der *Bergsportschule Tux* rechts bergauf abbiegen Richtung *Höhenweg Lanersbach* und nach 500 m geradeaus weiter Richtung *Junsalm* und *Stoankasern*

TOURENBESCHREIBUNG – 7,7 km und **703 Hm** sind von *Lanersbach* über den *Junsalm Niederleger* bis zur *Stoankasernalm* auf Asphalt- und Forststraßen permanent bergauf zurückzulegen. Der Rückweg ist derselbe. Insgesamt sind **15,4 km** und **703 Hm** ohne nennenswerte Schwierigkeiten zu bewältigen.

Tourverbindungen: 098 *Brandteralm*

KARTENMATERIAL – ÖK: 1:25000 149 | **F&B: 1:50000** 152

INFOS – Junsalm Niederleger: unbewirtschaftete Almhütte; **Stoankasernalm:** bewirtschaftet Anfang Juni bis Anfang Oktober

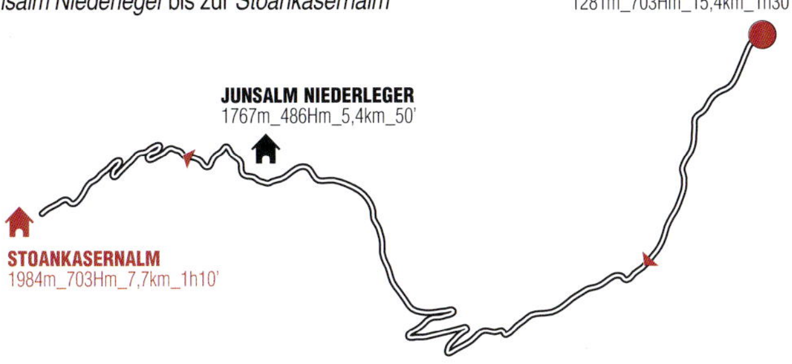

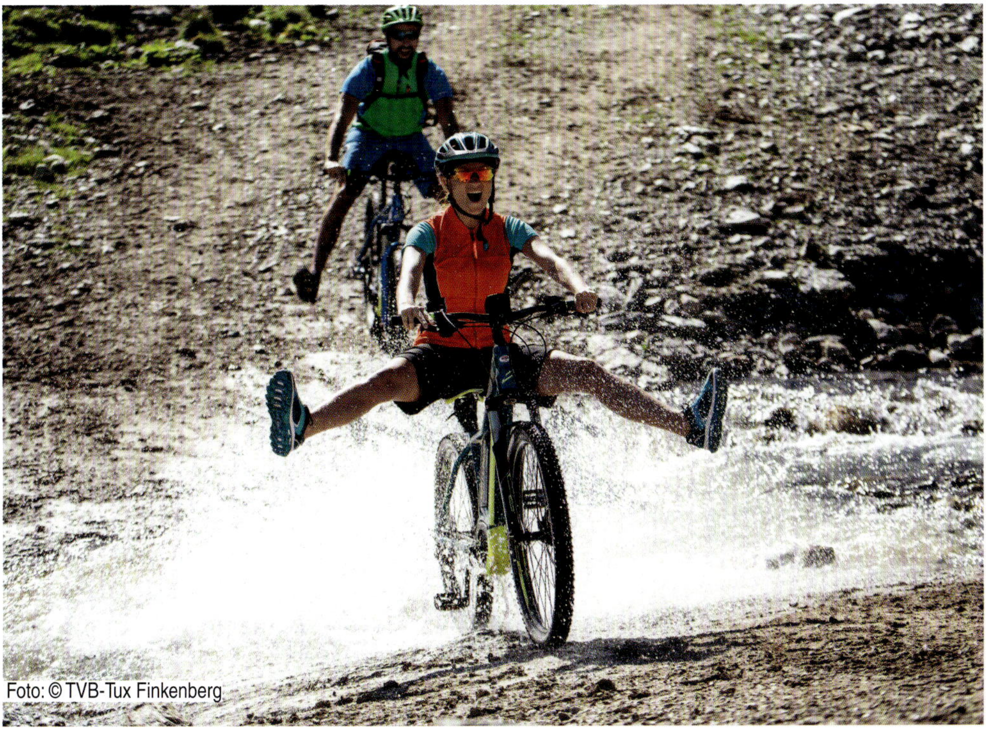

Foto: © TVB-Tux Finkenberg

098 BRANDTERALM

ANFAHRT – *Innsbruck – Lanersbach* 81 km: A12 Richtung *München*, Ausfahrt *Zillertal*, anschließend der Beschilderung Richtung *Zell am Ziller* und *Mayrhofen* folgen, in *Mayrhofen* geradeaus weiter bis zum Kreisverkehr *Ginzling | Lanersbach*, dort rechts abbiegen ins *Tuxertal* nach *Lanersbach*

PARKMÖGLICHKEIT – gegenüber vom *Sporthotel Kirchler*

START – bei der Parkmöglichkeit, der Asphaltstraße taleinwärts nach *Juns* folgen, nach 1,5 km, vor der *Bergsportschule Tux* rechts bergauf abbiegen Richtung *Höhenweg Lanersbach* und nach 500 m geradeaus weiter Richtung *Junsalm* und *Stoankasern*

TOURENBESCHREIBUNG – 5 km und **319 Hm** sind von *Lanersbach* bis zur *Brandteralm* auf Asphalt- und Forststraßen großteils bergauf zurückzulegen. Der Rückweg ist derselbe. Insgesamt sind **10 km** und **350 Hm** ohne nennenswerte Schwierigkeiten zu bewältigen.

Tourverbindungen: 097 *Stoankasernalm*

KARTENMATERIAL – ÖK: 1:25000 149 | **F&B: 1:50000** 152

INFOS – Brandteralm: bewirtschaftet Ende Juni bis Ende Oktober

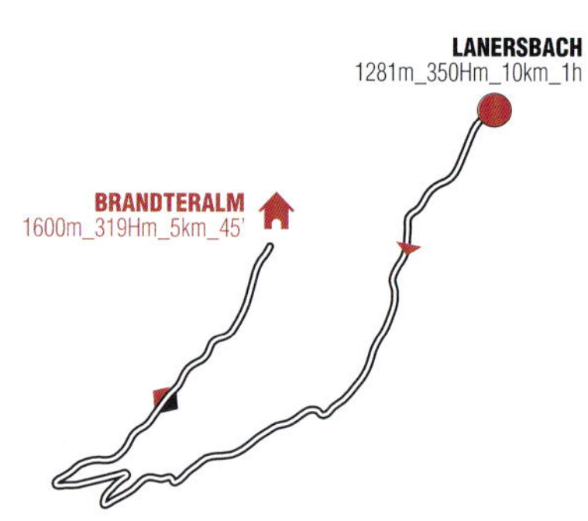

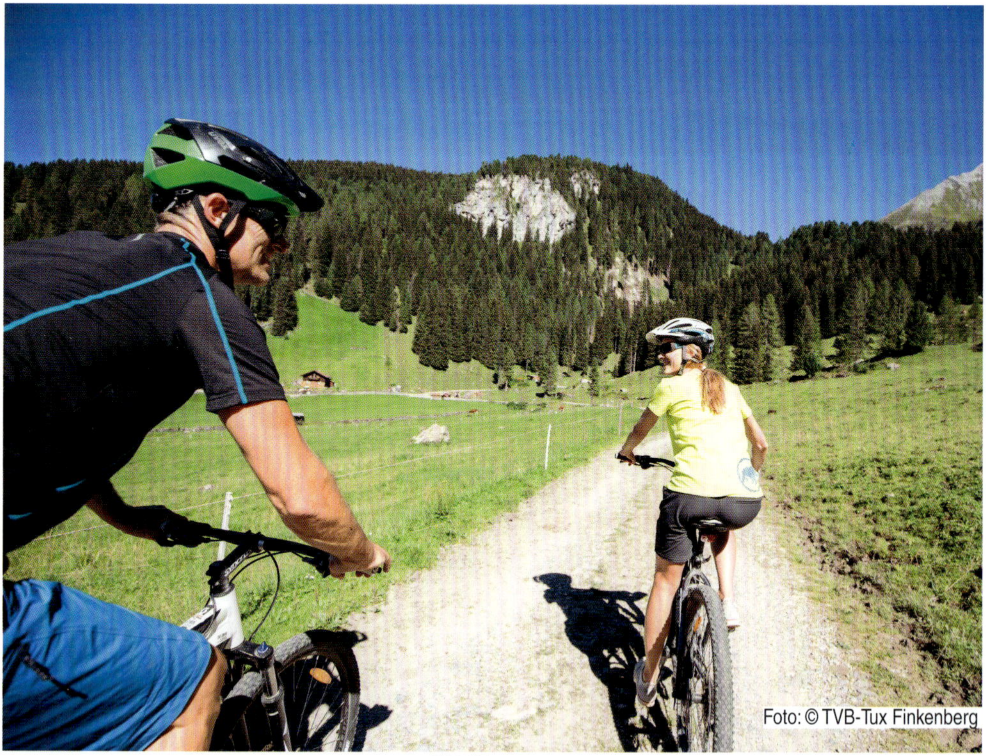

Foto: © TVB-Tux Finkenberg

099 TUXER-JOCH-HÜTTE

ANFAHRT – *Innsbruck – Hintertux* 86 km: A12 Richtung *München*, Ausfahrt *Zillertal*, anschließend der Beschilderung Richtung *Zell am Ziller* und *Mayrhofen* folgen, in *Mayrhofen* geradeaus weiter bis zum Kreisverkehr *Ginzling | Hintertux*, dort rechts abbiegen ins *Tuxertal* nach *Hintertux* zum *Hotel Alpenhof*
PARKMÖGLICHKEIT – in der Nähe vom *Hotel Alpenhof*
START – beim *Hotel Alpenhof,* der Asphaltstraße talauswärts entlang, nach 300 m links bergauf abbiegen, der Beschilderung zur *Bichlalm* folgen

TOURENBESCHREIBUNG – 9,4 km und **823 Hm** sind von *Hintertux* über *Bichlalm* und *Sommerbergalm* bis zur *Tuxer-Joch-Hütte* auf Asphalt, Forstweg und Karrenweg permanent bergauf zurückzulegen. Von der *Bichlalm* bergauf zur *Sommerbergalm* sind abschnittsweise sehr steile Anstiege zu bewältigen. Die Forststraße von der *Sommerbergalm* bis zur *Tuxer-Joch-Hütte* führt durchgehend extrem steil bergauf. Der Rückweg von der *Tuxer-Joch-Hütte* über die *Bichlalm* nach *Hintertux* verläuft auf Karrenweg, Single Track, Forstweg und auf einem kurzem Stück Asphalt ohne weitere Anstiege permanent bergab. Der 700 m lange Single Track vor der *Bichlalm* ist für geübte Biker großteils befahrbar. Die letzten 100 m führen auf künstlich angelegten Stufen extrem steil bergab. Dieser Abschnitt ist daher nur noch für geübte Trialbiker befahrbar. Insgesamt sind auf dieser Rundtour **18 km** und **823 Hm** zu bewältigen.

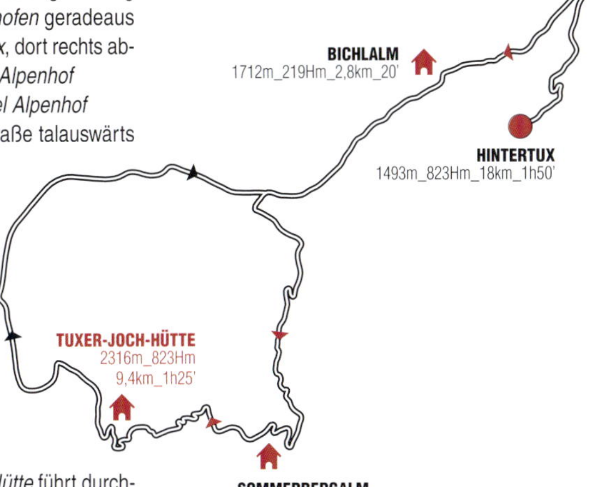

4

Tourverbindungen: über das *Tuxer-Joch* nach *Kasern* ins *Schmirn-* und *Wipptal*
KARTENMATERIAL – ÖK: 1:25000 119 od. 149 | **F&B: 1:50000** 152
INFOS – Bichlalm: bewirtschaftet Anfang Juni bis Mitte Oktober; **Sommerbergalm:** ganzjährig bewirtschaftete Schihütte; **Tuxer-Joch-Hütte:** bewirtschaftet Mitte Juni bis Mitte Oktober

Tuxertal | Foto: © TVB-Tux Finkenberg

100 - 108

LEUKENTAL

Foto: © TVB-Kitzbüheler Alpen / Carlos Blanchard

100 HOHE SALVE

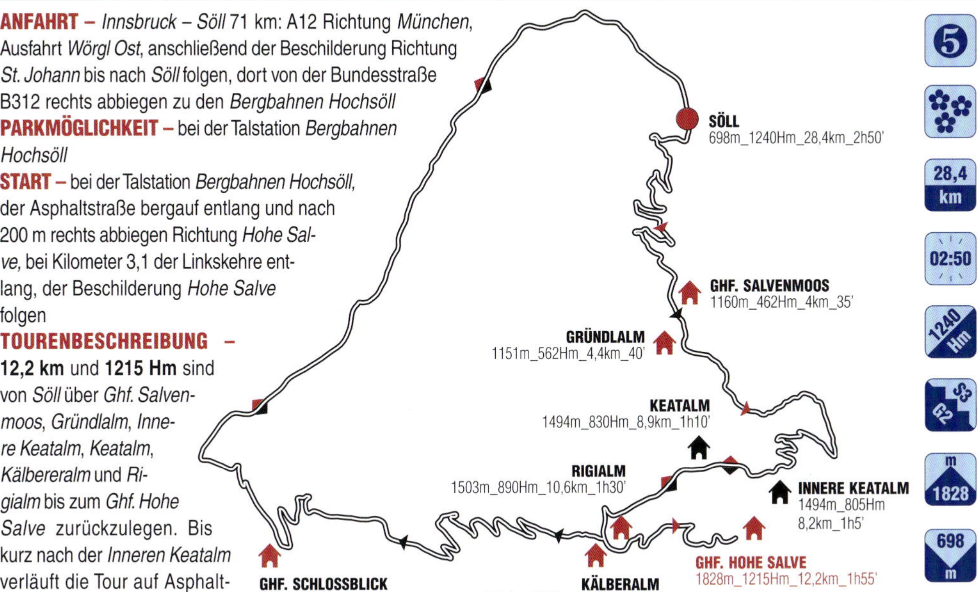

ANFAHRT – *Innsbruck – Söll* 71 km: A12 Richtung *München*, Ausfahrt *Wörgl Ost*, anschließend der Beschilderung Richtung *St. Johann* bis nach *Söll* folgen, dort von der Bundesstraße B312 rechts abbiegen zu den *Bergbahnen Hochsöll*

PARKMÖGLICHKEIT – bei der Talstation *Bergbahnen Hochsöll*

START – bei der Talstation *Bergbahnen Hochsöll*, der Asphaltstraße bergauf entlang und nach 200 m rechts abbiegen Richtung *Hohe Salve*, bei Kilometer 3,1 der Linkskehre entlang, der Beschilderung *Hohe Salve* folgen

TOURENBESCHREIBUNG – **12,2 km** und **1215 Hm** sind von *Söll* über *Ghf. Salvenmoos*, *Gründlalm*, *Innere Keatalm*, *Keatalm*, *Kälbereralm* und *Rigialm* bis zum *Ghf. Hohe Salve* zurückzulegen. Bis kurz nach der *Inneren Keatalm* verläuft die Tour auf Asphalt- und Forststraßen permanent bergauf. Anschließend auf Forstweg und Single Track leicht bergab bis zur *Kälbereralm*. Dieser Single Track ist 1 km lang und für Trialbiker zur Gänze befahrbar. Ungeübte Biker müssen für diesen Abschnitt einen zusätzlichen Fußmarsch von sieben Minuten einplanen. Der 1,6 km lange Karrenweg bergauf zum *Ghf. Hohe Salve* ist extrem steil und meist in schlechtem Zustand. Die Auffahrt ist als technisch sehr anspruchsvoll einzustufen und daher nur geübten Bikern zu empfehlen. Der Rückweg bis zur *Rigialm* ist derselbe. Die Abfahrt von der *Rigialm* über *Kälberalm* bis zum *Ghf. Schlossblick* führt auf Forstweg, Asphalt, Karrenweg und Single Track ohne nennenswerte Schwierigkeiten permanent bergab. Vom *Ghf. Schlossblick* abwechselnd bergauf und bergab auf Asphalt- und Forststraßen zurück nach *Söll*. Insgesamt sind **28,4 km** und **1240 Hm** auf dieser Rundtour zu bewältigen.

Tourverbindungen: 020 *Moorsee*, 101 *Brandstadl*, 102 *Hühneralm*, 103 *Filzalm*

KARTENMATERIAL – ÖK: 1:25000 90 | 121 | **F&B: 1:50000** 301

INFOS – Ghf. Salvenmoos: im Sommer bewirtschafteter Ghf.; **Gründlalm, Kälberalm, Rigialm:** im Sommer bewirtschaftete Almhütten; **Innere Keatalm, Keatalm:** unbewirtschaftete Almhütte; **Ghf. Hohe Salve:** im Sommer bewirtschaftete Schihütte; **Ghf. Schlossblick:** ganzjährig bewirtschafteter Ghf.

Foto: © TVB-Kitzbüheler Alpen / Norbert Eisele-Hein

101 BRANDSTADL

ANFAHRT – *Innsbruck – Söll* 71 km: A12 Richtung *München*, Ausfahrt *Wörgl Ost*, anschließend der Beschilderung Richtung *St. Johann* bis nach *Söll* folgen, dort von der Bundesstraße B312 rechts abbiegen zu den *Bergbahnen Hochsöll*

PARKMÖGLICHKEIT – bei der Talstation *Bergbahnen Hochsöll*

START – bei der Talstation *Bergbahnen Hochsöll,* der Asphaltstraße am rechten Bachufer des *Stampfangerbachs* bergauf entlang, bei Kilometer 0,4, nach der Brücke über den *Stampfangerbach,* geradeaus weiter, der Beschilderung zur *Brandstadlalm* folgen

TOURENBESCHREIBUNG – 9,6 km und **872 Hm** sind von *Söll* über *Ghf. Gruberhof*, *Ghf. Kogl-Kaser* und *Brandstadlalm* bis zum *Ghf. Brandstadl* auf Asphalt, gut präpariertem Forstweg und Single Track permanent bergauf zurückzulegen. Der 600 m lange Single Track vor dem *Ghf. Brandstadl* ist für geübte Biker zur Gänze befahrbar. Der Rückweg führt über die *Hartkaseralm* und *Obere Ranhartalm* abwechselnd bergauf und bergab, großteils auf Forst- und Asphaltstraßen zurück nach *Söll*. Der 300 m lange Single Track nach der *Oberen Ranhartalm* ist für geübte Biker leicht befahrbar. Insgesamt sind **30,7 km** und **1026 Hm** zu bewältigen.

Tourverbindungen: 102 *Hühneralm*, 106 *Jägerhütte*

KARTENMATERIAL – ÖK: 1:25000 90 | 121 | **F&B: 1:50000** 301

INFOS – Ghf. Gruberhof: ganzjährig bewirtschafteter Ghf.; **Ghf. Kogl-Kaser:** unbewirtschaftetes Ferienhaus; **Brandstadlalm, Hartkaseralm, Obere Ranhartalm:** unbewirtschaftete Almhütten; **Ghf. Brandstadl:** im Sommer bewirtschaftete Schihütte

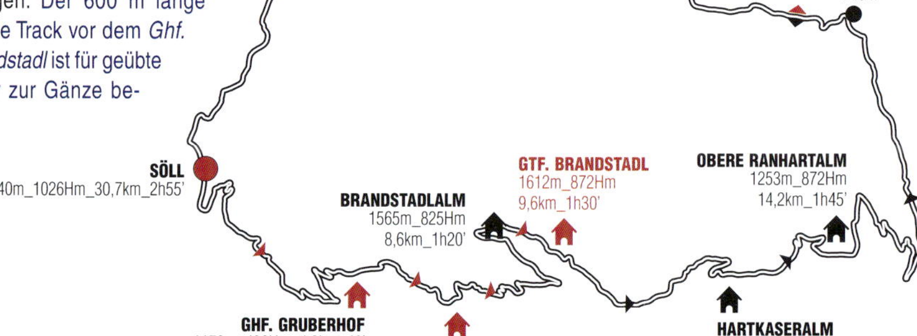

Brandstadlalm (1565 m) | Foto: W. Hofer

102 HÜHNERALM

ANFAHRT – *Innsbruck – Söll* 71 km: A12 Richtung *München*, Ausfahrt *Wörgl Ost*, anschließend der Beschilderung Richtung *St. Johann* bis nach *Söll* folgen, dort von der Bundesstraße B312 rechts abbiegen zu den *Bergbahnen Hochsöll*
PARKMÖGLICHKEIT – bei der Talstation *Bergbahnen Hochsöll*
START – bei der Talstation *Bergbahnen Hochsöll,* der Asphaltstraße am rechten Bachufer des *Stampfangerbachs* bergauf entlang, bei Kilometer 0,4, nach der Brücke über den *Stampfangerbach,* geradeaus bergauf weiter, bei Kilometer 1,8 geradeaus bergauf weiter, der Beschilderung zum *Gruberhof* folgen
TOURENBESCHREIBUNG – 9,6 km und **872 Hm** sind von *Söll* über *Ghf. Gruberhof, Ghf. Kogl-Kaser* und *Brandstadlalm* bis zum *Ghf. Brandstadl* auf Asphalt, gut präpariertem Forstweg und Single Track permanent bergauf zurückzulegen. Der 600 m lange Single Track vor dem *Ghf. Brandstadl* ist für geübte Biker zur Gänze befahrbar. Die Abfahrt ins Tal vorbei an der *Hühneralm, Brandlalm,* dem *Ghf. Hochlechen* und *Ghf. Bavaria* verläuft auf Forst- und Asphaltstraßen permanent bergab. Nach dem *Ghf. Bavaria* führt die Tour abwechselnd bergauf und bergab, ohne nennenswerte Schwierigkeiten, zurück zum Ausgangspunkt nach *Söll.* Insgesamt sind **22,1 km** und **936 Hm** zu bewältigen.
Tourverbindungen: 100 *Hohe Salve*, 103 *Filzalm*, 101 *Brandstadl*
KARTENMATERIAL – ÖK: 1:25000 90 | 121 | **F&B: 1:50000** 301
INFOS – Ghf. Gruberhof, Ghf. Hochlechen, Ghf. Bavaria: ganzjährig bewirtschaftete Ghf.; **Ghf. Kogl-Kaser:** unbewirtschaftetes Ferienhaus.; **Brandstadlalm, Hühneralm, Brandlalm:** unbewirtschaftete Almhütten; **Ghf. Brandstadl:** im Sommer bewirtschaftete Schihütte

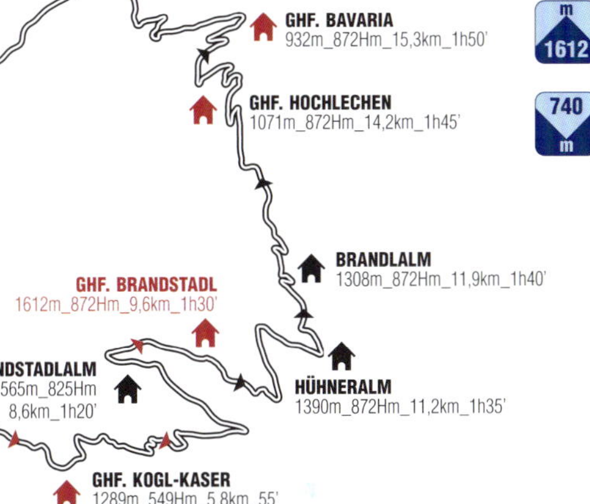

Foto: © TVB-Wilder Kaiser / Norbert Eisele-Hein

103 FILZALM

3

32,1 km

02:35

765 Hm

S2 G1

m 1287

730 m

ANFAHRT – *Innsbruck – Söll* 71 km: A12 Richtung *München*, Ausfahrt *Wörgl Ost*, anschließend der Beschilderung Richtung *St. Johann* bis nach *Söll* folgen, dort von der Bundesstraße B312 rechts abbiegen zu den *Bergbahnen Hochsöll*

PARKMÖGLICHKEIT – bei der Talstation *Bergbahnen Hochsöll*

START – bei der Talstation *Bergbahnen Hochsöll,* der Asphaltstraße am rechten Bachufer des *Stampfangerbachs* bergauf folgen und nach 200 m rechts abbiegen Richtung *Hohe Salve*

TOURENBESCHREIBUNG – 9,2 km und **614 Hm** sind von *Söll* über *Ghf. Stöcklalm*, *Gründlalm* und *Silleralm* bis zur *Filzenalm* auf Asphalt- und Forststraßen abwechselnd bergauf und bergab zurückzulegen. Die Abfahrt nach der *Filzenalm* bis nach *Hof*, vorbei am *Ghf. Oberkaslach*, führt auf Single Track und Asphalt permanent bergab. Der 400 m lange Single Track ist für geübte Biker zur Gänze befahrbar. Der Rest des Rückwegs von *Hof* über *Hopfgarten* und den *Ghf. Itterwirt* zurück nach *Söll,* führt meist auf Asphaltstraßen abwechselnd bergauf und bergab. Insgesamt sind **32,1 km** und **765 Hm** auf dieser Runtour zu bewältigen.

Tourverbindungen: 020 *Moorsee*, 102 *Hühneralm*, 101 *Brandstadl*, 100 *Hohe Salve*

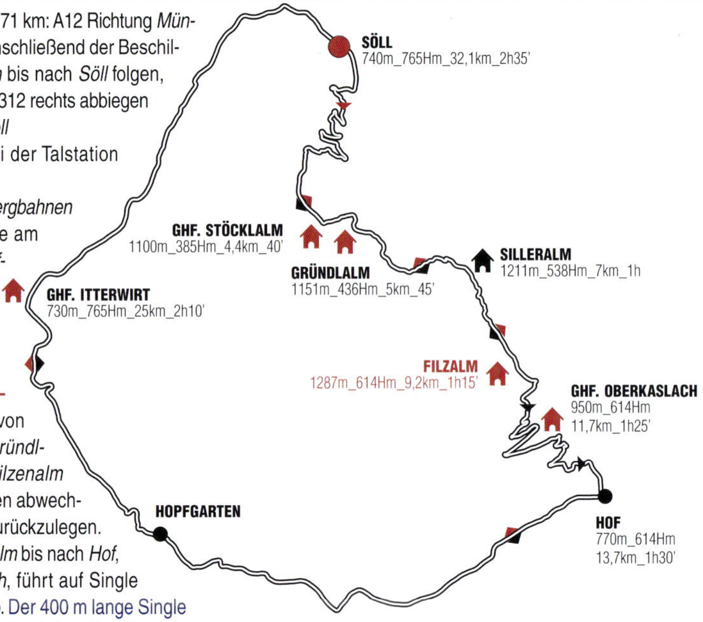

SÖLL
740m_765Hm_32,1km_2h35'

GHF. STÖCKLALM
1100m_385Hm_4,4km_40'

GRÜNDLALM
1151m_436Hm_5km_45'

SILLERALM
1211m_538Hm_7km_1h

GHF. ITTERWIRT
730m_765Hm_25km_2h10'

FILZALM
1287m_614Hm_9,2km_1h15'

GHF. OBERKASLACH
950m_614Hm
11,7km_1h25'

HOPFGARTEN

HOF
770m_614Hm
13,7km_1h30'

KARTENMATERIAL – ÖK: 1:25000 90 | 121 | **F&B: 1:50000** 301

INFOS – Ghf. Stöcklalm, Ghf. Oberkaslach: im Sommer bewirtschaftete Ghf.; **Gründlalm, Filzalm:** im Sommer bewirtschaftete Almhütten; **Silleralm:** unbewirtschaftete Almhütte; **Ghf. Itterwirt:** ganzjährig bewirtschafteter Ghf.

Der *Filzalmsee* ist ein Badesee auf 1290 Meter Seehöhe. | Foto: W. Hofer

104 KAISERALM

ANFAHRT – *Innsbruck – Blaiken* 75 km: A12 Richtung *München*, Ausfahrt *Wörgl Ost*, anschließend der Beschilderung Richtung *St. Johann* bis nach *Blaiken* folgen, dort rechts von der Bundesstraße zur Talstation der *Bergbahnen Scheffau* abbiegen
PARKMÖGLICHKEIT – bei der Talstation *Bergbahnen Scheffau*
START – bei der Talstation *Bergbahnen Scheffau,* der Asphaltstraße Richtung *St. Johann* entlang und nach 200 m links abbiegen, der dortigen Beschilderung nach *Scheffau* folgen, nach 1,3 km, bei der Dorfkirche *Scheffau* geradeaus bergauf zum *Ghf. Maikircher* und dort rechts abbiegen zum *Café Alpenland,* anschließend immer der Beschilderung zum *Ghf. Jagawirt* folgen
TOURENBESCHREIBUNG – 8,1 km und **720 Hm** sind von *Blaiken* über *Ghf. Jagawirt* und *Kaiseralm* bis zur *Kaiser Hochalm* auf Asphalt, gut präpariertem Forstweg, Karrenweg und *Single Track* permanent bergauf zurückzulegen. Der 200 m lange Single Track nach dem *Ghf. Jagawirt* ist bergauf nicht befahrbar. Für diesen Abschnitt ist ein Fußmarsch von drei Minuten einzuplanen. Der 900 m lange Karrenweg von der *Kaiseralm* hinauf zur *Kaiser Hochalm* ist teilweise extrem steil und großteils in sehr schlechtem Zustand. Deshalb ist dieser Abschnitt als technisch sehr anspruchsvoll einzustufen und nur von konditionsstarken Bikern mit Trialkenntnissen befahrbar. Der anschließende Single Track ist 900 m lang und für Trialbiker zur Gänze befahrbar. Biker ohne Trialerfahrung müssen für diesen Abschnitt einen zusätzlichen Fußmarsch von zehn Minuten einplanen. Bis zur *Kaiseralm* auf demselben Weg retour. Der Rest des Rückwegs über *Steiner Niederalm*, *Ghf. Bärenstatt* und *Grüblerhof* zurück nach *Blaiken,* verläuft auf Single Track, Karrenweg, Forstweg und Asphalt. Der Single Track nach dem *Grüblerhof* ist 600 m lang und für geübte Biker mit Trialerfahrung zur Gänze befahrbar. Insgesamt sind **18,7 km** und **750 Hm** auf dieser Rundtour zu bewältigen.
Tourverbindungen: 021 *Hintersteinersee*
KARTENMATERIAL – ÖK: 1:25000 90 | **F&B: 1:50000** 301
INFOS – Ghf. Jagawirt, Ghf. Bärenstatt: ganzjährig bewirtschaftete Ghf.; **Kaiseralm, Kaiser Hochalm, Steiner Niederalm:** unbewirtschaftete Almhütten; **Grüblerhof:** im Sommer bewirtschaftete Jausenstation

KAISER HOCHALM
1400m_720Hm_8,1km_1h20'

STEINER NIEDERALM
1064m_720Hm
10,9km_1h45'

KAISERALM
1146m_466Hm
6,3km_1h

GRÜBLERHOF
890m_720Hm
13,9km_1h55'

GHF. BÄRENSTATT
918m_720Hm
13,4km_1h50'

GHF. JAGAWIRT
896m_216Hm
3,1km_25'

BLAIKEN
680m_750Hm_18,7km_2h10'

5
18,7 km
02:10
750 Hm
G2 S3
m 1400
680 m

Foto: © TVB-Kitzbüheler Alpen / Klemens König

105 GRUTTENHÜTTE

02:00

880 Hm

m 1620

ANFAHRT – *Innsbruck – Oberachen* 78 km: A12 Richtung *München*, Ausfahrt *Wörgl Ost*, anschließend der Beschilderung Richtung *St. Johann* bis nach *Oberachen* folgen
PARKMÖGLICHKEIT – vor der Abzweigung nach *Auwinkel* auf der rechten Straßenseite
START – bei der Parkmöglichkeit, der Bundesstraße entlang Richtung *St. Johann* und nach 600 m links abbiegen, der Beschilderung nach *Buchau* zur *Riedlhütte* folgen, nach 2,7 km links abbiegen, beim Schranken vorbei und der Beschilderung zur *Riedlhütte* folgen, bei Kilometer 5,4 dem Forstweg bergauf Richtung *Gruttenhütte* entlang, oder rechts von der *Riedlhütte* auf den künstlich angelegten Stufen bergauf weiter, der Beschilderung zur *Biedringer Alm* folgen
TOURENBESCHREIBUNG – 8 km und **880 Hm** sind von *Oberachen* über *Ghf. Haflingertränke* und *Riedlhütte* bis zur *Gruttenhütte* auf Asphalt, gut präpariertem Forstweg und Karrenweg permanent bergauf zurückzulegen. Der 2 km lange Karrenweg zur *Gruttenhütte* führt durchgehend extrem steil bergauf. Auf demselben Weg retour bis zur *Riedlhütte*. Der Rest des Rückwegs führt über den *Ghf. Riesen* auf Karrenweg, Forstweg und Asphalt, ohne nennenswerte Schwierigkeiten permanent bergab, zurück nach *Oberachen*. Insgesamt sind **18 km** und **880 Hm** zu bewältigen.
KARTENMATERIAL – ÖK: 1:25000 90 | **F&B: 1:50000** 301
INFOS – Ghf. Haflingertränke: im Sommer bewirtschafteter Ghf.; **Riedlhütte:** im Sommer bewirtschaftete Almhütte; **Gruttenhütte:** im Sommer bewirtschaftete AV-Hütte; **Ghf. Riesen:** ganzjährig bewirtschafteter Ghf.

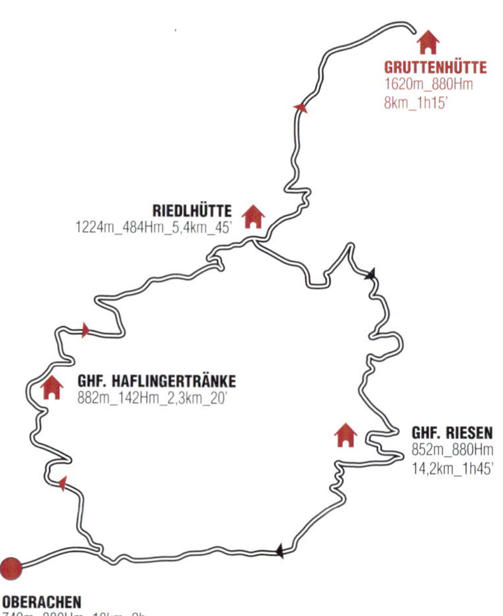

Gruttenhütte (1620 m) | Foto: © TVB-Wilder Kaiser / Simon Oberleitner

106 JÄGERHÜTTE

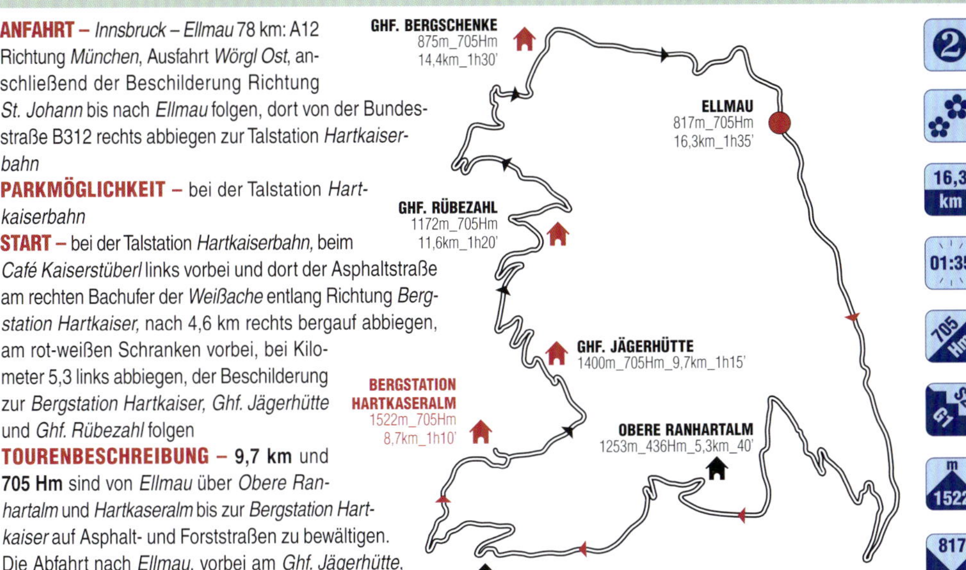

ANFAHRT – *Innsbruck – Ellmau* 78 km: A12 Richtung *München*, Ausfahrt *Wörgl Ost*, anschließend der Beschilderung Richtung *St. Johann* bis nach *Ellmau* folgen, dort von der Bundesstraße B312 rechts abbiegen zur Talstation *Hartkaiserbahn*

PARKMÖGLICHKEIT – bei der Talstation *Hartkaiserbahn*

START – bei der Talstation *Hartkaiserbahn,* beim *Café Kaiserstüberl* links vorbei und dort der Asphaltstraße am rechten Bachufer der *Weißache* entlang Richtung *Bergstation Hartkaiser,* nach 4,6 km rechts bergauf abbiegen, am rot-weißen Schranken vorbei, bei Kilometer 5,3 links abbiegen, der Beschilderung zur *Bergstation Hartkaiser, Ghf. Jägerhütte* und *Ghf. Rübezahl* folgen

TOURENBESCHREIBUNG – 9,7 km und **705 Hm** sind von *Ellmau* über *Obere Ranhartalm* und *Hartkaseralm* bis zur *Bergstation Hartkaiser* auf Asphalt- und Forststraßen zu bewältigen. Die Abfahrt nach *Ellmau*, vorbei am *Ghf. Jägerhütte, Ghf. Rübezahl* und *Ghf. Bergschenke,* führt auf Forst- und Asphaltstraßen permanent bergab. Der Forstweg nach der *Bergstation Hartkaiser* führt zu Beginn extrem steil bergab. Insgesamt sind **16,3 km** und **705 Hm** zu bewältigen.

Tourverbindungen: 102 *Hühneralm*, 101 *Brandstadl*

KARTENMATERIAL – ÖK: 1:25000 90 | 121 | **F&B: 1:50000** 301

INFOS – Obere Ranhartalm, Hartkaseralm: unbewirtschaftete Almhütten; **Bergstation Hartkaiser:** im Sommer bewirtschaftete Schihütte; **Ghf. Jägerhütte:** im Sommer bewirtschaftete Almhütte; **Ghf. Rübezahl:** im Sommer bewirtschafteter Ghf.; **Ghf. Bergschenke:** ganzjährig bewirtschafteter Ghf.

Foto: © TVB-Wilder Kaiser

107 HAUSBERG

ANFAHRT – *Innsbruck – Ellmau* 78 km: A12 Richtung *München*, Ausfahrt *Wörgl Ost*, anschließend der Beschilderung Richtung *St. Johann* bis nach *Ellmau* folgen, in *Ellmau* beim *Intersport* rechts abbiegen zum öffentlichen Parkplatz

PARKMÖGLICHKEIT – beim öffentlichen Parkplatz in der Nähe der Dorfkirche

START – bei der Dorfkirche, bei der Dorfkirche links vorbei, der Asphaltstraße Richtung *Kirchbichl* folgen, nach 1 km der Rechtskurve entlang, der Beschilderung nach *Hausberg* folgen und anschließend unter dem Sessellift durch

TOURENBESCHREIBUNG – 14,7 km und **542 Hm** sind auf dieser Rundtour von *Ellmau* über *Ghf. Treichlhof*, *Ghf. Hausberg* und *Ghf. Oberhollenau* auf Asphalt, Forstweg, Single Track und Karrenweg abwechselnd bergauf und bergab zurückzulegen. Bis zum *Ghf. Hausberg* führt eine Asphaltstraße permanent bergauf. Die Abfahrt vom *Ghf. Hausberg* bis zum *Ghf. Oberhollenau* weist, bis auf den 400 m langen Single Track der für geübte Biker leicht befahrbar ist, keine nennenswerten Schwierigkeiten auf. Die Abfahrt vom *Ghf. Oberhollenau* führt nach 400 m auf einem Karrenweg 900 m sehr steil bergab und ist meist in schlechtem Zustand. Deshalb fahren ungeübte Biker besser auf demselben Weg retour bis nach *Stein* und dort über *Winkel* zurück nach *Ellmau*. Der Rest des Rückwegs weist keine nennenswerten Schwierigkeiten auf.

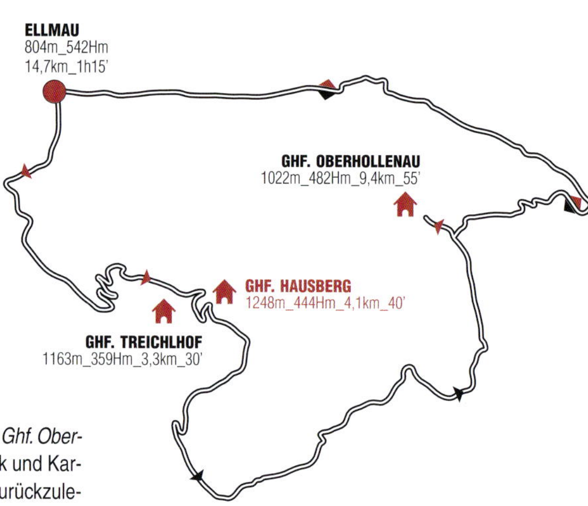

Tourverbindungen: 106 *Jägerhütte*

KARTENMATERIAL – ÖK: 1:25000 90 | 121 **| F&B: 1:50000** 301

INFOS – Ghf. Treichlhof, Ghf. Hausberg, Ghf. Oberhollenau: im Sommer bewirtschaftete Ghf.

Foto: © TVB-Kitzbüheler Alpen / Carlos Blanchard

108 GAUDEAMUSHÜTTE

3 | 16 km | 01:40 | 620 Hm | S2 G2 | m 1263 | 772 m

GAUDEAMUSHÜTTE
1263m_491Hm_5,9km_55'

OBERE REGALM
1313m_763Hm_12,4km_1h20'

WOCHENBRUNNER ALM
1078m_306Hm_4,6km_40'

GRASPOINTALM
981m_597Hm
11,2km_1h20'

GHF. WOCHENBRUNN
982m_210Hm_3,7km_30'

GOING
772m_620Hm
16km_1h40'

ANFAHRT – *Innsbruck – Going* 82 km: A12 Richtung *München*, Ausfahrt *Wörgl Ost*, anschließend der Beschilderung Richtung *St. Johann* bis nach *Going* folgen

PARKMÖGLICHKEIT – auf der rechten Straßenseite bei den Fahnenmasten oberhalb der *Pizzeria Primavera*

START – bei der Parkmöglichkeit, nach der Straßenunterführung geradeaus weiter, der Beschilderung nach *Wochenbrunn* folgen, bei Kilometer 0,7 geradeaus weiter zur Brücke über den *Hausbach*, der Beschilderung *Fußweg Richtung Ellmau* folgen

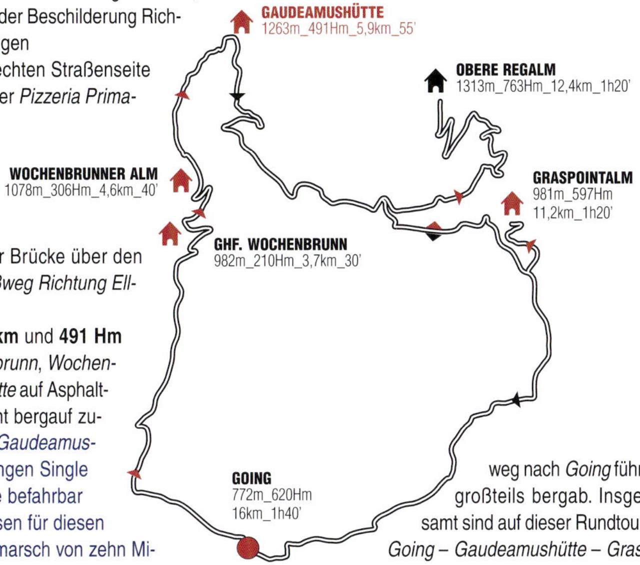

TOURENBESCHREIBUNG – 5,9 km und **491 Hm** sind von *Going* über *Ghf. Wochenbrunn*, *Wochenbrunner Alm* bis zur *Gaudeamushütte* auf Asphaltstraßen und Karrenweg permanent bergauf zurückzulegen. Die Abfahrt von der *Gaudeamushütte* beginnt mit einem 600 m langen Single Track, der für Trialbiker zur Gänze befahrbar ist. Biker ohne Trialerfahrung müssen für diesen Abschnitt einen zusätzlichen Fußmarsch von zehn Minuten einplanen. Anschließend führt gut präparierter Forstweg bergab bis zur Weggabelung bei Kilometer 8,8. Von dort bergauf zur *Oberen Regalm*, oder über *Prama* zurück nach *Going*, oder weiter zur *Graspointalm*. Von der *Gaudeamushütte* bis zur *Oberen Regalm* sind erneut **272 Hm** und **6,5 km** zu bewältigen. Anschließend auf demselben Weg Retour bis zur Weggabelung bei Kilometer 8,8 und von dort weiter wie oben beschrieben. **5,3 km** und **106 Hm** sind von der *Gaudeamushütte* bis zur *Graspointalm* zurückzulegen. Der Single Track zur *Graspointalm* ist 300 m lang und für geübte Biker leicht zu bewältigen. Der Rückweg nach *Going* führt großteils bergab. Insgesamt sind auf dieser Rundtour, *Going – Gaudeamushütte – Graspointalm – Going*, **16 km** und **620 Hm** zurückzulegen.

Tourverbindungen: 105 *Gruttenhütte*

KARTENMATERIAL – ÖK: 1:25000 90 | 121 | **F&B: 1:50000** 301

INFOS – Ghf. Wochenbrunn: ganzjährig bewirtschafteter Ghf.; **Wochenbrunner Alm:** ganzjährig bewirtschaftete Almhütte; **Gaudeamushütte:** Mitte Mai bis Mitte Oktober bewirtschaftete AV-Hütte; **Obere Regalm:** unbewirtschaftete Almhütte; **Graspointalm:** bewirtschaftet Mitte Mai bis Ende Oktober

Wochenbrunner Alm (1074 m) | Foto: © TVB-Wilder Kaiser

109 – 116

WALCHSEE

NIEDERNDORF
109 Spitzsteinhaus

DURCHHOLZEN
110 Priener Hütte
111 Raischeralm

WALCHSEE
112 Feldalm

KÖSSEN
113 Taubenseehütte
114 Karalm
115 Scheibenwaldhütte

SCHWENDT
116 Kohlalm

Foto: W. Ho

109 SPITZSTEINHAUS

GPX 

ANFAHRT – *Innsbruck – Niederndorf* 90 km: A12 und A93 Richtung *München*, Ausfahrt *Oberaudorf*, anschließend der Beschilderung nach *Niederndorf* folgen

PARKMÖGLICHKEIT – in der Nähe vom *Gasthof Post* und der Tourismusinformation

START – bei der Tourismusinformation, der Asphaltstraße, die zwischen *Ghf. Post* und der Firma *Radio Kraisser* durchführt, bis zur Tankstelle folgen und dort links weiter Richtung *Erl,* nach 400 m, kurz vor dem Ortstafelschild *Niederndorf* Ende rechts abbiegen und anschließend beim Lagerhaus links weiter, bei Kilometer 0,8 rechts bergauf abbiegen, der Beschilderung zum *Ghf. Beham-Ried* folgen

TOURENBESCHREIBUNG – 15,7 km und **923 Hm** sind von *Niederndorf* über *Ghf. Beham-Ried*, *Goglalm* und *Spitzensteinhaus* bis zur *Aueralm* auf Asphalt, gut präpariertem Forstweg und Karrenweg zurückzulegen. Die Abfahrt von der *Aueralm* verläuft nach 400 m Karrenweg auf einem 1,4 km langen Single Track, der für geübte Biker großteils befahrbar ist. Ungeübte Biker müssen für diesen Abschnitt einen zusätzlichen Fußmarsch von 15 Minuten einplanen. Der Rest des Rückwegs führt größtenteils auf Asphaltstraßen leicht bergauf und bergab, zurück nach *Niederndorf*. Insgesamt sind **32 km** und **1000 Hm** zu bewältigen.

Tourverbindungen: 031 *Kranzhornhütte*, 110 *Priener Hütte*

KARTENMATERIAL – ÖK: 1:25000 90

INFOS – Ghf. Beham-Ried: ganzjährig bewirtschafteter Ghf.; **Goglalm:** bewirtschaftet Anfang Mai bis Mitte Oktober; **Spitzsteinhaus:** ganzjährig bewirtschaftete AV-Hütte; **Aueralm:** unbewirtschaftete Almhütte

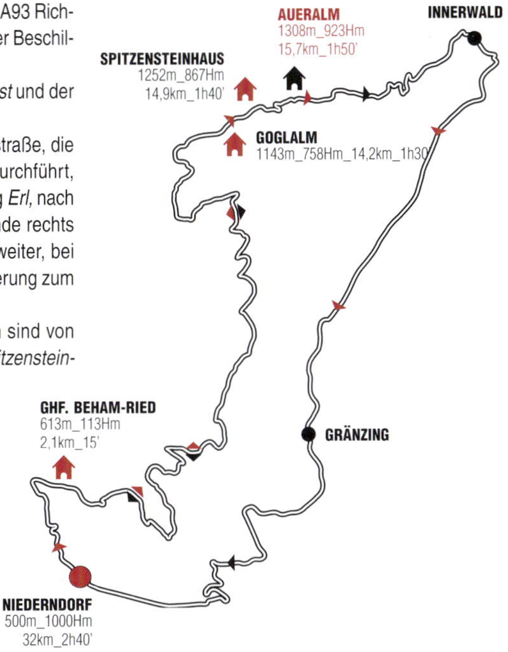

AUERALM
1308m_923Hm
15,7km_1h50'
INNERWALD
SPITZENSTEINHAUS
1252m_867Hm
14,9km_1h40'
GOGLALM
1143m_758Hm_14,2km_1h30'
GHF. BEHAM-RIED
613m_113Hm
2,1km_15'
GRÄNZING
NIEDERNDORF
500m_1000Hm
32km_2h40'

4
32 km
02:40
1000 Hm
S2 G2
m 1308
500 m

Foto: © TVB-Kitzbüheler Alpen / Norbert Eisele-Hein

110 PRIENER HÜTTE

1356 m

ANFAHRT – *Innsbruck – Durchholzen* 89 km: A12 und A93 Richtung *München*, Ausfahrt *Oberaudorf*, anschließend der Beschilderung Richtung *Kössen* nach *Durchholzen* folgen und dort vor dem *Ghf. Brandauerhof* rechts abbiegen zur Talstation *Zahmer Kaiser*

PARKMÖGLICHKEIT – bei der Talstation *Zahmer Kaiser*

START – bei der Talstation *Zahmer Kaiser*, der Bundesstraße Richtung Westen entlang und nach 600 m geradeaus in den Radwanderweg nach *Rettenschöss* und *Miesberg* einbiegen

TOURENBESCHREIBUNG – 18,7 km und **843 Hm** sind von *Durchholzen* über *Wildbichler Alm*, *Rettenbachalm*, *Wandberghütte*, und *Acker Alm* bis zur *Priener Hütte* auf Asphalt, gut präpariertem Forstweg, Karrenweg und Single Track abwechselnd bergauf und bergab, zurückzulegen. Der 500 m lange Single Track, der direkt zur *Acker Alm* führt, ist zur Hälfte für geübte Biker befahrbar. Für den Rest der Strecke ist ein zusätzlicher Fußmarsch von fünf Minuten einzuplanen. Die Abfahrt von der *Priener Hütte* über die *Obere Baumgartenalm* und *Rieder Alm* zurück nach *Durchholzen* verläuft permanent bergab auf Forstweg, Single Track und Asphalt. Der Single Track nach der *Priener Hütte* ist 1 km lang und für geübte Biker mit Trialerfahrung großteils befahrbar. Der Grenzabschnitt *Deutschland | Österreich* führt auf unwegsamen Gelände zur *Baumgartenalm* und ist nicht befahrbar. Für diesen Übergang muss ein zusätzlicher Fußmarsch von fünf Minuten eingerechnet werden. Insgesamt sind **30,9 km** und **900 Hm** zu bewältigen. Bis auf die beiden Single Tracks sind keine nennenswerten Schwierigkeiten zu erwarten.

PRIENER HÜTTE
1356m_842Hm
18,7km_1h50'

ACKERALM
1268m_755Hm_16,8km_1h35'

RETTENBACHALM
1204m_582Hm
13,4km_1h10'

BAUMGARTENALM
1231m_Hm
20,4km_2h10'

WILDBICHLER ALM
1035m_413Hm
10,9km_55'

WANDBERGHÜTTE
1350m_740Hm
15,6km_1h25'

RIEDERER ALM
808m_843Hm
24,8km_2h25'

DURCHHOLZEN
691m_900Hm
30,9km_2h40'

Tourverbindungen: 030 *Aschinger Alm*, 111 *Raischeralm*, 112 *Feldalm*, 114 *Karalm*

KARTENMATERIAL – ÖK: 1:25000 90 | 91 | **F&B: 1:50000** 301

INFOS – Wildbichler Alm: im Sommer bewirtschaftete Almhütte; **Rettenbachalm, Obere Baumgartenalm:** unbewirtschaftete Almhütten; **Wandberghütte:** bewirtschaftet Anfang März bis Anfang November; **Acker Alm:** im Sommer bewirtschaftete Almhütte; **Priener Hütte:** bewirtschaftet Anfang Mai bis Ende September; **Rieder Alm:** ganzjährig bewirtschaftete Almhütte

Foto: © TVB-Kitzbüheler Alpen / Carlos Blanchard

111 RAISCHERALM

GPX 

ANFAHRT – *Innsbruck – Durchholzen* 89 km: A12 und A93 Richtung *München*, Ausfahrt *Oberaudorf*, anschließend der Beschilderung Richtung *Kössen* nach *Durchholzen* folgen und dort vor dem *Ghf. Brandauerhof* rechts abbiegen zur Talstation *Zahmer Kaiser*

PARKMÖGLICHKEIT – bei der Talstation *Zahmer Kaiser*

START – bei der Talstation *Zahmer Kaiser,* der Bundesstraße Richtung Westen entlang und nach 600 m geradeaus in den Radwanderweg nach *Rettenschöss* und *Miesberg* einbiegen

TOURENBESCHREIBUNG – 10,4 km und **567 Hm** sind von *Durchholzen* über die *Hitscheralm* und *Knollenalm* bis zur *Raischeralm* auf Asphalt- und Forststraßen abwechselnd bergauf und bergab zurückzulegen. Die Abfahrt von der *Raischeralm* führt nach 700 m Karrenweg auf einem 500 m langen Single Track, der anfangs nicht befahrbar ist. Der Rest der Strecke ist für geübte Biker zur Gänze befahrbar. Ungeübte Biker müssen für diesen Abschnitt einen zusätzlichen Fußmarsch von 20 Minuten einplanen. Der restliche Rückweg führt auf Forst- und Asphaltstraßen großteils bergab, über den *Ghf. Moarwirt* zurück nach *Durchholzen*. Insgesamt sind **23,3 km** und **600 Hm** auf dieser Rundtour zu bewältigen.

Tourverbindungen: 110 *Priener Hütte*, 030 *Aschinger Alm*, 112 *Feldalm*

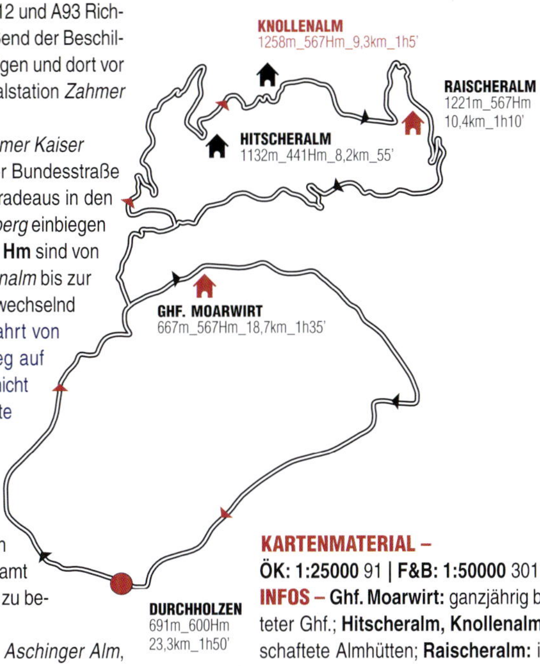

KARTENMATERIAL –
ÖK: 1:25000 91 | **F&B: 1:50000** 301

INFOS – Ghf. Moarwirt: ganzjährig bewirtschafteter Ghf.; **Hitscheralm, Knollenalm:** unbewirtschaftete Almhütten; **Raischeralm:** im Sommer bewirtschaftete Almhütte;

Foto: © TVB-Kitzbüheler Alpen / Norbert Eisele-Hein

112 FELDALM

ANFAHRT – *Innsbruck – Walchsee* 93 km: A12 und A93 Richtung *München*, Ausfahrt *Oberaudorf*, anschließend der Beschilderung Richtung *Kössen* nach *Walchsee* folgen

PARKMÖGLICHKEIT – in der Nähe vom *Hotel Bellevue am See*

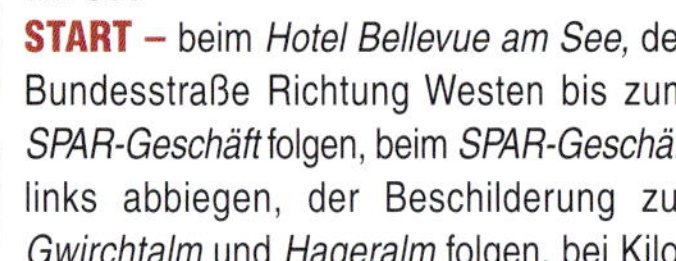

START – beim *Hotel Bellevue am See,* der Bundesstraße Richtung Westen bis zum *SPAR-Geschäft* folgen, beim *SPAR-Geschäft* links abbiegen, der Beschilderung zur *Gwirchtalm* und *Hageralm* folgen, bei Kilometer 0,9, nach dem *SPAR-Geschäft* links abbiegen, der Beschilderung Richtung *Hochalm* und *Feldalm* folgen

TOURENBESCHREIBUNG – 11,6 km und **1114 Hm** sind von *Walchsee* über die *Gwirchtalm* und *Habersaualm* bis zur *Feldalm,* auf Asphalt und Forststraßen, zurückzulegen. Der Rückweg über die *Raineralm* nach *Walchsee* führt großteils bergab. Insgesamt sind **23,9 km** und **1135 Hm** ohne nennenswerte Schwierigkeiten zu bewältigen.

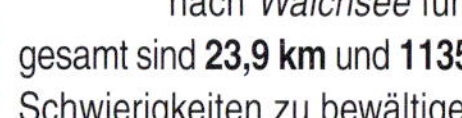

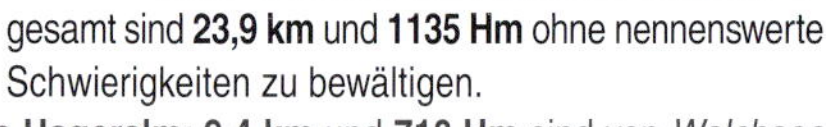

Variante Hageralm: 9,4 km und **718 Hm** sind von *Walchsee* über *Gwirchtalm* und *Wolfingeralm* bis zur *Hageralm* auf Asphalt- und Forststraßen zurückzulegen. Der Rückweg ist derselbe. Insgesamt sind **18,8 km** und **718 Hm** ohne nennenswerte Schwierigkeiten zu bewältigen.

Tourverbindungen: 110 *Priener Hütte*, 116 *Kohlalm*

KARTENMATERIAL – ÖK: 1:25000 90 | 91 **| F&B: 1:50000** 301

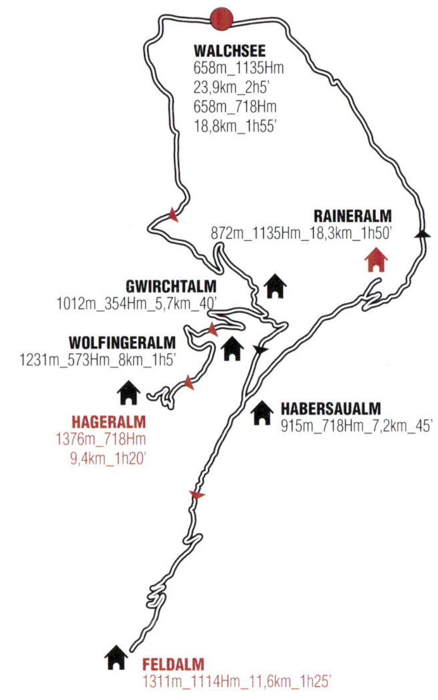

INFOS – Gwirchtalm, Wolfingeralm, Hageralm, Habersaualm, Feldalm: unbewirtschaftete Almhütten; **Raineralm:** im Sommer bewirtschaftete Almhütte

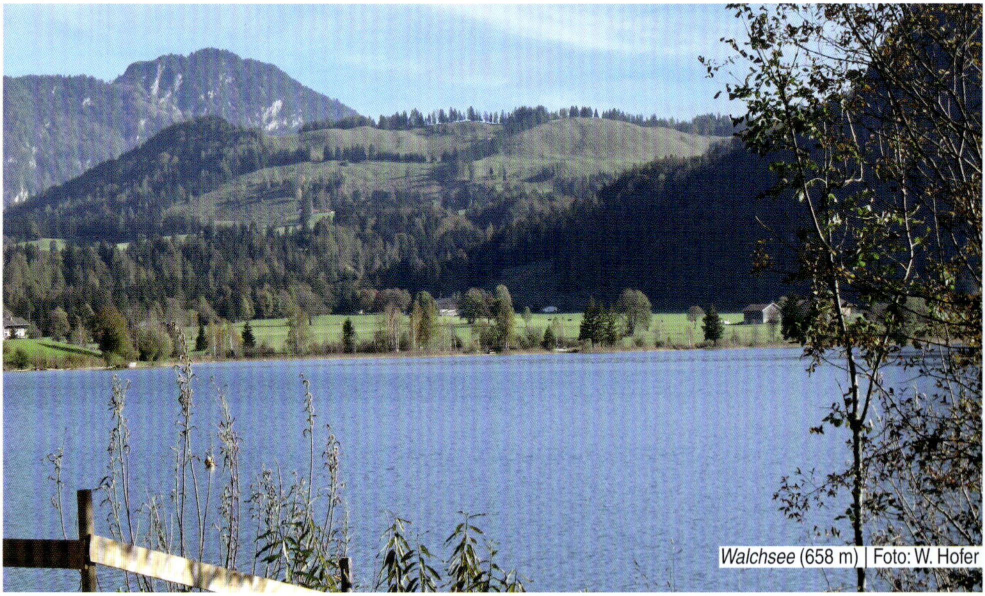

Walchsee (658 m) | Foto: W. Hofer

113 TAUBENSEEHÜTTE

ANFAHRT – *Innsbruck – Kössen* 101 km: A12 und A93 Richtung *München*, Ausfahrt *Oberaudorf*, anschließend der Beschilderung nach *Kössen* folgen, beim Kreisverkehr von der Bundesstraße B172 links abbiegen zur Dorfkirche

PARKMÖGLICHKEIT – in der Nähe der Dorfkirche und der *Konditorei Central*

START – bei der Dorfkirche, der Asphaltstraße entlang und beim *Ghf. Erzherzog Rainer* vorbei, nach dem *Hotel Tirol* der Rechtskehre folgen und anschließend links abbiegen, der dortigen Beschilderung zur *Taubenseehütte* folgen

TOURENBESCHREIBUNG – 8,8 km und **631 Hm** sind von *Kössen* über die *Dichtleralm* bis zu *Taubenseehütte* auf Asphalt- und Forststraßen zurückzulegen. Nach der *Dichtleralm* führt der Forstweg 55 Hm bergab. Die Auffahrt zur *Taubenseehütte* ist durchgehend extrem steil. Der Rückweg über *Ast zu Mosenalm* nach *Kössen* führt großteils ohne nennenswerte Schwierigkeiten bergab. Insgesamt sind **14,1 km** und **631 Hm** auf dieser Rundtour zu bewältigen.

KARTENMATERIAL – ÖK: 1:25000 91 | **F&B: 1:50000** 301

INFOS – Dichtleralm, Ast zu Mosenalm: unbewirtschaftete Almhütten; **Taubenseehütte:** im Sommer bewirtschaftete AV-Hütte

4

14,1 km

01:30

631 Hm

S1 G1

m 1165

589 m

Auffahrt zur *Taubenseehütte* (1165 m). | Foto: © TVB-Kaiserwinkl

114 KARALM

S1 G1

589 m

ANFAHRT – *Innsbruck – Kössen* 101 km: A12 und A93 Richtung *München*, Ausfahrt *Oberaudorf*, anschließend der Beschilderung nach *Kössen* folgen, beim Kreisverkehr von der Bundesstraße B172 links abbiegen Richtung Dorfkirche

PARKMÖGLICHKEIT – beim öffentlichen Parkplatz in der Nähe der Feuerwehr

START – bei der Feuerwehr, bei der *Möbelecke Scharnagel* rechts vorbei Richtung *Schleching* und *Klobenstein*, nach 400 m links abbiegen über die Brücke der *Großen Ache*, 70 m vor dem Ortstafelschild *Kössen* Ende links abbiegen, der Beschilderung *Alpenghf. Edernalm* folgen, anschließend über die Brücke der *Großen Ache* und nach 200 m rechts abbiegen, der Beschilderung zur *Karalm* folgen

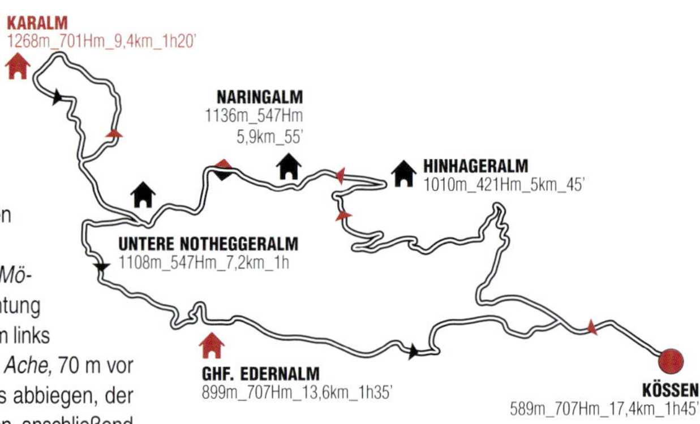

TOURENBESCHREIBUNG – 9,4 km und **707 Hm** sind von *Kössen* über *Hinhageralm*, *Naringalm* und *Untere Notheggeralm* bis zur *Karalm* auf Asphalt- und Forststraßen zurückzulegen. 50 Hm bergab verläuft der Forstweg von der *Naringalm* zur *Notheggeralm*. Der Rückweg über den *Ghf. Edernalm* nach *Kössen* führt auf Karrenweg, Forstweg und Asphalt, ohne nennenswerte Schwierigkeiten permanent bergab. Insgesamt sind auf dieser Rundtour **17,4 km** und **707 Hm** zu bewältigen.

Tourverbindungen: 113 *Taubenseehütte*, 110 *Priener Hütte*

KARTENMATERIAL – ÖK: 1:25000 90 | 91 | **F&B: 1:50000** 301

INFOS – Hinhageralm, Naringalm, Untere Notheggeralm: unbewirtschaftete Almhütten; **Karalm:** bewirtschaftet Anfang Juni bis Ende September; **Ghf. Edernalm:** bewirtschaftet Mitte Mai bis Ende Oktober

Foto: © TVB-Wilder Kaiser

115 SCHEIBENWALDHÜTTE

ANFAHRT – *Innsbruck – Kössen* 101 km: A12 und A93 Richtung *München*, Ausfahrt *Oberaudorf*, anschließend der Beschilderung nach *Kössen* folgen und beim Kreisverkehr geradeaus weiter zu den *Bergbahnen Kössen*
PARKMÖGLICHKEIT – bei der Talstation *Bergbahnen Kössen*
START – bei der Talstation *Bergbahnen Kössen,* beim *Gasthaus Sportklause Unterberg* links vorbei, dem Forstweg Richtung *Unterberghorn* und *Scheibenwald* folgen, anschließend bei der Kapelle links bergab abbiegen
TOURENBESCHREIBUNG – 10,7 km und **1086 Hm** sind von *Kössen* über *Ghf. Scheibenwald, Unterbergalm* und *Ghf. Scheibenwaldhütte* bis zum *Gipfelhaus* auf Forstweg und Karrenweg permanent bergauf, zurückzulegen. Der Rückweg ist derselbe. Insgesamt sind **21,4 km** und **1086 Hm,** ohne nennenswerte Schwierigkeiten, zu bewältigen.
KARTENMATERIAL – ÖK: 1:25000 91 | **F&B: 1:50000** 301
INFOS – Ghf. Scheibenwald: im Sommer bewirtschafteter Ghf.; **Unterbergalm:** unbewirtschaftete Almhütte; **Ghf.: Scheibenwaldhütte, Gipfelhaus:** im Sommer bewirtschaftete Schihütte

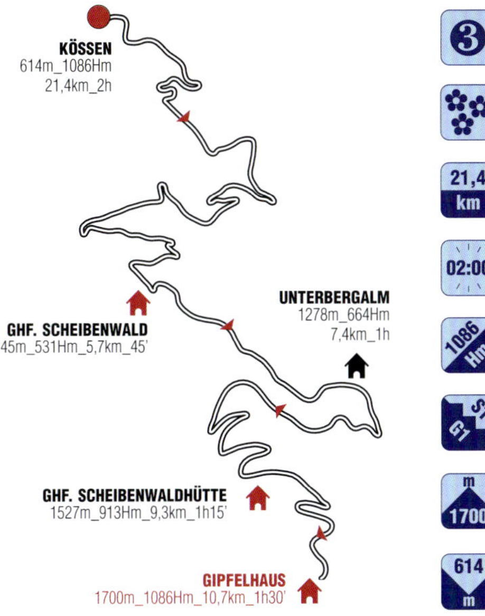
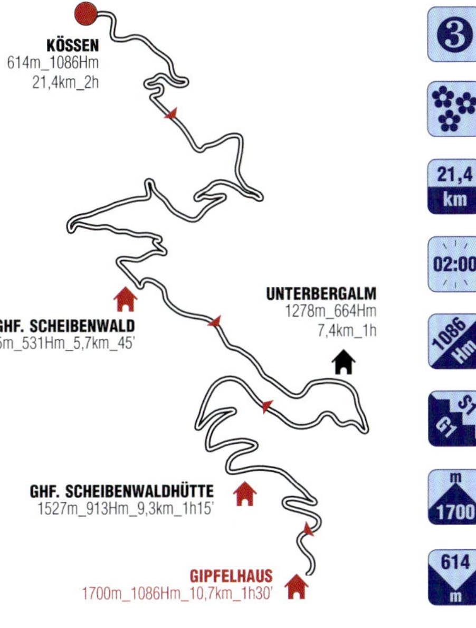

Foto: © TVB-Kitzbüheler Alpen / Norbert Eisele-Hein

116 KOHLALM

ANFAHRT – *Innsbruck – Schwendt* 101 km: A12 und A93 Richtung *München*, Ausfahrt *Oberaudorf*, anschließend der Beschilderung Richtung *Kössen* folgen und in *Kössen* beim Kreisverkehr rechts abbiegen nach *Schwendt*

PARKMÖGLICHKEIT – in der Nähe der Dorfkirche

START – bei der Dorfkirche, der Asphaltstraße Richtung *Kirchdorf* folgen und nach der Bachüberquerung beim Verkehrsspiegel rechts bergab abbiegen, am linken Bachufer entlang

TOURENBESCHREIBUNG – 9,7 km und **732 Hm** sind von *Schwendt* über *Unterbichlalm* und *Jodleralm* bis zum *Ghf. Kohlalm* auf Asphalt, Forstweg und Karrenweg abwechselnd bergauf und bergab zurückzulegen. Der Rückweg über *Ghf. Hohenkendl* und *Ghf. Fischer* zurück nach *Kössen,* verläuft auf Forst- und Asphlatstraßen großteils bergab. Insgesamt sind auf dieser Rundtour **19,2 km** und **765 Hm,** ohne nennenswerte Schwierigkeiten zu bewältigen.

Tourverbindungen: 112 *Feldalm*

KARTENMATERIAL – ÖK: 1:25000 91 | 122 | **F&B: 1:50000** 301

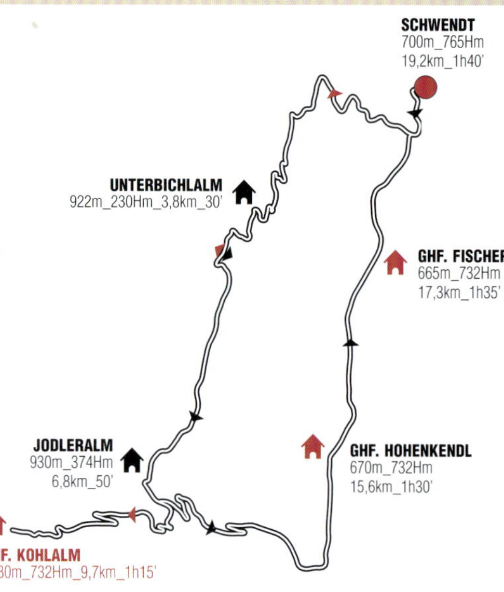

INFOS – Ghf. Hohenkendl, Ghf. Fischer: ganzjährig bewirtschaftete Ghf.; **Unterbichlalm, Jodleralm:** unbewirtschaftete Almhütten; **Ghf. Kohlalm:** bewirtschaftet Mitte Juni bis Ende September

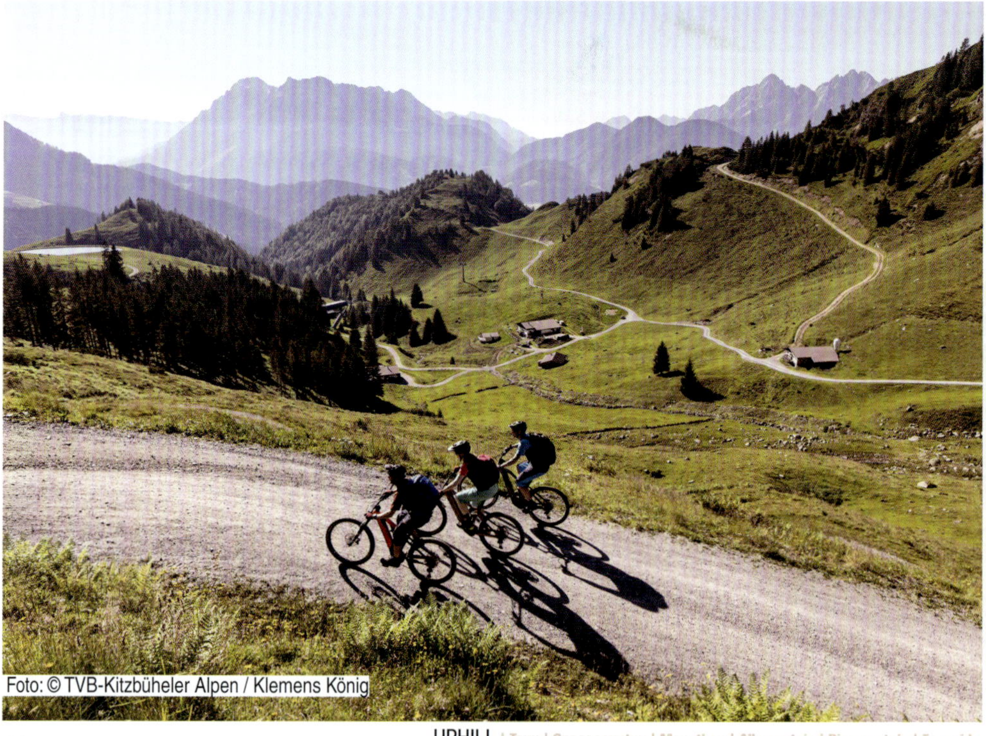

Foto: © TVB-Kitzbüheler Alpen / Klemens König

117 - 137
ST. JOHANN
ST. JOHANN
117 Harschbühel
118 Hornköpfl
KIRCHDORF
119 Griesner Alm
120 Hackeralm
121 Prostalm
122 Angerlalm
123 Adlerspoint
GRIESENAU
124 Scheibenbichlalm
125 Buchenstein
126 Lackalm
FIEBERBRUNN
127 Lachtalalm
128 Lärchfilzhochalm
PFAFFENSCHWENDT
129 Schwarzach Schattseitalm
130 Burgeralm
131 Spielberghaus
WOHLMUTIG
132 Straubinger Haus
WAIDRING
133 Bichlbaueralm
134 Ghf. Steinplatte
135 Steinplatte
136 Brennhütte
137 Schwarzberghöhe

Foto: W. Hofer

117 HARSCHBÜHEL

1604 m

ANFAHRT – *Innsbruck – St. Johann* 90 km: A12 Richtung *München*, Ausfahrt *Wörgl Ost*, anschließend der Beschilderung nach *St. Johann* folgen, vor *St. Johann* von der Bundesstraße B312 rechts abbiegen zu den *Bergbahnen St. Johann*

PARKMÖGLICHKEIT – bei der Talstation *Harschbichlbahn*

START – bei der Talstation *Harschbichlbahn,* bei der Talstation *Harschbichlbahn* vorbei und nach dem *Hirschwaldpark* links abbiegen, der dortigen Beschilderung zum *Ghf. Buchwiesen* folgen

TOURENBESCHREIBUNG – 9,2 km und **945 Hm** sind von *St. Johann* über *Ghf. Buchwiesen, Café Koasaburg* und *Ghf. Angereralm* bis zum *Ghf. Harschbühel* auf Asphalt- und Forststraßen zurückzulegen. Der Rückweg über die *Stanglalm* nach *St. Johann* führt auf Forst- und Asphaltstraßen permanent bergab. Insgesamt sind **22,2 km** und **945 Hm** ohne nennenswerte Schwierigkeiten zurückzulegen.

Tourverbindungen:

162 *Kitzbüheler Horn*

KARTENMATERIAL – ÖK: 1:25000 91 | 122 |
F&B: 1:50000 302

INFOS – Ghf. Buchwiesen, Café Koasaburg, Ghf. Angereralm, Ghf. Harschbühel, Stanglalm: im Sommer bewirtschaftete Gasthöfe

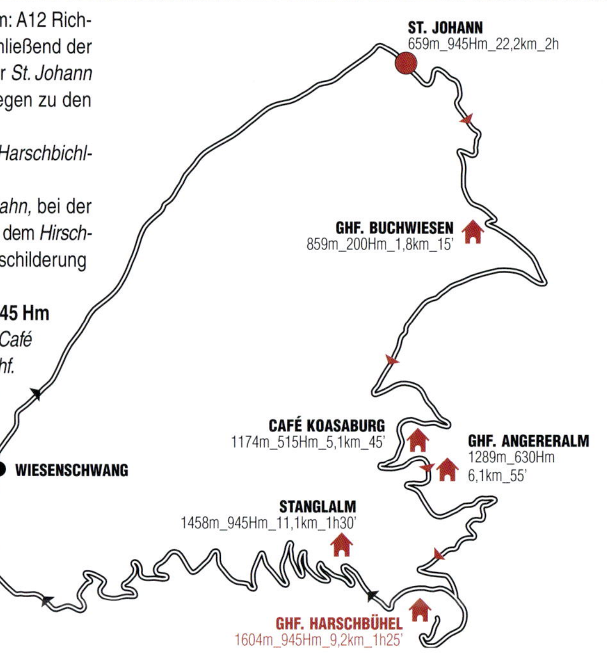

Foto: © TVB-Kitzbüheler Alpen / Kurt Tropper

118 HORNKÖPFL

ANFAHRT – *Innsbruck – St. Johann* 90 km: A12 Richtung *München*, Ausfahrt *Wörgl Ost*, anschließend der Beschilderung nach *St. Johann* folgen, vor *St. Johann* von der Bundesstraße B312 rechts abbiegen zu den *Bergbahnen St. Johann*
PARKMÖGLICHKEIT – bei der Talstation *Harschbichlbahn*
START – bei der *Pension Laichl*, der Asphaltstraße dorfeinwärts entlang, beim *Gästehaus Theresia* und am Bahnschranken vorbei bis zur Dorfkirche, bei der Dorfkirch rechts abbiegen zum Gemeindeamt und anschließend beim Kreisverkehr geradeaus weiter Richtung *Fieberbrunn*, bei Kilometer 5,8 rechts von der Asphaltstraße abbiegen, der Beschilderung zum *Kitzbüheler Horn* und zur *Reisenbergalm* folgen

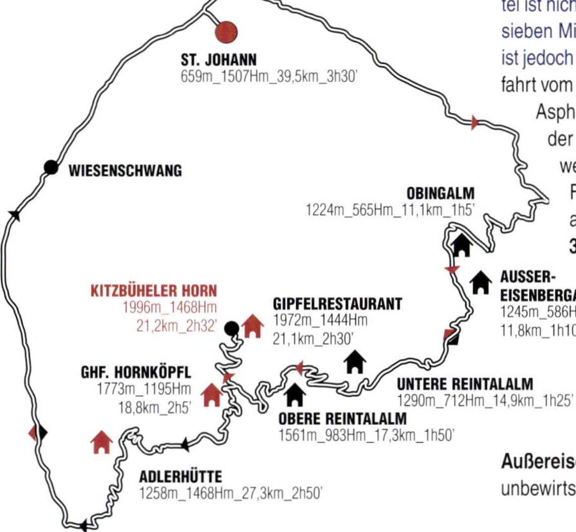

TOURENBESCHREIBUNG – 21,2 km und **1468 Hm** sind von *St. Johann* über *Obingalm*, *Außereisenbergalm*, *Untere Reintalalm*, *Obere Reintalalm*, *Ghf. Hornköpfl* und *Gipfel Restaurant* bis zum *Kitzbüheler Horn* auf Asphalt, gut präpariertem Forstweg und Single Track zurückzulegen. Der Single Track zwischen *Obere Reintalalm* und *Ghf. Hornköpfl* ist 600 m lang. Das erste Drittel ist nicht befahrbar, ein zusätzlicher Fußmarsch von sieben Minuten ist einzuplanen. Der Rest der Strecke ist jedoch für geübte Biker leicht zu bewältigen. Die Abfahrt vom *Kitzbüheler Horn* bis zur *Adlerhütte* führt auf Asphalt- und Forststraßen permanent bergab. Ab der *Adlerhütte* führt ein 2 km langer Karrenweg weiter bergab. Anschließend auf Asphalt- und Forststraßen, abwechselnd bergauf und bergab, zurück nach *St. Johann*. Insgesamt sind **39,5 km** und **1507 Hm** auf dieser Rundtour zu bewältigen.

Tourverbindungen:
117 *Harschbühel*, 163 *Lämmerbichlalm*
KARTENMATERIAL –
ÖK: 1:25000 91 | 122 | **F&B: 1:50000** 302
INFOS – Ghf. Hornköpfl, Gipfelrestaurant, Adlerhütte: im Sommer bewirtschaftete Ghf.; **Obingalm, Außereisenbergalm, Untere Reintalalm, Obere Reintalalm:** unbewirtschaftete Almhütten

Das *Kitzbüheler Horn* (1996 m) | Foto: © TVB-Kitzbüheler Alpen / Franz Gerdl

119 GRIESNER ALM

S1 G1

m 1267

641 m

ANFAHRT – *Innsbruck – Kirchdorf* 94 km: A12 Richtung *München*, Ausfahrt *Wörgl Ost*, anschließend der Beschilderung Richtung *St. Johann* und *Lofer* bis nach *Kirchdorf* folgen

PARKMÖGLICHKEIT – in *Kirchdorf* beim *SPAR-Geschäft* auf der linken Straßenseite

START – beim *SPAR-Geschäft*, beim *SPAR-Geschäft* links abbiegen, der Asphaltstraße dorfeinwärts entlang bis zur Kirche und dort erneut links abbiegen, der Beschilderung nach *Gasteig* folgen

TOURENBESCHREIBUNG – 21,3 km und **985 Hm** sind von *Kirchdorf* über die *Maukalm* und *Fischbachalm* bis zur *Griesner Alm* auf Asphalt- und Forststraßen zurückzulegen. Der Rückweg über die *Fischbachalm* und den *Ghf. Griesenau* nach *Kirchdorf* führt ebenfalls auf Forst- und Asphaltstraßen großteils bergab und abschnittsweise leicht bergauf. Insgesamt sind **34,3 km** und **1007 Hm** auf dieser Rundtour ohne nennenswerte Schwierigkeiten zu bewältigen.

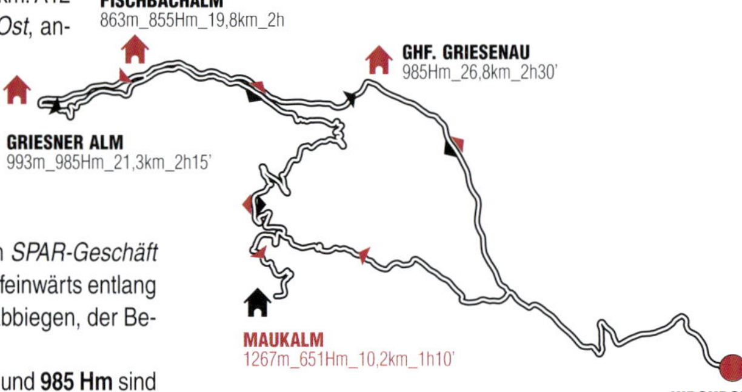

Tourverbindungen: 121 *Prostalm*, 122 *Angerlalm*, 120 *Hackeralm*, 123 *Adlerspoint*, 124 *Scheibenbichlalm*

KARTENMATERIAL – ÖK: 1:25000 90 | 91 | **F&B: 1:50000** 301

INFOS – Maukalm: unbewirtschaftete Almhütte; **Fischbachalm:** im Sommer bewirtschafteter Ghf.; **Griesner Alm, Ghf. Griesenau:** ganzjährig bewirtschaftete Ghf.;

Foto: © TVB-Kitzbüheler Alpen / Klemens König

120 HACKERALM

ANFAHRT – *Innsbruck – Kirchdorf* 94 km: A12 Richtung *München*, Ausfahrt *Wörgl Ost*, anschließend der Beschilderung Richtung *St. Johann* und *Lofer* bis nach *Kirchdorf* folgen
PARKMÖGLICHKEIT – in *Kirchdorf* beim *SPAR-Geschäft* auf der linken Straßenseite
START – beim *SPAR-Geschäft*, beim *SPAR-Geschäft* links abbiegen, der Asphaltstraße dorfeinwärts entlang bis zur Kirche und dort erneut links abbiegen, der Beschilderung nach *Gasteig* folgen
TOURENBESCHREIBUNG – 10,4 km und **681 Hm** sind von *Kirchdorf* über *Ghf. Kaminstube*, *Hackeralm* und die *Einödalm* bis zur *Kaiser Niederalm* auf Asphalt, gut präpariertem Forstweg und Karrenweg großteils bergauf und flach zurückzulegen. Der Rückweg ist derselbe. Insgesamt sind **20,8 km** und **681 Hm** ohne nennenswerte Schwierigkeiten zu bewältigen.
Variante Metzgeralm: 7,6 km und **389 Hm** sind von *Kirchdorf* über den *Ghf. Kaminstube* bis zur *Metzgeralm* auf Asphalt- und Forststraßen, großteils bergauf und flach zurückzulegen. Der Rückweg über die *Bachleralm* und den *Ghf. Kaminstube* führt auf Karrenweg, Single Track, Forstweg und Asphalt großteils bergab zurück nach *Kirchdorf*. Der Karrenweg nach der *Bachleralm* führt extrem steil bergab, deshalb ist diese Tour in umgekehrte Richtung nicht zu empfehlen. Insgesamt sind **14,6 km** und **389 Hm** auf dieser Rundtour zu bewältigen.
Tourverbindungen: 119 *Griesner Alm*, 121 *Prostalm*, 122 *Angerlalm*, *123 Adlerspoint*
KARTENMATERIAL – ÖK: 1:25000 90 | 91 |
F&B: 1:50000 301
INFOS – Hackeralm: bewirtschaftet Mitte Juni bis Mitte September; **Einödalm, Kaiser Niederalm, Metzgeralm, Bacheralm:** unbewirtschaftete Almhütten; **Ghf. Kaminstube:** ganzjährig bewirtschafteter Ghf.

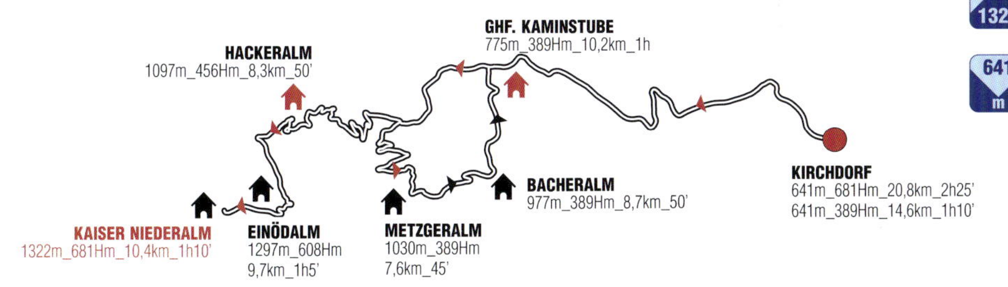

Foto: © TVB-Kitzbüheler Alpen / Klemens König

121 PROSTALM

S3 G2

ANFAHRT – *Innsbruck – Kirchdorf* 94 km: A12 Richtung *München*, Ausfahrt *Wörgl Ost*, anschließend der Beschilderung Richtung *St. Johann* und *Lofer* bis nach *Kirchdorf* folgen

PARKMÖGLICHKEIT – in *Kirchdorf* beim *SPAR-Geschäft* auf der linken Straßenseite

START – beim *SPAR-Geschäft*, beim *SPAR-Geschäft* links abbiegen, der Asphaltstraße dorfeinwärts entlang bis zur Kirche und dort erneut links abbiegen, der Beschilderung nach *Gasteig* folgen

TOURENBESCHREIBUNG – 11,8 km und **711 Hm** sind von *Kirchdorf* über *Ghf. Neustadl*, *Marcheralm* und *Prostalm* bis zum *Dach der Tour* auf Asphalt- und Forststraßen großteils bergauf zurückzulegen. Der Rückweg bis zur *Prostalm* ist derselbe. Anschließend auf Karrenweg, Single Track, gut präpariertem Forstweg und Asphalt großteils bergab und flach, zurück zum Ausgangspunkt in *Kirchdorf*. Der Single Track nach der *Prostalm* ist 500 m lang und für geübte Trialbiker zur Gänze befahrbar. Biker ohne Trialerfahrung müssen für diesen Abschnitt einen zusätzlichen Fußmarsch von acht Minuten einplanen. Insgesamt sind **24 km** und **750 Hm** auf dieser Rundtour zu bewältigen.

Tourverbindungen: 120 *Hackeralm*, 119 *Griesner Alm*, *123 Adlerspoint*, 122 *Angerlalm*, 132 *Straubinger Haus*

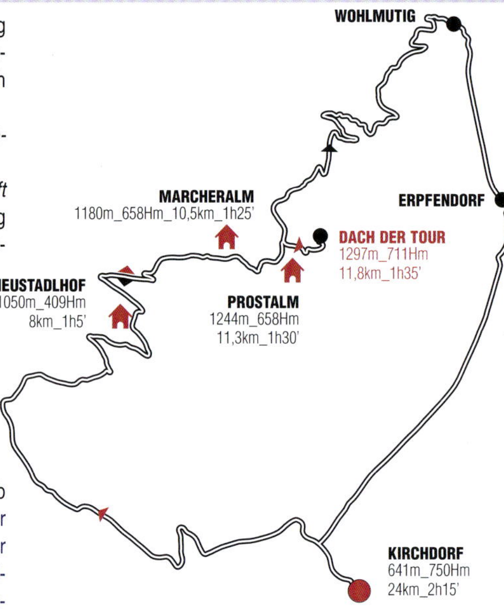

KARTENMATERIAL – ÖK: 1:25000 91 | **F&B: 1:50000** 301

INFOS – Ghf. Neustadlhof, Prostalm: bewirtschaftet Mitte Juni bis Mitte September; **Marcheralm:** bewirtschaftet Anfang Juli bis Mitte September

Foto: © TVB-Kitzbüheler Alpen / Klemens König

122 ANGERLALM

ANFAHRT – *Innsbruck – Kirchdorf* 94 km: A12 Richtung *München*, Ausfahrt *Wörgl Ost*, anschließend der Beschilderung Richtung *St. Johann* und *Lofer* bis nach *Kirchdorf* folgen
PARKMÖGLICHKEIT – in *Kirchdorf* beim *SPAR-Geschäft* auf der linken Straßenseite
START – beim *SPAR-Geschäft,* auf der Bundesstraße B312 Richtung *St. Johann* und nach 500 m links abbiegen zur *Pension Oberhabachhof,* anschließend über die Brücke der *Habach* und der dortigen Beschilderung zum *Stockerhof* folgen
TOURENBESCHREIBUNG – **8 km** und **538 Hm** sind von *Kirchdorf* über die *Grödingalm* bis zur *Angerlalm* auf Asphalt, gut präpariertem Forstweg und Single Track großteils bergauf zurückzulegen. Nach der *Grödingalm* führt die Tour leicht bergab. Der 200 m lange Single Track vor der *Angerlalm,* ist für jeden Biker leicht zu bewältigen. Die Abfahrt von der *Angerlalm* führt einmal kurz bergauf, ansonsten permanent bergab und flach auf Forst- und Asphaltstraßen, zurück nach *Kirchdorf.* Insgesamt sind **17,9 km** und **578 Hm** auf dieser Rundtour zu bewältigen.
Tourverbindungen: 119 *Griesner Alm*, 120 *Hackeralm*, 121 *Prostalm*, 123 *Adlerspoint*

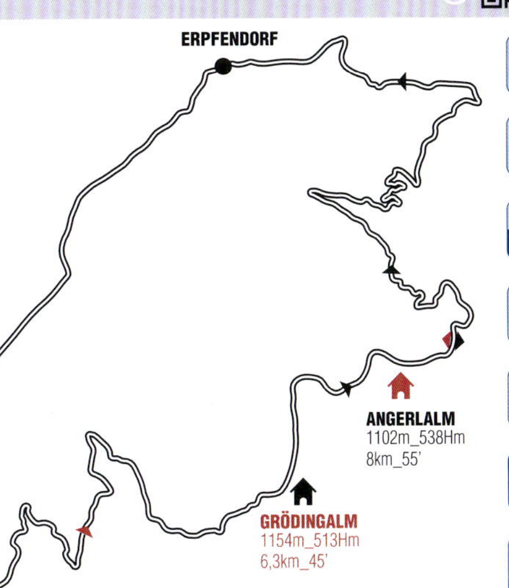

KARTENMATERIAL – **ÖK: 1:25000** 91 | **F&B: 1:50000** 301
INFOS – **Grödingalm:** unbewirtschaftete Almhütte; **Angerlalm:** im Sommer bewirtschaftete Almhütte

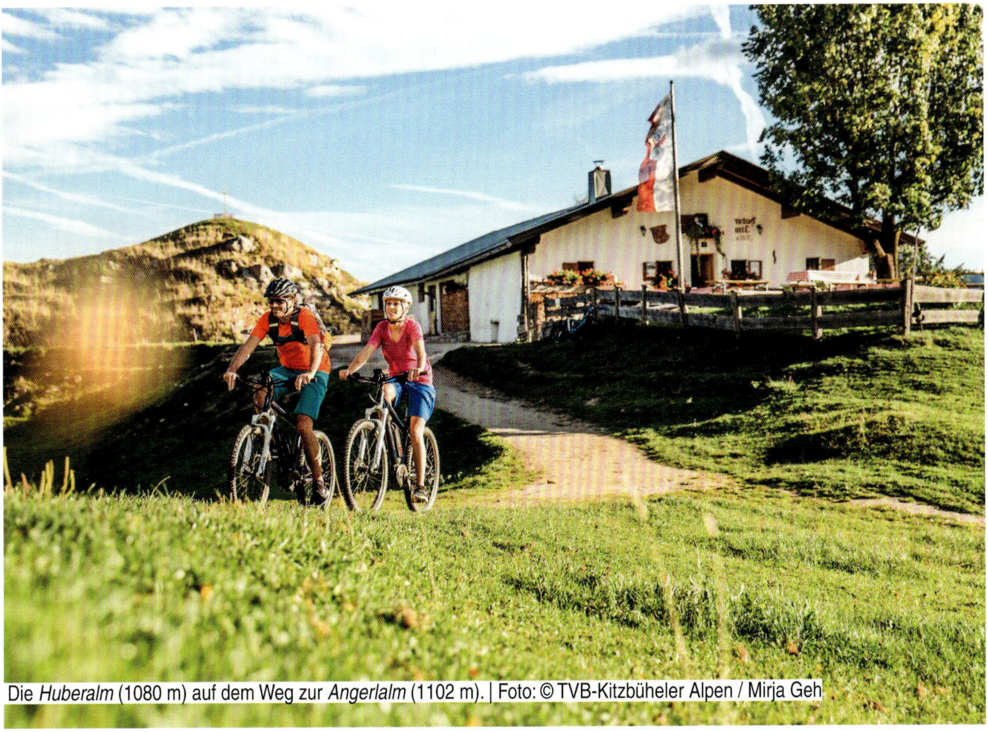

Die *Huberalm* (1080 m) auf dem Weg zur *Angerlalm* (1102 m). | Foto: © TVB-Kitzbüheler Alpen / Mirja Geh

123 ADLERSPOINT

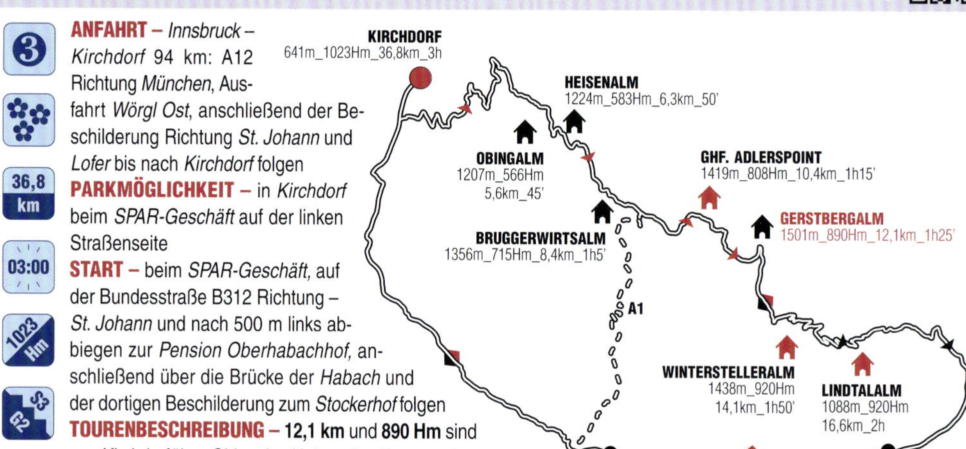

ANFAHRT – *Innsbruck – Kirchdorf* 94 km: A12 Richtung *München*, Ausfahrt *Wörgl Ost*, anschließend der Beschilderung Richtung *St. Johann* und *Lofer* bis nach *Kirchdorf* folgen

PARKMÖGLICHKEIT – in *Kirchdorf* beim *SPAR-Geschäft* auf der linken Straßenseite

START – beim *SPAR-Geschäft,* auf der Bundesstraße B312 Richtung – *St. Johann* und nach 500 m links abbiegen zur *Pension Oberhabachhof,* anschließend über die Brücke der *Habach* und der dortigen Beschilderung zum *Stockerhof* folgen

TOURENBESCHREIBUNG – 12,1 km und **890 Hm** sind von *Kirchdorf* über *Obingalm, Heisenalm, Bruggerwirtsalm* und *Ghf. Adlerspoint* bis zur *Gerstbergalm* auf Asphalt- und Forststraßen permanent bergauf, zurückzulegen. Auf dem Rückweg verbinden ein Karrenweg und Single Track die *Gerstbergalm* mit der *Winterstelleralm.* Der Single Track ist 1,1 km lang und nur teilweise befahrbar, ein zusätzlicher Fußmarsch von zehn Minuten ist einzuplanen. Der Rest des Rückwegs über die *Lindtalalm* und *St. Jakob* nach *Kirchdorf* führt auf Forst- und Asphaltstraßen abwechselnd bergauf und bergab. Insgesamt sind **36,8 km** und **1023 Hm** zu bewältigen.

Variante (A1): Wer diese Rundtour verkürzen möchte, fährt nach der *Bruggerwirtsalm* bei Kilometer 9 rechts zur *Rohrmoosalm* Richtung *Moseralm* nach *Mühlbach,* und von dort zurück zum Ausgangspunkt in *Kirchdorf.*

Tourverbindungen: 119 *Griesner Alm*, 120 *Hackeralm*, 121 *Prostalm*, 122 *Angerlalm*, 125 *Buchenstein*

KARTENMATERIAL – ÖK: 1:25000 91 | 122 **| F&B: 1:50000** 301

INFOS – Obingalm, Heisenalm, Bruggerwirtsalm, Gerstbergalm: unbewirtschaftete Almhütten; **Ghf. Adlerspoint:** bewirtschaftet Mitte Juni bis Mitte September; **Winterstelleralm, Lindtalalm:** im Sommer bewirtschaftete Almhütten

Auf dem Weg zur *Winterstelleralm* (1438 m). | Foto: © TVB-Kitzbüheler Alpen / Erwin Haiden

124 SCHEIBENBICHLALM

ANFAHRT – *Innsbruck – Griesenau* 97 km: A12 Richtung *München*, Ausfahrt *Wörgl Ost*, anschließend der Beschilderung Richtung *St. Johann* und *Lofer* bis nach *Kirchdorf* folgen, in *Kirchdorf* beim *SPAR-Geschäft* von der Bundesstraße B312 links abbiegen nach *Griesenau*

PARKMÖGLICHKEIT – in der Nähe der *ARAL-Tankstelle*, gegenüber der *Pension Dornauer*

START – bei der *ARAL-Tankstelle,* der Asphaltstraße Richtung *St. Johann* entlang und nach 100 m beim *Gasthaus Griesenau* rechts ins *Kaiserbachtal* einbiegen, nach 1,6 km rechts in den Forstweg bergauf einbiegen, der Beschilderung zur *Scheibenbichlalm* folgen – beim grün-weißen Schranken vorbei

GHF. KOHLALM
1194m_800Hm
11,7km_1h50'

OB. SCHEIBENBICHLALM
1452m_733Hm
9,5km_1h20'

UT. SCHEIBENBICHLALM
1280m_561Hm
7,9km_1h5'

GRIESENAU
719m_830Hm
18,1km_2h10'

TOURENBESCHREIBUNG – 9,5 km und **733 Hm** sind von *Griesenau* über die *Untere Scheibenbichlam* bis zur *Oberen Scheibenbichlalm* auf Asphalt- und Forststraßen permanent bergauf zurückzulegen. Von der *Oberen Scheibenbichlalm* 800 m auf demselben Weg retour, dann in den Single Track zum *Ghf. Kohlalm* einbiegen. Dieser Single Track führt auf unwegsamen Gelände bergab zum *Ghf. Kohlalm* und ist nicht befahrbar. Für diesen Abschnitt ist ein Fußmarsch von 20 Minuten einzuplanen. Der Rest des Rückwegs führt auf Forst- und Asphaltstraßen, ohne nennenswerte Schwierigkeiten großteils bergab, zum Ausgangspunkt nach *Griesenau*. Insgesamt sind **18,1 km** und **830 Hm** auf dieser Rundtour zu bewältigen.

Variante: Wer sich den Fußmarsch zum *Ghf. Kohlalm* ersparen will, fährt auf demselben Weg retour nach *Griesenau.*

Tourverbindungen: 112 *Feldalm*, 116 *Kohlalm*, 119 *Griesner Alm*, 126 *Lackalm*

KARTENMATERIAL – ÖK: 1:25000 90 | 91 **| F&B: 1:50000** 301

INFOS – Untere Scheibenbichlalm, Obere Scheibenbichlalm: unbewirtschaftete Almhütten; **Ghf. Kohlalm:** im Sommer bewirtschafteter Ghf.

Foto: © TVB-Kitzbüheler Alpen / Carlos Blanchard

125 BUCHENSTEIN

GPX 

ANFAHRT – *Innsbruck – St. Jakob* 102 km: A12 Richtung *München*, Ausfahrt *Wörgl Ost*, anschließend der Beschilderung Richtung *St. Johann* und *Salzburg* bis nach *Fieberbrunn* folgen, in *Fieberbrunn* bei der *Konditorei Hechenberger* links abbiegen nach *St. Jakob*
PARKMÖGLICHKEIT – bei der Talstation *Buchensteinbahn*
START – bei der Talstation *Buchensteinbahn,* dem Forstweg, der zwischen *Liftkassa* und *Intersport* durchführt, Richtung *Flecken* folgen, bei Kilometer 0,4 geradeaus weiter und anschließend der Beschilderung *Bergghf. Buchenstein* folgen
TOURENBESCHREIBUNG – 6,3 km und **601 Hm** sind von *St. Jakob* über die *Kammerbergalm* bis zum *Ghf. Buchenstein* auf gut präpariertem Forstweg permanent bergauf zurückzulegen. Der Rückweg ist derselbe. Insgesamt sind **12,6 km** und **601 Hm** ohne nennenswerte Schwierigkeiten zu bewältigen.
KARTENMATERIAL – ÖK: 1:25000 91, 92, 122, 123 | **F&B: 1:50000** 101 | 301
INFOS – Kammerbergalm: unbewirtschaftete Almhütte; **Ghf. Buchenstein:** im Sommer bewirtschaftete Schihütte

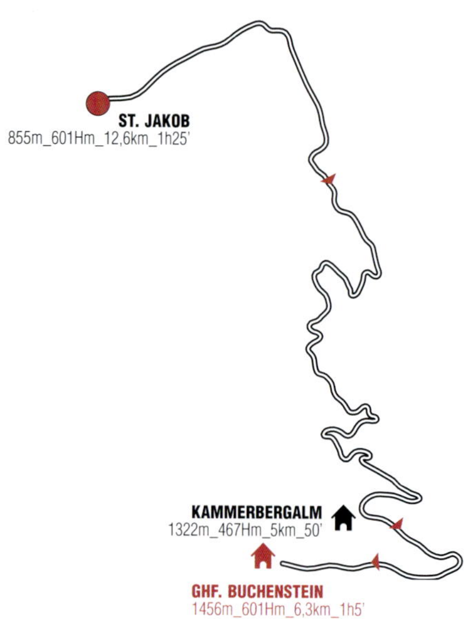

Foto: © TVB-Kitzbüheler Alpen / Franz Gerdl

126 LACKALM

ANFAHRT – *Innsbruck – Griesenau* 97 km: A12 Richtung *München*, Ausfahrt *Wörgl Ost*, anschließend der Beschilderung Richtung *St. Johann* und *Lofer* bis nach *Kirchdorf* folgen, in *Kirchdorf* beim *SPAR-Geschäft* von der Bundesstraße B312 links abbiegen nach *Griesenau*

PARKMÖGLICHKEIT – in der Nähe der *ARAL-Tankstelle*, gegenüber der *Pension Dornauer*

START – bei der *ARAL-Tankstelle,* der Asphaltstraße Richtung *Kössen* folgen und nach 1100 m vor der *Waldkapelle* rechts abbiegen über die Brücke des *Kohlenbachs*

TOURENBESCHREIBUNG – 11,1 km und **765 Hm** sind von *Griesenau* über *Wiesenalm*, *Stubenalm* und *Untere Schnappenalm* bis zur *Lackalm* auf Asphalt, Forstweg und Single Track abwechselnd bergauf und bergab zurückzulegen. Der 600 m lange Single Track zur *Lackalm* ist für geübte Biker mit Trialkenntnissen zur Gänze befahrbar. Ungeübte Biker müssen für diesen Abschnitt einen zusätzlichen Fußmarsch von fünf Minuten einplanen. Der Rückweg bis zum *Ghf. Lucknerhof* führt permanent auf gut präpariertem Forstweg bergab, anschließend auf der Asphaltstraße abwechselnd bergauf und bergab, zum Ausgangspunkt nach *Griesenau*. Insgesamt sind **28 km** und **878 Hm** zu bewältigen.

Tourverbindungen: 116 *Kohlalm*, 115 *Scheibenwaldhütte*, 119 *Griesner Alm*, 121 *Prostalm*

KARTENMATERIAL – ÖK: 1:25000 91 | **F&B: 1:50000** 301

INFOS – Untere Schnappenalm: bewirtschaftet Anfang Juni bis Anfang Oktober; **Lackalm:** bewirtschaftet Mitte Juni bis Mitte September; **Ghf. Lucknerhof, Ghf. Fischer:** ganzjährig bewirtschaftete Ghf.; **Wiesenalm, Stubenalm:** unbewirtschaftete Almhütten

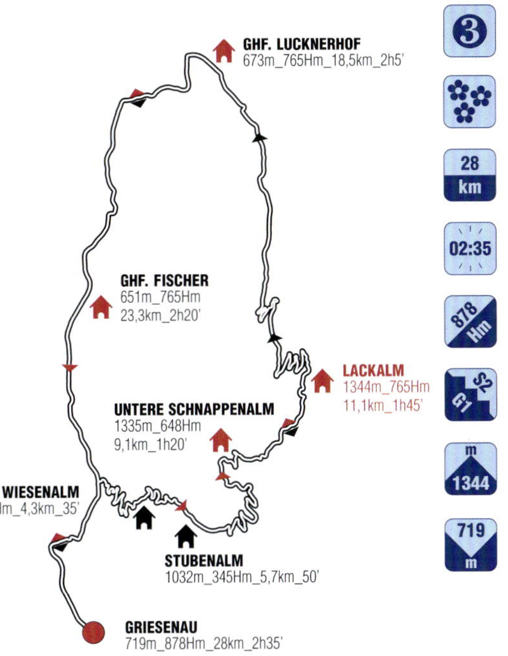

Foto: © TVB-Kitzbüheler Alpen / Mirja Geh

127 LACHTALALM

ANFAHRT – *Innsbruck – Fieberbrunn* 102 km: A12 Richtung *München*, Ausfahrt *Wörgl Ost*, anschließend der Beschilderung Richtung *St. Johann* und *Salzburg* bis nach *Fieberbrunn* folgen, in *Fieberbrunn* beim *Ghf. Auwirt*, unmittelbar nach der Brücke über den *Pletzerbach*, links zum *Aubad* abbiegen

PARKMÖGLICHKEIT – beim *Aubad*

START – beim *Aubad,* beim *Ghf. Auwirt* rechts in die Bundesstraße einbiegen Richtung *St. Johann,* nach der Brücke über den *Pletzerbach* links abbiegen, der dortigen Beschilderung zum *Ghf. Pletzer* folgen

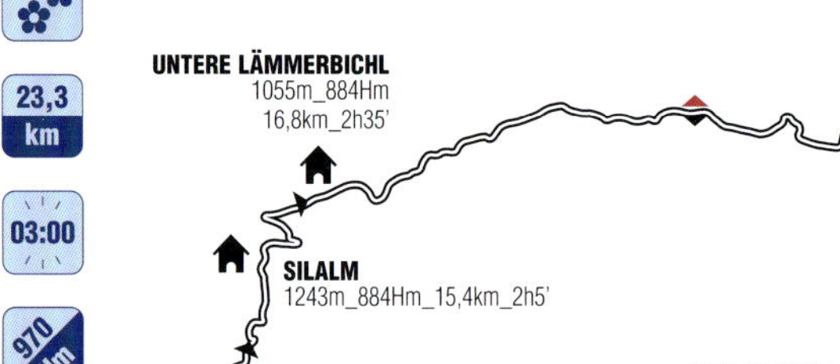

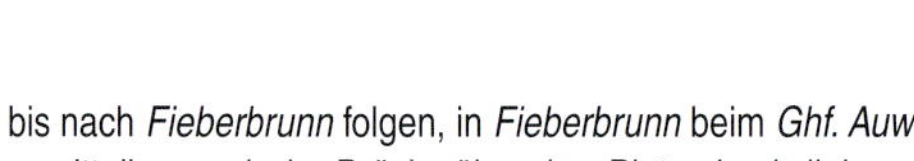

TOURENBESCHREIBUNG – **12,1 km** und **884 Hm** sind von *Fieberbrunn* über *Ghf. Pletzer*, *Lachtalgrundalm*, *Schlinachalm* und *Lachtalalm* bis zum *Dach der Tour* auf Asphalt- und Forststraßen permanent bergauf zurückzulegen. Die Abfahrt führt über *Lämmerbichlalm*, *Silalm* und *Untere Lämmerbichlalm* zurück nach *Fieberbrunn* auf Karrenweg, Forstweg, Single Track und Asphalt großteils bergab. Der 1,1 km lange Karrenweg vom *Dach der Tour* bergab zur *Lämmerbichlalm* wird alljährlich von vielen Kühen zertrampelt, ist meist sehr schlammig und daher großteils nicht befahrbar. An regnerischen Tagen sollte man den Karrenweg meiden und auf der Direttissima zur *Unteren Lämmerbichlalm* gehen. Der Karrenweg bergab zur *Silalm* ist abschnittsweise extrem steil. Der 600 m lange Single Track nach der *Silalm* führt auf grobsteinigem Untergrund steil bergab und ist deshalb nicht befahrbar. Für diesen Abschnitt ist ein zusätzlicher Fußmarsch von zehn Minuten einzuplanen. Der Rest des Rückwegs nach *Fieberbrunn* weist keine nennenswerten Schwierigkeiten auf. Insgesamt sind **23,3 km** und **970 Hm** auf dieser Rundtour zu bewältigen.

Tourverbindungen: 163 *Lämmerbichlalm*, 162 *Kitzbüheler Horn*

KARTENMATERIAL – ÖK: 1:25000 122 | **F&B: 1:50000** 301

INFOS – Lachtalgrundalm, Schlinachalm, Lachtalalm, Silalm, Untere Lämmerbichlalm: unbewirtschaftete Almhütte; **Lämmerbichlalm:** im Sommer bewirtschaftete Almhütte; **Ghf. Pletzer:** im Sommer bewirtschafteter Ghf.

Foto: © TVB-Kitzbüheler Alpen / Kurt Tropper

128 LÄRCHFILZHOCHALM

ANFAHRT – *Innsbruck – Fieberbrunn* 102 km: A12 Richtung *München*, Ausfahrt *Wörgl Ost*, anschließend der Beschilderung Richtung *St. Johann* und *Salzburg* bis nach *Fieberbrunn* folgen, in *Fieberbrunn* bei den Tankstellen vorbei bis zur Abzweigung ins Zentrum, dort rechts abbiegen zum *Hotel Neue Post*

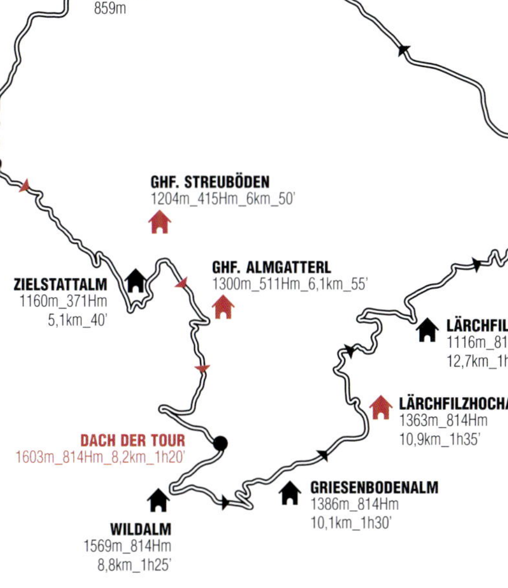

PARKMÖGLICHKEIT – in der Nähe vom *Hotel Neue Post*

START – beim *Hotel Neue Post*, beim *Hotel Neue Post* geradeaus bergauf weiter zur Dorfkirche und dort der Beschilderung zum *Lauchsee* folgen

TOURENBESCHREIBUNG – 8,2 km und **814 Hm** sind von *Fieberbrunn* über *Lauchsee*, *Zielstattalm*, *Ghf. Streuböden* und *Ghf. Almgatterl* bis zum *Dach der Tour* auf Asphalt- und Forststraßen permanent bergauf, zurückzulegen. Auf dem Rückweg über *Wildalm*, *Griesenbodenalm*, *Lärchfilzhochalm* und *Lärchfilzniederalm* nach *Fieberbrunn* ist mit Single Track, gut präpariertem Forstweg und Asphalt zu rechnen. Insgesamt sind **19,2 km** und **814 Hm** ohne nennenswerte Schwierigkeiten zu bewältigen.

Tourverbindungen: 129 *Schattseitenalm*, 130 *Burgeralm*, 131 *Spielberghaus*

KARTENMATERIAL – ÖK: 1:25000 122 | 123 | **F&B: 1:50000** 101 | 301

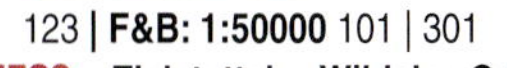

INFOS – Zielstattalm, Wildalm, Griessenbodenalm, Lärchfilzniederalm: unbewirtschaftete Almhütten; **Ghf. Streuböden, Ghf. Almgatterl, Lärchfilzhochalm:** im Sommer bewirtschaftete Ghf. Eine wohl einzigartige Möglichkeit zur Erfrischung an heißen Sommertagen findet man beim *Ghf. Almgatterl*. Dort steht eine öffentliche Freiluftdusche und eine Sonnenterrasse mit Liegestühlen, jedem der sich nicht nur innerlich erfrischen will, zur Verfügung.

Foto: © TVB-Kitzbüheler Alpen / Kurt Tropper

129 SCHATTSEITENALM

ANFAHRT – *Innsbruck – Pfaffenschwendt* 104 km: A12 Richtung *München*, Ausfahrt *Wörgl Ost*, anschließend der Beschilderung Richtung *St. Johann* und *Salzburg* bis nach *Fieberbrunn* folgen, 1,5 km nach *Fieberbrunn* rechts von der Bundesstraße B312 nach *Pfaffenschwendt* abzweigen und vor der Bahnunterführung rechts weiter zum *Ghf. Kapelln*

PARKMÖLICHKEIT – Achtung! Nur sehr beschränkte Parkmöglichkeit entlang der Zufahrtsstraße zum Ghf. Kapelln

START – beim *Ghf. Kapelln*, beim *Ghf. Kapelln* rechts bergab abbiegen und anschließend der Beschilderung zum *Ghf. Eiserne Hand* folgen

TOURENBESCHREIBUNG – 11,8 km und **610 Hm** sind von *Pfaffenschwendt* über *Ghf. Eiserne Hand*, *Hörndler Grundalm* und *Suglachalm* bis zur *Schwarzach Schattseitenalm* auf Asphalt- und Forststraßen zurückzulegen. Die Tour verläuft anfangs leicht bergab bis zum *Ghf. Eiserne Hand* und dann nur noch bergauf bis zur *Schwarzach Schattseitenalm*. Der Rückweg ist derselbe. Insgesamt sind **23,6 km** und **650 Hm** ohne nennenswerte Schwierigkeiten zu bewältigen.

Variante (A1): Auf der *Alternativroute A1* nach der *Hörndler Grundalm* bei Kilometer 7,5 rechts bergauf zum *Hochhörndlerscherm* abbiegen.

Tourverbindungen: 128 *Lärchfilzhochalm*, 131 *Spielberghaus*

KARTENMATERIAL – ÖK: 1:25000 122 | 123 |
F&B: 1:50000 101 | 301

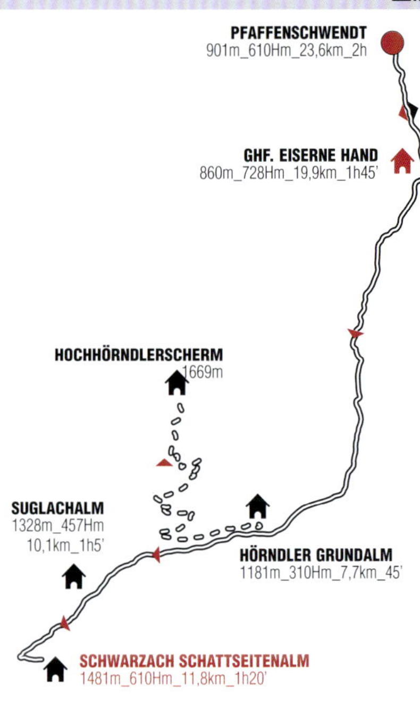

INFOS – Hörndler Grundalm, Suglachalm, Schwarzach Schattseitenalm, Hochhörndlerscherm: unbewirtschaftete Almhütten

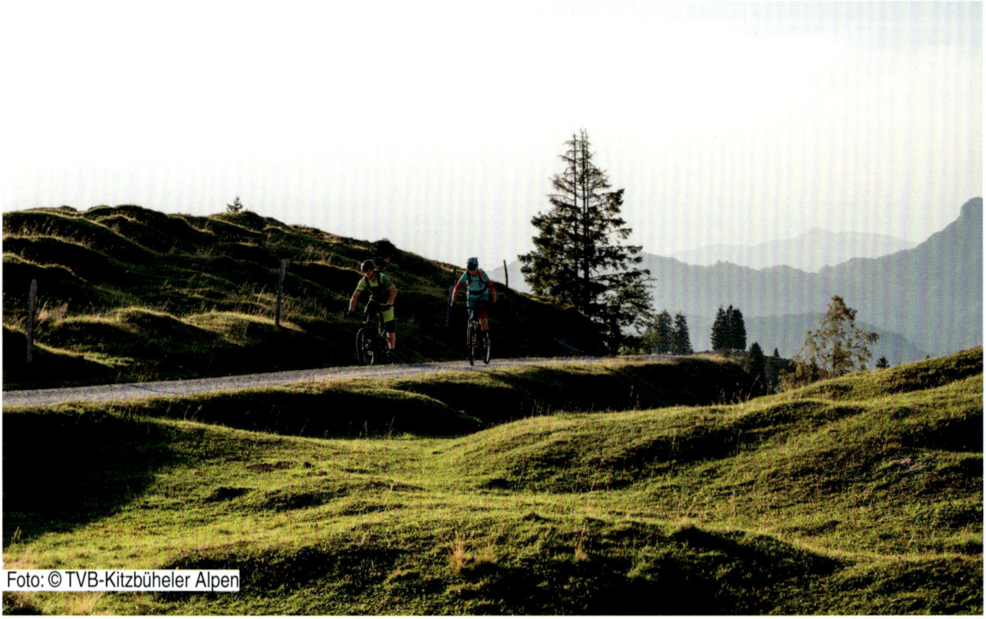

Foto: © TVB-Kitzbüheler Alpen

130 BURGERALM

ANFAHRT – *Innsbruck – Pfaffenschwendt* 104 km: A12 Richtung *München*, Ausfahrt *Wörgl Ost*, anschließend der Beschilderung Richtung *St. Johann / Salzburg* bis nach *Fieberbrunn* folgen, 1,5 km nach *Fieberbrunn* rechts von der Bundesstraße B312 nach *Pfaffenschwendt* abzweigen und vor der Bahnunterführung rechts weiter zum *Ghf. Kapelln*

PARKMÖGLICHKEIT – Achtung! Nur sehr beschränkte Parkmöglichkeit entlang der Zufahrtsstraße zum *Ghf. Kapelln*

START – beim *Ghf. Kapelln*, beim *Ghf. Kapelln* rechts bergab abbiegen und anschließend der Beschilderung zum *Ghf. Eiserne Hand* folgen

TOURENBESCHREIBUNG – 10,9 km und **698 Hm** sind von *Pfaffenschwendt* über *Ghf. Eiserne Hand*, *Pulvermacheralm* und *Großenbergalm* bis zum *Sattel* auf Asphalt, gut präpariertem Forstweg und Karrenweg, zurückzulegen. Bis zum *Ghf. Eiserne Hand* verläuft die Tour leicht bergab und anschließend nur noch bergauf bis zum *Sattel*. Vom *Sattel* bergab bis zum *Ghf. Burgeralm* ist mit Karrenweg und Single Track zu rechnen. Der Single Track ist 1,2 km lang und für geübte Biker großteils befahrbar. Der Rest des Rückwegs vom *Ghf. Burgeralm* nach *Pfaffenschwendt* führt auf Forst- und Asphaltstraßen, bis auf wenige leichte Anstiege permanent bergab, zurück zum Ausgangspunkt nach *Pfaffenschwendt*. Insgesamt sind **21,8 km** und **758 Hm** auf dieser Rundtour zu bewältigen.

Tourverbindungen: 128 *Lärchfilzhochalm*, 131 *Spielberghaus*

KARTENMATERIAL – ÖK: 1:25000 122 | 123 |
F&B: 1:50000 101 | 301

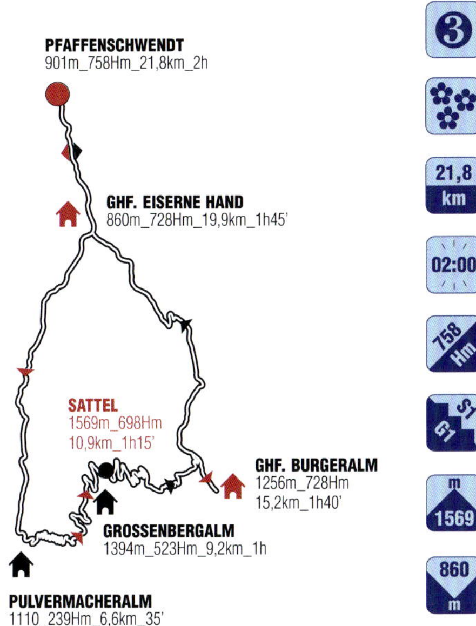

3
21,8 km
02:00
758 Hm
S1 G1
m 1569
860 m

INFOS – Pulvermacheralm, Großenbergalm: unbewirtschaftete Almhütten; **Ghf. Burgeralm:** im Sommer bewirtschafteter Ghf.; **Ghf. Eiserne Hand:** ganzjährig bewirtschafteter Ghf.

Foto: W. Hofer

131 SPIELBERGHAUS

02:35

S1
G1

ANFAHRT – *Innsbruck – Pfaffenschwendt* 104 km: A12 Richtung *München*, Ausfahrt *Wörgl Ost*, anschließend der Beschilderung Richtung *St. Johann* und *Salzburg* bis nach *Fieberbrunn* folgen, 1,5 km nach *Fieberbrunn* rechts von der Bundesstraße B312 nach *Pfaffenschwendt* abzweigen und vor der Bahnunterführung rechts weiter zum *Ghf. Kapelln*

PARKMÖLICHKEIT – Achtung! Nur sehr beschränkte Parkmöglichkeit entlang der Zufahrtsstraße zum Ghf. Kapelln

START – beim *Ghf. Kapelln*, beim *Ghf. Kapelln* rechts bergab abbiegen und anschließend der Beschilderung zum *Ghf. Eiserne Hand* folgen

TOURENBESCHREIBUNG – 10,8 km und **759 Hm** sind von *Pfaffenschwendt* über *Ghf. Eiserne Hand*, *Ghf. Burgeralm*, *Innere Spielbergalm* und *Wirtsalm,* bis zur *Panoramaalm* auf Asphalt- und Forststraßen zurückzulegen. Bis zum *Ghf. Eiserne Hand* verläuft die Tour leicht bergab und anschließend nur noch bergauf bis zur *Panoramaalm.* Der Rückweg über die *Turneralm*, *Ghf. Berger-Hochalm* und *Ghf. Asteralm* bis 1,2 km nach der *Maisalm* führt auf gut präpariertem Forstweg, Karrenweg, Single Track und Asphalt permanent bergab. Anschließend folgen 274 Hm bergauf bis zum *Spielberghaus,* von dort verläuft die Tour nur noch bergab, auf dem Hinweg retour. Insgesamt sind **26,7 km** und **1104 Hm** auf dieser Rundtour zu bewältigen. Der 600 m lange Single Track vor der *Thurneralm* ist für jeden Biker befahrbar.

Tourverbindungen: 129 *Schattseitenalm*, *130 Burgeralm*, 128 *Lärchfilzhochalm*

KARTENMATERIAL – ÖK: 1:25000 121 | 122 |
F&B: 1:50000 101 | 301

INFOS – Ghf. Eiserne Hand: ganzjährig bewirtschafteter Ghf.; **Ghf. Burgeralm, Panoramaalm, Ghf. Asteralm, Maisalm:** im Sommer bewirtschaftete Ghf.; **Innere Spielbergalm, Wirtsalm:** unbewirtschaftete Almhütten; **Turneralm:** im Sommer bewirtschaftete Almhütte; **Ghf. Berger Hochalm, Spielberghaus:** im Sommer bewirtschaftete AV-Hütten

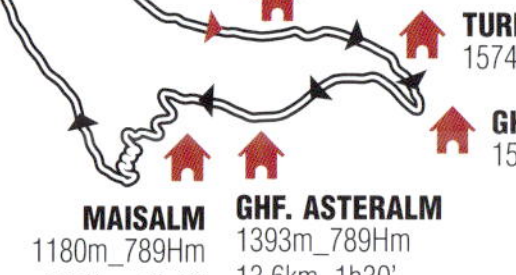

Foto: © TVB-Kitzbüheler Alpen / Erwin Haiden

132 STRAUBINGER HAUS

GPX 

3

31,9 km

02:45

1289 Hm

S1 G1

m 1558

625 m

ANFAHRT – *Innsbruck – Wohlmutig* 99 km: A12 Richtung *München*, Ausfahrt *Wörgl Ost*, anschließend der Beschilderung Richtung *St. Johann* und *Lofer* bis nach *Erpfendorf* folgen, in *Erpfendorf* links abbiegen Richtung *Kössen* bis nach *Wohlmutig* und bei der grün-gelben Beschilderung *Klärwerk AWV-Große Ache Nord* rechts von der Bundesstraße abbiegen

PARKMÖLICHKEIT – nach der Brücke über die *Große Ache* auf der rechten Straßenseite

START – bei der Parkmöglichkeit, der Asphaltstraße am linken Bachufer der *Großen Ache* entlang bis zum *Klärwerk* und dort links in den Forstweg einbiegen, der dortigen Beschilderung zur *Eggenalm* folgen

TOURENBESCHREIBUNG – 8,9 km und **933 Hm** sind von *Wohlmutig* über die *Kreuzangeralm* bis zum *Straubinger-Haus* großteils auf Forststraßen permanent bergauf zurückzulegen. Der Rückweg über die *Hindenburghütte* und die *Klausenbergalm* führt auf Forst- und Asphaltstraßen abwechselnd bergauf und bergab. Insgesamt sind auf dieser Rundtour **31,9 km** und **1289 Hm** ohne nennenswerte Schwierigkeiten zu bewältigen.

Tourverbindungen: 134 *Ghf. Steinplatte*, 135 *Steinplatte*, 136 *Brennhütte*, 137 *Schwarzberghöhe*

KARTENMATERIAL – ÖK: 1:25000 91 | **F&B: 1:50000** 301

INFOS – Kreuzangeralm, Klausenbergalm: unbewirtschaftete Almhütten; **Straubinger Haus:** Ende Mai bis Ende Oktober bewirtschaftete AV-Hütte; **Hindenburghütte:** im Sommer bewirtschafteter Ghf.

Foto: © TVB-Kitzbüheler Alpen / Carlos Blanchard

133 BICHLBAUERALM

ANFAHRT – *Innsbruck – Waidring* 104 km: A12 Richtung *München*, Ausfahrt *Wörgl Ost*, anschließend der Beschilderung Richtung *St. Johann* und *Lofer* bis nach *Waidring* folgen, dort rechts von der Bundesstraße B312 abbiegen zur Tourismusinformation

PARKMÖLICHKEIT – hinter der Tourismusinformation bei der Schlepplift-Talstation

START – bei der Tourismusinformation, der Asphaltstraße Richtung *Salzburg* entlang bis zum *Café Weinstube* und dort rechts abbiegen, bei der PSK vorbei und anschließend der Beschilderung Richtung *St. Ulrich* folgen

TOURENBESCHREIBUNG – 9,1 km und **662 Hm** sind von *Waidring* über die *Raineralm* bis zur *Hochbreitaualm* auf Asphalt- und Forststraßen permanent bergauf zurückzulegen. Der Rückweg über die *Bichlbaueralm* führt auf Forstweg, Single Track und Asphalt abwechselnd bergauf und bergab, zurück nach *Waidring*. Der 400 m lange Single Track hinunter zur bereits sichtbaren Bichlbaueralm, ist für geübte Biker zur Gänze befahrbar. Ungeübte Biker müssen für diesen Abschnitt einen zusätzlichen Fußmarsch von fünf Minuten einplanen. Insgesamt sind **25,6 km** und **816 Hm** auf dieser Rundtour ohne nennenswerte Schwierigkeiten zurückzulegen.

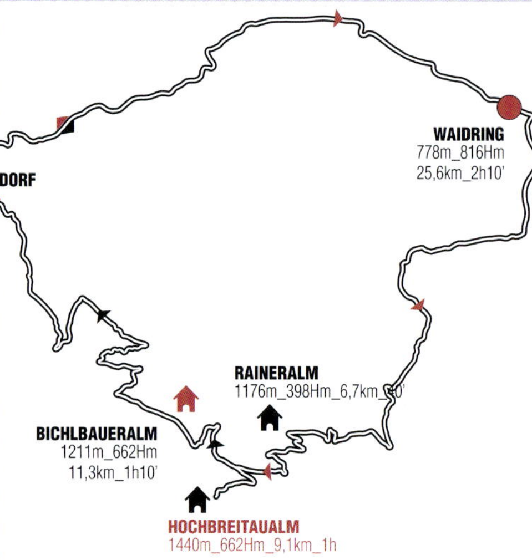

Tourverbindungen: 134 *Ghf. Steinplatte*, 135 *Steinplatte*, 136 *Brennhütte*, 137 *Schwarzberghöhe*

KARTENMATERIAL – ÖK: 1:25000 91 | 92 | **F&B: 1:50000** 301

INFOS – Raineralm, Hochbreitaualm: unbewirtschaftete Almhütte; **Bichlbaueralm:** im Sommer bewirtschaftete Almhütte

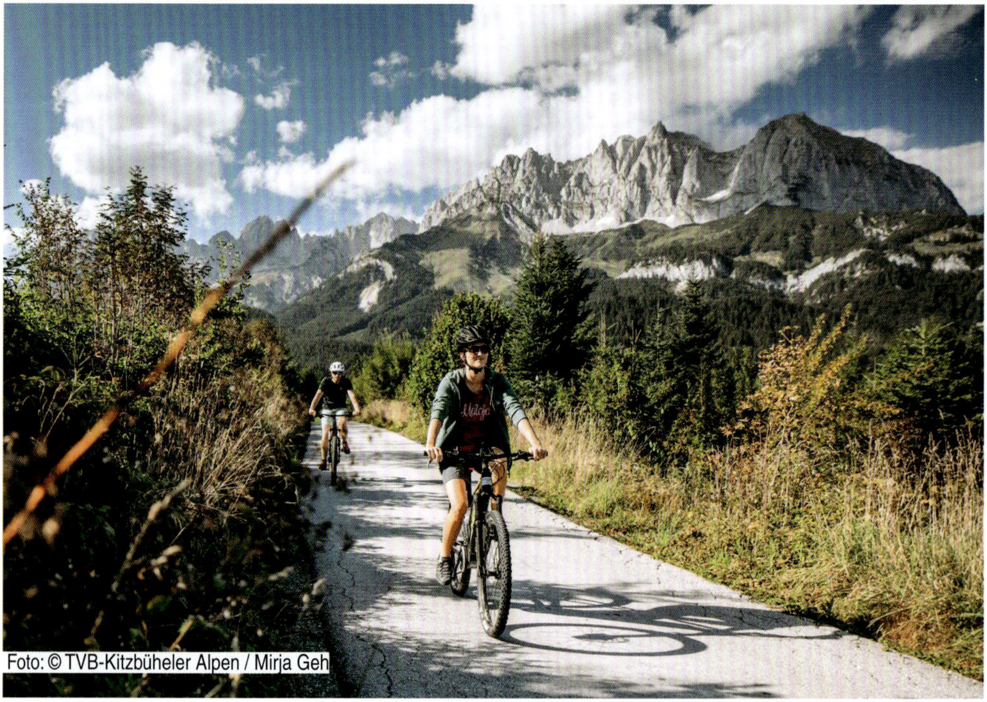

Foto: © TVB-Kitzbüheler Alpen / Mirja Geh

134 GHF. STEINPLATTE

ANFAHRT – *Innsbruck – Waidring* 104 km: A12 Richtung *München*, Ausfahrt *Wörgl Ost*, anschließend der Beschilderung Richtung *St. Johann* und *Lofer* bis nach *Waidring* folgen, dort rechts von der Bundesstraße B312 abbiegen zur Touristeninformation
PARKMÖGLICHKEIT – hinter der Tourismusinformation bei der Schlepplift-Talstation
START – bei der Touristeninformation, der Asphaltstraße dorfauswärts Richtung Westen folgen und nach 1 km die Bundesstraße B312 überqueren, anschließend der Beschilderung zur *Höhenstraße-Steinplatte* folgen
TOURENBESCHREIBUNG – 5,4 km und **598 Hm** sind von *Waidring* bis zum *Ghf. Steinplatte* auf Asphaltstraßen permanent bergauf zurückzulegen. Die Abfahrt bis zum *Ghf. Seegatterl* in *Deutschland* führt auf gut präpariertem Forstweg großteils bergab. Anschließend ist erneut ein längerer Anstieg von **780 Hm** hinauf bis zum *Straubinger-Haus* zu bewältigen. Kurz vor der Grenze nach *Österreich,* sind abschnittsweise extrem steile Anstiege zu erwarten. Der Rückweg vom *Straubinger-Haus* über die *Kreuzangeralm* nach *Waidring,* führt abwechselnd bergauf und bergab. Insgesamt sind **46,8 km 1588 Hm** auf dieser Rundtour zu bewältigen. 
Tourverbindungen: 135 *Steinplatte*, 136 *Brennhütte*, 137 *Schwarzberghöhe*, 133 *Bichlbaueralm*, 132 *Straubinger-Haus*
KARTENMATERIAL – ÖK: 1:25000 91 | **F&B: 1:50000** 101 | 301
INFOS – Kreuzangeralm: unbewirtschaftete Almhütte; **Ghf. Steinplatte, Hindenburghütte:** im Sommer bewirtschaftete Ghf.; **Ghf. Seegatterl:** ganzjährig bewirtschafteter Ghf.; **Straubinger Haus:** Ende Mai bis Ende Oktober bewirtschaftete AV-Hütte

GHF. SEEGATTERL
778m_598Hm
13,8km_1h20'

HINDENBURGHÜTTE
1195m_1015Hm
21,3km_2h15'

STRAUBINGER-HAUS
1558m_1378Hm_25,6km_3h

GHF. STEINPLATTE
1376m_598Hm_5,4km_50'

KREUZANGERALM
1371m_1378Hm_27,4km_3h5'

WAIDRING
778m_1588Hm_46,8km_4h

ERPFENDORF

4

46,8 km

04:00

1588 Hm

S1 G1

m 1558

778 m

Foto: © TVB-Kitzbüheler Alpen / Erwin Haiden

135 STEINPLATTE

ANFAHRT – *Innsbruck – Waidring* 104 km: A12 Richtung *München*, Ausfahrt *Wörgl Ost*, anschließend der Beschilderung Richtung *St. Johann* und *Lofer* bis nach *Waidring* folgen, dort rechts von der Bundesstraße B312 abbiegen zur Tourismusinformation

PARKMÖGLICHKEIT – hinter der Tourismusinformation bei der Schlepplift-Talstation

START – bei der Touristeninformation, der Asphaltstraße dorfauswärts Richtung Westen entlang und nach 1 km die Bundesstraße B312 überqueren, anschließend der Beschilderung zur *Höhenstraße-Steinplatte* folgen

TOURENBESCHREIBUNG – 10,1 km und **1056 Hm** sind von *Waidring* über *Ghf. Steinplatte Stallenalm* und *Ghf. Kammerkör* bis zur *Steinplatte* auf Asphalt, Forstweg und Karrenweg permanent bergauf zurückzulegen. Der 1,6 km lange Karrenweg hinauf zur *Steinplatte* ist durchgehend extrem steil. Der Rückweg ist derselbe. Insgesamt sind **20,2 km** und **1056 Hm** zu bewältigen.
Tourverbindungen: 134 *Ghf. Steinplatte*, 136 *Brennhütte*, 137 *Schwarzberghöhe*, 133 *Bichlbaueralm*, 132 *Straubinger-Haus*

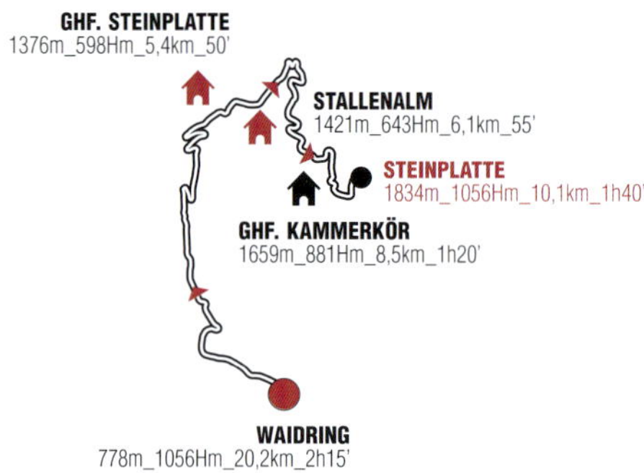

KARTENMATERIAL – ÖK: 1:25000 91 | **F&B: 1:50000** 101 | 301

INFOS – Ghf. Steinplatte: im Sommer bewirtschafteter Ghf.; **Stallenalm:** im Sommer bewirtschaftete Almhütte; **Ghf. Kammerkör:** unbewirtschaftete Schihütte

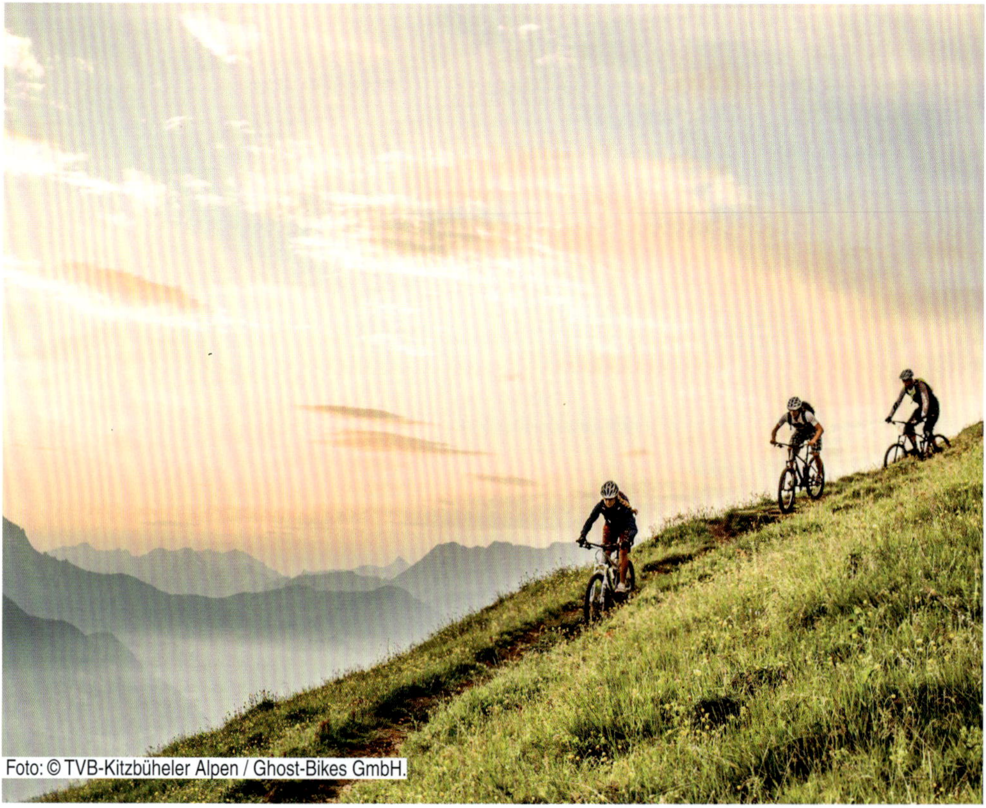

Foto: © TVB-Kitzbüheler Alpen / Ghost-Bikes GmbH.

136 BRENNHÜTTE

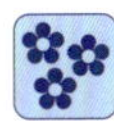

ANFAHRT – *Innsbruck – Waidring* 104 km: A12 Richtung *München*, Ausfahrt *Wörgl Ost*, anschließend der Beschilderung Richtung *St. Johann* und *Lofer* bis nach *Waidring* folgen, dort rechts von der Bundesstraße B312 abbiegen zur Touristeninformation

PARKMÖGLICHKEIT – hinter der Tourismusformation bei der Schlepplift-Talstation

START – bei der Tourismusinformation, der Asphaltstraße dorfauswärts Richtung Westen entlang und nach 1 km die Bundesstraße B312 überqueren, anschließend der Beschilderung zur *Höhenstraße-Steinplatte* folgen

TOURENBESCHREIBUNG – 6,7 km und **663 Hm** sind von *Waidring* über den *Ghf. Steinplatte* bis zur *Brennhütte* großteils auf Asphaltstraßen permanent bergauf zurückzulegen. Der Rückweg ist derselbe. Insgesamt sind **13,4 km** und **663 Hm** ohne nennenswerte Schwierigkeiten zu bewältigen.

Tourverbindungen: 134 *Ghf. Steinplatte*, 135 *Steinplatte*, 137 *Schwarzberghöhe*, 133 *Bichlbaueralm*, 132 *Straubinger-Haus*

KARTENMATERIAL – ÖK: 1:25000 91 | **F&B: 1:50000** 101 | 301

INFOS – Ghf. Steinplatte: im Sommer bewirtschafteter Ghf.; **Brennhütte:** im Sommer bewirtschaftete AV-Hütte

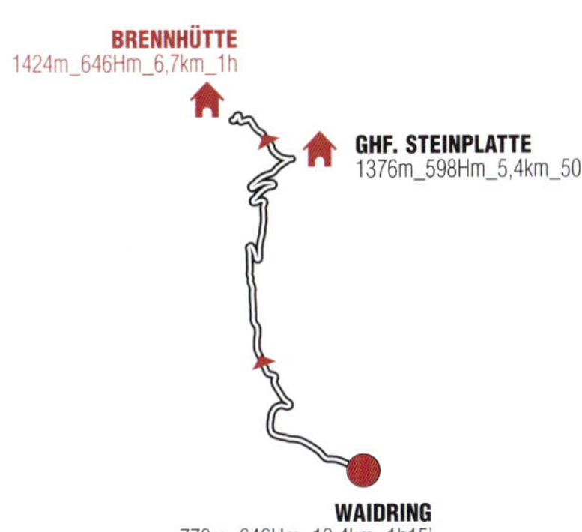

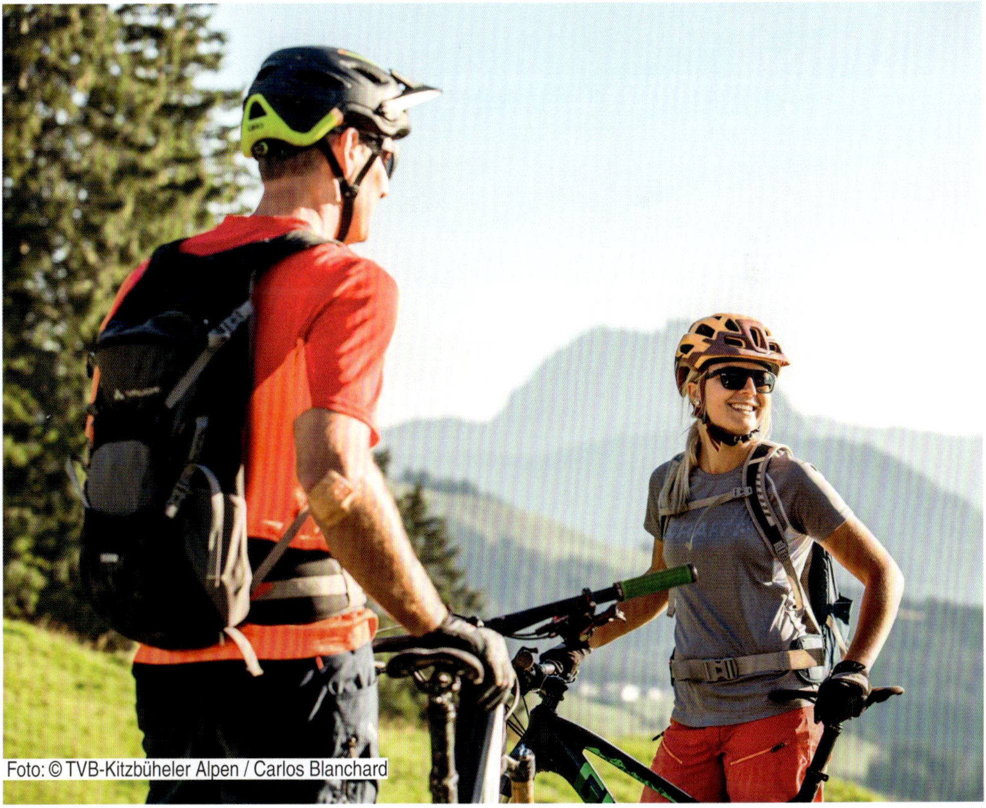

Foto: © TVB-Kitzbüheler Alpen / Carlos Blanchard

137 SCHWARZBERGHÖHE

778 m

ANFAHRT – *Innsbruck – Waidring* 104 km: A12 Richtung *München*, Ausfahrt *Wörgl Ost*, anschließend der Beschilderung Richtung *St. Johann* und *Lofer* bis nach *Waidring* folgen, dort rechts von der Bundesstraße B312 abbiegen zur Tourismusinformation

PARKMÖGLICHKEIT – hinter der Tourismusinformation bei der Schlepplift-Talstation

START – bei der Tourismusinformation, der Asphaltstraße Richtung *Salzburg* entlang und beim *Café Weinstube* geradeaus weiter, anschließend der Beschilderung Radwanderweg nach *Lofer* folgen

TOURENBESCHREIBUNG – Auf dieser Rundtour sind insgesamt **37,3 km** und **1320 Hm** auf Asphalt- und Forststraßen abwechselnd bergauf und bergab zurückzulegen. Anfangs führt diese Tour auf Asphalt leicht bergab bis zum *Ghf. Lintner*. Anschließend **830 Hm** permanent bergauf, vorbei am *Ghf. Loderbichl* und dem *Ghf. Gertraud in der Sonne*, bis zum *Ghf. Schönblick*. Dort bergab auf Forst- und Karrenweg bis zur *Fußtalstube*. Der Weg über die *Schwarzberghöhe*, *Ghf. Mosern*, *Stallenalm* und *Ghf. Steinplatte* bis zur *Brennhütte* führt ständig bergauf und bergab. Die Abfahrt von der *Brennhütte* bergab bis nach *Waidring* verläuft auf der Asphaltstraße vorbei am Ghf. Steinplatte durchgehend bergab.

Tourverbindungen: 134 *Ghf. Steinplatte*, 135 *Steinplatte*, 133 *Bichlbaueralm*, 132 *Straubinger-Haus*, 136 *Brennhütte*

KARTENMATERIAL – ÖK: 1:25000 91 | 92 |
F&B: 1:50000 101 | 301

INFOS – Ghf. Lintner: ganzjährig bewirtschafteter Ghf.; **Ghf. Loderbichl, Ghf. Gertraud in der Sonne, Ghf. Schönblick, Ghf. Möseralm, Ghf. Steinplatte, Stallenalm:** im Sommer bewirtschaftete Ghf.; **Fußtalstube:** unbewirtschaftete Almhütte; **Brennhütte:** im Sommer bewirtschaftete AV-Hütte

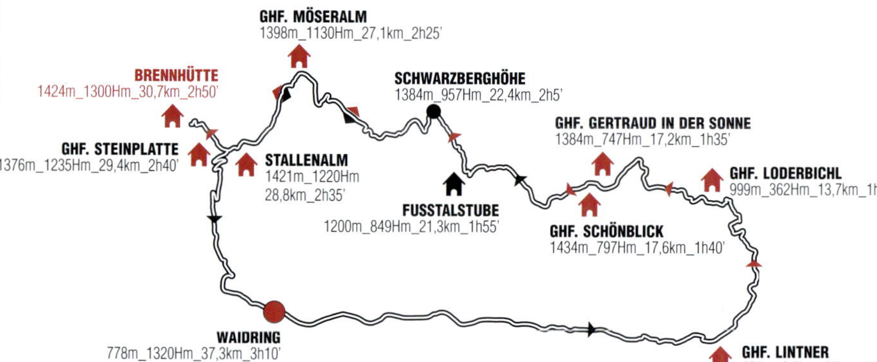

Foto: © TVB-Kitzbüheler Alpen / Mirja Geh

138 - 143

WILDSCHÖNAU

MÜHLTAL
138 Hörlerstiegel
139 Schatzbergalm
AUFFACH
140 Gressensteinalm
141 Baumgartenalm
142 Prädastenalm
143 Neuhögenalm

Variante: Wer sich die Anfahrt in die *Wildschönau* mit dem PKW ersparen will, fährt mit dem Bike von *Kundl* durch die *Kundler Klamm* (siehe Tour *Färberwirt*) zu den Startpunkten in *Mühlbach* oder *Auffach*

Foto: W. Hofer

138 HÖRLERSTIEGEL

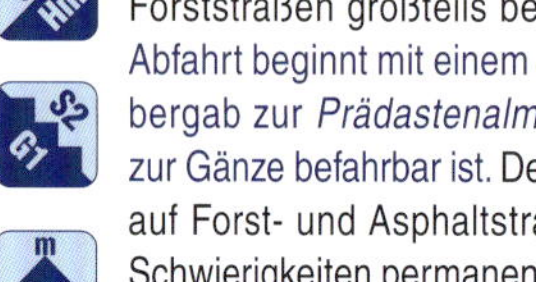

ANFAHRT – *Innsbruck – Mühltal* 71 km: A12 Richtung *München*, Ausfahrt *Wörgl West*, anschließend der Beschilderung Richtung *Wildschönau* nach *Mühltal* folgen

PARKMÖGLICHKEIT – nach der Brücke über die *Wildschönauer Ache* in der Nähe vom *Ghf. Färberwirt*

START – beim *Ghf. Färberwirt,* der Asphaltstraße bergauf entlang Richtung *Wörgl* und bei Kilometer 1,8 nach der Feuerwehr rechts abbiegen, der dortigen Beschilderung *Roggenboden* und *Hörlerstiegel* folgen

TOURENBESCHREIBUNG – 13 km und **980 Hm** sind von *Mühltal* über *Sonnbergstüberl*, *Hörlerstiegel* und *Baumgartenalm* bis *Vordere Feldalm* auf Asphalt- und Forststraßen großteils bergauf zurückzulegen. Die Abfahrt beginnt mit einem 800 m langen Single Track bergab zur *Prädastenalm,* der für geübte Trialbiker zur Gänze befahrbar ist. Der Rest des Rückwegs führt auf Forst- und Asphaltstraßen ohne nennenswerte Schwierigkeiten permanent bergab nach *Mühltal*. Insgesamt sind **24,2 km** und **980 Hm** auf dieser Rundtour zu bewältigen.

Tourverbindungen: 139 *Schatzbergalm*, 140 *Gressensteinalm*, 143 *Neuhögenalm*, 142 *Prädastenalm*, 141 *Baumgartenalm*, 017 *Färberwirt*, 015 *Rosskopfhütte*, 145 *Siedeljoch*, 028 *Anton-Graf-Haus*

KARTENMATERIAL – ÖK: 1:25000 120 |
F&B: 1:50000 151 | 302

INFOS – Sonnbergstüberl: im Sommer bewirtschafteter Ghf.; **Baumgartenalm, Vordere Feldalm:** unbewirtschaftete Almhütten; **Prädastenalm:** unbewirtschaftete Almhütte

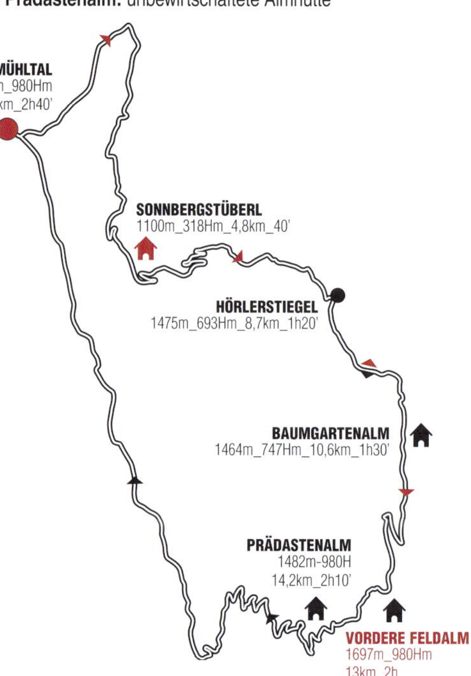

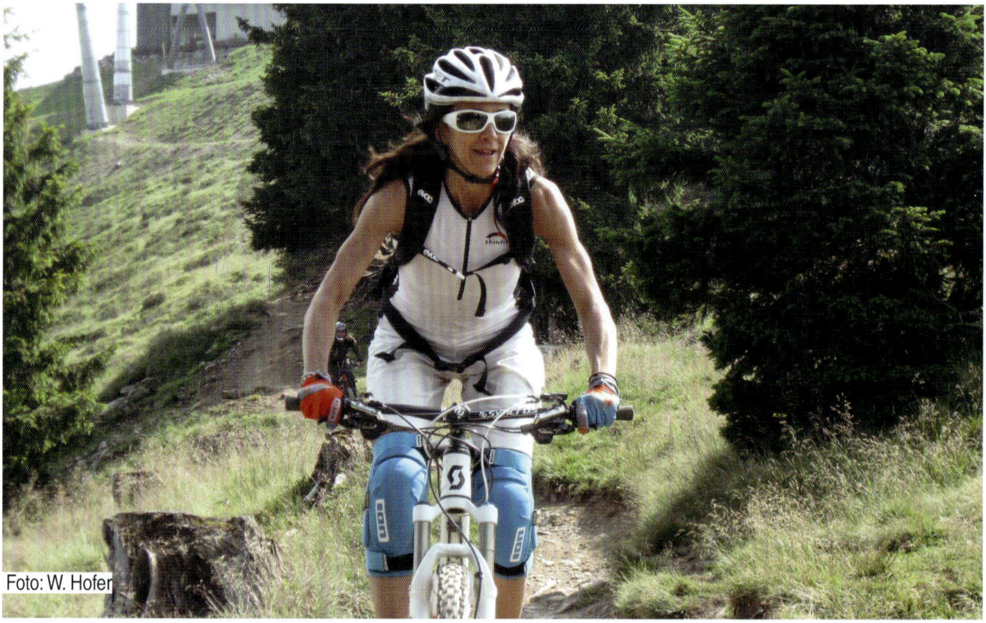

Foto: W. Hofer

139 SCHATZBERGALM

ANFAHRT – *Innsbruck – Mühltal* 71 km: A12 Richtung *München*, Ausfahrt *Wörgl West*, anschließend der Beschilderung Richtung *Wildschönau* nach *Mühltal* folgen

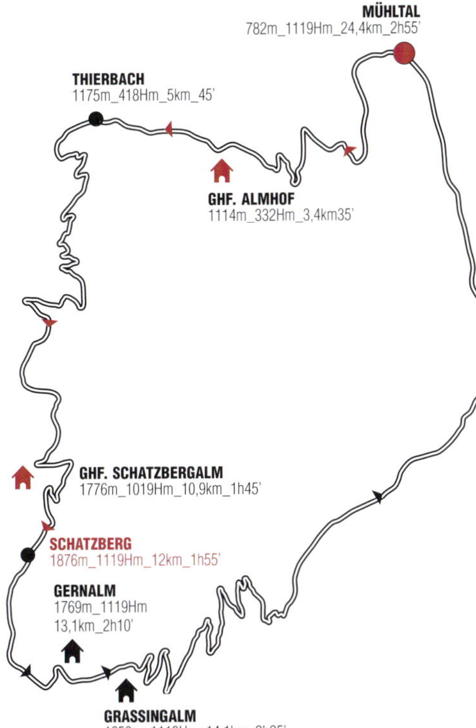

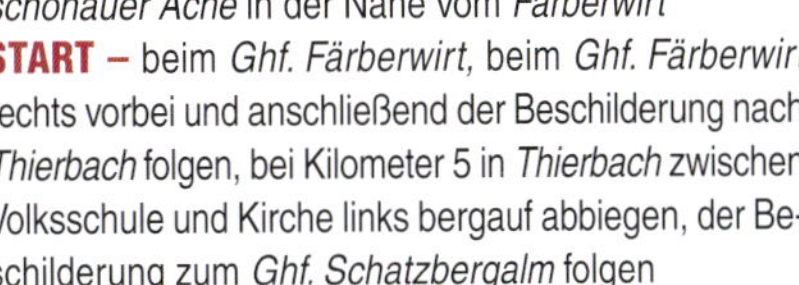

PARKMÖGLICHKEIT – nach der Brücke über die *Wildschönauer Ache* in der Nähe vom *Färberwirt*

START – beim *Ghf. Färberwirt*, beim *Ghf. Färberwirt* rechts vorbei und anschließend der Beschilderung nach *Thierbach* folgen, bei Kilometer 5 in *Thierbach* zwischen Volksschule und Kirche links bergauf abbiegen, der Beschilderung zum *Ghf. Schatzbergalm* folgen

TOURENBESCHREIBUNG – 12 km und **1119 Hm** sind von *Mühltal* über *Ghf. Almhof*, *Thierbach* und *Ghf. Schatzbergalm* bis zum *Schatzberg* auf Asphalt, gut präpariertem Forstweg und Karrenweg permanent bergauf zurückzulegen. Der 500 m lange Karrenweg bergauf zum *Schatzberg* ist durchgehend sehr steil. Die Abfahrt zur *Gernalm* verläuft auf Single Track und Karrenweg. Der Single Track ist 700 m lang und ist für jeden geübten Biker großteils befahrbar. Der 1 km lange Single Track nach der *Gernalm* Richtung *Grassingalm* ist für Trialbiker zur Gänze befahrbar. Biker ohne Trialerfahrung müssen für diesen Abschnitt einen zusätzlichen Fußmarsch von zehn Minuten einplanen. Der Rest des Rückwegs führt auf Forst- und Asphaltstraßen, ohne nennenswerte Schwierigkeiten permanent bergab, zum Ausgangspunkt in Mühltal. Insgesamt sind **24,4 km** und **1119 Hm** zu bewältigen.

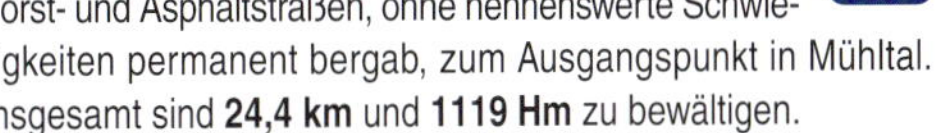

Tourverbindungen: 015 *Rosskopfhütte*, *017 Färberwirt*, 138 *Hörlerstiegel*, 011 *Bischoferalm*, 141 *Baumgartenalm*, 142 *Prädastenalm*, 143 *Neuhögenalm*

KARTENMATERIAL – ÖK: 1:25000 120 | **F&B: 1:50000** 151

INFOS – Ghf. Almhof: ganzjährig bewirtschafteter Ghf.; **Schatzbergalm:** im Sommer bewirtschafteter Ghf.; **Gernalm, Grassingalm:** unbewirtschaftete Almhütten

4 | 24,4 km | 02:55

S3 G1 | m 1876 | 782 m

Foto: W. Hofer

140 GRESSENSTEINALM

ANFAHRT – *Innsbruck – Auffach* 73 km: A12 Richtung *München*, Ausfahrt *Wörgl West*, anschließend der Beschilderung Richtung *Wildschönau* nach *Auffach* folgen

PARKMÖGLICHKEIT – bei der Talstation *Schatzbergbahnen*

START – bei der Talstation *Schatzbergbahnen,* der Asphaltstraße taleinwärts folgen, bei Kilometer 5,2 geradeaus weiter zur *Schönangeralm*

TOURENBESCHREIBUNG – 13,4 km und **937 Hm** sind von *Auffach* über *Schönangeralm* bis *Gressensteinalm* auf Asphalt, gut präpariertem Forstweg und Karrenweg permanent bergauf zurückzulegen. Der Rückweg ist beinahe derselbe. Insgesamt sind **26 km** und **937 Hm** ohne nennenswerte Schwierigkeiten zurückzulegen.

Tourverbindungen: *017 Färberwirt*, 145 *Siedeljoch*, 141 *Baumgartenalm*, 142 *Prädastenalm*, 139 *Schatzbergalm*, 138 *Hörlerstiegel*, 143 *Neuhögenalm*

KARTENMATERIAL – ÖK: 1:25000 120 | **F&B: 1:50000** 151

INFOS – Gressensteinalm: unbewirtschaftete Almhütte; **Schönangeralm:** im Sommer bewirtschaftete Almhütte;

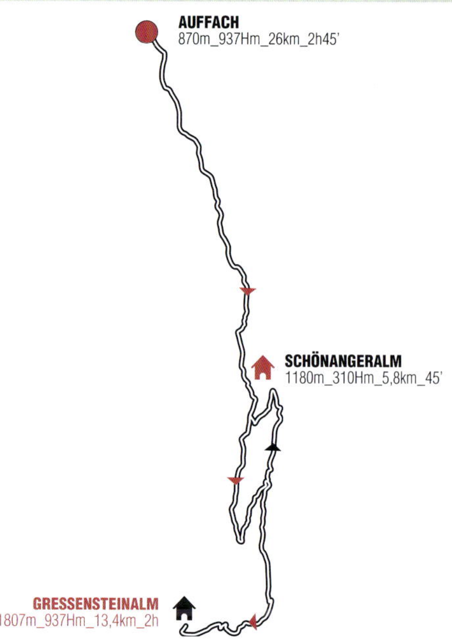

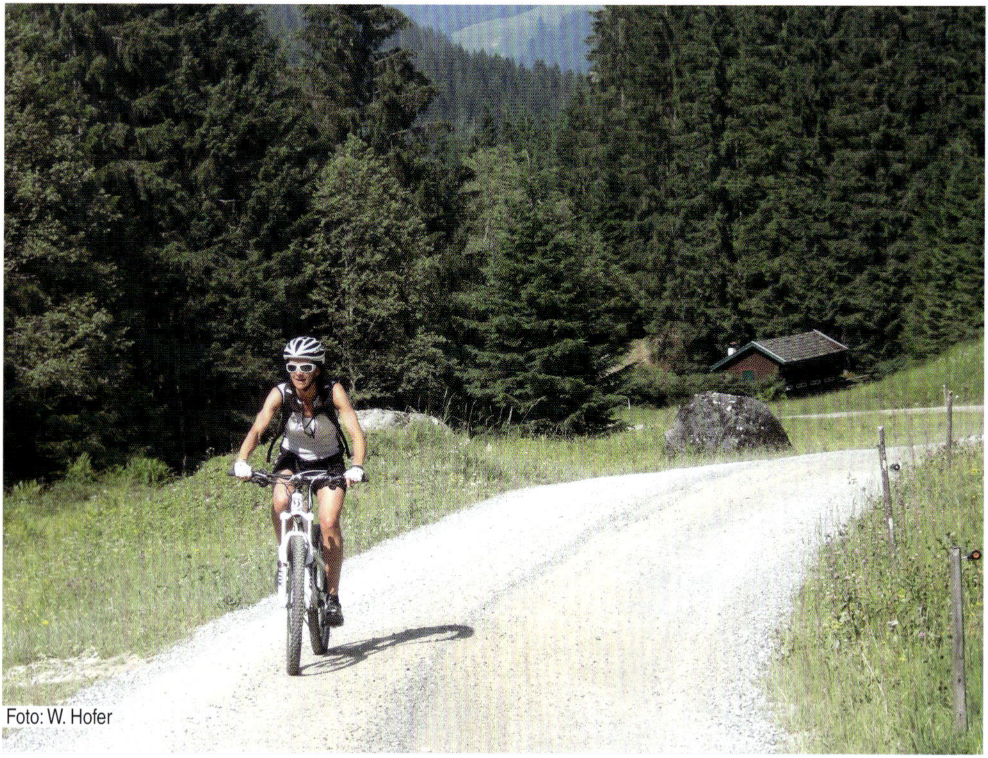

Foto: W. Hofer

141 BAUMGARTENALM

ANFAHRT – *Innsbruck – Auffach* 73 km: A12 Richtung *München*, Ausfahrt *Wörgl West*, anschließend der Beschilderung Richtung *Wildschönau* nach *Auffach* folgen

PARKMÖGLICHKEIT – bei der Talstation *Schatzbergbahnen*

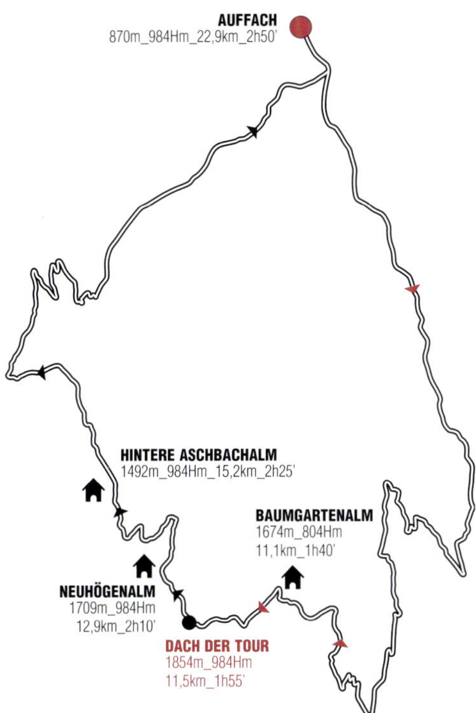

START – bei der Talstation *Schatzbergbahnen,* der Asphaltstraße taleinwärts entlang und bei Kilometer 5,2 nach dem Teich *Hirschzipfel* rechts bergauf in den Forstweg einbiegen, der dortigen Beschilderung zur *Baumgartenalm* folgen

TOURENBESCHREIBUNG – **11,5 km** und **984 Hm** sind von *Auffach* über die *Baumgartenalm* bis zum *Dach der Tour* auf Asphalt, gut präpariertem Forstweg und Single Track permanent bergauf zurückzulegen. Vor der *Baumgartenalm* sind kurze, sehr steile Anstiege zu erwarten. Der 400 m lange Single Track von der *Baumgartenalm* bergauf zum *Dach der Tour* ist nicht befahrbar. Für diesen Abschnitt muss ein zusätzlicher Fußmarsch von 15 Minuten eingeplant werden. Der Single Track vom *Dach der Tour* bergab zur *Neuhögenalm* ist 1,4 km lang und für Trialbiker zur Gänze befahrbar. Biker ohne Trialkenntnisse müssen für diesen Abschnitt erneut einen zusätzlichen Fußmarsch von 15 Minuten einplanen oder gehen bei der *Baumgartenalm* geradeaus auf dem unmarkierten Single Track, direkt zur *Neuhögenalm.* Die Abfahrt von der *Neuhögenalm* führt über die *Hintere Aschbachalm,* auf Forst- und Asphaltstraßen permanent bergab, zurück nach *Auffach.* Insgesamt sind **22,9 km** und **984 Hm** auf dieser Rundtour zu bewältigen.

Tourverbindungen: 142 *Prädastenalm*, 140 *Gressensteinalm*, 145 *Siedeljoch*, 138 *Hörlerstiegel*, 139 *Schatzbergalm,* 017 *Färberwirt,*

KARTENMATERIAL – **ÖK: 1:25000** 120 | **F&B: 1:50000** 151

INFOS – **Baumgartenalm, Neuhögenalm, Hintere Aschbachalm:** unbewirtschaftete Almhütten

Foto: W. Hofer

142 PRÄDASTENALM

ANFAHRT – *Innsbruck – Auffach* 73 km: A12 Richtung *München*, Ausfahrt *Wörgl West*, anschließend der Beschilderung Richtung *Wildschönau* nach *Auffach* folgen

PARKMÖGLICHKEIT – bei der Talstation *Schatzbergbahnen*

START – bei der Talstation *Schatzbergbahnen,* der Asphaltstraße taleinwärts entlang und bei Kilometer 2,3 bei der Bushaltestelle links bergauf abbiegen, der dortigen Beschilderung zur *Unterbergalm* folgen

TOURENBESCHREIBUNG – 7,6 km und **617 Hm** sind von *Auffach* über die *Unterbergalm* bis zur *Prädastenalm* auf Asphalt, Forstweg und Karrenweg permanent bergauf zurückzulegen. Der 300 m lange Single Track vor der *Prädastenalm* ist großteils nicht befahrbar. Für diesen Abschnitt muss ein zusätzlicher Fußmarsch von fünf Minuten, über leicht begehbares Gelände, eingeplant werden. Die Abfahrt von der *Prädastenalm* nach *Auffach* führt auf Karrenweg, gut präpariertem Forstweg und Asphalt ohne nennenswerte Schwierigkeiten permanent bergab. Insgesamt sind **14,9 km** und **617 Hm** auf dieser Rundtour zu bewältigen.

Tourverbindungen: 141 *Baumgartenalm*, 140 *Gressensteinalm*, 139 *Schatzbergalm*, 138 *Hörlerstiegel*, 143 *Neuhögenalm*

KARTENMATERIAL – ÖK: 1:25000 120 | **F&B: 1:50000** 151 | 302

INFOS – Unterbergalm, Prädastenalm: unbewirtschaftete Almhütten

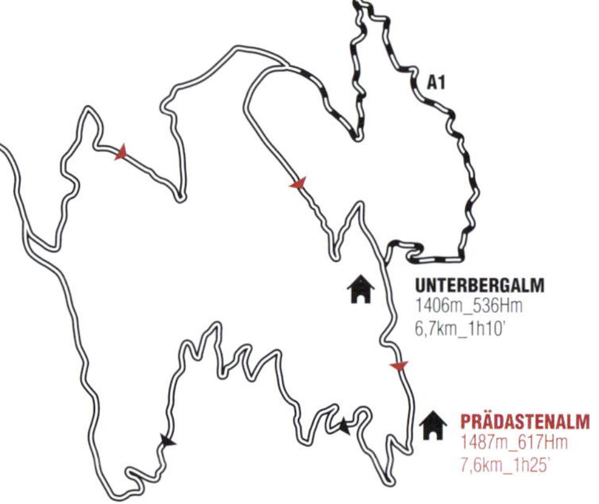

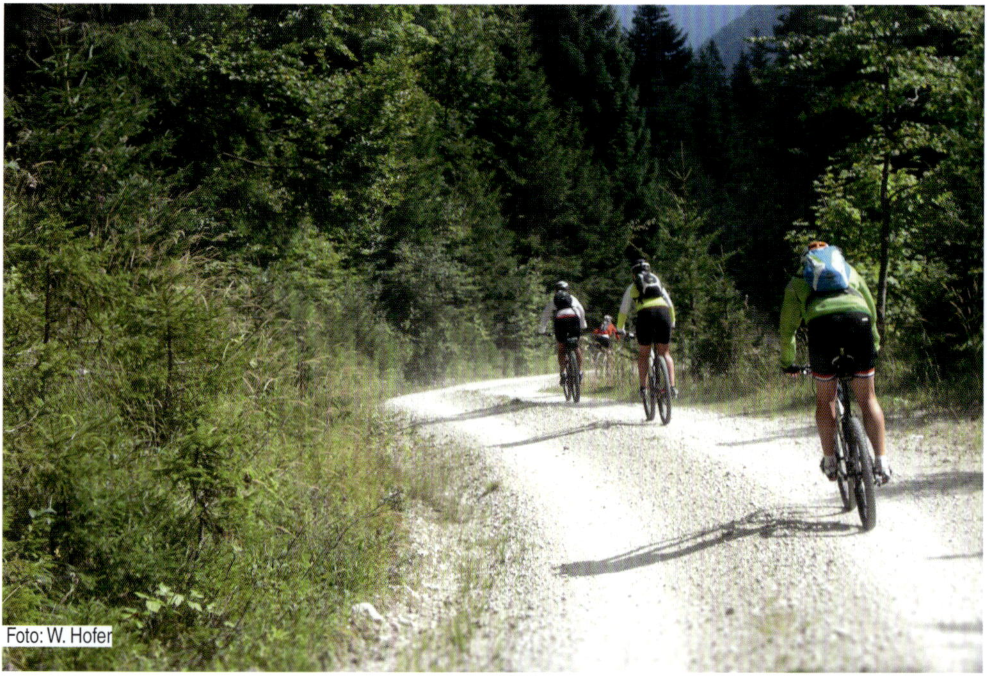

Foto: W. Hofer

143 NEUHÖGENALM

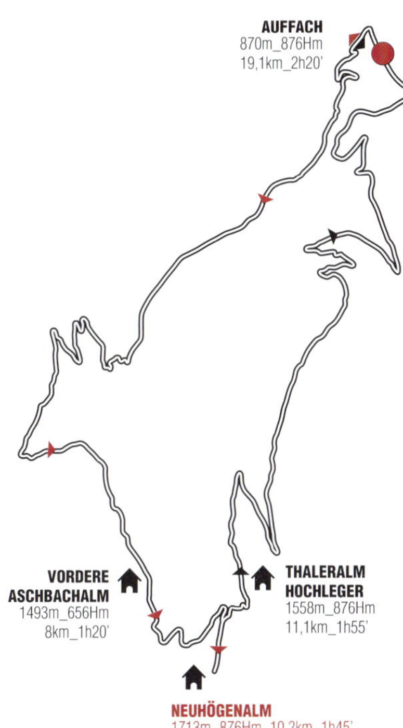

ANFAHRT – *Innsbruck – Auffach* 73 km: A12 Richtung *München*, Ausfahrt *Wörgl West*, anschließend der Beschilderung Richtung *Wildschönau* nach *Auffach* folgen

PARKMÖGLICHKEIT – bei der Talstation *Schatzbergbahnen*

START – bei der Talstation *Schatzbergbahnen*, der Asphaltstraße hinter der *Schatzbergbahn* Richtung Dorfkirche folgen, nach 200 m beim Postamt, unmittelbar vor der Bachbrücke links bergauf abbiegen

TOURENBESCHREIBUNG – 10,2 km und **876 Hm** sind von *Auffach* über die *Vordere Aschbachalm* bis zur *Neuhögenalm*, auf Forst- und Asphaltstraßen großteils nur bergauf zurückzulegen. Die Abfahrt über den *Thaleralm Hochleger* zurück nach *Auffach* verläuft auf gut präpariertem Forstweg, Single Track und Asphalt permanent bergab. Der 400 m lange Single Track bergab zum *Thaleralm Hochleger* ist nicht befahrbar. Für diesen Abschnitt ist ein zusätzlicher Fußmarsch von sieben Minuten einzuplanen. Der Rest des Rückwegs weist keine nennenswerten Schwierigkeiten auf. Insgesamt sind **19,1 km** und **876 Hm** auf dieser Rundtour zu bewältigen.

3

02:20

Tourverbindungen: 017 *Färberwirt*, 142 *Prädastenalm*, 141 *Baumgartenalm*, 140 *Gressensteinalm*, 139 *Schatzbergalm*

KARTENMATERIAL – ÖK: 1:25000 120 | **F&B: 1:50000** 151

INFOS – Vordere Aschbachalm, Neuhögenalm, Thaleralm Hinterleger: unbewirtschaftete Almhütten

Foto: W. Hofer

144 - 159

BRIXENTAL

Foto: W. H

144 TROCKENBACHALM

ANFAHRT – *Innsbruck – Hopfgarten* 73 km: A12 Richtung *München*, Ausfahrt *Wörgl Ost*, anschließend der Beschilderung ins *Brixental* nach *Hopfgarten* folgen, vor der Bahnunterführung links bergauf zur Talstation *Bergbahnen Hohe Salve* abbiegen
PARKMÖGLICHKEIT – bei der Talstation *Bergbahnen Hohe Salve*
START – bei der Bahnunterführung, der Bundesstraße entlang Richtung *Kitzbühel*, beim Sägewerk rechts abbiegen zur Brücke über die *Brixentaler Ache* und anschließend geradeaus weiter am linken Bachufer entlang nach *Kelchsau*
TOURENBESCHREIBUNG – Insgesamt sind **33,3 km** und **1269 Hm** auf dieser Rundtour zurückzulegen. Bis Kilometer 11,2 führt die Tour auf Asphalt, gut präpariertem Forstweg und Single Track abwechselnd bergauf und bergab. Anschließend auf Forst- und Karrenweg, vorbei an der *Lotterbichlalm* und *Schwaigbergalm* bis zur *Neustattalm* permanent bergauf. Ein 400 m langer Karrenweg und 1,3 km langer Single Track verbindet die *Neustattalm* mit der *Baumgartenalm*. Achtung! Dieser Single Track führt zur Hälfte durch unwegsames Gelände und ist nur *Adventure-Bikern* zu empfehlen. Dichter Blätterwald und ein schlammiger Single Track erschweren den Übergang zur *Baumgartneralm.* Ein zusätzlicher Fußmarsch von 30 Minuten ist einzuplanen. Der Rückweg über die *Trockenbachalm*, *Haagalm* und *Kühbrandalm* nach *Hopfgarten* verläuft auf Forst- und Asphaltstraßen, ohne nennenswerte Schwierigkeiten abwechselnd bergauf und bergab. Bis zur *Trockenbachalm* und nach der *Kühbrandalm* sind leichte Anstiege zu erwarten.
Varianten: Die *Alternativroute A2* führt nach der *Haagalm* rechts bergab über den *Kratzenberg,* zum Hinweg der *Alternativroute A1*. Die *Alternativroute A1* verläuft von *Hopfgarten* auf der Bundesstraße nach *Kelchsau.*

Tourverbindungen: 146 *Hinterölbankalm*, 147 *Krinzlingeralm*, 149 *Markbachjochalm*, 145 *Siedeljoch*
KARTENMATERIAL – ÖK: 1:25000 121 | **F&B: 1:50000** 302
INFOS – Lotterbichlalm, Schwaigbergalm, Neustattalm, Baumgartneralm: unbewirtschaftete Almhütten; **Trockenbachalm, Haagalm, Kühbrandalm:** im Sommer bewirtschaftete Almhütten

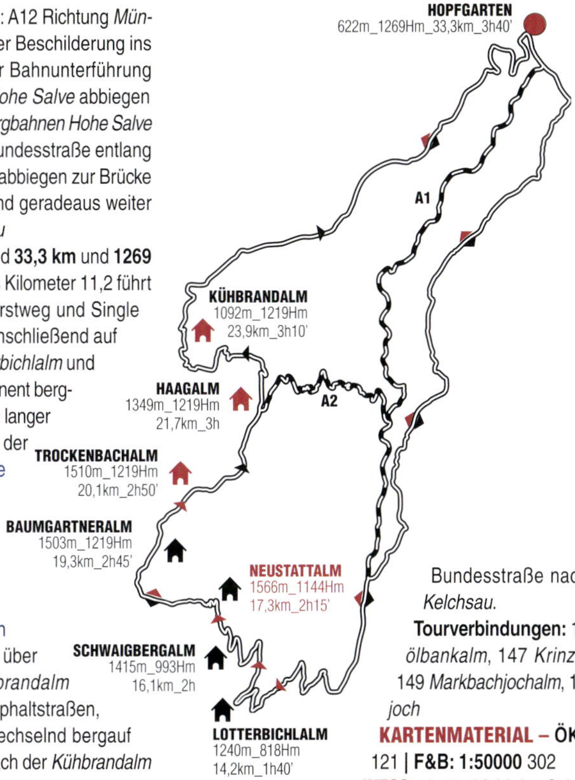

HOPFGARTEN
622m_1269Hm_33,3km_3h40'
A1
KÜHBRANDALM
1092m_1219Hm
23,9km_3h10'
HAAGALM
1349m_1219Hm
21,7km_3h
A2
TROCKENBACHALM
1510m_1219Hm
20,1km_2h50'
BAUMGARTNERALM
1503m_1219Hm
19,3km_2h45'
NEUSTATTALM
1566m_1144Hm
17,3km_2h15'
SCHWAIGBERGALM
1415m_993Hm
16,1km_2h
LOTTERBICHLALM
1240m_818Hm
14,2km_1h40'

4
33,3 km
03:40
1269 Hm
S2 G1
m 1566
622 m

145 SIEDELJOCH

622 m

ANFAHRT – *Innsbruck – Hopfgarten* 73 km: A12 Richtung *München*, Ausfahrt *Wörgl Ost*, anschließend der Beschilderung ins *Brixental* nach *Hopfgarten* folgen, vor der Bahnunterführung links bergauf zur Talstation *Bergbahnen Hohe Salve* abbiegen

PARKMÖGLICHKEIT – bei der Talstation *Bergbahnen Hohe Salve*

START – bei der Bahnunterführung, der Bundesstraße entlang Richtung *Kitzbühel* und nach 500 m bei der *Pizzeria La Dolce Vita* rechts abbiegen über die Brücke der *Brixentaler Ache*, der dortigen Beschilderung Fuß- und Radweg *Salvena* folgen

TOURENBESCHREIBUNG – 23,1 km und **1092 Hm** sind von *Hopfgarten* über *Waldschenke*, *Kelchsau*, *Ghf. Moderstock* und *Großdostalm* bis zum *Siedeljoch* auf Asphalt, gut präpariertem Forstweg und Single Track permanent bergauf zurückzulegen. Der 1,3 km lange Single Track über das *Siedeljoch* ist für Trialbiker teilweise befahrbar. Biker ohne Trialerfahrung müssen für diesen

Abschnitt einen zusätzlichen Fußmarsch von 20 Minuten einplanen. Die Abfahrt vom *Siedeljoch* über die *Schönangeralm* bis nach *Mühtal* in der *Wildschönau* führt auf Forst- und Asphaltstraßen ständig bergab. In *Mühltal* führt die Tour erneut bergauf, vorbei am *Sonnbergstüberl* bis zum *Hörlerstiegel*. Von dort abwechselnd leicht bergauf und bergab bis zur *Markbachjochalm*. Asphalt, Forstweg, Karrenweg und Single Track sind auf diesem Abschnitt zu erwarten. Der Rückweg von der *Markbachjochalm* verläuft großteils auf einer Asphaltstraße permanent bergab nach *Hopfgarten*. Insgesamt sind **56,4 km** und **1800 Hm** auf dieser Rundtour zu bewältigen.

Variante A1: Wer sich den Aufstieg über das *Hörlerstiegel* ersparen will, fährt in *Mühltal* auf der Bundesstraße über *Niederau* zurück nach *Hopfgarten*.

Tourverbindungen: 142 *Prädastenalm*, 141 *Baumgartenalm*, 140 *Gressensteinalm*, 139 *Schatzbergalm*, 016 *Schatzberg*, 015 *Rosskopfhütte*, 017 *Färberwirt*, 146 *Hinterölbankalm*, 147 *Krinzlinger Alm*, 144 *Trockenbachalm*, 149 *Markbachjochalm*, 150 *Rigi*

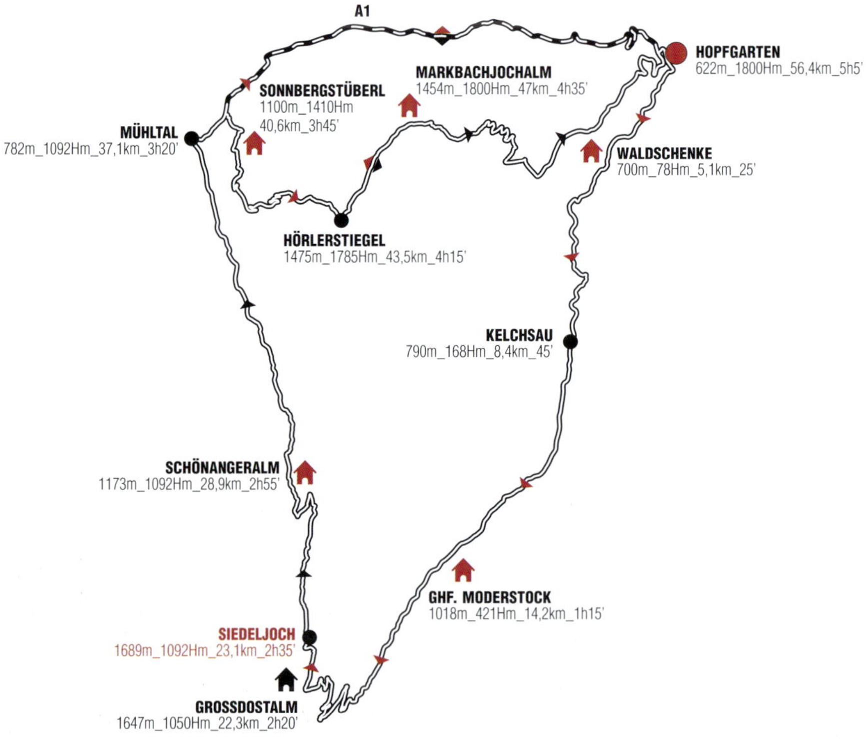

A1

HOPFGARTEN
622m_1800Hm_56,4km_5h5'

MARKBACHJOCHALM
1454m_1800Hm_47km_4h35'

SONNBERGSTÜBERL
1100m_1410Hm
40,6km_3h45'

MÜHLTAL
782m_1092Hm_37,1km_3h20'

WALDSCHENKE
700m_78Hm_5,1km_25'

HÖRLERSTIEGEL
1475m_1785Hm_43,5km_4h15'

KELCHSAU
790m_168Hm_8,4km_45'

SCHÖNANGERALM
1173m_1092Hm_28,9km_2h55'

GHF. MODERSTOCK
1018m_421Hm_14,2km_1h15'

SIEDELJOCH
1689m_1092Hm_23,1km_2h35'

GROSSDOSTALM
1647m_1050Hm_22,3km_2h20'

GPX 

KARTENMATERIAL – ÖK: 1:25000 121 | **F&B: 1:50000** 302
INFOS – Waldschenke, Ghf. Moderstock, Sonnbergstüberl: im Sommer bewirtschaftete Ghf.; **Großdostalm:** unbewirtschaftete Almhütte; **Schönangeralm, Markbachjochalm:** im Sommer bewirtschaftete Almhütte

Siedeljoch (1689 m) | Foto: W. Hofer

146 HINTERÖLBANKALM

1016 Hm

m 1439

622 m

ANFAHRT – *Innsbruck – Hopfgarten* 73 km: A12 Richtung *München*, Ausfahrt *Wörgl Ost,* anschließend der Beschilderung ins *Brixental* nach *Hopfgarten* folgen, vor der Bahnunterführung links bergauf zur Talstation *Bergbahnen Hohe Salve* abbiegen

PARKMÖGLICHKEIT – bei der Talstation *Bergbahnen Hohe Salve*

START – bei der Bahnunterführung, der Bundesstraße entlang Richtung *Kitzbühel,* beim Sägewerk vorbei und bei Kilometer 1,3 nach der Bahnunterführung rechts abbiegen, der dortigen Beschilderung zum *Lendwirt* folgen

TOURENBESCHREIBUNG – Bis Kilometer 12,2 führt die Tour von *Hopfgarten* über den *Ghf. Lendwirt* auf Forst- und Asphaltstraßen permanent bergauf. Anschließend auf Forst- und Karrenweg, sowie auf Single Track, abwechselnd bergauf und bergab, über die *Hinterölbankalm* und *Vordere Demmelshüttenalm* bis zur *Hinteren Demmelshüttenalm.* Der Rest des Rückwegs führt über *Kelchsau* nach *Hopfgarten* auf gut präpariertem Forstweg, Asphalt und Karrenweg großteils bergab. Insgesamt sind auf dieser Rundtour **34,5 km** und **1016 Hm** zu bewältigen.

Variante: *Alternativer Rückweg A1* – von der *Hinterölbankalm* bergab zur *Vorderölbankalm* und weiter bis zur Asphaltstraße, die zurück nach *Hopfgarten* führt. Oder bei Kilometer 12,2 nach dem Single Track auf dem Forstweg bergab weiter zur *Kälberalm* und anschließend auf der *A1* zurück nach *Hopfgarten.*

Tourverbindungen: 147 *Kinzlinger Alm*, 144 *Trockenbachalm*, 149 *Markbachjochalm*, 150 *Rigi*, 145 *Siedeljoch*

KARTENMATERIAL – ÖK: 1:25000 121 | **F&B: 1:50000** 302

INFOS – Ghf. Lendwirt: ganzjährig bewirtschafteter Ghf.; **Hinterölbankalm, Vordere Demmelshüttenalm, Hintere Demmelshüttenalm:** unbewirtschaftete Almhütten

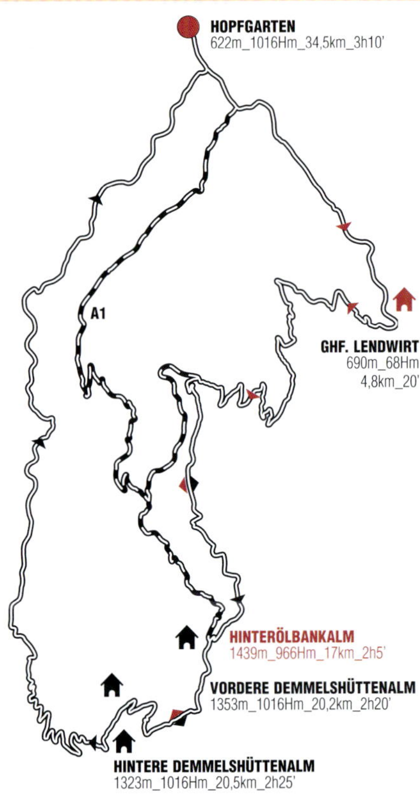

Foto: © TVB-Kitzbüheler Alpen

147 KINZLINGERALM

ANFAHRT – *Innsbruck – Hopfgarten* 73 km: A12 Richtung *München*, Ausfahrt *Wörgl Ost*, anschließend der Beschilderung ins *Brixental* nach *Hopfgarten* folgen, vor der Bahnunterführung links bergauf zur Talstation *Bergbahnen Hohe Salve* abbiegen
PARKMÖGLICHKEIT – bei der Talstation *Bergbahnen Hohe Salve*
START – bei der Bahnunterführung, der Bundesstraße entlang Richtung *Kitzbühel,* beim Sägewerk vorbei und bei Kilometer 1,3 nach der Bahnunterführung rechts abbiegen, der dortigen Beschilderung zum *Lendwirt* folgen
TOURENBESCHREIBUNG – 17 km und **661 Hm** sind von *Hopfgarten* über *Ghf. Lendwirt*, *Ghf. Jägerhäusl* und *Lindlalm* bis zur *Kinzlingeralm* auf Asphalt- und Forststraßen großteils bergauf zurückzulegen. Der Rückweg von der *Kinzlingeralm* nach *Hopfgarten* führt auf Forst- und Asphaltstraßen großteils bergab. Insgesamt sind **24,8 km** und **675 Hm** auf dieser Rundtour ohne nennenswerte Schwierigkeiten zu bewältigen.
Tourverbindungen: 144 *Trockenbachalm*, 145 *Siedeljoch*, 146 *Hinterölbankalm*, 148 *Haagalm*, 149 *Markbachjochalm*, 150 *Rigi*, 151 *Brechhornhaus*, 152 *Chor*, 155 *Filzenscharte*
KARTENMATERIAL – ÖK: 1:25000 121 | **F&B: 1:50000** 302
INFOS – Ghf. Lendwirt, Ghf. Jagerhäusl: ganzjährig bewirtschaftete Ghf.; **Lindlalm, Kinzlinger Alm:** unbewirtschaftete Almhütten

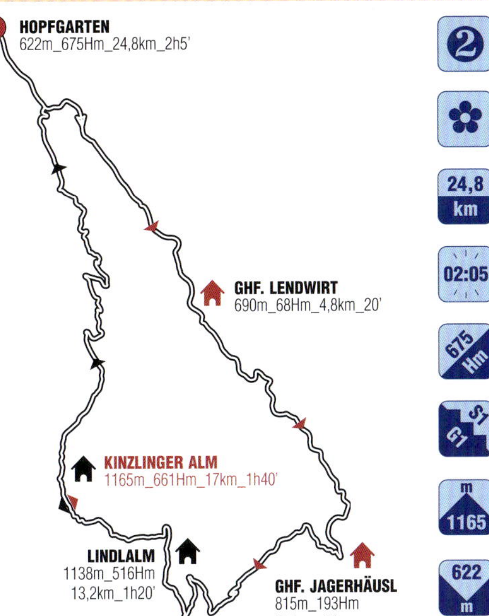

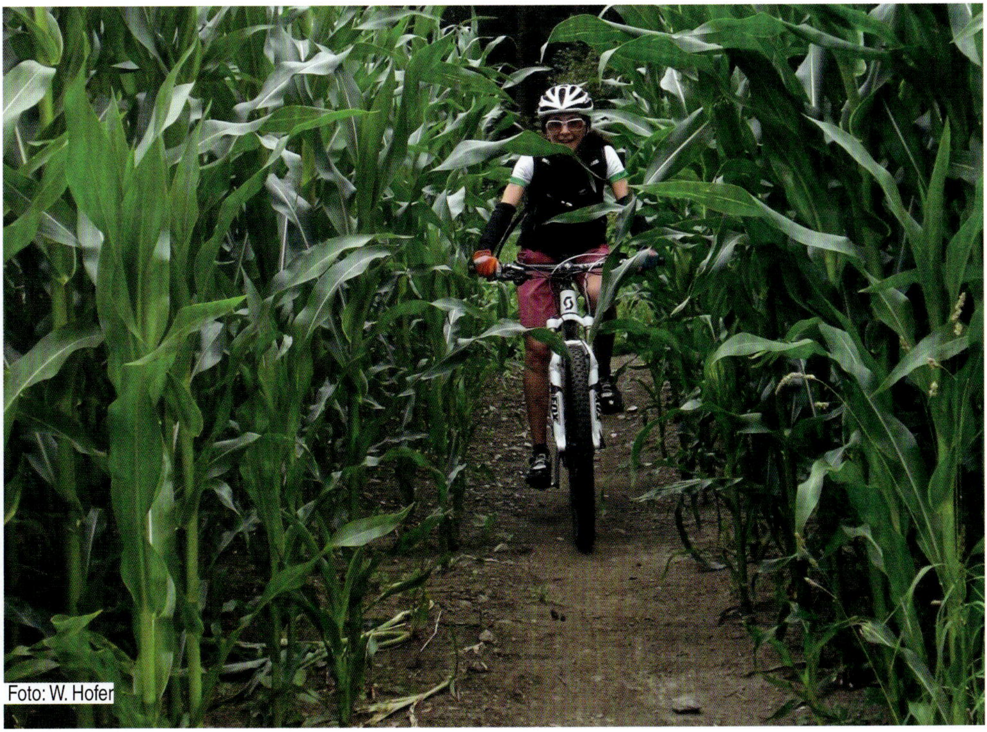

Foto: W. Hofer

148 HAAGALM

ANFAHRT – *Innsbruck – Hopfgarten* 73 km: A12 Richtung *München*, Ausfahrt *Wörgl Ost*, anschließend der Beschilderung ins *Brixental* nach *Hopfgarten* folgen, vor der Bahnunterführung links bergauf zur Talstation *Bergbahnen Hohe Salve* abbiegen

PARKMÖGLICHKEIT – bei der Talstation *Bergbahnen Hohe Salve*

START – bei der Bahnunterführung, bei der Bahnunterführung geradeaus weiter zur Brücke über die *Brixentaler Ache,* anschließend links und nach 400 m rechts bergauf abbiegen, der Beschilderung zum *Penningberg* folgen

TOURENBESCHREIBUNG – 13 km und **938 Hm** sind von *Hopfgarten* über die *Kühbrandalm* und dem *Ghf. Haagalm* bis zur *Trockenbachalm* auf Forst- und Asphaltstraßen großteils bergauf zurückzulegen. Die Abfahrt von der *Trockenbachalm* verläuft auf demselben Weg retour bis zum *Ghf. Haagalm*. Anschließend rechts bergab zur *Haagalm* und von dort auf Karrenweg, gut präpariertem Forstweg und Asphalt, über die *Waldschenke,* zurück nach *Hopfgarten*. Der 2,1 km lange Karrenweg nach der *Haagalm* führt durchgehend sehr steil bergab. Deshalb ist diese Tour in umgekehrter Richtung nicht zu empfehlen. Insgesamt sind **25,6 km** und **938 Hm** auf dieser Rundtour zu bewältigen.

Tourverbindungen: 144 *Trockenbachalm*, 145 *Siedeljoch*, 146 *Hinterölbankalm*, 147 *Kinzlingeralm*, 149 *Markbachjochalm*, 150 *Rigi*

KARTENMATERIAL – ÖK: 1:25000 121 | **F&B: 1:50000** 302

INFOS – Kühbrandalm, Ghf. Haagalm, Trockenbachalm, Ghf. Haagalm: im Sommer bewirtschaftete Almhütten; **Haagalm:** unbewirtschaftete Almhütte; **Waldschenke:** ganzjährig bewirtschafteter Ghf.

Kelchsauer Ache im *Langen Grund.* | Foto: W. Hofer

149 MARKBACHJOCHALM

ANFAHRT – *Innsbruck – Hopfgarten* 73 km: A12 Richtung *München*, Ausfahrt *Wörgl Ost*, anschließend der Beschilderung ins *Brixental* nach *Hopfgarten* folgen, vor der Bahnunterführung links bergauf zur Talstation *Bergbahnen Hohe Salve* abbiegen

PARKMÖGLICHKEIT – bei der Talstation *Bergbahnen Hohe Salve*

START – bei der Bahnunterführung, bei der Bahnunterführung geradeaus weiter zur Brücke über die *Brixentaler Ache,* anschließend links und nach 400 m rechts bergauf abbiegen, der Beschilderung zum *Penningberg* folgen

TOURENBESCHREIBUNG – 10,2 km und **832 Hm** sind von *Hopfgarten* über den *Leamwirt* bis zur *Markbachjochalm* auf Asphalt- und Forststraßen permanent bergauf zurückzulegen. Die Abfahrt von der *Markbachjochalm* über das *Anton-Graf-Haus* zurück nach *Hopfgarten,* führt auf gut präpariertem Forstweg und Asphalt großteils bergab. Auf der Asphaltstraße zurück nach *Hopfgarten* sind leichte Anstiege zu erwarten. Insgesamt sind auf dieser Rundtour **22,4 km** und **921 Hm** zu bewältigen.

Variante: Die *Alternativroute A1* führt von der *Markbachjochalm* zum *Hörlerstiegel* und von dort auf der Asphaltstraße bergab nach *Mühltal* (siehe Tour *Siedeljoch*). Anschließend auf der Bundesstraße über *Niederau* zurück nach *Hopfgarten.*

Tourverbindungen: 015 *Rosskopfhütte*, 017 *Färberwirt*, 142 *Prädastenalm*, 144 *Trockenbachalm*, 145 *Siedeljoch*, 150 *Rigi*

KARTENMATERIAL – ÖK: 1:25000 120 | 121 | **F&B: 1:50000** 151 | 302

INFOS – Leamwirt: ganzjährig bewirtschafteter Ghf.; **Markbachjochalm:** im Sommer bewirtschaftete Almhütte; **Anton-Graf-Haus:** im Sommer bewirtschaftete AV-Hütte

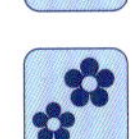

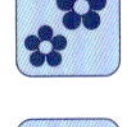

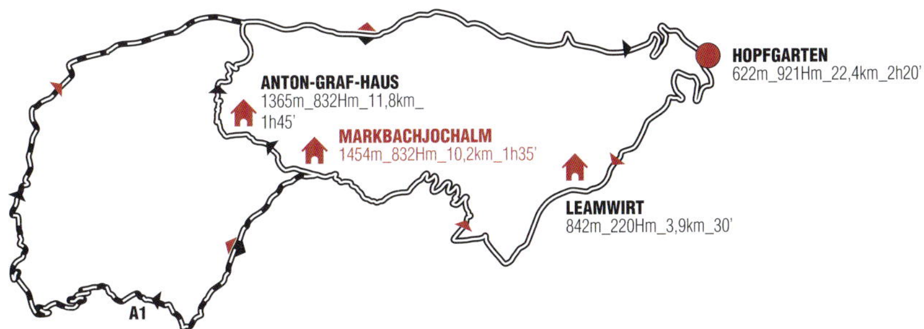

Foto: W. Hofer

150 RIGI

S2
G1

ANFAHRT – *Innsbruck – Hopfgarten* 73 km: A12 Richtung *München*, Ausfahrt *Wörgl Ost*, anschließend der Beschilderung ins *Brixental* nach *Hopfgarten* folgen, vor der Bahnunterführung links bergauf zur Talstation *Bergbahnen Hohe Salve* abbiegen

PARKMÖGLICHKEIT – bei der Talstation *Bergbahnen Hohe Salve*

START – beim *Ghf. Salvena,* der Bundesstraße entlang Richtung *Wörgl* und nach 1,4 km rechts bergauf abbiegen nach *Itter*

TOURENBESCHREIBUNG – 14,7 km und **1255 Hm** sind von *Hopfgarten* über *Itter*, *Ghf. Jägerhäusl*, *Rinneralm*, *Ghf. Kraftalm* und *Ghf. Rigi* bis zur *Hohen Salve* auf Asphalt, gut präpariertem Forstweg und Karrenweg großteils bergauf zurückzulegen. Der 1,6 km lange Karrenweg bergauf zur *Hohen Salve* ist großteils extrem steil und daher als technisch und konditionell sehr anspruchsvoll einzustufen. Biker ohne Trialkenntnisse und genügend Kraftreserven, müssen für diesen Abschnitt einen zusätzlichen Fußmarsch von 30 Minuten einplanen. Der Rückweg bis zum *Ghf. Rigi* ist derselbe. Die Abfahrt vom *Ghf. Rigi* zurück nach *Hopfgarten* verläuft großteils auf Asphalt oder Forst- und Karrenweg permanent bergab. Der 1,3 km lange Karrenweg nach dem *Ghf. Rigi* ist meist in sehr schlechtem Zustand und führt stellenweise extrem steil bergab. Ungeübten Bikern ist die *Alternativroute A1* als Rückweg zu empfehlen. Insgesamt sind **23,9 km** und **1255 Hm** auf dieser Rundtour zu bewältigen.

Variante: Die *Alternativroute A1* führt ohne nennenswerte Schwierigkeiten über die *Kraftalm,* auf Forst- und Asphaltstraßen bergab nach *Hopfgarten.*

GHF. JAGERHÄUSL
739m_166Hm
5,9km_35'

RINNERALM
1204m_631Hm_10,3km_1h25'

GHF. KRAFTALM
1355m_782Hm_11,6km_1h40'

GHF. RIGI
1529m_956Hm
13,1km_2h

A1

GHF. HOHE SALVE
1828m_1255Hm
14,7km_2h25'

HOPFGARTEN
622m_1255Hm
23,9km_3h

Tourverbindungen: 149 *Markbachjochalm*, 148 *Haagalm*, 147 *Kinzlinger Alm*, 146 *Hinterölbankalm*, 145 *Siedeljoch*, 144 *Trockenbachalm*

KARTENMATERIAL – ÖK: 1:25000 121 | **F&B: 1:50000** 302

INFOS – Ghf. Jägerhäusl: ganzjährig bewirtschafteter **Ghf.**; **Rinneralm:** im Sommer bewirtschaftete Almhütte; **Ghf. Kraftalm:** bewirtschaftet Anfang Juni bis Ende Oktober; **Ghf. Rigi, Ghf. Hohe Salve:** bewirtschaftet Pfingsten bis Mitte Oktober

Ghf. Kraftalm (1355 m) | Foto: W. Hofer

151 BRECHHORNHAUS

GPX 

3 | 27,3 km | 02:40 | 920 Hm | S2 G1 | m 1678 | 783 m

ANFAHRT – *Innsbruck – Westendorf* 78 km: A12 Richtung *München*, Ausfahrt *Wörgl Ost*, anschließend der Beschilderung ins *Brixental* nach *Westendorf* zu den *Bergbahnen* folgen
PARKMÖGLICHKEIT – bei der Talstation *Alpenrosenbahn*
START – bei der Talstation *Alpenrosenbahn*, der Asphaltstraße dorfauswärts entlang und anschließend der Mountainbike Beschilderung zum *Ghf. Chor* folgen
TOURENBESCHREIBUNG – 12,8 km und **900 Hm** sind von *Westendorf* über *Ghf. Gassnerwirt*, *Ghf. Schrandlhof*, *Windaubergalm*, *Fleidingalm* und *Brechhornhaus* bis zur *Streitschlagalm* auf Asphalt- und Forststraßen permanent bergauf zurückzulegen. Die Abfahrt von der *Streitschlagalm* führt permanent bergab, vorbei an der *Wiegalm* und der *Brixenbachalm*, bis zum Ausgangspunkt nach *Westendorf*. Bei der *Streitschlagalm* beginnt ein 900 m langer Single Track, der für Trialbiker zur Gänze befahrbar ist. Biker ohne Trialerfahrung müssen für diesen Abschnitt einen zusätzlichen Fußmarsch von zehn Minuten einplanen. Der Rest des Rückwegs führt auf Forst- und Asphaltstraßen ohne nennenswerte Schwierigkeiten ständig bergab. Insgesamt sind **27,3 km** und **920 Hm** auf dieser Rundtour zu bewältigen.
Tourverbindungen: 152 *Chor*, 153 *Wiegalm*, 154 *Jochstube*, 155 *Filzenscharte*, 156 *Kandleralm*

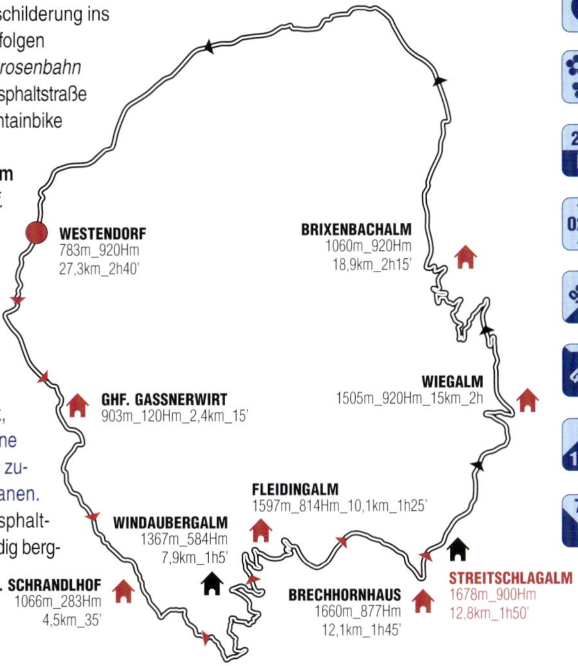

WESTENDORF 783m_920Hm 27,3km_2h40'
GHF. GASSNERWIRT 903m_120Hm_2,4km_15'
GHF. SCHRANDLHOF 1066m_283Hm 4,5km_35'
WINDAUBERGALM 1367m_584Hm 7,9km_1h5'
FLEIDINGALM 1597m_814Hm_10,1km_1h25'
BRECHHORNHAUS 1660m_877Hm 12,1km_1h45'
STREITSCHLAGALM 1678m_900Hm 12,8km_1h50'
WIEGALM 1505m_920Hm_15km_2h
BRIXENBACHALM 1060m_920Hm 18,9km_2h15'

KARTENMATERIAL – ÖK: 1:25000 121 | 122 | **F&B: 1:50000** 302
INFOS – Ghf. Gassnerwirt, Ghf. Schrandlhof: ganzjährig bewirtschaftete Ghf.; **Windaubergalm, Streitschlagalm:** unbewirtschaftete Almhütten; **Fleidingalm:** zeitweise bewirtschaftete Almhütte; **Brechhornhaus:** bewirtschaftet von Juni bis Ende Oktober; **Wiegalm:** bewirtschaftet Pfingsten bis Anfang Oktober; **Brixenbachalm:** bewirtschaftet Ende Mai bis Ende September

Kreuzjöchlsee (1690 m), unweit entfernt vom *Brechhornhaus* (1660 m). | Foto: W. Hofer

152 CHOR

ANFAHRT – *Innsbruck – Westendorf* 78 km: A12 Richtung *München*, Ausfahrt *Wörgl Ost*, anschließend der Beschilderung ins *Brixental* nach *Westendorf* zu den *Bergbahnen* folgen

PARKMÖGLICHKEIT – bei der Talstation *Alpenrosenbahn*

START – bei der Talstation *Alpenrosenbahn,* der Asphaltstraße dorfauswärts entlang und anschließend der Mountainbike Beschilderung zum *Ghf. Chor* folgen

TOURENBESCHREIBUNG – 12,7 km und **1031 Hm** sind von *Westendorf* über *Ghf. Schrandlhof*, *Windaubergalm*, *Fleidingalm* und *Ghf. Talskaser* bis zum *Ghf. Chor* auf Asphalt- und Forststraßen permanent bergauf zurückzulegen. Die Abfahrt vom *Ghf. Chor* über *Alpenrosenhütte*, *Ghf. Sonnalm* und *Ghf. Mairhof* bis nach *Westendorf* verläuft auf gut präpariertem Forstweg, Karrenweg und Asphalt ständig bergab. Die letzten 300 m vor der *Alpenrosenhütte* führt der Karrenweg extrem steil bergab und ist daher als technisch anspruchsvoll einzustufen. Ungeübte Biker müssen für diesen Abschnitt einen zusätzlichen Fußmarsch von zehn Minuten einplanen. Ansonsten sind keine nennenswerten Schwierigkeiten zu erwarten. Insgesamt sind **22,1 km** und **1031 Hm** auf dieser Rundtour zu bewältigen.

Variante: Die *Alternativroute A1* führt über die *Brixenbachalm,* anfangs auf einem Single Track bergab bis zur *Choralm* und von dort auf Forst- und Asphaltstraßen, zurück nach *Hopfgarten.*

Tourverbindungen: 151 *Brechhornhaus*, 147 *Kinzlinger Alm*, 146 *Hinterölbankalm*, 145 *Siedeljoch*, 153 *Wiegalm*, 155 *Filzenscharte*

KARTENMATERIAL – ÖK: 1:25000 121 | 122 |
F&B: 1:50000 302

INFOS – Ghf. Schrandlhof: ganzjährig bewirtschafteter Ghf.; **Windaubergalm:** unbewirtschaftete Almhütte; **Fleidingalm:** zeitweise bewirtschaftete Almhütte; **Ghf. Talskaser:** unbewirtschaftete Schihütte; **Ghf. Chor:** bewirtschaftet Ende Mai bis Ende Oktober; **Alpenrosenhütte, Ghf. Sonnalm:** im Sommer bewirtschaftete Ghf.; **Ghf. Maierhof:** bewirtschaftet Anfang Mai bis Anfang November

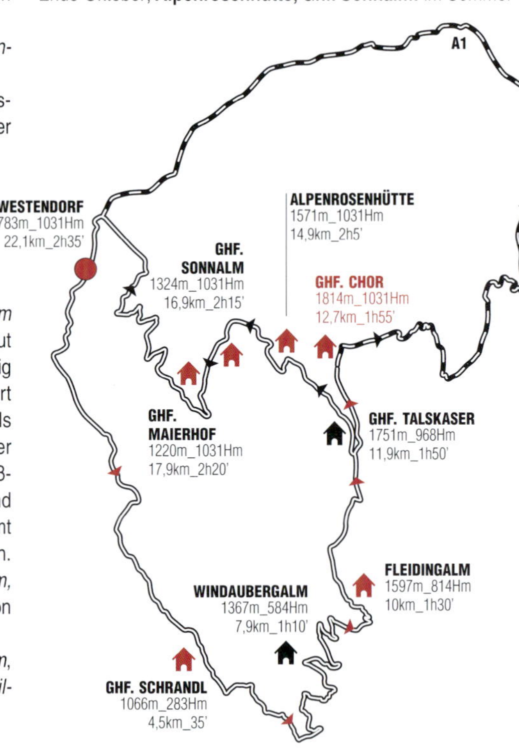

Foto: W. Hofer

153 WIEGALM

3

28,7 km

02:40

909 Hm

S2 G1

m 1678

794 m

ANFAHRT – *Innsbruck – Brixen* 81 km: A12 Richtung *München*, Ausfahrt *Wörgl Ost*, anschließend der Beschilderung ins *Brixental* nach *Brixen* folgen

PARKMÖGLICHKEIT – bei der Talstation *Gondelbahn Hochbrixen*

START – bei der Talstation *Gondelbahn Hochbrixen,* vom Parkplatz der Bundesstraße dorfeinwärts entlang bis zum Bahnhof, nach dem Bahnübergang links in den *Feuringweg* und nach 300 m rechts in den *Winkelweg* einbiegen, bei Kilometer 3,3 links abbiegen über den *Brixenbach,* der Beschilderung zur *Brixenbachalm* folgen

TOURENBESCHREIBUNG – 10,4 km und **909 Hm** sind von *Brixen* über die *Brixenbachalm*, *Wiegalm* und *Streitschlagalm* bis zum *Brechhornhaus* auf Asphalt, gut präpariertem Forstweg und Single Track permanent bergauf zurückzulegen. Der Single Track bergauf zur *Streitschlagalm* ist 900 m lang und für Trialbiker zur Gänze befahrbar. Biker ohne Trialerfahrung müssen für diesen Abschnitt einen zusätzlichen Fußmarsch von zehn Minuten einplanen. Die Abfahrt vom *Brechhornhaus* über *Hagleralm*, *Reispalalm* und *Ghf. Reiserei* bis nach *Brixen* führt auf Single Track, Karrenweg, Forstweg und Asphalt ständig bergab. Der Single Track nach dem *Brechhornhaus* ist 200 m lang und verbindet den Karrenweg, der zur *Hagleralm* führt, mit dem *Brechhornhaus* und ist nicht befahrbar. Für diesen Abschnitt ist ein zusätzlicher Fußmarsch von drei Minuten einzuplanen. Insgesamt sind **28,7 km** und **909 Hm** auf dieser Rundtour zu bewältigen.

Tourverbindungen: 152 *Chor*, 151 *Brechhornhaus*, 159 *Frühmesser*, 158 *Hirzeggalm*, 160 *Resterhöhe*

KARTENMATERIAL – ÖK: 1:25000 121 | 122 |
F&B: 1:50000 302

BRIXEN
794m_909Hm_28,7km_2h40'

BRIXENBACHALM
1060m_266Hm
3,7km_30'

WIEGALM
1505m_711Hm
7,5km_1h20'

GHF. REISEREI
922m_909Hm
9,1km_2h10'

STREITSCHLAGALM
1678m_909Hm
9,7km_1h35'

REISPALALM
1373m_909Hm
14,4km_1h55'

BRECHHORNHAUS
1660m_909Hm
10,4km_1h45'

HAGLERALM
1495m_909Hm_12,7km_1h50'

INFOS – Brixenbachalm: bewirtschaftet Ende Mai bis Ende September; **Wiegalm:** bewirtschaftet Pfingsten bis Anfang Oktober; **Streitschlagalm, Hagleralm, Reispalalm:** unbewirtschaftete Almhütten; **Brechhornhaus:** bewirtschaftet von Juni bis Ende Oktober; **Ghf. Reiserei:** ganzjährig bewirtschafteter Ghf.

Foto: © TVB-Kitzbüheler Alpen / Mirja Geh

154 JOCHSTUBE

ANFAHRT – *Innsbruck – Brixen* 81 km: A12 Richtung *München*, Ausfahrt *Wörgl Ost*, anschließend der Beschilderung ins *Brixental* nach *Brixen* folgen

PARKMÖGLICHKEIT – bei der Talstation *Gondelbahn Hochbrixen*

START – bei der Talstation *Gondelbahn Hochbrixen*, der Bundesstraße dorfeinwärts entlang und nach 200 m links abbiegen, der dortigen Beschilderung zum *Zinsberg* folgen

TOURENBESCHREIBUNG – 9,9 km und **834 Hm** sind von *Brixen* über den *Ghf. Nieding* bis zur *Jochstube* auf Asphalt- und Forststraßen permanent bergauf zurückzulegen. Der Rückweg über die *Obinger Alm* nach *Brixen* führt auf gut präpariertem Forstweg, Single Track und Asphalt großteils nur bergab. Der 600 m lange Single Track nach der *Jochstube* ist für geübte Biker mit Trialkenntnissen zur Gänze befahrbar. Ungeübte Biker müssen für diesen Abschnitt einen zusätzlichen Fußmarsch von zehn Minuten einplanen. Ansonsten sind keine nennenswerten Schwierigkeiten zu erwarten. Insgesamt sind **21,2 km** und **846 Hm** auf dieser Rundtour zu bewältigen.

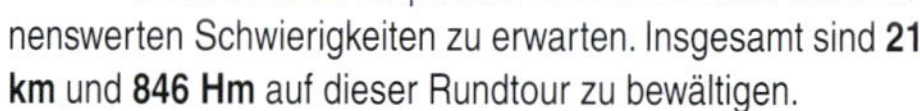

Variante: Die *A1* und die *A2* sind *Alternativrouten* für die Auf- und Abfahrt der beschriebenen Tour.

Tourverbindungen: 150 *Rigi*

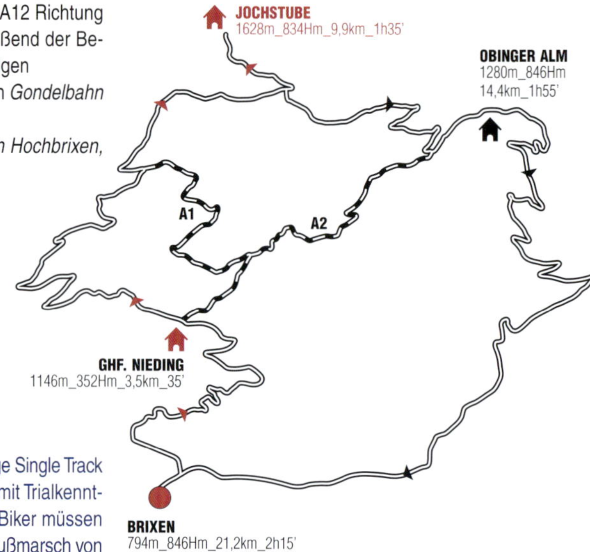

KARTENMATERIAL – ÖK: 1:25000 121 | 122 | **F&B: 1:50000** 302

INFOS – Ghf. Nieding: ganzjährig bewirtschafteter Ghf.; **Jochstube:** bewirtschaftet Anfang Juli bis Mitte Oktober; **Obinger Alm:** unbewirtschaftete Almhütte

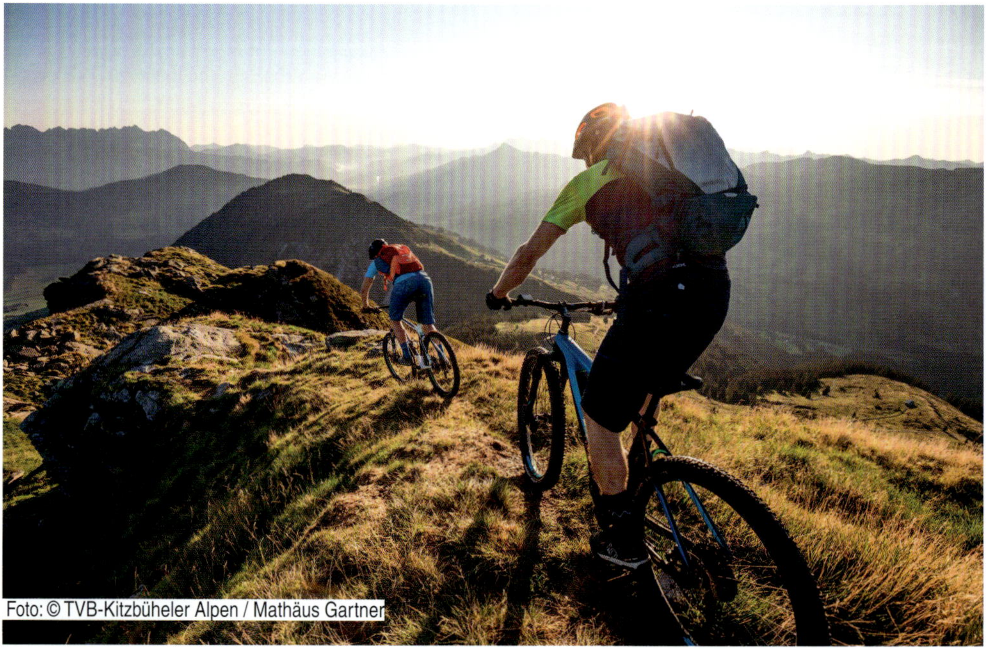

Foto: © TVB-Kitzbüheler Alpen / Mathäus Gartner

155 FILZENSCHARTE

ANFAHRT – *Innsbruck – Brixen* 81 km: A12 Richtung *München*, Ausfahrt *Wörgl Ost*, anschließend der Beschilderung ins *Brixental* nach *Brixen* folgen

PARKMÖGLICHKEIT – bei der Talstation *Gondelbahn Hochbrixen*

START – bei der Talstation *Gondelbahn Hochbrixen*, der Bundesstraße dorfeinwärts entlang und nach 1,3 km beim *Ghf. Reitlwirt* rechts abbiegen zum Bahnhof, nach dem Bahnübergang links in den *Feuringweg* einbiegen und anschließend der Beschilderung Radwanderweg nach *Kirchberg* folgen

TOURENBESCHREIBUNG – 22,4 km und **919 Hm** sind von *Brixen* über *Kirchberg*, *Aschau* und *Rettensteinalm* bis zum *Stangenjoch* auf Asphalt, Forstweg, Karrenweg und Single Track permanent bergauf zurückzulegen. Der Single Track bergauf zum *Stangenjoch* ist 400 m lang und nicht befahrbar. Für diesen Abschnitt ist ein zusätzlicher Fußmarsch von zehn Minuten einzuplanen. Bis nach der *Baumgartenalm* führt der Forstweg **270 Hm** bergab und anschließend **767 Hm** auf gut präpariertem Forstweg permanent bergauf, bis zum *Wildkogelhaus*. Vom *Wildkogelhaus* führt ein Single Track und gut präparierter Forstweg 1000 Hm erneut bergab. Dieser Single Track ist 2,5 km lang und für jeden Biker leicht befahrbar. Bis zur *Filzenscharte* sind Asphalt- und Forststraßen 795 Hm bergauf zurückzulegen. Die Abfahrt von der *Filzenscharte* über die *Gamskogelhütte* bis nach *Brixen*, verläuft auf Single Track, gut präpariertem Forstweg und Asphalt großteils bergab. Der Single Track nach der *Filzenscharte* ist 1,5 km lang und für Trialbiker großteils befahrbar. Ungeübte Biker müssen für diesen Abschnitt einen zusätzlichen Fußmarsch von 25 Minuten einplanen. Auf der Asphaltstraße zurück nach *Brixen* sind leichte Anstiege zu erwarten. Insgesamt sind **85,2 km** und **2601 Hm** auf dieser Rundtour zu bewältigen.

Tourverbindungen: 147 *Kinzlinger Alm*, 151 *Brechhornhaus*, 154 *Jochstube*, 157 *Kaiserblick*, 156 *Kandleralm*, 158 *Hirzeggalm*, 167 *Pengelstein*, 160 *Resterhöhe*

KARTENMATERIAL – ÖK: 1:25000 90 | 91 | **F&B: 1:50000** 121 | 302

INFOS – Rettensteinalm: unbewirtschaftete Almhütte; **Baumgartalm, Geisel Hochalm:** im Sommer bewirtschaftete Almhütten; **Wildkogelhaus:** im Sommer bewirtschaftete AV-Hütte; **Gamskogelhütte:** bewirtschaftet Mitte Mai bis Ende Oktober

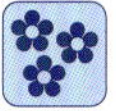

85,2 km

07:00

2601 Hm

S2 G2

m 2000

794 m

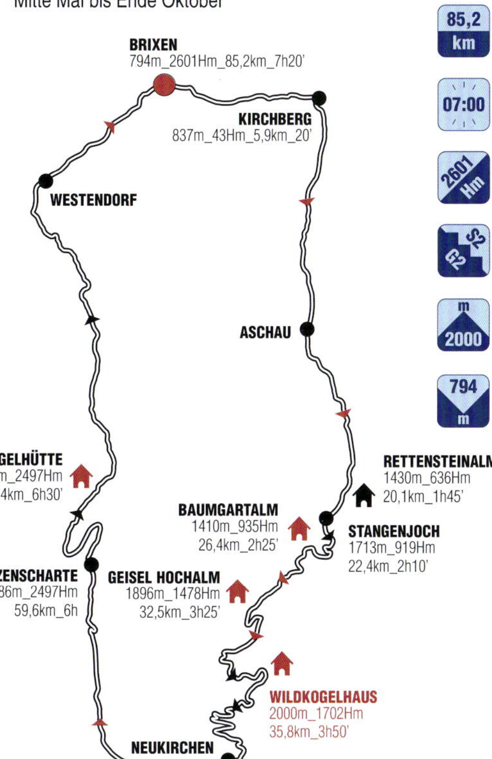

Foto: © TVB-Kitzbüheler Alpen / Mathäus Gartner

156 KANDLERALM

ANFAHRT – *Innsbruck* – *Brixen* 81 km: A12 Richtung *München*, Ausfahrt *Wörgl Ost*, anschließend der Beschilderung ins *Brixental* nach *Brixen* folgen

PARKMÖGLICHKEIT – bei der Talstation *Gondelbahn Hochbrixen*

START – bei der Talstation *Gondelbahn Hochbrixen,* der Bundesstraße entlang Richtung *Wörgl* und nach 400 m bei der *Kunstschmiede Laithartinger* links abbiegen, der dortigen Beschilderung zur *Kandleralm* folgen

S2 G1

TOURENBESCHREIBUNG – **7,2 km** und **731 Hm** sind von *Brixen* über *Kandleralm* und *Santenbach Niederleger* bis zum *Santenbach Hochleger* auf Asphalt- und Forststraßen permanent bergauf zurückzulegen. Die Abfahrt über *Kasbichlalm*, *Ghf. Sonnalm* und *Ghf. Mairhof* bis nach *Brixen* führt auf Single Track, Forst- und Asphaltstraßen permanent bergab, zurück nach *Brixen*. Der 800 m lange Single Track vom *Santenbach Hochleger* bergab bis zur *Kasbichlalm* ist für Trialbiker großteils befahrbar. Biker ohne Trialerfahrung müssen für diesen Abschnitt einen zusätzlichen Fußmarsch von zehn Minuten einplanen. Ansonsten sind keine nennenswerten Schwierigkeiten zu erwarten. Insgesamt sind **17,3 km** und **731 Hm** auf dieser Rundtour zu bewältigen.

Tourverbindungen: 151 *Brechhornhaus*, 152 *Chor*, 154 *Jochstube*, 155 *Filzenscharte*

KARTENMATERIAL – **ÖK: 1:25000** 121 | **F&B: 1:50000** 302

INFOS – **Kandleralm:** im Sommer bewirtschaftete Almhütte; **Santenbach Niederleger, Santenbach Hochleger, Kasbichlalm:** unbewirtschaftete Almhütten; **Ghf. Sonnalm:** im Sommer bewirtschafteter Ghf.; **Ghf. Maierhof:** bewirtschaftet Anfang Mai bis Anfang November

BRIXEN
794m_731Hm
17,3km_1h50'

KANDLERALM
1131m_370Hm
4km_40'

SANTENBACH NL.
1213m_500Hm
5,2km_1h

SANTENBACH HL.
1444m_731Hm_7,2km_1h20'

KASBICHLALM
1400m_731Hm_8km_1h30'

GHF. SONNALM
1312m_731Hm_9,1km_1h35'

GHF. MAIERHOF
1213m_731Hm_10km_1h40'

Foto: W. Hofer

157 KAISERBLICK

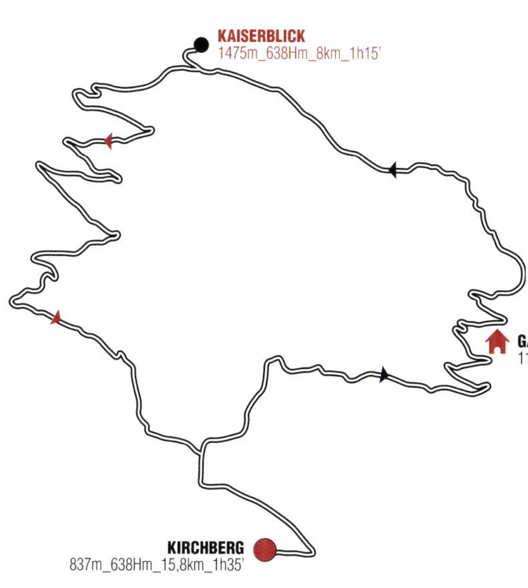

ANFAHRT – *Innsbruck – Kirchberg* 86 km: A12 Richtung *München*, Ausfahrt *Wörgl Ost*, anschließend der Beschilderung ins *Brixental* nach *Kirchberg* folgen

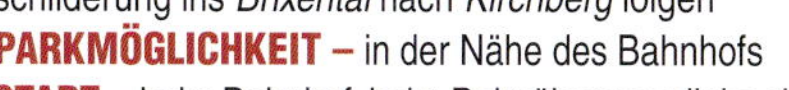

PARKMÖGLICHKEIT – in der Nähe des Bahnhofs

START – beim Bahnhof, beim Bahnübergang links abbiegen Richtung *Spertendorf* und bei Kilometer 1, nach der *Pension Spertenhof* rechts abbiegen, der dortigen Beschilderung zum *Ghf. Filzerhof* folgen

TOURENBESCHREIBUNG – 8 km und **638 Hm** sind von *Kirchberg* bis zum *Kaiserblick* auf Asphalt, Forststraßen und Single Track (100 m) permanent bergauf zurückzulegen. Die Abfahrt führt ebenfalls auf Single Track (100 m), Forst- und Asphaltstraßen ständig bergab, zurück zum Ausgangspunkt nach *Kirchberg*. Insgesamt sind **15,8 km** und **638 Hm** ohne nennenswerte Schwierigkeiten zurückzulegen.

Tourverbindungen: 154 *Jochstube*

KARTENMATERIAL – ÖK: 1:25000 121 | 122 |
F&B: 1:50000 302

INFOS – Ghf. Filzerhof: ganzjährig bewirtschafteter Ghf.

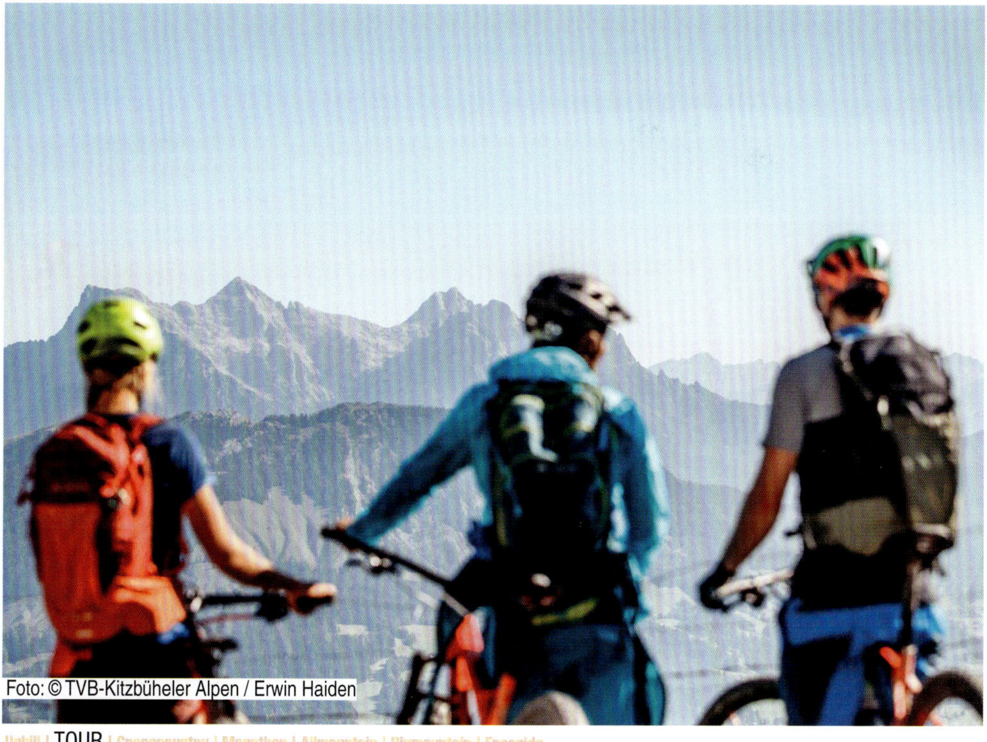

Foto: © TVB-Kitzbüheler Alpen / Erwin Haiden

158 HIRZEGGALM

ANFAHRT – *Innsbruck – Kirchberg* 86 km: A12 Richtung *München*, Ausfahrt *Wörgl Ost*, anschließend der Beschilderung ins *Brixental* nach *Kirchberg* folgen

PARKMÖGLICHKEIT – in der Nähe des Bahnhofs

START – beim Bahnhof, vom Bahnhof der Asphaltstraße ins Zentrum folgen, nach 300 Meter beim *Café Vis a Vis* rechts vorbei und anschließend am rechten Bachufer entlang, bei Kilometer 1,2, bei der Brücke über die *Aschauer Ache* geradeaus am rechten Bachufer entlang, der Radwanderweg Beschilderung nach *Aschau* folgen

TOURENBESCHREIBUNG – 20,5 km und **900 Hm** sind von *Kirchberg* über *Ghf. Fritzhof*, *Hintenbachalm* und *Ghf. Labalm* bis zur *Hirzeggalm* auf Asphalt und Forststraßen abwechselnd bergauf und bergab, zurückzulegen. Die Abfahrt von der *Hirzeggalm* zurück nach *Kirchberg* führt auf Single Track, Forst- und Asphaltstraßen großteils bergab. Anschließend am Hinweg zurück nach *Kirchberg*. Der 3,4 km lange Single Track nach der *Hirzeggalm* ist für geübte Biker mit Trialkenntnissen zur Gänze befahrbar. Biker ohne Trialerfahrung fahren besser auf dem Hinweg zurück nach *Kirchberg*.

Insgesamt sind **34,8 km** und **900 Hm** auf dieser Rundtour zu bewältigen.

Tourverbindungen: 153 *Wiegalm*, 155 *Filzenscharte*, 160 *Resterhöhe*, 167 *Pengelstein*

KARTENMATERIAL – ÖK: 1:25000 121 | **F&B: 1:50000** 302

INFOS – Ghf. Fritzhof: ganzjährig bewirtschafteter Ghf.; **Hintenbachalm:** unbewirtschaftete Almhütte; **Ghf. Labalm:** bewirtschaftet von Mai bis Oktober; **Hirzeggalm:** im Sommer bewirtschaftete Almhütte

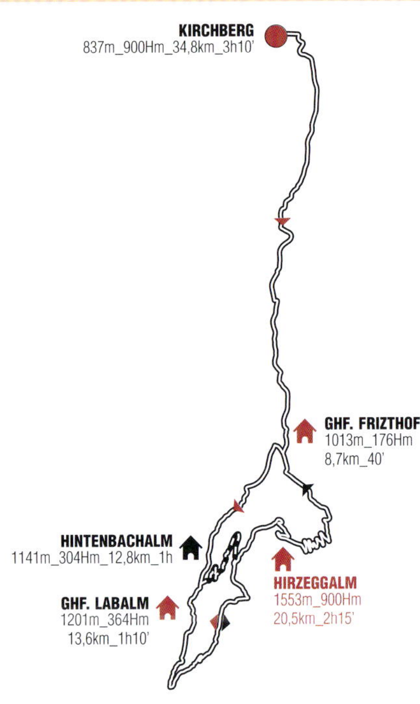

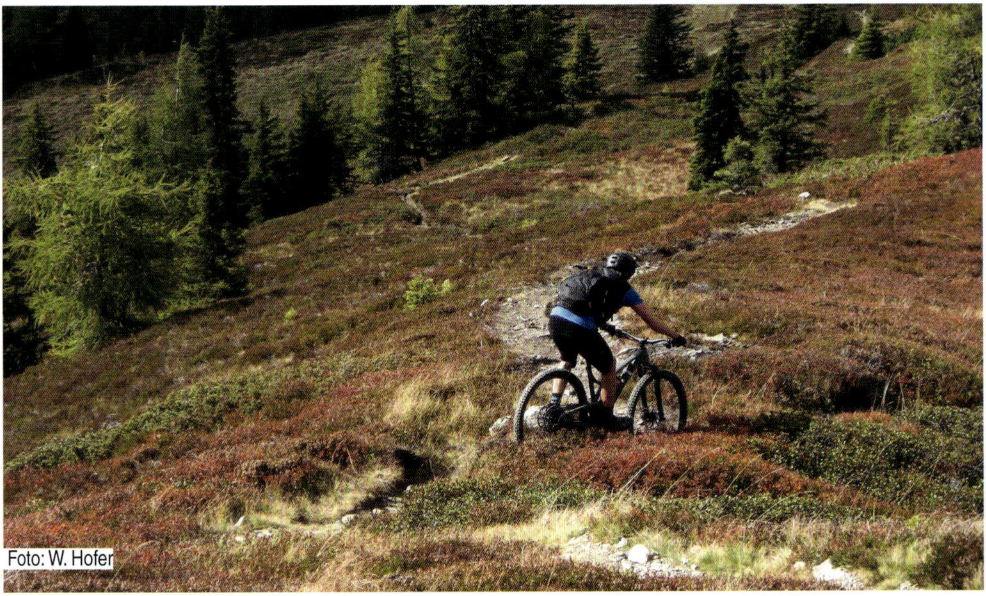

Foto: W. Hofer

159 FRÜHMESSER

4

37,6 km

05:20

1680 Hm

S3 G2

m 2233

1013 m

ANFAHRT – *Innsbruck – Aschau* 94 km: A12 Richtung *München*, Ausfahrt *Wörgl Ost*, anschließend der Beschilderung ins *Brixental* nach *Kirchberg* folgen und dort rechts ins *Spertental* nach *Aschau* einbiegen

PARKMÖGLICHKEIT – auf der rechten Straßenseite beim Trafomasten, 50 m vor dem *Landgasthof*

START – bei der Parkmöglichkeit, der Asphaltstraße dorfeinwärts entlang und nach 200 m links abbiegen zum *Ghf. Fritzhof*, beim *Ghf. Fritzhof* rechts vorbei und bei Kilometer 1, beim Heustadl links bergauf weiter, der Radwanderweg Beschilderung Richtung *Rettensteinalm* folgen, bei Kilometer 1,3, nach der Brücke über die *Obere-Grund-Ache* links bergauf abbiegen, der Beschilderung *Oberer-Grund* folgen

TOURENBESCHREIBUNG – 9,3 km und **716 Hm** sind von *Aschau* über *Rettensteinalm*, und *Stangenjoch* bis zur *Stangenalm* auf Asphalt, Forstweg, Karrenweg und Single Track permanent bergauf zurückzulegen. Der Single Track bergauf zum *Stangenjoch* ist 400 m lang und nicht befahrbar. Für diesen Abschnitt ist ein zusätzlicher Fußmarsch von zehn Minuten einzuplanen. Bis nach der *Baumgartenalm* führt der Forstweg bergab und anschließend **964 Hm** auf gut präpariertem Forstweg und Single Track permanent bergauf bis zum *Frühmesser*. Der 700 m lange Single Track hinauf zur *Fleckalm* ist für jeden Biker befahrbar. Der kurze Single Track (100 m) bergauf zum *Frühmesser* ist nicht befahrbar. Für diesen Abschnitt ist ein zusätzlicher Fußmarsch von 5 Minuten einzuplanen. Die Abfahrt vom Frühmesser über die Karalm zurück nach Aschau, verläuft auf Single Track, Forst- und Asphaltstraßen permanent bergab. Der 3,3 km lange Single Track über die *Herrensteigscharte* zum Forstweg ist nur für geübte Trialbiker teilweise befahrbar. Biker ohne Trialerfahrung müssen für diesen Abschnitt einen zusätzlichen Fußmarsch von einer Stunde einplanen. Deshalb ist dieser Übergang vom *Ghf. Wolkenstein* zur *Karalm* nur bedingt als Mountainbikeroute zu empfehlen. Insgesamt sind **37,6 km** und **1680 Hm** auf dieser Rundtour zu bewältigen.

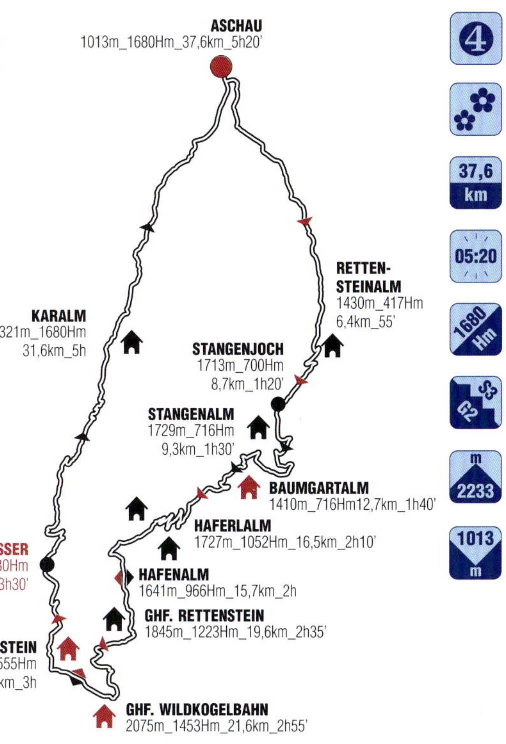

Tourverbindungen: 158 *Hirzeggalm*, 160 *Resterhöhe*, 155 *Filzenscharte*

KARTENMATERIAL – ÖK: 1:25000 121 | **F&B: 1:50000** 302

INFOS – Rettensteinalm, Stangenalm, Hafenalm, Haferlalm, Flecklalm, Karalm: unbewirtschaftete Almhütten; **Baumgartalm:** im Sommer bewirtschaftete Almhütte; **Ghf. Rettenstein:** unbewirtschaftete Schihütte; **Ghf. Wildkogelbahn, Ghf. Wolkenstein:** im Sommer bewirtschaftete Ghf.

Foto: © TVB-Kitzbüheler Alpen / Mathäus Gartner

160 - 175

KITZBÜHEL

KITZBÜHEL
160 Resterhöhe
161 Seidlalm
162 Kitzbüheler Horn
163 Lämmerbichlalm
164 Melkalm
165 Ehrenbachhöhe
166 Hochwildalm
167 Pengelstein
168 Bichlalm

JOCHBERG
169 Jagerwurzhütte
170 Bärenbadkogel
171 Kesselkarsee
172 Hartkaseralm

WIESENEGG
173 Kelchalm
174 Wildalm
175 Toralm

Foto: © TVB-Kitzbüheler Alpen / Mathäus Gartner

160 RESTERHÖHE

ANFAHRT – *Innsbruck – Kitzbühel* 95 km: A12 Richtung *München*, Ausfahrt *Wörgl Ost*, anschließend der Beschilderung ins *Brixental* nach *Kitzbühel* folgen, in *Kitzbühel* nach der Bahnunterführung rechts abbiegen zur Talstation *Hahnenkammbahn*
PARKMÖGLICHKEIT – bei der Talstation *Hahnenkammbahn*
START – bei der Talstation *Hahnenkammbahn*, beim *Hahnenkammhäusl* rechts bergab abbiegen und auf der Asphaltstraße dorfeinwärts entlang, beim *Hotel Maria Theresia* rechts vorbei und bei Kilometer 0,6 rechts in die *Ehrenbachgasse* einbiegen, anschließend weiter bis zum beschilderten Radwanderweg nach *Aurach*
TOURENBESCHREIBUNG – 25,4 km und **1155 Hm** sind von *Kitzbühel* über *Jochberg*, *Ghf. Waldwirt*, *Ghf. Resterhöhe* und *Moseralm* bis zum *Dach der Tour* auf Asphalt- und Forststraßen großteils nur bergauf zurückzulegen. Der Rückweg führt über *Vordere Erlschliefalm*, *Hintere Erlschliefalm*, *Stangenalm*, *Stangenjoch*, *Rettensteinalm*, *Ghf. Fritzhof* und *Kirchberg*, auf gut präpariertem Forstweg, Single Track und Asphaltstraßen großteils nur bergab. Der 2,2 km lange Single Track zur *Vorderen Erlschliefalm* verläuft abwechselnd leicht bergab und bergauf und ist für Trialbiker zur Gänze befahrbar. Ungeübte Biker müssen für diesen Abschnitt einen zusätzlichen Fußmarsch von 30 Minuten einplanen. Der 400 m lange Single Track vom *Stangenjoch* bergab, ist für Trialbiker großteils befahrbar. Biker ohne Trialkenntnisse müssen für diesen Abschnitt einen zusätzlichen Fußmarsch von 5 Minuten einplanen. Ansonsten sind keine nennenswerten Schwierigkeiten zu erwarten. Insgesamt sind **56 km** und **1235 Hm** auf dieser Rundtour zu bewältigen.
Tourverbindungen: 157 *Kaiserblick*, 158 *Hirzeggalm*, 155 *Filzenscharte*, 165 *Ehrenbachhöhe*, 166 *Hochwildalm*, 168 *Bichlalm*, 171 *Kesselkarsee*, 172 *Hartkaseralm*, 173 *Kelchalm*, 174 *Wildalm*, 175 *Toralm*
KARTENMATERIAL – ÖK: 1:200000 47 | 12
F&B: 1:50000 302

INFOS – Ghf. Waldwirt: ganzjährig bewirtschafteter Ghf.; **Ghf. Resterhöhe:** bewirtschaftet von Juni bis Oktober; **Moseralm, Stangenalm, Rettensteinalm:** unbewirtschaftete Almhütten; **Ghf. Fritzhof:** ganzjährig bewirtschafteter Ghf.

56 km
04:50
1235 Hm
1892 m
762 m

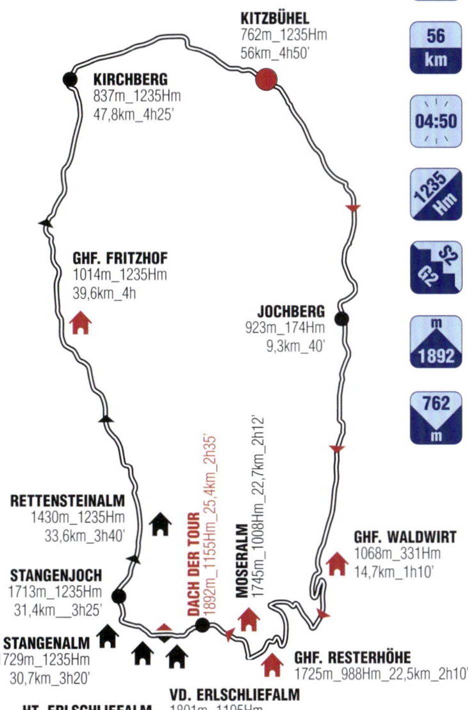

Foto: © TVB-Kitzbüheler Alpen / Carlos Blanchard

161 SEIDLALM

ANFAHRT – *Innsbruck – Kitzbühel* 95 km: A12 Richtung *München*, Ausfahrt *Wörgl Ost*, anschließend der Beschilderung ins *Brixental* nach *Kitzbühel* folgen, in *Kitzbühel* nach der Bahnunterführung rechts abbiegen zur Talstation *Hahnenkammbahn*

PARKMÖGLICHKEIT – bei der Talstation *Hahnenkammbahn*

START – bei der Talstation *Hahnenkammbahn*, beim *Hahnenkammhäusl* rechts bergab abbiegen und der Asphaltstraße dorfeinwärts entlang, nach 300 m bei der *Wirtschaftskammer* links abbiegen Richtung *Kirchberg*

TOURENBESCHREIBUNG – 8,6 km und **480 Hm** sind von *Kitzbühel* bis zur *Seidlalm* auf Asphalt- und Forststraßen großteils nur bergauf zurückzulegen. Der Rückweg führt auf Single Track, Forstweg und Asphalt, 500 m nach der *Seidlalm* permanent bergab. Der 300 m lange Single Track nach der *Seidlalm* ist für geübte Biker zur Gänze befahrbar. Ungeübte Biker müssen für diesen Abschnitt einen zusätzlichen Fußmarsch von sieben Minuten einplanen. Ansonsten sind keine nennenswerten Schwierigkeiten zu erwarten. Insgesamt sind **14,1 km** und **490 Hm** auf dieser Rundtour zu bewältigen.

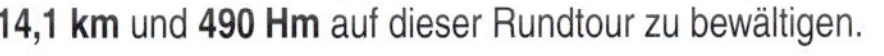

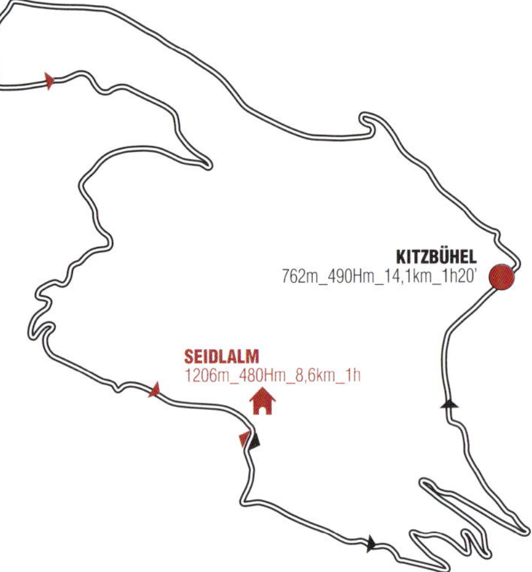

Tourverbindungen: 160 *Resterhöhe*, 163 *Lämmerbichlalm*, 164 *Melkalm*, 167 *Pengelstein*

KARTENMATERIAL – ÖK: 1:25000 122 | **F&B: 1:50000** 302

INFOS – Seidlalm: bewirtschaftet Mitte Mai bis Ende Oktober

Foto: © TVB-Kitzbüheler Alpen / Erwin Haiden

162 KITZBÜHELER HORN

ANFAHRT – *Innsbruck – Kitzbühel* 95 km: A12 Richtung *München*, Ausfahrt *Wörgl Ost*, anschließend der Beschilderung ins *Brixental* nach *Kitzbühel* folgen, in *Kitzbühel* nach dem Straßentunnel rechts zur *Hornbahn* abbiegen

PARKMÖGLICHKEIT – bei der Talstation *Hornbahn*

START – bei der Talstation *Hornbahn,* bei der Parkplatzausfahrt links bergauf abbiegen und nach 200 m erneut links in den Radwanderweg einbiegen, bei Kilometer 2,2, nach der Bachüberquerung rechts bergauf abbiegen, der Beschilderung zum *Kitzbüheler Horn* folgen

TOURENBESCHREIBUNG – 12,2 km und **1238 Hm** sind von *Kitzbühel* über *Alpenhaus* und *Gipfelrestaurant* bis zum *Kitzbüheler Horn* auf Asphaltstraßen permanent bergauf zurückzulegen. Der Rückweg bis zum *Alpenhaus* ist derselbe. Der Rest des Rückwegs über die *Trattenalm* und *Brunnhoferalm* zum Ausgangspunkt in *Kitzbühel,* führt abgesehen von einem kurzen Anstieg nach der *Trattalm,* permanent bergab. Asphalt- und Forststraßen sowie Single Track, sind auf dem gesamten Downhill zu erwarten. Der 900 m lange Single Track zur Brunnhoferalm ist für geübte Biker mit Trialerfahrung zur Gänze befahrbar. Ungeübte Biker müssen für diesen Abschnitt einen zusätzlichen Fußmarsch von 20 Minuten einplanen. Insgesamt sind **24,7 km** und **1290 Hm** auf dieser Rundtour zu bewältigen.

Tourverbindungen: 160 *Resterhöhe*, 163 *Lämmerbichlalm*, 127 *Lachtalalm*

KARTENMATERIAL – ÖK: 1:25000 122 | **F&B: 1:50000** 302

INFOS – Alpenhaus: bewirtschaftet Mitte Mai bis Anfang Oktober; **Gipfelrestaurant:** bewirtschaftet Mitte Mai bis Mitte Oktober; **Trattalm, Brunnhoferalm:** unbewirtschaftete Almhütten

02:45

1290 Hm

S2 G1

m 1996

783 m

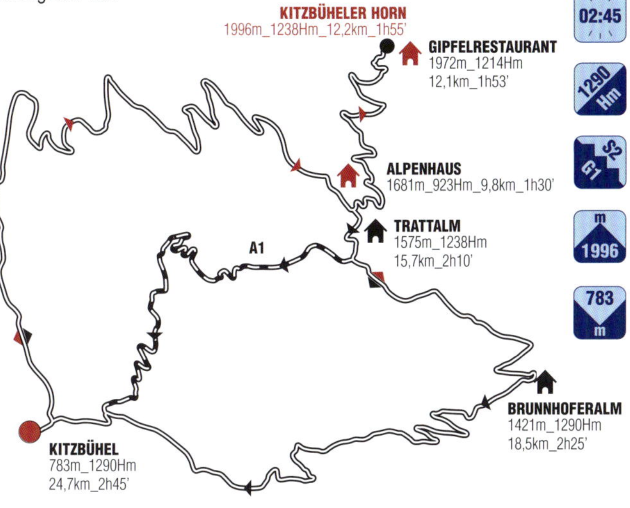

Foto: © TVB-Kitzbüheler Alpen / Kurt Tropper

163 LÄMMERBICHLALM

3

42,8 km

03:30

1090 Hm

S1 G1

m 1643

659 m

ANFAHRT – *Innsbruck – Kitzbühel* 95 km: A12 Richtung *München*, Ausfahrt *Wörgl Ost*, anschließend der Beschilderung ins *Brixental* nach *Kitzbühel* folgen, in *Kitzbühel* nach dem Straßentunnel rechts zur *Hornbahn* abbiegen

PARKMÖGLICHKEIT – bei der Talstation *Hornbahn*

START – bei der Talstation *Hornbahn*, bei der Parkplatzausfahrt links bergauf abbiegen und nach 200 m geradeaus weiter, der dortigen Beschilderung Richtung *Adlerhütte* folgen

TOURENBESCHREIBUNG – **10,1 km** und **890 Hm** sind von *Kitzbühel* über *Brunnhoferalm* und *Lämmerbichlalm* bis zur *Lachtalalm* auf Asphalt, gut präpariertem Forstweg und Karrenweg permanent bergauf zurückzulegen. Der Rückweg über *Ghf. Pletzer*, *Fieberbrunn* und *St. Johann* nach *Kitzbühel*, führt auf Forst- und Asphaltstraßen abwechselnd bergauf und bergab. Insgesamt sind **42,8 km** und **1090 Hm** auf dieser Rundtour zu bewältigen.

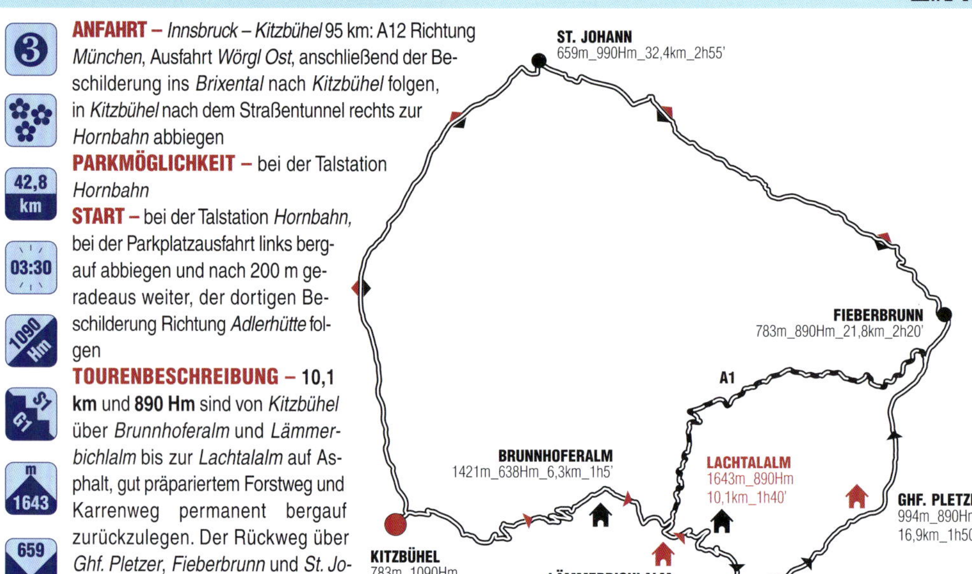

Variante: Die *Alternativroute A1* führt von der *Lämmerbichlalm* auf Forstweg, Karrenweg und Single Track bergab zur *Silalm* und von dort weiter nach *Fieberbrunn*. Der Karrenweg bergab zur *Silalm* ist abschnittsweise extrem steil. Der 600 m lange Single Track nach der Silalm führt auf grobsteinigem Untergrund steil bergab und ist deshalb nicht befahrbar. Für diesen Abschnitt ist ein zusätzlicher Fußmarsch von zehn Minuten einzuplanen. Der Rest des Rückwegs über *Fieberbrunn* nach *Kitzbühel*, weist keine nennenswerten Schwierigkeiten auf.

Tourverbindungen: 162 *Kitzbüheler Horn*, 168 *Bichlalm*, 127 *Lachtalalm*, 166 *Hochwildalm*

KARTENMATERIAL – **ÖK: 1:25000** 91 | 122 | **F&B: 1:50000** 302

INFOS – **Brunnhoferalm, Lachtalalm,Schlinachalm:** unbewirtschaftete Almhütten; **Lämmerbichlalm:** bewirtschaftet Anfang Juni bis Ende September; **Ghf. Pletzer:** ganzjährig bewirtschafteter Ghf.

Foto: © TVB-Kitzbüheler Alpen / Carlos Blanchard

164 MELKALM

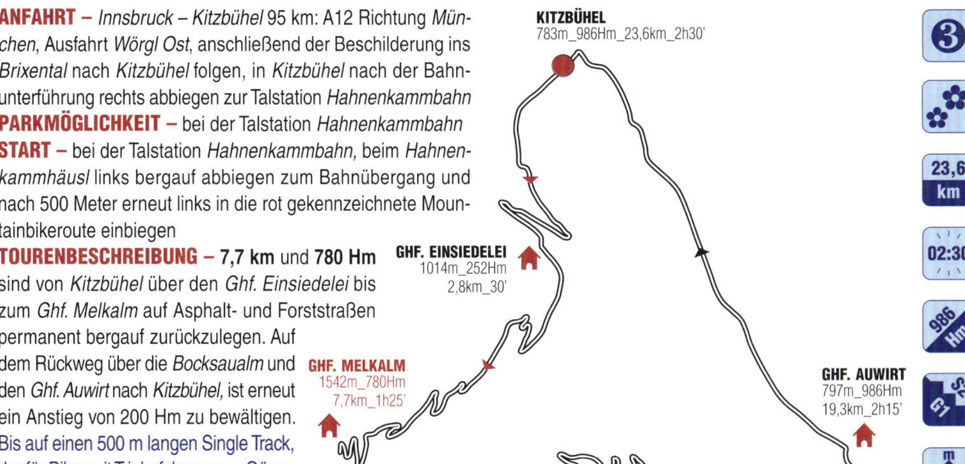

3 | 23,6 km | 02:30 | 986 Hm | S2 S1 | m 1542 | 783 m

ANFAHRT – *Innsbruck – Kitzbühel* 95 km: A12 Richtung *München*, Ausfahrt *Wörgl Ost*, anschließend der Beschilderung ins *Brixental* nach *Kitzbühel* folgen, in *Kitzbühel* nach der Bahnunterführung rechts abbiegen zur Talstation *Hahnenkammbahn*
PARKMÖGLICHKEIT – bei der Talstation *Hahnenkammbahn*
START – bei der Talstation *Hahnenkammbahn,* beim *Hahnenkammhäusl* links bergauf abbiegen zum Bahnübergang und nach 500 Meter erneut links in die rot gekennzeichnete Mountainbikeroute einbiegen
TOURENBESCHREIBUNG – 7,7 km und **780 Hm** sind von *Kitzbühel* über den *Ghf. Einsiedelei* bis zum *Ghf. Melkalm* auf Asphalt- und Forststraßen permanent bergauf zurückzulegen. Auf dem Rückweg über die *Bocksaualm* und den *Ghf. Auwirt* nach *Kitzbühel,* ist erneut ein Anstieg von 200 Hm zu bewältigen. Bis auf einen 500 m langen Single Track, der für Biker mit Trialerfahrung zur Gänze befahrbar ist, sind keine nennenswerten Schwierigkeiten zu erwarten. Ungeübte Biker müssen für den Single Track Abschnitt einen zusätzlichen Fußmarsch von zehn Minuten einplanen. Insgesamt sind **23,6 km** und **986 Hm** auf dieser Rundtour zu bewältigen.
Tourverbindungen: 160 *Resterhöhe*, 161 *Seidlalm*, 163 *Lämmerbichlalm*, 166 *Hochwildalm*, 167 *Pengelstein*
KARTENMATERIAL – ÖK: 1:25000 122 | **F&B: 1:50000** 302

INFOS – Ghf. Einsiedelei: im Sommer bewirtschafteter Ghf.; **Ghf. Melkalm:** bewirtschaftet von Juli bis Mitte Oktober; **Bocksaualm:** unbewirtschaftete Almhütte; **Ghf. Auwirt:** ganzjährig bewirtschafteter Ghf.

Traumhafte Aussicht von der *Hocheck Hütte* (1670 m) am *Hahnenkamm*. | Foto: W. Hofer

165 EHRENBACHHÖHE

762
m

ANFAHRT – *Innsbruck – Kitzbühel* 95 km: A12 Richtung *München*, Ausfahrt *Wörgl Ost*, anschließend der Beschilderung ins *Brixental* nach *Kitzbühel* folgen, in *Kitzbühel* nach der Bahnunterführung rechts abbiegen zur Talstation *Hahnenkammbahn*
PARKMÖGLICHKEIT – bei der Talstation *Hahnenkammbahn*
START – bei der Talstation *Hahnenkammbahn*, dem Radwanderweg Richtung Aurach folgen
TOURENBESCHREIBUNG – 19 km und **1176 Hm** sind von *Kitzbühel* über *Giglingstube*, *Kasereggalm* und *Kasereggühütte* bis zum *Pengelstein* auf Asphalt- und Forststraßen permanent bergauf zurückzulegen. Der Rückweg führt über *Ghf. Hochbrunn*, *Ehrenbachhöhe*, *Obere Fleckalm*, *Niedere Fleckalm* und *Klausen* bis nach *Kitzbühel*, auf Forst- und Asphaltstraßen großteils bergab. Zwischen *Ghf. Pengelstein* und *Ehrenbachhöhe* sind kurze leichte Anstiege zu erwarten. Der Forstweg von der *Oberen Fleckalm* bis zur *Niederen Fleckalm*, führt abschnittsweise sehr steil bergab. Deshalb ist diese Tour in umgekehrter Richtung nicht zu empfehlen. Insgesamt sind **1226 Hm 37,4 km** auf dieser Rundtour zu bewältigen.

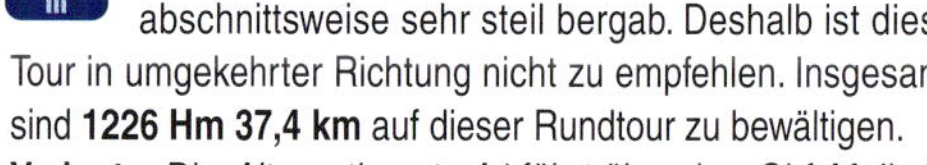

Variante: Die *Alternativroute A1* führt über den *Ghf. Melkalm* (siehe Tour 164 *Melkalm*) zurück nach *Kitzbühel*.
Tourverbindungen: 161 *Seidlalm*, 163 *Lämmerbichlalm*, 167 *Pengelstein*, 171 *Kesselkarsee*, 173 *Kelchalm*, 175 *Toralm*
KARTENMATERIAL – ÖK: 1:25000 122 | **F&B: 1:50000** 302
INFOS – Giglingstube: ganzjährig bewirtschafteter Ghf.; **Kasereggalm, Obere Fleckalm:** unbewirtschaftete Almhütten; **Kasereggühütte:** im Sommer bewirtschaftete Almhütte; **Pengelstein, Ehrenbachhöhe:** im Sommer bewirtschaftete Ghf.; **Ghf. Hochbrunn:** bewirtschaftet Anfang Juli bis Anfang Oktober; **Niedere Fleckalm:** bewirtschaftet Pfingsten bis Anfang Oktober

KITZBÜHEL
762m_1226Hm_37,4km_3h35'
NIEDERE FLECKALM
1327m_1226Hm_27,4km_3h5'
A1
OBERE FLECKALM
1657m_1226Hm_24,5km_2h55'
EHRENBACHHÖHE
1748m_1226Hm_23,4km_2h50'
GHF. HOCHBRUNN
1723m_1176Hm_21,7km_2h35'
GHF. GIGLINGSTUBE
828m_66Hm_6,6km_30'
KASEREGGHÜTTE
1557m_795Hm
15,6km_1h50'
PENGELSTEIN
1938m_1176Hm
19km_2h25'
KASEREGGALM
1357m_595Hm_13,8km_1h30'

Foto: © TVB-Kitzbüheler Alpen / Carlos Blanchard

166 HOCHWILDALM

GPX 

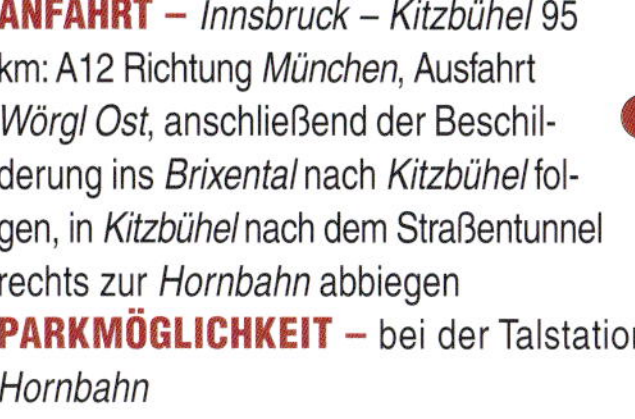

ANFAHRT – *Innsbruck – Kitzbühel* 95 km: A12 Richtung *München*, Ausfahrt *Wörgl Ost*, anschließend der Beschilderung ins *Brixental* nach *Kitzbühel* folgen, in *Kitzbühel* nach dem Straßentunnel rechts zur *Hornbahn* abbiegen
PARKMÖGLICHKEIT – bei der Talstation *Hornbahn*
START – bei der Talstation *Hornbahn,* der Bundesstraße entlang Richtung *Pass Thurn* und nach 1,1 km beim *Tennisstadion* rechts in die Einbahnstraße zur Brücke über die *Jochberger Ache* einbiegen, anschließend links abbiegen und der dortigen Beschilderung Radwanderweg nach *Aurach* und *Bichlalmgebiet* folgen
TOURENBESCHREIBUNG – 18 km und **1028 Hm** sind von *Kitzbühel* über *Ghf. Auwirt, Oberaurach, Wildalm, Hochwildalm* und *Brandneralm* bis zum *Geisbergsattel* auf Asphalt, gut präpariertem Forstweg, Karrenweg und Single Track großteils bergauf zurückzulegen. Der Karrenweg und der Single Track von der *Hochwildalm* bis zur *Brandneralm* führen abwechselnd bergauf und bergab. Der 1,4 km lange Single Track ist für geübte Biker mit Trialerfahrung großteils befahrbar. Ungeübte Biker müssen für diesen Abschnitt einen zusätzlichen Fußmarsch von 20 Minuten einplanen. Der Karrenweg von der *Brandneralm* hinauf zum *Geisbergsattel* ist abschnittsweise extrem steil. Der Rückweg vom *Geisbergsattel* führt auf Single Track, Karrenweg, Forst- und Asphaltstraßen permanent bergab nach *Kitzbühel*. Die Abfahrt vom *Geisbergsattel* beginnt mit einem 1,6 km langen Single Track. Dieser Single Track ist meist extrem schlammig und daher als technisch anspruchsvoll einzustufen. Anschließend folgt ein Karrenweg, der abschnittsweise extrem steil bergab führt. Ungeübte Biker fahren besser bei Kilometer 16,3 über die *Alternativroute A1* zurück nach *Oberaurach*, andernfalls ist ein zusätzlicher Fußmarsch von 20 Minuten einzuplanen. Insgesamt sind **27,5 km** und **1028 Hm** auf dieser Rundtour zu bewältigen.

4
27,5 km
03:05
1028 Hm
S2 S3
m 1683
750 m

Variante: Die *Alternativroute A1* führt auf einer Forststraße permanent bergab zur *Wildalm*. Von dort auf dem Hinweg retour zum Ausgangspunkt in *Kitzbühel*.
Tourverbindungen: 163 *Lämmerbichlalm*, 165 *Ehrenbachhöhe*
KARTENMATERIAL – ÖK: 1:25000 122 | **F&B: 1:50000** 302
INFOS – Ghf. Auwirt: ganzjährig bewirtschafteter **Ghf.; Wildalm, Brandneralm, Brunnerhochalm:** unbewirtschaftete Almhütten; **Hochwildalm:** bewirtschaftet Anfang Juni bis Mitte Oktober

Foto: © TVB-Kitzbüheler Alpen / Ghost Bikes GmbH.

167 PENGELSTEIN

34,9 km

1250 Hm

S1 G1

ANFAHRT – *Innsbruck – Kitzbühel* 95 km: A12 Richtung *München*, Ausfahrt *Wörgl Ost*, anschließend der Beschilderung ins *Brixental* nach *Kitzbühel* folgen, in *Kitzbühel* nach der Bahnunterführung rechts abbiegen zur Talstation *Hahnenkammbahn*

PARKMÖGLICHKEIT – bei der Talstation *Hahnenkammbahn*

START – bei der Talstation *Hahnenkammbahn*

TOURENBESCHREIBUNG – 14,2 km und **1241 Hm** sind von *Kitzbühel* über *Ghf. Einsiedelei, Ghf. Melkalm, Ghf. Bergstation, Ghf. Sonnenrast, Ghf. Hochbrunn* und *Jufenalm* bis zum *Pengelstein* auf Asphalt- und Forststraßen großteils bergauf, zurückzulegen. Nach dem *Ghf. Hochbrunn* ist ein kurzer steiler Anstieg zu bewältigen. Der Rückweg über *Usterkaralm, Hiesleggalm, Ghf. Schroll, Kirchberg* und *Schwarzsee* bis nach *Kitzbühel,* führt auf Karrenweg, Forst- und Asphaltstraßen großteils bergab. Der Karrenweg vom *Pengelstein* führt abschnittsweise extrem steil bergab. Deshalb ist diese Tour in umgekehrter Richtung nicht zu empfehlen. Insgesamt sind **34,9 km** und **1250 Hm** auf dieser Rundtour zu bewältigen.

Tourverbindungen: 157 *Kaiserblick*, 161 *Seidlalm*, 165 *Ehrenbachhöhe*, 159 *Frühmesser*, 158 *Hirzeggalm*, 164 *Melkalm*

KARTENMATERIAL – ÖK: 1:25000 121 od. 122 | **F&B: 1:50000** 302

INFOS – Ghf. Einsiedelei, Sonnenrast, Pengelstein: im Sommer bewirtschaftete Ghf.; **Ghf. Melkalm:** bewirtschaftet von Juli bis Mitte Oktober; **Ghf. Bergstation:** bewirtschaftet von Mai bis Oktober; Ghf. **Ghf. Hochbrunn:** bewirtschaftet Anfang Juli bis Anfang Oktober; **Jufenalm:** im Sommer bewirtschaftete Almhütte; **Usterkaralm, Hiesleggalm:** unbewirtschaftete Almhütten; **Ghf. Schroll:** ganzjährig bewirtschafteter Ghf.

KIRCHBERG
837m_1241Hm
27,4km_2h45'

KITZBÜHEL
783m_1250Hm_34,9km_3h10'

GHF. BERGSTATION
1723m_780Hm
7,6km_1h15'

GHF. EINSIEDELEI
1014m_252Hm
2,9km_25'

GHF. SONNENRAST
1748m_986Hm_9,7km_1h35'

GHF. SCHROLL
1092m_1241Hm
21,2km_2h30'

GHF. MELKALM
1542m_906Hm
8,6km_1h25'

GHF. HOCHBRUNN
1723m_1026Hm
11,6km_1h45'

HIESLEGGALM
1441m_1241Hm
18,4km_2h20'

PENGELSTEIN
1938m_1241Hm_14,2km_2h5'

USTERKARALM
1640m_1241Hm_16,5km_2h15'

Auffahrt zum *Pengelstein* (1938 m). | Foto: W. Hofer

168 BICHLALM

ANFAHRT – *Innsbruck* – *Kitzbühel* 95 km: A12 Richtung *München*, Ausfahrt *Wörgl Ost*, anschließend der Beschilderung ins *Brixental* nach *Kitzbühel* folgen, in *Kitzbühel* nach dem Straßentunnel rechts zur *Hornbahn* abbiegen

PARKMÖGLICHKEIT – bei der Talstation *Hornbahn*

START – bei der Talstation *Hornbahn,* vom Parkplatz der Asphaltstraße bergab zum Bahnübergang folgen, beim Bahnübergang links in die *Pass Thurn* Bundesstraße einbiegen und bei Kilometer 2,5 links leicht bergauf abbiegen der dortigen Beschilderung zum *Bichlalmgebiet* folgen

TOURENBESCHREIBUNG – **10 km** und **815 Hm** sind von *Kitzbühel* über *Sonnbergstube* und *Käserei Bichlalm* bis zur *Bichlalm,* auf Asphaltstraßen und Karrenweg permanent bergauf zurückzulegen. Der 1,5 km lange Karrenweg bergauf zur *Käserei Bichlalm* ist durchgehend extrem steil. Der Rückweg über die *Oberaigenalm* führt auf Single Track und Forstweg anfangs leicht bergauf und bergab. Der 1,2 km lange, unmarkierte, großteils schlammige Single Track ist nicht befahrbar. Unwegsames Gelände erschwert diesen Übergang zur *Oberaigenalm* und wird deshalb nur konditionsstarken Bikern empfohlen. Der Rest des Rückwegs weist keine nennenswerten Schwierigkeiten auf. Insgesamt sind **20,3 km** und **880 Hm** auf dieser Rundtour zu bewältigen. **Tourverbindungen:** 162 *Kitzbüheler Horn*, 163 *Lämmerbichlalm*

KARTENMATERIAL – **ÖK: 1:25000** 122 | **F&B: 1:50000** 302

INFOS – **Sonnbergstube:** ganzjährig bewirtschafteter Ghf.; **Käserei Bichlalm, Oberaigenalm, Brunnhoferalm:** unbewirtschaftete Almhütten; **Bichlalm:** im Sommer bewirtschaftete Almhütte

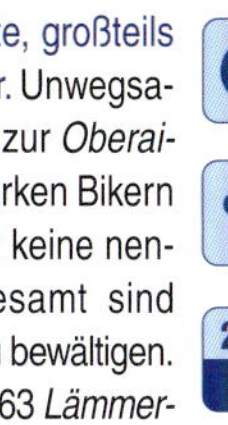

m 1598

783 m

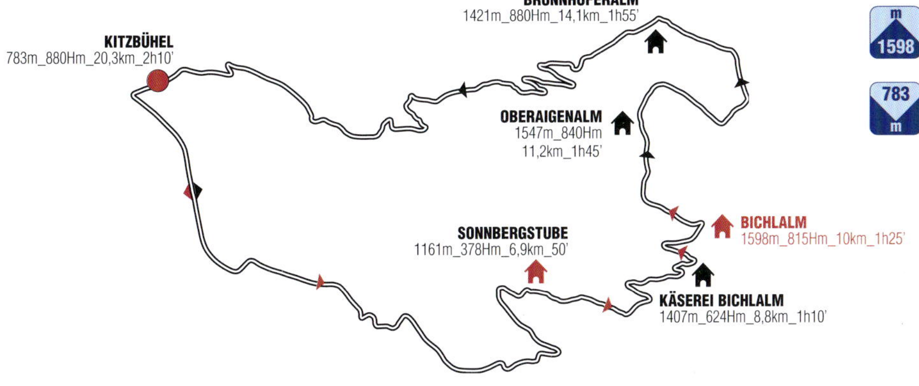

Foto: © TVB-Kitzbüheler Alpen / Norbert Eisele-Hein

169 JAGERWURZHÜTTE

ANFAHRT – *Innsbruck – Jochberg* 105 km: A12 Richtung *München*, Ausfahrt *Wörgl Ost*, anschließend der Beschilderung ins *Brixental* nach *Kitzbühel* folgen, in *Kitzbühel* nach dem Straßentunnel rechts abbiegen Richtung *Pass Thurn* und *Jochberg*

PARKMÖGLICHKEIT – bei der Talstation *Wagstätt*

START – bei der Talstation *Wagstätt*, beim Lifthaus links vorbei zum *Prosthäusl* und dort der Beschilderung Richtung *Jausenstation Bruggeralm* folgen, bei Kilometer 3,1 rechts bergauf in den Forstweg einbiegen, der Beschilderung zur *Jausenstation Jagerwurzhütte* folgen

TOURENBESCHREIBUNG – 7,9 km und **890 Hm** sind von *Jochberg* über *Vorderreithalm*, *Jagerwurzhütte* und *Wurzalm* bis zum *Dach der Tour* auf Asphalt- und Forststraßen permanent bergauf zurückzulegen. Die Abfahrt führt bis nach *Filzen* auf einer Forststraße ständig bergab. In *Filzen* auf der Asphaltstraße leicht bergauf zurück nach *Jochberg*. Insgesamt sind **19,5 km** und **900 Hm** ohne nennenswerte Schwierigkeiten zu bewältigen.

Variante: Die *Alternativroute A1* führt zurück zum Hinweg und verkürzt so den Rückweg nach *Jochberg*.

Tourverbindungen: 170 *Bärenbadkogel*, 171 *Kesselkarsee*, 172 *Hartkaseralm*

KARTENMATERIAL – ÖK: 1:25000 122 | **F&B: 1:50000** 302

INFOS – Vorderreithalm, Wurzalm: unbewirtschaftete Almhütten; **Jagawurzhütte:** im Sommer bewirtschaftete Almhütte

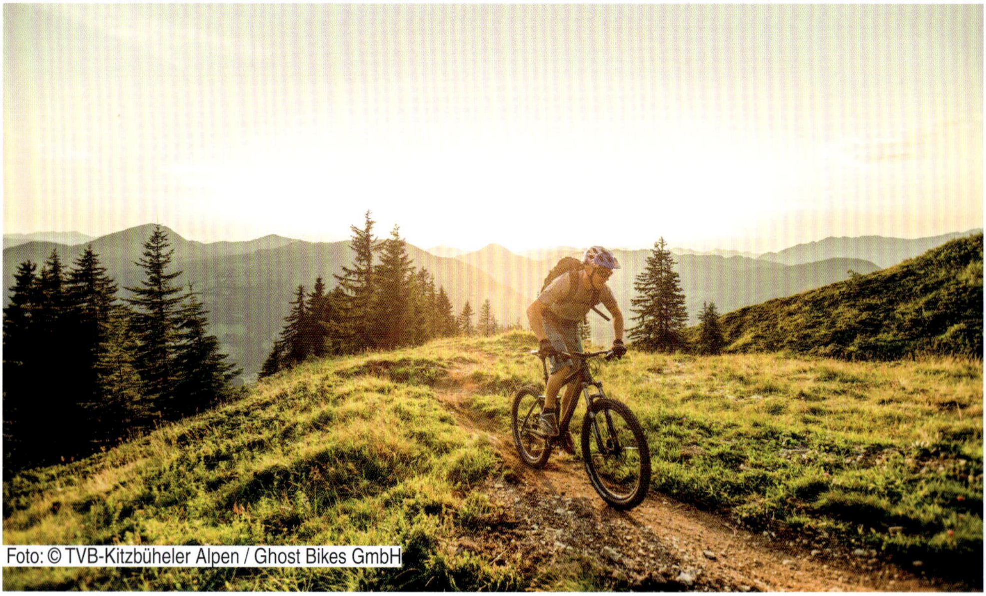

Foto: © TVB-Kitzbüheler Alpen / Ghost Bikes GmbH

170 BÄRENBADKOGEL

GPX 

ANFAHRT – *Innsbruck – Jochberg* 105 km: A12 Richtung *München*, Ausfahrt *Wörgl Ost*, anschließend der Beschilderung ins *Brixental* nach *Kitzbühel* folgen, in *Kitzbühel* nach dem Straßentunnel rechts abbiegen Richtung *Pass Thurn* und *Jochberg*
PARKMÖGLICHKEIT – bei der Talstation Wagstätt
START – bei der Talstation *Wagstätt*, der Bundesstraße entlang Richtung *Pass Thurn* und bei der Firma *Elektro Team* links in den Radwanderweg *Jochberg* einbiegen
TOURENBESCHREIBUNG – 13,4 km und **975 Hm** sind von *Jochberg* über *Ghf. Waldwirt*, *Trattenbachalm* und *Gauxjoch* bis zum *Bärenbadkogel* auf Asphalt- und Forststraßen permanent bergauf zurückzulegen. Der Rückweg über die *Wirtsalm* nach *Jochberg* führt auf Karrenweg und Asphalt ständig bergab. Der Karrenweg nach dem *Bärenbadkogel* ist 1,9 km lang und führt sehr steil bergab. Deshalb ist dieser Abschnitt als technisch anspruchsvoll einzustufen und wird nur geübten Bikern mit Trialerfahrung empfohlen. Ungeübte Biker treten den Rückweg nach *Jochberg* besser über die *Alternativroute A1* an. Ansonsten sind keine nennenswerten Schwierigkeiten zu erwarten. Insgesamt sind **23,3 km** und **975 Hm** auf dieser Rundtour zu bewältigen.

Variante: Die *Alternativroute A1* führt auf Forst- und Asphaltstraßen, vom *Gauxjoch* bergab durch den *Gangstgrund*, bis nach *Jochberg*.

Tourverbindungen: 169 *Jagerwurzhütte*, 171 *Kesselkarsee*, 172 *Hartkaseralm*, 175 *Toralm*, 160 *Resterhöhe*

JOCHBERG
923m_975Hm_23,3km_2h35'
A1
WIRTSALM
1517m_975Hm
15,6km_2h5'
BÄRENBADKOGEL
1883m_975Hm
13,4km_1h50'
GAUXJOCH
1739m_831Hm_11,9km_1h35'
TRATTENBACHALM
1628m_720Hm
10,9km_1h25'
GHF. WALDWIRT
1068m_160Hm
5,5km_30'

3
23,3 km
02:35
975 Hm
S2 S2
m 1883
923 m

KARTENMATERIAL – ÖK: 1:25000 119 od. 149 | **F&B: 1:50000** 302

INFOS – Ghf. Waldwirt: ganzjährig bewirtschafteter Ghf.; **Trattenbachalm:** ganzjährig bewirtschaftete Almhütte; **Wirtsalm:** unbewirtschaftete Almhütte

Foto: © TVB-Kitzbüheler Alpen / Norbert Eisele-Hein

171 KESSELKARSEE

ANFAHRT – *Innsbruck – Jochberg* 105 km: A12 Richtung *München*, Ausfahrt *Wörgl Ost*, anschließend der Beschilderung ins *Brixental* nach *Kitzbühel* folgen, in *Kitzbühel* nach dem Straßentunnel rechts abbiegen Richtung *Pass Thurn* und *Jochberg*
PARKMÖGLICHKEIT – bei der Talstation *Wagstätt*
START – bei der Talstation *Wagstätt*, der Bundesstraße entlang Richtung *Pass Thurn* und bei der Firma *Elektro Team* links in den Radwanderweg *Jochberg* einbiegen
TOURENBESCHREIBUNG – 13,9 km und **994 Hm** sind von *Jochberg* über *Ghf. Waldwirt*, *Trattenbachalm* und *Gauxjoch* bis zum *Kesselkarsee* auf Asphalt, gut präpariertem Forstweg und Single Track permanent bergauf zurückzulegen. Die ersten 800 m des Single Tracks führen auf leicht begehbarem Gelände bergauf zum *Dach der Tour* und sind nicht befahrbar. Für diesen Abschnitt ist ein zusätzlicher Fußmarsch von 20 Minuten einzuplanen. Ungeübte Biker fahren vom *Gauxjoch* besser geradeaus weiter auf der *Alternativroute A1* zurück nach *Jochberg*. Der 400 m lange Single Track vom *Dach der Tour* bis zum *Kesselkarsee* ist für Trialbiker großteils befahrbar. Der Rückweg vom *Kesselkarsee* über die *Kesselbodenalm* und *Schachenalm* zurück nach *Jochberg* führt auf Single Track, Forstweg und Asphalt großteils bergab. Der 800 m lange, unmarkierte Single Track führt auf unwegsamem Gelände bergab zur *Kesselbodenalm* und ist nicht befahrbar. Für diesen Abschnitt ist erneut ein zusätzlicher Fußmarsch von 25 Minuten einzuplanen. Kurz vor *Jochberg* führt die Asphaltstraße leicht bergauf. Insgesamt sind **25,7 km** und **1030 Hm** auf dieser Rundtour zu bewältigen.

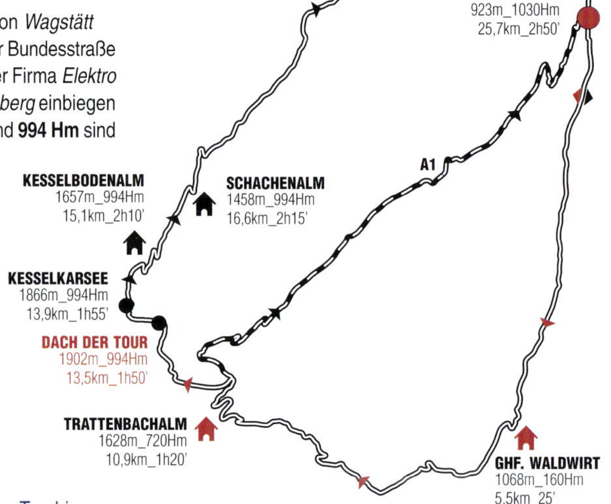

Variante: Die *Alternativroute A1* führt vom *Gauxjoch* auf Forst- und Asphaltstraßen permanent bergab zurück zum Ausgangspunkt nach *Jochberg*.
Tourverbindungen: 165 *Ehrenbachhöhe*, 169 *Jagerwurzhütte*, 170 *Bärenbadkogel*, 172 *Hartkaseralm*, 174 *Wildalm*, 175 *Toralm*
KARTENMATERIAL – ÖK: 1:25000 122 | **F&B: 1:50000** 302
INFOS – Ghf. Waldwirt: ganzjährig bewirtschafteter Ghf.; **Trattenbachalm:** ganzjährig bewirtschaftete Almhütte; **Kesselbodenalm, Schachenalm:** unbewirtschaftete Almhütten

Foto: © TVB-Kitzbüheler Alpen / Carlos Blanchard

172 HARTKASERALM

ANFAHRT – *Innsbruck* – *Jochberg* 105 km: A12 Richtung *München*, Ausfahrt *Wörgl Ost*, anschließend der Beschilderung ins *Brixental* nach *Kitzbühel* folgen, in *Kitzbühel* nach dem Straßentunnel rechts abbiegen Richtung *Pass Thurn* und *Jochberg*
PARKMÖGLICHKEIT – bei der Talstation *Wagstätt*
START – bei der Talstation *Wagstätt*, der Bundesstraße entlang Richtung *Pass Thurn* und bei der Firma *Elektro Team* links in den Radwanderweg *Jochberg* einbiegen
TOURENBESCHREIBUNG – **30,9 km** und **1111 Hm** sind auf dieser Rundtour zurückzulegen. Bis Kilometer 16,6 führt die Tour über *Ghf. Waldwirt*, *Ghf. Resterhöhe* und *Moseralm* auf Asphalt- und Forststraßen permanent bergauf. Anschließend verläuft die Tour bis zum *Gauxjoch* auf Forstweg, Karrenweg und Single Track abwechselnd bergauf und bergab. Die Abfahrt vom *Gauxjoch* über die *Bruggeralm* zurück nach *Jochberg*, führt auf Forst- und Asphaltstraßen permanent bergab.
Tourverbindungen: 169 *Jagerwurzhütte*, 174 *Wildalm*, 170 *Bärenbadkogel*, 171 *Kesselkarsee*, 175 *Toralm*, 160 *Resterhöhe*
KARTENMATERIAL – **ÖK: 1:25000** 122 | **F&B: 1:50000** 302
INFOS – **Ghf. Waldwirt:** ganzjährig bewirtschafteter Ghf.; **Ghf. Resterhöhe:** bewirtschaftet von Juni bis Oktober; **Moseralm:** im Sommer bewirtschaftete Almhütte; **Panoramaalm:** bewirtschaftet Ende Juni bis Anfang Oktober; **Hartkaseralm:** im Sommer bewirtschaftete Almhütte; **Trattenbachalm:** ganzjährig bewirtschaftete Almhütte; **Gauxalm:** unbewirtschaftete Almhütte; **Bruggeralm:** bewirtschaftet ab Pfingsten bis Mitte Oktober

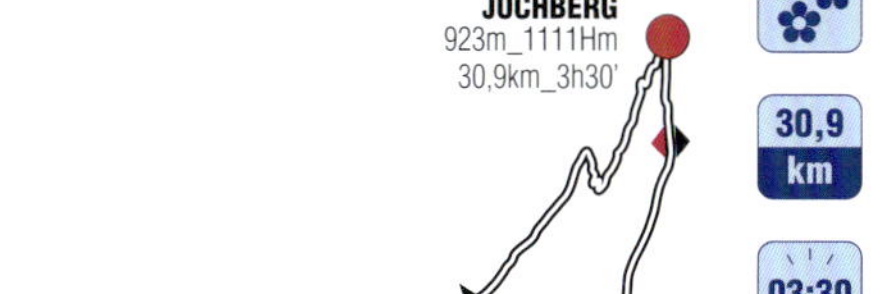

30,9 km

03:30

923 m

Foto: W. Hofer

173 KELCHALM

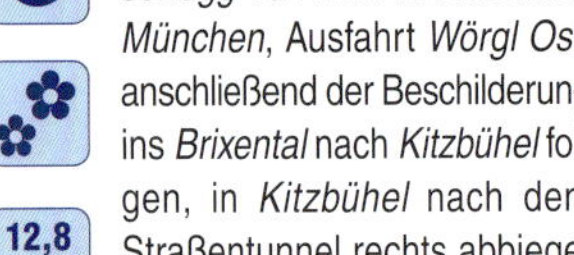

ANFAHRT – *Innsbruck – Wiesenegg* 102 km: A12 Richtung *München*, Ausfahrt *Wörgl Ost*, anschließend der Beschilderung ins *Brixental* nach *Kitzbühel* folgen, in *Kitzbühel* nach dem Straßentunnel rechts abbiegen Richtung *Pass Thurn* bis nach *Wiesenegg* zum *Ghf. Hechenmoos,* das links an der Bundesstraße liegt

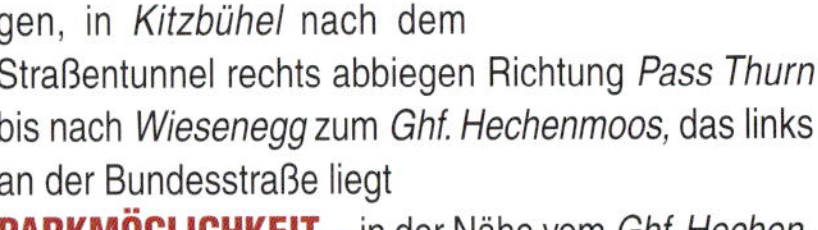

PARKMÖGLICHKEIT – in der Nähe vom *Ghf. Hechenmoos*

START – beim *Ghf. Hechenmoos,* der Asphaltstraße bergauf zwischen dem *Ghf. Hechenmoos* und der *Wieseneggbachbrücke* entlang und nach 200 m rechts abbiegen Richtung *Kelchalm,* nach 3,7 km links in den extrem steil bergauf führenden Forstweg einbiegen, beim rot-grünen Schranken vorbei der Beschilderung zur *Kelchalm* folgen

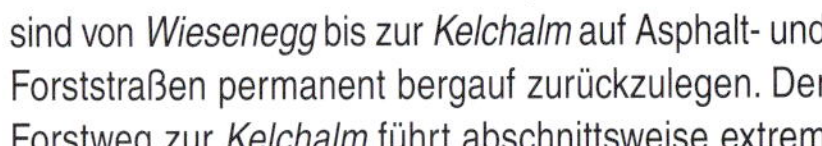

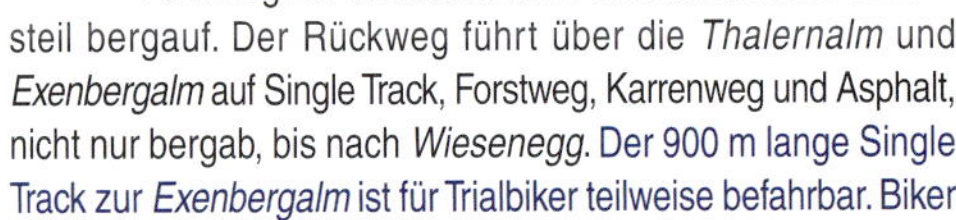

TOURENBESCHREIBUNGEN – 4,7 km und **610 Hm** sind von *Wiesenegg* bis zur *Kelchalm* auf Asphalt- und Forststraßen permanent bergauf zurückzulegen. Der Forstweg zur *Kelchalm* führt abschnittsweise extrem steil bergauf. Der Rückweg führt über die *Thalernalm* und *Exenbergalm* auf Single Track, Forstweg, Karrenweg und Asphalt, nicht nur bergab, bis nach *Wiesenegg.* Der 900 m lange Single Track zur *Exenbergalm* ist für Trialbiker teilweise befahrbar. Biker ohne Trialkenntnisse müssen für diesen Abschnitt einen zusätzlichen Fußmarsch, über leicht begehbares Gelände, von 30 Minuten einplanen. Insgesamt sind **12,8 km** und **650 Hm** auf dieser Rundtour zu bewältigen.

Tourverbindungen: 174 *Wildalm*, 175 *Toralm*

KARTENMATERIAL – ÖK: 1:25000 122 | **F&B: 1:50000** 302

INFOS – Kelchalm: im Sommer bewirtschaftete Almhütte; **Thalernalm, Schachenalm:** unbewirtschaftete Almhütten

Foto: W. Hofer

174 WILDALM

GPX 

ANFAHRT – *Innsbruck – Wiesenegg* 102 km: A12 Richtung *München*, Ausfahrt *Wörgl Ost*, anschließend der Beschilderung ins *Brixental* nach *Kitzbühel* folgen, in *Kitzbühel* nach dem Straßentunnel rechts abbiegen Richtung *Pass Thurn* bis nach *Wiesenegg* zum *Ghf. Hechenmoos,* das links an der Bundesstraße liegt
PARKMÖGLICHKEIT – in der Nähe vom *Ghf. Hechenmoos*
START – beim *Ghf. Hechenmoos,* nach der Brücke über den *Wieseneggbach* links bergauf in den Radwanderweg nach *Jochberg* einbiegen
TOURENBESCHREIBUNG – 10,1 km und **676 Hm** sind von *Wiesenegg* bis zur *Wildalm* auf Asphalt- und Forststraßen permanent bergauf zurückzulegen. Der Rückweg über die *Luegeggalm* führt anfangs 76 Hm bergauf und anschließend permanent bergab, bis nach *Wiesenegg.* Forstwege, Karrenwege, Single Tracks und Asphaltstraßen sind zu erwarten. Der 700 m lange Single Track nach der *Luegeggalm* ist für Trialbiker zur Gänze befahrbar. Biker ohne Trialerfahrung müssen für diesen Abschnitt, der auf leicht begehbarem Gelände zur *Waldhausalm* führt, einen zusätzlichen Fußmarsch von 20 Minuten einplanen. Insgesamt sind **20 km** und **750 Hm** auf dieser Rundtour zu bewältigen.
Tourverbindungen: 175 *Toralm,* 173 *Kelchalm*
KARTENMATERIAL – ÖK: 1:25000 122 | **F&B: 1:50000** 302
INFOS – Wildalm: bewirtschaftet Anfang Juni bis Mitte Oktober; **Luegeggalm:** unbewirtschaftete Almhütte

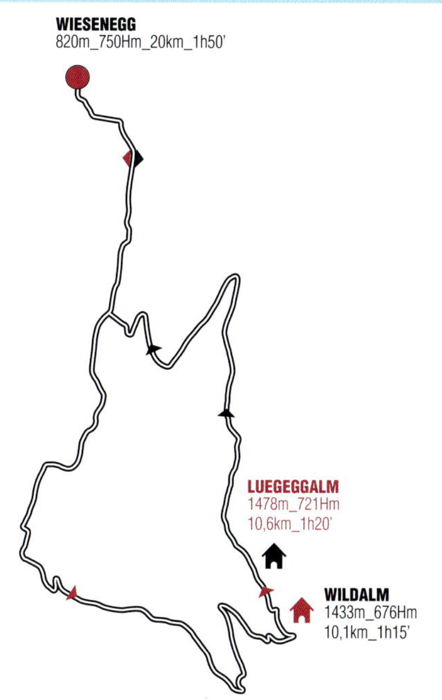

3
20 km
01:50
750 Hm
S2 G1
m 1478
820 m

Foto: © TVB-Kitzbüheler Alpen / Mirja Geh

175 TORALM

GPX 

31,7 km

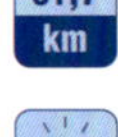

03:35

1925 m

ANFAHRT – *Innsbruck – Wiesenegg* 102 km: A12 Richtung *München*, Ausfahrt *Wörgl Ost*, anschließend der Beschilderung ins *Brixental* nach *Kitzbühel* folgen, in *Kitzbühel* nach dem Straßentunnel rechts abbiegen Richtung *Pass Thurn* bis nach *Wiesenegg* zum *Ghf. Hechenmoos*, das links direkt an der Bundesstraße liegt

PARKMÖGLICHKEIT – in der Nähe vom *Ghf. Hechenmoos*

START – beim *Ghf. Hechenmoos*, nach der Brücke über den *Wieseneggbach* links bergauf in den Radwanderweg nach *Jochberg* einbiegen

TOURENBESCHREIBUNG – 21,4 km und **1359 Hm** sind von *Wiesenegg* über *Achental Grundalm* und *Achental Hochalm* bis zum *Dach der Tour* auf Asphalt, Forstweg und Karrenweg abwechselnd bergauf und bergab zurückzulegen. Der 2,5 km lange Karrenweg von der *Achental Grundalm* bis zum *Dach der Tour* führt durchgehend extrem steil bergauf. Der Rückweg über die *Toralm*, *Oberkaseralm* und *Niederkaseralm* nach *Wiesenegg* verläuft auf Karrenweg, Single Track und Asphalt permanent bergab. Der 1,3 km lange Single Track nach der *Toralm* führt bergab zur abgerissenen *Oberkaseralm* und ist für Trialbiker zur Gänze befahrbar. Biker ohne Trialkenntnisse müssen für diesen Abschnitt einen zusätzlichen Fußmarsch von 20 Minuten einplanen. Ansonsten sind keine nennenswerten Schwierigkeiten zu erwarten. Insgesamt sind **31,7 km** und **1359 Hm** auf dieser Rundtour zu bewältigen.

Tourverbindungen: 160 *Resterhöhe*, 174 *Wildalm*, 169 *Jagerwurzhütte*

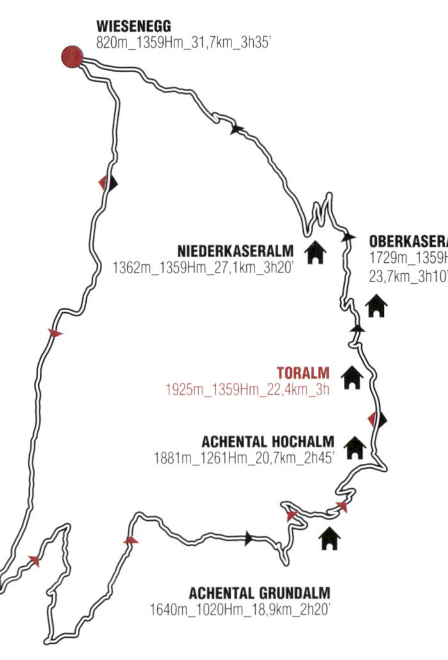

KARTENMATERIAL – ÖK: 1:25000 122 | **F&B: 1:50000** 302

INFOS – Achental Grundalm, Achental Hochalm, Oberkaseralm, Niederkaseralm: unbewirtschaftete Almhütten

Foto: © TVB-Kitzbüheler Alpen / Klemens König

Recheis
SEIT
1889

Die beliebtesten Nudeln Österreichs.
Mei liabste Speis:
Spaghetti von Recheis
Die Klassiker N°5
Recheis
SEIT
1889
Goldmarke
Spaghetti N°5
aus bestem Hartweizen
Mit Eiern
aus Österreich
8 min
500 g
www.recheis.at
facebook.com/recheis

DER KITZBÜHELER RADMARATHON

KITZ
ALP
BIKE

Kufsteinerland

Radmarathon

Foto: © TVB-Kufsteinerland / Loewenzahm

GLOSSAR

H

I

J

K

SEILBAHNEN FÜR BIKER

TAL	Bergbahn	Ort	Platz	Betriebszeiten	Saison	Talst. [Hm]	Mittelst. [Hm]	Bergst. [Hm]
GERLOSTAL | TUXERTAL | ZILLERTAL | ACHENSEE	SPIELJOCHBAHN I + II 4er-Gondel	Fügen – Kohleralmhof – Bergrest. Spieljoch	ein Bike, vier Personen	08.30–12.00 und 13.00–16.30	Anfang Juni bis Anfang Oktober	640	1194	1862
	ROSENALMBAHN I + II 8er-Gondel	Zell am Ziller – Wiesenalm – Rosenalm	zwei Bikes, zwei Personen	08.40–16.30, in der Nebensaison Mittagspause von 12.30–13.00, Juli und August bis 19.00 Uhr	Ende Mai bis Mitte Oktober	580	1309	1740
	PENKENBAHN 26er-Gondel	Mayrhofen – Bergrast	mehrere Bikes, mehrere Personen	09.00–17.00	Ende Mai bis Mitte Oktober	655	1794	
	KOMBIBAHN PENKEN 8er-Gondel	Bergrast – Penkenalm	zwei Bikes, zwei Personen	09.00–16.30	Ende Mai bis Mitte Oktober		1794	2000
	FINKENBERGBAHN I + II 4er-Gondel / 8er-Gondel	Finkenberg – Almstüberl – Penkenjochhaus	ein Bike, vier Personen zwei Bikes, zwei Personen	09.00–16.30	Anfang Juni bis Mitte Oktober	870	1760	2095
	EGGALMBAHN 4er-Gondel	Lanersbach – Eggalm		08.30–16.30	Mitte Juni bis Mitte Oktober	1280		1950
	GLETSCHER EXPRESS 20er-Gondel	Hintertux – Sommerbergalm	mehrere Bikes, mehrere Personen	08.15–16.30	Mitte Mai bis Anfang Oktober	1499		2100
	ISSKOGELBAHN 8er-Gondel	Gerlos – Arena Center	zwei Bikes, zwei Personen	09.00–16.30	Ende Mai bis Anfang Oktober	1260		1860
	GERLOSSTEINBAHN Großraum-Kabinenbahn	Hainzenberg – Gerlos-steinalm	mehrere Bikes, mehrere Personen	08.30–12.15 und 13.00–16.30, Halbstundentakt, bei Bedarf im Viertelstundentakt	Ende Mai bis Anfang Oktober	900		1650
	KARWENDEL BERGBAHN 8er-Gondel	Pertisau – Alpengasthof Karwendel	zwei Bikes, zwei Personen	08.30–17.00 Uhr Viertelstundentakt	Anfang Mai bis Anfang November	970		1491
OBERPINZGAU	WILDKOGELBAHN I + II 8er-Gondel	Neukirchen am Großvenediger – Aussichts Bergrestaurant	ein Bike, acht Personen, nicht umsteigen	09.00–15.30 Uhr	Ende Juni bis Ende September bzw. Ende Oktober	858	1368	2091
	PANORAMABAHN 8er-Gondel	Hollersbach – Restaurant Sunnseit – Bergrest. Pinzgablick	zwei Bikes, zwei Personen	08.45–16.30	Ende Juni bis Mitte Oktober	806	1210	1870
BRIXENTAL	SALVENBAHN I 8er-Gondel	Hopfgarten im Brixental – Berggasthof Tenn	jede fünfte Gondel ist eine separate Bikergondel, zwei Bikes, zwei Personen	09.00–17.00	Ende Mai bis Mitte Oktober	622	1167	
	GAISBERGLIFT 4er-Sessellift	Kirchberg in Tirol – Gaisbergstüberl	ohne Wetterschutzhaube, ein Bike, vier Personen	08.30–17.00	Anfang Mai bis Ende September	840		1289
	FLECKALMBAHN 6er-Gondel	Kirchberb in Tirol – Ehrenbachhöhe	ein Bike, zwei Personen	08.30–17.00	Ende Juni bis Ende September	807		1802
	HAHNENKAMMBAHN 4er-Gondel	Kitzbühel – Hocheckhütte	ein Bike, vier Personen	08.30–17.00	Anfang Mai bis Ende Oktober	780		1668
	HORNBAHN I + II	Kitzbühel – Adlerhütte – Alpenhaus		08.30–17.00	Anfang Mai bis Anfang Oktober	770	1270	1670
	ALPENROSENBAHN I + II 4er-Gondel	Westendorf – Sonnalm – Alpinolino	ein Bike, vier Personen, nicht umsteigen	08.30–17.00	Ende Mai bis Mitte Oktober	800	1300	1770
	GONDELBAHN HOCHBRIXEN 6er-Gondel	Brixen im Thale – Hochbrixen	ein Bike, sechs Personen	09.00–17.00	Ende Mai bis Ende Oktober	800		1290
KITZBÜHELER ALPEN	BERGBAHN BUCHENSTEINWAND 4er-Sessellift	St. Jakob im Haus – Ghf. Buchensteinwand	ein Bike, vier Personen	09.00–16.45	Anfang Mai bis Ende Oktober	855		1450
	BERGBAHN STREUBÖDEN 8er-Gondel	Fieberbrunn – Berggasthof Streuböden	zwei Bikes, zwei Personen	08.30–17.30	Mitte Mai bis Ende Oktober	831		1204
	HARTKAISERBAHN 10er-Gondel	Ellmau – Restaurant Bergkaiser	zwei Bikes, zwei Personen	09.00–17.30	Mitte Mai bis Ende Oktober	817		1520
	ASTERBERGBAHN 4er-Sessellift	Going – Blattlalm	ein Bike, vier Personen, mit Wetterschutzhaube	09.00–17.00	Anfang Juli bis Anfang Oktober	772		1267
	BRANDSTADLBAHN 8er-Gondel	Scheffau a. W. K. – Bergrest. Brandstadl	zwei Bikes, zwei Personen	09.00–17.00	Mitte Mai bis Mitte Oktober	680		1650
	GONDELBAHN HEXENWASSER 8er-Gondel	Söll – Alpengasthof Hochsöll	zwei Bikes, zwei Personen	09.00–17.30	Mitte Mai bis Ende Oktober	740		1140

TAL	Bergbahn	Ort	Platz	Betriebszeiten	Saison	Talst. [Hm]	Mittelst. [Hm]	Bergst. [Hm]
CHIEMGAUER ALPEN	BERGBAHN STEINPLATTE 6er-Gondel	Waidring – Berghaus Kammerkör	ein Bike, sechs Personen	09.00–16.45	Anfang Juni bis Anfang Oktober	779		1685
	HOCHRIESBAHN 1er-Sessellift	Grainbach – Käseralm	ein Bike, eine Person	09.00–17.00	Anfang Mai bis Mitte November	720		900
GROSSRAUM INNSBRUCK	NORDKETTENBAHN Großraum-Kabinenbahn	Hungerburg – Seegrube	fünf Bikes, mehrere Personen, Viertelstundentakt oder schneller, am Freitag ab 17.30 Uhr im Halbstundentakt	08.30–17.30 jeden Freitag bis 20.00 Uhr	Ende Mai bis Anfang November	868		1906
	HUNGERBURGBAHN Standseilbahn	Innsbruck – Hungerburg	mehrere Bikes, mehrere Personen, Viertelstundentakt	Mo–Fr: 07.15–19.15 Sa, So und Feiertag: 08.00–19.15	ganzjährig Anfang November und Ende April eine Woche außer Betrieb	574		860
	GLUNGEZERBAHN I + II Doppelsessellift / Einsersessellift	Tulfes – Halsmarter – Tulfeinalm	ohne Wetterschutzhaube, ein Bike, eine Person, Liftfahrzeit pro Sektion 20 min	09.00–12.00 und 12.45–16.30	Anfang Juni bis Ende Oktober	930	1567	2035
	MUTTERERALMBAHN I + II 8er-Gondel	Mutters – Nockhof – Mutterer Alm	zwei Bikes, zwei Personen	08.30–17.00	Anfang Juni bis Anfang September, Mo. u. Di. Ruhetag	953	1264	1608
	BERGBAHN ROSSHÜTTE Standseilbahn	Seefeld – Rosshütte	mehrere Bikes, mehrere Personen, Viertelstundentakt	09.00–17.00	Ende Mais bis Ende Oktober	1235		1760
	HÄRMELEKOPFBAHN Seilschwebebahn	Rosshütte – Bergstation Härmelekopf	sechs Bikes, zehn Pesonen	09.15–16.45	Ende Mais bis Ende Oktober	1760		2041
	SERLESBAHN 8er-Gondel	Mieders – Gasthof Koppeneck	zwei Bikes, zwei Personen	09.00–17.00	Anfang Mai bis Ende Oktober	950		1600
	ELFERLIFT 8er-Gondel	Neustift – Bergrestaurant Agrar	zwei Bikes, zwei Personen	09.00–17.00	Anfang Juli bis Ende Oktober	980		1780
OBERINNTAL	IMSTER BERGBAHN I + II 2er-Sessellift	Hochimst – Untermarkter Alm – Alpjoch		Sektion I: 09.00–17.00 Sektion II: 09.15–12.00 und 13.00–16.45 ab Mitte August nur noch Do bis So	Sektion I: Anfang Mai bis Ende Oktober Sektion II: Mitte Juni bis Anfang Oktober	1050	1491	2030
	WALDBAHN 8er-Gondel	Fiss – Bergstation beim Panorama Genussweg	zwei Bikes, zwei Personen	08.30–17.00	Anfang Juni bis Ende Oktober	1410		1800
	KOMPERDELLBAHN 6er-Gondel	Serfaus – Kölner Haus	ein Bike, sechs Personen	08.30–17.00	Mitte Juni bis Mitte Oktober	1429		1950
	LAZIDBAHN 6er-Gondel	Kölner Haus – Lazidkopf	ein Bike, sechs Personen	08.30–16.30	Mitte Juni bis Mitte Oktober	1950		2346
	SCHÖNJOCHBAHN I + II 8er-Gondel	Fiss – Steinegg – Fisser Joch	zwei Bikes, zwei Personen	08.30–16.30	Mitte Juni bis Mitte Oktober	1450		2436
	SONNENBAHN LADIS-FISS 8er-Gondel	Ladis – Sonnenburg	zwei Bikes, zwei Personen	08.30–17.00	Mitte Juni bis Mitte Oktober	1220		1530
	BERGKASTELBAHN 8er-Gondel	Nauders – Restaurant 2200	ein Bike, acht Personen	09.00–16.00	Mitte Juni bis Anfang Oktober	1410		2200
	SCHÖNEBENBAHN 8er-Gondel	Reschen – Schöneben-Hütte	zwei Bikes, acht Personen	09.00–12.00 und 13.30–16.00	Ende Juni bis Anfang Oktober	1520		2087
	HAIDERALMBAHN 8er-Gondel	St. Valentin auf der Haide – Haideralm	ein Bike, acht Personen	09.00–12.00 und 13.30–16.00	Mitte Juni bis Anfang Oktober	1220		1220
	MUTZEKOPFBAHN 4er-Sessellift	Nauders – Bergstation Mutzekopf		09.00–16.45	Ende Mai bis Anfang Oktober	1360		1812
ÖTZTAL	GAISLACHKOGELBAHN I + II 8er-Gondel / 28er-Gondel	Sölden – Mittelstation – Ice Q	Sektion I: zwei Bikes, zwei Personen | Sektion II: mehrere Bikes, mehrer Personen	09:00–16:45 ab Ende September bis zur Mittelsation letzte Bergfahrt 15.45	Ende Juni bis Anfang Oktober	1363	2174	3056
	GIGGIJOCHBAHN 8er-Gondel	Sölden – Bergstation	zwei Bikes, zwei Personen	09.00–16.45 ab September 09.00–15.45	Ende Juni bis Ende September	1353		2284
	ACHERKOGELBAHN 8er-Gondel	Ötz – Hochötz	zwei Bikes, zwei Personen	09.00–12.00 12.45–16.30	Anfang Juni bis Mitte Oktober	800		2020
	HOHE MUT BAHN I + II 8er-Gondel	Ötz – Hochötz	zwei Bikes, zwei Personen	08.45–16.00	Ende Juni bis Mitte September	1930	2670	
	HOCHGURGLBAHN I + II 8er-Gondel	Ötz – Hochötz	zwei Bikes, zwei Personen	09.00–16.00	Ende Juni bis Mitte September	1793		3064

TAL	Bergbahn	Ort	Platz	Betriebszeiten	Saison	Talst. [Hm]	Mittelst. [Hm]	Bergst. [Hm]
PAZNAUNTAL	SILVRETTABAHN I + II 24er-Gondel	Ischgl – Pardatschalm – Idalm	mehrere Bikes, mehrere Personen	08.30–16.00	Mitte Juni bis Mitte September	1360	1638	2321
	FLIMJOCHBAHN 4er-Sessellift	Idalm – Viderjoch	mit Wetterschutzhaube, ein Bike, vier Personen	09.00–15.30	Mitte Juni bis Mitte September	2301		2757
	FLIMSATTELBAHN 4er-Sessellift	Alp Trida – Viderjoch	mit Wetterschutzhaube, ein Bike, vier Personen	09.00–15.30	Mitte Juni bis Mitte September	2265		2754
	ALPE TRIDA SATTELBAHN 4er-Sessellift	Alp Trida – Bergrestaurant Sattel	mit Wetterschutzhaube, ein Bike, vier Personen	09.00–15.30	Mitte Juni bis Mitte September	1360		2757
	TWINLINER Großraumkabinenbahn	Samnaun – Bergrestaurant Sattel	mehrere Bikes, mehrere Personen, Halbstundentakt	08.00–16.30	Mitte Juni bis Mitte Oktober	1778		2500
	MEDRIGBAHN 6er-Gondel	See – Medrigalm	ein Bike, sechs Personen	08.30–12.00 und 13.00–17.00	Mitte Juni bis Ende September	1056		1800
	DIASBAHN 4er-Gondel	Kappl – Alpengasthof Dias	ein Bike, vier Personen	08.30–16.45	Ende Juni bis Ende September	1180		1830
STAN-ZER TAL	RENDELBAHN 8er-Gondel	St. Anton am Arlberg – Rendl-Restaurant	zwei Bikes, zwei Personen	08.00–16.30	Mi und Do von Mitte Juni bis Mitte September	1304		2030
KLO-STERTAL	SONNENKOPFBAHN 8er-Gondel	Innerwald – Mittelstation – Rest. Sonnenkopfbahn	ein Bike, zwei Personen	08.30–16.30	Ende Juni bis Anfang Oktober	1038	1576	1820
AUSSERFERN	GRUBIGSTEINBAHN I + II 8er-Gondel	Lermoos – Brettlalm – Grubighütte	zwei Bikes zwei Personen	08.30–17.00	Mitte Mais bis Mitte Oktober	1000	1334	1916
	EHRWALDER ALMBAHN 8er-Gondel	Ehrwald – Ehrwalder Alm	zwei Bikes zwei Personen	08.30–16.45 im Juli, August und September bis 17.45	Ende Mai bis Anfang November	1100		1502
	MARIENBERGBAHN 6er-Sessellift / 2er-Sessellift	Biberwier – Waldhaus Talblick – Sunnalm	ohne Wetterschutzhaube, das Oberrohr des Bikes liegt im 2er-Sessellift ungeschützt auf der Eisenstange der Haltevorrichtung, wer sein Bike vor Lackschäden schützen will muss vorher im Bereich des Flaschenhalters das Oberrohr demenstprechend präparieren	09.00–16.30	Mitte Mais bis Mitte Oktober	1000	1180	1680
	ALMKOPFBAHN 8er-Gondel	Bichlbach – Heiterwanger Hochalm	zwei Bikes, zwei Personen	09.00–16.30	Ende Mai bis Mitte August, Montag Ruhetag; ab September jeden Do, Sa und So	1050		1605
	SONNALMBAHN 6er-Sessellift	Berwang – Heiterwanger Hochalm	ohne Wetterschutzhaube, ein Bike, sechs Personen	09.00–16.30	Ende Mai bis Mitte August, Montag Ruhetag; ab September jeden Do, Sa und So	1342		1605
ALPBACHTAL	WIEDERSBERGERHORNBAHN I + II 4er-Gondel	Alpbach – Mittelstatin – Bergrest. Hornboden	ein Bike, vier Personen	09.00–12.00 12.45–16.45	Mitte Juni bis Mitte Oktober	900	1350	1850
	REITHERKOGELBAHN 8er-Gondel	Reith im Alpbachtal – Reither Kogel	zwei Bikes, zwei Personen	09.00–12.00 13.00–16.00	Anfang Mai bis Anfang Oktober, Mittwoch Ruhetag	640		1110
WILDSCHÖNAU	SCHATZBERGBAHN 4er-Gondel	Auffach – Koglmoosalm – Schatzbergalm	ein Bike, eine Person, das Vorderrad muss für den Biketransport ausgebaut werden	09.00–12.00 13.00–17.00	Anfang Juni bis Anfang Oktober	864	1302	1176
	MARKBACHJOCHBAHN 8er-Gondel	Niederau – Marchbachjochhütte	zwei Bikes, zwei Personen	09.00–12.00 13.00–17.00	Anfang Mai bis Mitte Oktober	835		1465
VORARL-BERG	BERGBAHN LECH-OBERLECH Kabinenbahn	Lech – Oberlech	mehrere Bikes, mehrere Biker	08.30–12.00 12.30–18.00	Anfang Juli bis Anfang Oktober	1450		1660
	PETERSBODENBAHN 6er-Sessellift	Oberlech – Bergstation	zwei Bikes, zwei Personen	08.30–12.05 12.40–17.00	Anfang Juli bis Anfang Oktober	1660		1920

TAL	Bergbahn	Ort	Platz	Betriebszeiten	Saison	Talst. [Hm]	Mittelst. [Hm]	Bergst. [Hm]
SALZBURG	ASITZBAHN 8er-Gondel	Leogang – Stöcklalm – Bergghf. Alte Schmiede	drei Bikes, drei Personen	09.00–16.30	Mitte Mai bis Mitte Oktober	830	1314	1752
	SCHATTBERG X-PRESS 8er-Gondel	Saalbach – Mittelstation – Sky-Restaurant	zwei Bikes, zwei Personen	09.00–16.15, eingeschränkter Betrieb in der Nebensaison	Ende Juni bis Ende September	1003	1500	2018
	KOHLMAISGIPFELBAHN fünf 8er-Gondeln in Serie	Saalbach – Asteralm – Kohlmaiskopf	mehrere Bikes, mehrere Personen	09.00–16.30 Viertelstundentakt	Mitte Mai bis Anfang September	830	1393	1794
	REITERKOGELBAHN 8er-Gondel	Hinterglemm – Sportalm	zwei Bikes, zwei Personen	09.00–16.15	Ende Juni bis Ende September	1060		1480
	ZWÖLFERKOGELBAHN 8er-Gondel	Hinterglemm – Winkleralm	zwei Bikes, zwei Personen	09.00–16.15	Ende Juni bis Ende September	1061		1550
SÜDTIROL	BERGBAHN KRONPLATZ 2000 8er-Gondel	Reischach (Bruneck) – Kronplatzhütte	zwei Bikes, zwei Personen	09.00–17.00	Anfang Juni bis Mitte Oktober	940		2231
	BERGBAHN RUIS 8er-Gondel	Furkelsattel – Kronplatzhütte	zwei Bikes, zwei Personen	09.00–12.25 13.30–17.00	Anfang Juli bis Mitte September	1750		2231
	OLANG II 6er-Gondel	Schimelia – Kronplatzhütte	ein Bike, eine Personen, jede sechste Gondel ist für Biker	09.00–16.15	Ende Juni bis Ende September	2080		2231
	BERGBAHN PEDAGÀ-PIZ DE PLAIES 8er-Gondel	St. Vigil in Enneberg – Ütia Col di Ancona	zwei Bikes, zwei Personen	09.00–12.25 13.30–17.00	Anfang Juli bis Mitte September, Mo und Sa Ruhetag außer im August	1180		1600
	BERGBAHN PLOSE 4er-Gondel	Plose – Bergrestaurant Plose	ein Bike, eine Person	09.00–12.00 und 13.00–18.00 an Wochenenden und Feiertagen 09.00–18.00	Anfang Juni bis Mitte Oktober	1061		2020

Foto: © Tirol Werbung / Maria Ziegelböck

Michael Wagner
Verlag
WILLI HOFER
DER GROSSE
MOUNTAINBIKEGUIDE
TIROL
ÜBER 100 TOUREN, EVENTS UND BIKEPARKS

WILLI HOFER

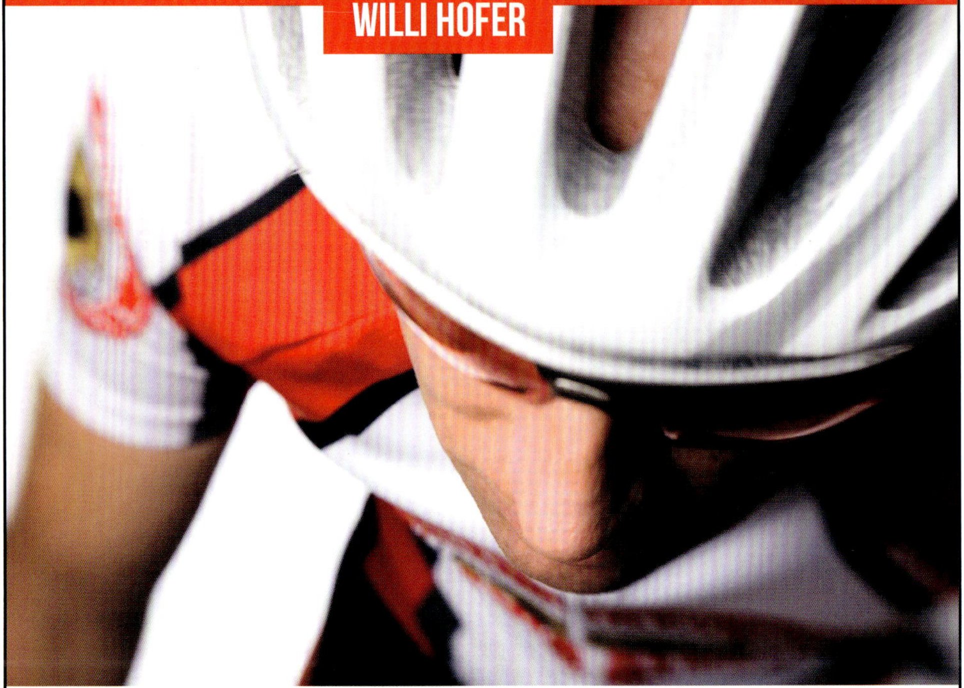

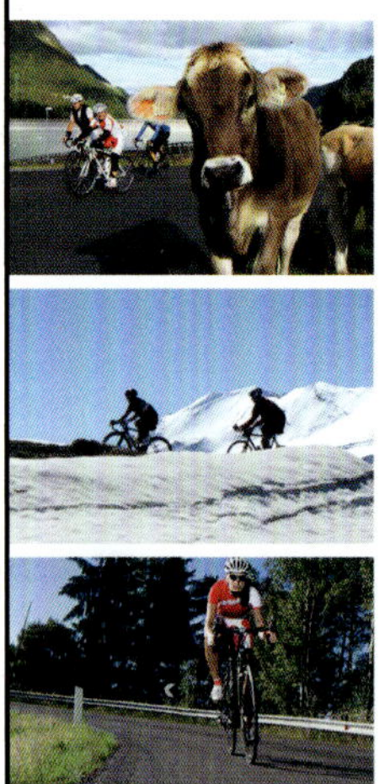

DAS GROSSE RENNRAD TOURENBUCH TIROL

100 ROUTEN
UND DIE
16 WICHTIGSTEN
RADRENNEN

TYROLIA

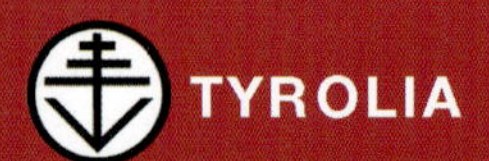